双色球中奖揭秘

廖元松 著

SHUANGSEQIU ZHONGJIANGJIEMI

经济管理出版社
ECONOMY & MANAGEMENT PUBLISHING HOUSE

图书在版编目（CIP）数据

双色球中奖揭秘/廖元松著. —北京：经济管理出版社，2020.5
ISBN 978 - 7 - 5096 - 7114 - 6

Ⅰ. ①双…　Ⅱ. ①廖…　Ⅲ. ①社会福利—彩票—基本知识—中国　Ⅳ. ①F726. 952

中国版本图书馆 CIP 数据核字（2020）第 077521 号

组稿编辑：杨国强
责任编辑：杨国强　张瑞军
责任印制：黄章平
责任校对：张晓燕

出版发行：经济管理出版社
　　　　　（北京市海淀区北蜂窝 8 号中雅大厦 A 座 11 层　100038）
网　　　址：www. E - mp. com. cn
电　　　话：（010）51915602
印　　　刷：三河市延风印装有限公司
经　　　销：新华书店
开　　　本：720mm × 1000mm/16
印　　　张：20
字　　　数：381 千字
版　　　次：2020 年 6 月第 1 版　2020 年 6 月第 1 次印刷
书　　　号：ISBN 978 - 7 - 5096 - 7114 - 6
定　　　价：68. 00 元

前　言

中央人民广播电台、中国之声：请关注每天 22：00 福彩开奖节目，爱心成就梦想，中国福利彩票。

福建人民广播电台新闻综合频道：买福彩献爱心，中大奖好开心。

地方媒体不甘落后，隔三差五地热情报道福利双色球彩民中大奖精彩动人的故事。

以上广播电台和地方媒体的大力宣传，犹如奥运会火炬一样传遍祖国各地，把广大彩民"买福彩献爱心、中大奖好开心"的梦想红灯笼全部点亮，形成一道道美丽的彩虹。

翻开 2017 年福利双色球彩票全国销售量和中大奖注数成绩单，令人赞叹和开心。

2017 年福利双色球彩票共发售 154 期，全国销售额达到 523.44 亿元。按照双色球彩票销售额分配规定比例，51% 作为彩票资金，13% 作为发行费用，36% 作为彩票公益金，2017 年福利双色球公益金贡献 188.43 亿元。

再看福利双色球彩票 2017 年一等大奖开出 1552 注：大奖金额 1000 万元共有 64 注；大奖金额 903 万 ~ 995 万元共有 70 注；大奖金额 801 万 ~ 892 万元共有 98 注；大奖金额 701 万 ~ 798 万元共有 228 注；大奖金额 601 万 ~ 699 万元共有 415 注；大奖金额 500 万 ~ 594 万元共有 677 注。

以上福利双色球彩票引人注目的成绩单充分说明福彩管理中心既能为社会福利慈善事业公益金筹措资金，又是能生产出千百万元"富豪"的工厂。福利双色球彩票取之于民、用之于民，深受中国彩民的青睐。同时也折射出"桃李不言，下自成蹊"的社会经济效益。

总之，回眸过去 15 年福利双色球彩票发行业绩，芝麻开花节节高，其影响力十分强大。笔者不久前在 35010909 福彩投注站，偶见一位在深山老林的寺庙中从事晨钟暮鼓拜佛念经的老和尚，大概 50 岁左右，进县城办事时在福彩投注站买了两张双色球彩票，一张彩票是 8 + 1 复式票，投注金额 56 元，另一张彩票是 6 + 1 单式票，机选 5 注 10 元，共计金额 66 元。其寓意可能是取六六大顺的好彩头。在场几位彩民朋友均报以微笑，以示点赞。

福利双色球彩票6＋1，从表面上看十分简单，每个彩民都可以从33个红色球中选出6个号码，从16个蓝色球中选出1个号码，但想中大奖就不太容易了。为什么？因为33个红色球号码每期开出6个号码，这6个红色球号码分布在三个区间，三区分布千变万化并无规律性。另外，6个红色球开奖号码中还包含"多重号"问题。本期没有开出"三重号"号码，那么下期会不会开出？开在前注？还是开在中注？或是开在后注？解答这些疑难问题，颇费一番时间。

彩票行业性质决定彩票发行单位只能对彩民授之以鱼，不可能授之以渔。通俗地说，彩票发行单位只能给中奖彩民发放奖金，却不能告诉彩民如何能中大奖的方法。

作为彩民，都希望在购买福利双色球彩票献爱心的同时中大奖。这个美好的人生梦想的实现需要具备五个方面的要素：看你对福利双色球彩票游戏知识积累了多少；看你的经济实力如何；看你的运气如何；看你的购彩承受能力如何；看你能坚持多久。

福利双色球彩票大奖得主常在福建省闽南地区出现。闽南地区彩民朋友家中有一副福彩双色球对联，颇受大家欢迎。

上联：多买少买多少要买

下联：早中晚中早晚都中

横批：不买不中

笔者是体彩、福彩"双科"老彩迷，十分喜欢福彩双色球彩票游戏。八年来，在福彩双色球游戏场上摸爬滚打，一边实践学习选号投注；一边收集开奖号码数据；一边设计表格进行登记；一边进行研究；一边发现问题；一边修正方案。总之，八年耕耘，八年汗水终于成就本书。

本书分为上下册。上册是福利双色球彩票大数据实用手册；下册是福彩蓝色球开奖号码"成语"辞典。该书内容有三个优点：①数据真实可靠；②数据完整，内容实用，有参考价值；③在数据平台上容易操作。

本书是笔者耄耋之年的处女作，同时也是收官之作。由于笔者才疏学浅，疏漏之处在所难免，请各位彩民朋友见谅和赐教。

最后衷心地祝愿广大彩民朋友在贡献爱心的同时收获好运！

罗光柱

2019年春节

目　录

上　册　福利双色球彩票大数据实用手册

下 册 福彩蓝色球开奖号码"成语"辞典

上　册

福利双色球彩票大数据实用手册

第一章　福利彩票双色球游戏入门知识

第一节　中国福利彩票"双色球"游戏规则

第一章　总　　则

第一条　本规则中依据财政部《彩票发行与销售管理暂行规定》和《中国福利彩票（电脑型）联合发行与销售管理暂行办法》（以下简称《管理办法》）制定。

第二条　中国福利彩票"双色球"（以下简称"双色球"）是一种联合发行的"乐透型"福利彩票。采用计算机网络系统发行销售，定期电视开奖。

第三条　"双色球"由中国福利彩票发行管理中心（以下简称中福彩中心）统一组织发行，在全国销售。

第四条　参与"双色球"销售的省级行政区域福利彩票发行中心（以下简称省中心）在中福彩中心的直接领导下，负责对本地区的"双色球"销售活动实施具体的组织和管理。

第二章　游　　戏

第五条　"双色球"彩票投注区分为红色球号码区和蓝色球号码区。

第六条　"双色球"每注投注号码由 6 个红色球号码和 1 个蓝色球号码组成。红色球号码从 1~33 中选择；蓝色球号码从 1~16 中选择。

第七条　"双色球"每注 2 元。

第八条　"双色球"采取全国统一奖池计奖。

第九条　"双色球"每周销售三期，期号以开奖日界定，按日历年度编排。

第三章　投　注

第十条　"双色球"的投注方法可分为自选号码投注和机选号码投注；其投注方式有单式投注和复式投注。

第十一条　自选号码投注是指由投注者自行选定投注号码的投注。

第十二条　机选号码投注是指由投注机为投注者随机产生投注号码的投注。

第十三条　单式投注是从红色球号码中选择 6 个号码，从蓝色球号码中选择 1 个号码，组合为一注号码的投注。

第十四条　复式投注有三种：

（一）红色球号码复式：从红色球号码中选择 7～20 个号码，从蓝色球号码中选择 1 个号码，组合成多注投注号码的投注。

（二）蓝色球号码复式：从红色球号码中选择 6 个号码，从蓝色球号码中选择 2～16 个号码，组合成多注投注号码的投注。

（三）全复式：从红色球号码中选择 7～20 个号码，从蓝色球号码中选择 2～16 个号码，组合成多注投注号码的投注。

第四章　设　奖

第十五条　"双色球"设奖奖金为销售总额的 50%，其中当期奖金为销售总额的 49%，调节基金销售总额的 1%。

第十六条　"双色球"奖级设置分为高等奖和低等奖。一等奖和二等奖为高等奖，三至六等奖为低等奖。高等奖采用浮动设奖，低等奖采用固定奖。当期奖金减去当期低等奖奖金为当期高等奖奖金。

第十七条　根据国家有关规定，"双色球"彩票单注奖金封顶的最高限额为 500 万元。

第十八条　"双色球"设立奖池。奖池资金来源：未开出的高等奖奖金和超出单注封顶限额部分的奖金。奖池资金计入下期一等奖。

第十九条　当一等奖的单注奖额低于二等奖的单注奖额时，将一、二等奖的奖金相加，由一、二等奖中奖者平分；当一、二等奖的单注奖额低于三等奖奖额时，补足为三等奖奖额。当期奖金不足的部分由调节基金补充，调节基金不足时，从发行费列支。

第五章　开　奖

第二十条　"双色球"由中福彩中心统一开奖，每周开奖三次。开奖前，省中心将要投注的全部数据刻入不可改写的光盘，作为查验的依据。

第二十一条　"双色球"通过摇奖器确定中奖号码。摇奖时先摇出 6 个红色球号码，再摇出 1 个蓝色球号码，摇出的红色球号码按从小到大的顺序和蓝色球号码一起公布。

第二十二条　开奖公告在各地主媒体公布，并在各投注站张贴。

第二十三条　"双色球"的开奖结果以中国福利彩票发行管理中心公布的开奖公告为准。

第六章　中　奖

第二十四条　"双色球"彩票以投注者所选单注投注号码（复式投注所覆盖的单注计）与当期开出中奖号码相符的球色和个数确定中奖等级。

一等奖：7 个号码相符（6 个红色球号码和 1 个蓝色球号码）；

二等奖：6 个红色球号码相符；

三等奖：5 个红色球号码或 4 个红色球号码和 1 个蓝色球号码相符；

四等奖：5 个红色球号码或 4 个红色球号码和 1 个蓝色球号码相符；

五等奖：4 个红色球号码或 3 个红色球号码和 1 个蓝色球号码相符；

六等奖：1 个蓝色球号码相符（有无红色球号码相符均可）。

第二十五条　一等奖和二等奖中奖者按各级的中奖注数均分该奖级的奖金；三至六等奖按各级的单注固定奖额获得奖金。

第二十六条　当期每注投注号码只有一次中奖机会，不能兼中兼得（另行设奖按设奖规定执行）。

第七章　兑　奖

第二十七条　"双色球"彩票兑奖当期有效。每期开奖次日起兑奖期限为 60 天，逾期未兑奖者视为弃奖，弃奖奖金进入调节基金。

第二十八条　中奖人须提交完整的兑奖彩票，因玷污、损坏等原因造成不能正确识别的，不能兑奖。

第二十九条　一等奖中奖者，需持中奖彩票和本人有效身份证明，在兑奖期限内到各地省中心验证，登记和兑奖。

其他奖级的兑奖办法由省中心规定并公布。

第三十条 按国家有关规定，单注奖金额超过一万元者，须缴纳个人偶然所得税。

第八章 附 则

第三十一条 本规则未尽事宜，均按《管理办法》和有关规定执行。

第三十二条 本规则由中国福利彩票发行管理中心负责解释。

第三十三条 本规则自发布之日起施行。

补充资料：

2009 年 7 月 1 日起《彩票管理条例》正式施行，其中第二十五条规定：彩票中奖者应自开奖之日起 60 个自然日内，持中奖彩票到指定的地点兑奖，彩品品种的规则规定需要出示身份证件的，还应出示本人身份证件。逾期不兑奖的视为弃奖。

第二节 福利"双色球"彩票奖金设置表

表 1-1 福利双色球彩票奖金设置表

奖级	中奖条件		奖金分配	说明
	红色球号码	蓝色球号码		
一等奖	○○○○○○	○	当奖池资金低于 1 亿元时，奖金总额为当期高等奖奖金的 70% 与奖池中累计的奖金之和，单注奖金按注均分，单注最高限额封顶500 万元 当奖池资金高于 1 亿元（含）时，奖金总额包括两部分，一部分为当期高等奖奖金的50% 与奖池中累计的奖金之和，单注奖金按注均分，单注最高限额封顶 500 万元；另一部分为当期高等奖奖金的 20%，单注奖金按注均分，单注最高限额封顶 500 万元	选 6+1 中 6+1
二等奖	○○○○○○		当期高等奖奖金的 30%	选 6+1 中 6+0
三等奖	○○○○○	○	单注奖金额固定为 3000 元	选 6+1 中 5+1

奖级	中奖条件		奖金分配	说明
	红色球号码	蓝色球号码		
四等奖	○○○○○		单注奖金额固定为200元	选6+1中5+0 或中4+1
	○○○○	○		
五等奖	○○○○		单注奖金额固定为10元	选6+1中4+0 或中3+1
	○○○	○		
六等奖	○○	○	单注奖金额固定为5元	选6+1中2+1 或中1+1 或中0+1
	○	○		
		○		

注：①全国联销双色球彩票每周二、周四、周日开奖。

②中央电视台教育频道每周二、周四、周日21：15直播福彩双色球开奖实况。

第三节　"双色球"复式投注金额与奖金对照表

表1-2　"双色球"红球复式投注金额与奖金对照表

投注情况			中奖情况							
红球个数	注数	投注金额（元）	中6+1	中6+0	中5+1	中5+0	中4+1	中4+0	中3+1	中2+1 或中1+1 或中0+1
7	7	14	1A+18000	1B+1200	7000	450	640	30	55	35
8	28	56	1A+39000	1B+2550	12100	750	1390	60	190	140
9	84	168	1A+63200	1B+4050	18450	1100	2570	100	520	420
10	210	420	1A+90875	1B+5700	26275	1500	4375	150	1225	1050
11	462	924	1A+122405	1B+7500	35905	1950	7105	210	2590	2310
12	924	1848	1A+158310	1B+9450	47810	2450	11200	280	5040	4620
13	1716	3432	1A+199290	1B+11550	62640	3000	17280	360	9180	8580
14	3003	6006	1A+246270	1B+13800	81270	3600	26190	450	15840	15015
15	5005	10010	1A+300450	1B+16200	104850	4250	39050	550	26125	25025
16	8008	16016	1A+363360	1B+18750	134860	4950	57310	660	41470	40040
17	12376	24752	1A+436920	1B+21450	173170	5700	82810	780	63700	61880
18	18564	37128	1A+523505	1B+24300	222105	6500	117845	910	95095	92820
19	27132	54264	1A+626015	1B+27300	284515	7350	165235	1050	138460	135660
20	38760	77520	1A+747950	1B+30450	363850	8250	228400	1200	197200	193600

注：A表示一等奖，B表示二等奖，不包含派奖奖金。

表1－3　"双色球"蓝球复式投注金额对照表

蓝球个数	2	3	4	5	6	7	8	9	10	11	12	13	14	15	16
金额（元）	4	6	8	10	12	14	16	18	20	22	24	26	28	30	32

注：①蓝色球号码复式：投注注数＝投注蓝色球数；中奖结果为：中蓝球时＝1个中蓝球奖等＋（N－1）个不中蓝球奖等，不中蓝球时＝N个不中蓝球奖等。

②全复式：投注注数＝红色球复式注数＋投注蓝色球数N；中蓝球时＝红色球复式中中蓝球奖等数＋（N－1）＋红色球复式中不中蓝球奖等数；不中蓝球时＝N＋红色球复式中不中蓝球奖等数。

第四节　福彩双色球胆拖投注金额对照表

表1－4　福彩双色球胆拖投注金额对照表

拖码（个）＼胆码（个）	1	2	3	4	5
2	—	—	—	—	4
3	—	—	—	6	6
4	—	—	8	12	8
5	—	10	20	20	10
6	12	30	40	30	12
7	42	70	70	42	14
8	112	140	112	56	16
9	252	252	168	72	18
10	504	420	240	90	20
11	924	660	330	110	22
12	1584	990	440	132	24
13	2574	1430	572	156	26
14	4004	2002	728	182	28
15	6006	2730	910	210	30
16	8736	3640	1120	240	32
17	12376	4760	1360	272	34
18	17136	6120	1632	306	36
19	23256	7752	1938	342	38
20	31008	9690	2280	380	40

注：表中仅为选择蓝球1个，如选择蓝球N个，则投注金额相应增加N倍。

第五节　关于调整双色球游戏规则的通告

依据《财政部关于变更中国福利彩票双色球游戏规则的审批意见》（财综〔2018〕43号）批准，中国福利彩票发行管理中心决定对双色球游戏规则进行调整，增加胆拖投注方式。福建省福利彩票发行中心据此调整并将于2018年10月8日上市销售。游戏规则调整的主要内容包括：

第二章第十条　购买者可选择胆拖投注。胆拖投注是指选择少于单式投注号码个数的号码作为每注都有的号码作为胆码，再选取除胆码以外的号码作为拖码，由胆码和拖码组合成多注投注，胆拖投注包括两种形式：

（一）单式胆拖：从红色球号码中选择1~5个号码为胆码，再选取除胆码以外的号码作为拖码（胆码和拖码之和必须大于等于7个号码），胆码和拖码组成每6个号码为一组的红色球号码，从蓝色球号码中选择1个号码，蓝色球号码和红色球号码一起组合为多注单式投注号码的投注。

（二）复式胆拖：从红色球号码中选择1~5个号码为胆码，再选取除胆码以外的号码作为拖码（胆码和拖码之和必须大于等于7个号码），胆码和拖码组成每6个号码为一组的红色球号码，从蓝色球号码中选择2个号码以上（含2个号码），蓝色球号码和红色球号码一起组合为多注单式投注号码的投注。

特此通告。

福建省福州彩票发行中心

2018年9月28日

第二章 关注 6 个红色球开奖号码
"三区比"问题

第一节 两位彩民在北京购买双色球彩票的故事

话说 2008 年春节越来越近，人们都在准备春节，笔者的两位老乡在北京经营粽子食品生意。经过数年辛勤劳动，积攒了一些财富。2008 年春节两位老乡准备一起返乡探亲，他俩到福彩投注站买了一张双色球彩票，心想如果中个大奖，这样喜上加喜返乡过春节更加开心……（由于不知道这两位老乡尊姓大名，故冒昧地称呼他俩为张三、李四）。

张三心里想买 6 + 1 单式小注彩票中大奖很难，不如买张 20 + 1 大复式彩票中大奖可能性会大一些。第二天他和李四满怀信心地走进一家福彩投注站购买福利双色球彩票。张三很快自选 20 个红色球号码和 1 个蓝色球号码组合成一张大复式彩票，投注金额 77520 元。李四也自选 13 个红色球号码和 1 个蓝色球号码组合成一张复式票，投注金额 3432 元。当天晚上福彩双色球开奖号码公告出来后，他俩投注的号码，不但没有中大奖，连最后六等奖（5 元钱）都没有中。这个结果令人难以置信。这两位老乡共计 8 万多元全军覆没，只留下终生难忘的记忆。古语说："看花容易绣花难"，说得一点都不错。

这两位老乡在京城博彩的故事，在笔者脑海中留下深深烙印。

第二节 福彩双色球是一项高智商充满趣味性的游戏

有一些彩民只看到 6 + 1 外表形态，觉得福利双色球彩票玩法很简单。但如果你透过 "6 + 1" 玻璃门深入彩票游戏内部就会发现许多奥秘。

（1）首先遇到没有明确宣布的门槛。6 个红色球开奖号码中只猜中 3 个号码即猜中 50% 却没有中奖。6 个红色球开奖号码要猜中 4 个号码才能中奖。这等于给双色球彩民设置一道门槛。

（2）33 个红色球号码划分三个区间。即前区 01～11 号，中区 12～22 号，后区 23～33 号。福彩双色球每期开出 6 个红色球号码，这 6 个红色球开奖号码分布在三个区间内。这 6 个红色球开奖号码没有规律性，没有固定公式，更没有前后次序规定。一切均是随机性。所以 6 个红色球开奖号码"三区比"充满变数，给彩民一种神秘莫测的感觉。由于 6 个红色球开奖号码"三区比代码"充满变数，因此自然而然成为福彩双色球游戏竞猜难度之首。

（3）33 个红色球每期开出 6 个号码，按三个区间划分，能产生出多少个"三区比代码"？根据 2003～2018 年福彩双色球开奖 2359 期的数据资料统计：33 个红色球，每期开奖 6 个号码，可以组成 28 个"三区比代码"，现按开出"三区比代码"期数多少进行排列。开出期数多的排在前面，开出期数少的排在后面。

6 个红色球开奖号码"三区比代码"，共有 28 组，前后排列如下：①222；②123；③321；④132；⑤312；⑥231；⑦213；⑧141；⑨411；⑩114；⑪330；⑫303；⑬033；⑭042；⑮240；⑯420；⑰204；⑱402；⑲024；⑳051；㉑150；㉒501；㉓510；㉔105；㉕015；㉖600；㉗006；㉘060。

33 个红色球每期开奖 6 个号码"三区比代码"虽然只有 28 个，但它的变数令人莫测。有时一期头等大奖全国没有人中，有时一期头等大奖中奖 153 注。如此戏剧性巨变，带来彩民众生相。有人中大奖而无法入睡；有人泪飞顿作倾盆雨；有人望彩兴叹，一江春水向东流，后悔没有理性购彩；有人在思考成立"购彩团"进行围捕……

（4）关于 6 个红色球开奖号码"三区比代码"名词解释。关于 6 个红色球开奖号码"三区比"是彩票发行单位通用说法，但为了更好地为彩民服务，笔者在"三区比"后面加上"代码"两个字，即全称为"三区比代码"。

现将 6 个红色球开奖号码"三区比代码"解释如下：

"三区比代码 222"：是指 6 个红色球开奖号码前、中、后三区各开出 2 个红色球号码。

"三区比代码 105"：是指 6 个红色球开奖号码，前区开出 1 个红色球号码，中区没有开出，后区开出 5 个红色球号码。

"三区比代码 600"：是指 6 个红色球开奖号码全部在前区开出，中、后区均无开出。

"三区比代码 060"：是指 6 个红色球开奖号码全部在中区开出，前、后区均无开出。

总之，三个代码代表前、中、后三个区间，其余"三区比代码"均按此类推解读。

（5）关注"福彩双色球"开奖号码"三区比代码"年度汇总。表2-1主要是2003～2018年6个红色球开奖号码"三区比代码"28组开出情况，对此要全面观察了解，做到心中有数。为了更贴近目前实战需要，特单独列出2016年、2017年、2018年的福彩双色球开奖号码"三区比代码"落户情况考察表，供彩民朋友观察了解和参考。

表2-1　2003～2018年福彩双色球开奖号码"三区比代码"落户情况年度汇总

三区比代码	2003	2004	2005	2006	2007	2008	2009	2010	2011	2012	2013	2014	2015	2016	2017	2018
222	14	18	19	28	26	29	22	25	19	21	24	26	20	23	22	20
123	4	15	17	16	10	25	13	15	15	17	12	12	13	14	11	12
321	10	8	14	10	18	14	12	13	13	16	14	17	17	17	13	18
231	7	6	12	10	15	9	19	16	15	10	19	15	14	8	13	13
213	6	4	19	12	15	12	15	14	13	15	9	9	12	13	16	14
132	14	13	9	24	13	9	14	12	11	9	13	13	13	12	17	18
312	6	17	14	10	14	9	19	17	11	16	10	13	17	14	19	10
330	1	2	6	6	4	6	6	4	9	2	6	7	6	2	3	5
411	6	5	5	5	7	7	6	5	7	7	1	7	5	3	5	7
141	1	2	3	9	5	5	6	9	2	10	3	3	6	9	5	10
042	2	2	4	3	2	1	1	1	8	5	2	3	3	2	1	3
303	2	5	4	3	4	3	4	6	2	6	2	6	2		7	3
033	3	2	3	4	3	6	2	0	5	0	5	5	5	2	4	2
402	1	4	0	1	6	0	1	0	5	0	2	3	1	0	3	3
114	6	4	2	3	4	2	3	11	4	7	6	4	2	8	5	2
240	0	3	6	1	3	0	2	2	4	2	4	6	0	3	0	1
420	1	2	3	3	3	4	0	3	1	3	3	3	1	4	5	4
024	1	3	4	0	1	4	2	2	2	0	2	3	2		3	3
204	3	3	2	2	1	2	2	1	1	2	1	3	3		2	2
501	0	1	2	1	0	0	1	0	1	1	2	0	0		2	1
105	0	0	0	1	0	0	1	2	2	0	0	0	0		0	0
150	0	0	0	0	4	1	0	1	0	0	0	1	3		2	0
510	0	1	0	1	1	0	1	0	0	1	1	3	0	0	0	1
051	0	1	1	1	1	0	0	0	0	0	1	3	3		1	0
015	0	0	0	0	0	0	0	0	2	0	0	0	0		0	1

三区比代码	2003	2004	2005	2006	2007	2008	2009	2010	2011	2012	2013	2014	2015	2016	2017	2018
600	1	0	0	0	0	0	0	0	0	0	0	0	0	0	0	0
006	0	0	0	0	0	0	0	0	1	0	0	0	0	0	0	0
060	0	0	0	0	0	0	0	0	0	0	0	0	0	1	0	0
全年合计	89	122	153	154	153	154	154	153	153	154	154	152	154	153	154	153

表2－2　福彩双色球开奖号码"三区比代码"落户情况考察表（2016 年）

三区比代码	1	2	3	4	5	6	7	8	9	10	11	12	13	14	15	16	17	18	小计
222	4	15	21	22	25	28	45	52	54	58	59	76	84	91	93	103	106	109	23
	115	117	131	132	142														
123	16	42	43	80	83	92	116	118	119	124	127	130	138	147					14
321	11	14	17	20	24	39	44	55	61	69	74	86	94	95	102	111	135		17
231	10	48	49	77	113	123	146	151											8
213	3	26	60	81	89	99	100	101	105	107	139	144	153						13
132	2	5	7	12	13	19	30	33	34	35	38	40	57	67	72	88	114		17
312	23	31	53	70	75	79	104	120	125	128	129	136	140	148					14
330	47	145	152																3
441	51	108	137																3
141	27	32	64	85	90	96	112	134	141										9
042	6	133																	2
303	78	121																	2
033	63	65																	2
402																			—
114	8	9	37	46	50	68	97	149											8
240	66	73	126																3
420	36	56	87	150															4
024	71	122																	2
204	98	110	143																3
501																			—

续表

三区比代码	1	2	3	4	5	6	7	8	9	10	11	12	13	14	15	16	17	18	小计
105																			—
150	1	82																	2
510																			—
051	18	29	41																3
015																			—
600																			—
006																			—
060	62																		1
合计																			152

注：①6个红色球开奖号码"三区比代码"，共计28组，表格内容空白没有数码表示该三区比代码没有开出。

②横眉格内1～18或1～20数码均表示开奖次数。

③表格内的数码均是开奖期号。

表2-3 福彩双色球开奖号码"三区比代码"落户情况考察表（2017年）

三区比代码	1	2	3	4	5	6	7	8	9	10	11	12	13	14	15	16	17	18	小计
222	1	5	14	16	26	33	58	61	64	70	83	88	94	97	107	111	118	120	22
	128	145	147	149															
123	4	8	29	43	46	50	92	98	119	130	139								11
321	15	48	59	66	75	84	90	93	96	129	135	136	143						13
231	12	22	28	39	41	45	49	78	87	95	110	112	154						13
213	10	11	31	32	35	52	60	62	69	72	73	74	79	81	113	137			16
132	37	44	55	89	104	116	121	122	126	133	142	144							12
312	3	18	19	20	21	27	30	34	38	51	53	68	71	85	99	100	105	148	19
	134																		
330	77	86	102																3
411	9	17	67	123	132														5
141	25	80	109	114	150														5
042	63																		1
303	6	7	54	91	101	115	124												7

三区比代码	1	2	3	4	5	6	7	8	9	10	11	12	13	14	15	16	17	18	小计
033	57	82	106	127															4
402	36	47	131																3
114	24	103	125	138	146														5
240																			—
420	23	65	76	117	141														5
024	2	40	140																3
204	13	152																	2
501	42	151																	2
105																			—
150	108	153																	2
510																			—
051	56																		1
015																			—
600																			—
006																			—
060																			—
合计																			154

注：①6 个红色球开奖号码"三区比代码"，共计 28 组，表格内容空白没有数码，表示该三区比代码没有开出。

②横眉格内 1~18 或 1~20 数码均表示开奖次数。

③表格内的数码均是开奖期号。

表 2-4　福彩双色球开奖号码"三区比代码"落户情况考察表（2018 年）

三区比代码	1	2	3	4	5	6	7	8	9	10	11	12	13	14	15	16	17	18	19	20	小计
222	16	26	44	54	68	74	80	83	86	91	92	94	95	97	100	103	117	121	122	145	20
123	5	14	24	48	62	106	115	134	136	139	151	152									12
321	27	28	29	40	55	56	59	61	63	77	84	87	102	125	128	133	137	146			18
231	13	19	47	70	73	75	78	81	89	105	114	148	150								13
213	9	11	41	42	51	60	88	101	109	111	112	120	143	153							14

三区比代码	1	2	3	4	5	6	7	8	9	10	11	12	13	14	15	16	17	18	19	20	小计
132	12	15	18	31	33	39	58	69	72	93	108	116	118	119	130	140	132	147			18
312	20	34	35	65	76	96	98	99	104	113											10
330	8	67	71	107	129																5
411	6	43	49	52	53	90	149														7
141	3	22	25	46	57	66	82	110	124	144											10
042	23	30	79																		3
303	1	17	45																		3
033	4	7																			2
402	21	37	142																		3
114	2	36																			2
240	10																				1
420	50	64	126	132																	4
024	32	123	131																		3
204	85	138																			2
501	135																				1
105																					—
150																					—
510	127																				1
051																					—
015	38																				1
600																					—
006																					—
060																					—
合计																					153

注：①6个红色球开奖号码"三区比代码"，共计28组，表格内容空白没有数码，表示该三区比代码没有开出。

②横眉格内1~18或1~20数码均表示开奖次数。

③表格内的数码均是开奖期号。

第三章 关注6个红色球开奖号码 "多连号"竞猜问题

（1）福彩双色球开奖号码中"多连号"问题，是福彩双色球游戏中第二道难关。在福彩双色球开奖号码的6个红色球号码中经常会出现两个号码连号，有时三个号码连号，再加上两个号码连号（即变成3＋2＝5个号码连号），此外还有四个号码连号，再加三个号码连号。这些多连号的号码突然开出，无疑等于福彩双色球大奖通道被"管制"。

福彩双色球开奖号码"三区比代码"和"多连号"是双色球彩票游戏中的两道竞猜大难点。堪称是一对"难兄难弟"。这对"难兄难弟"什么时候登台表演？会以什么号码组合和以什么代码开出？彩民们如何选号下注？可伤透脑筋！这真是看花容易绣花难。

（2）如何应对6个红色球开奖号码，"三区比"和"多连号"这一对"难兄难弟"？

第一，要冷静观察双色球开奖号码走势与情况。如果6个红色球号码开奖号码"三区比"偏态多，"多连号"号码频频开出……这种情况对大投注彩票的前景来说是凶多吉少的。因此，在这种情况下，彩票投注要谨慎，更不能感情用事，进行赌博。但可以小额投注，保持献爱心连续性。这样做既能进行"火力侦察"，又能为下期投注选号增加思考空间。

第二，要了解红色球开奖号码中"多连号"组合情况。

第三，要了解"多连号"开奖期数间隔波段情况。

第四，要了解（观察）横向"多连号"开奖情况，也要关注竖直单个号码多期连续重号开奖情况。

第五，要了解每个年度"多连号"开奖期数情况。

第六，最应关注6个红色球开奖号码中不同"多连号"总体开出情况。

（3）2003～2017年福彩双色球开奖号码"多连号"数据汇总情况：

1）每注"二连号"开出期数共计1486期。

2）每注"三连号"开出期数共计238期。

3）每注"四连号"开出期数共计22期。

4）每注"五连号"开出期数共计 2 期。

其中：①2005 年 042 期红球 4，5，6，7，8，32＋蓝球 5；②2018 年 032 期红球 21，22，23，24，25，32＋蓝球 6。

（4）福彩双色球"多连号"开奖号码组合情况：

1）"二连号"共计 32 个组合：

1、2	7、8	3、14	19、20	25、26	31、32
2、3	8、9	14、15	20、21	26、27	32、33
3、4	9、10	15、16	21、22	27、28	
4、5	10、11	16、17	22、23	28、29	
5、6	11、12	17、18	23、24	29、30	
6、7	12、13	18、19	24、25	30、31	

2）"三连号"共计 31 个组合：

1、2、3	8、9、10	15、16、17	22、23、24	29、30、31
2、3、4	9、10、11	16、17、18	23、24、25	30、31、32
3、4、5	10、11、12	17、18、19	24、25、26	31、32、33
4、5、6	11、12、13	18、19、20	25、26、27	
5、6、7	12、13、14	19、20、21	26、27、28	
6、7、8	13、14、15	20、21、22	27、28、29	
7、8、9	14、15、16	21、22、23	28、29、30	

3）"四连号"共计 30 个组合：

1、2、3、4	8、9、10、11	15、16、17、18	22、23、24、25	29、30、31、32
2、3、4、5	9、10、11、12	16、17、18、19	23、24、25、26	30、31、32、33
3、4、5、6	10、11、12、13	17、18、19、20	24、25、26、27	
4、5、6、7	11、12、13、14	18、19、20、21	25、26、27、28	
5、6、7、8	12、13、14、15	19、20、21、22	26、27、28、29	
6、7、8、9	13、14、15、16	20、21、22、23	27、28、29、30	
7、8、9、10	14、15、16、17	21、22、23、24	28、29、30、31	

4）"五连号"共计 29 个组合：

1、2、3、4、5	8、9、10、11、12	15、16、17、18、19	22、23、24、25、26
2、3、4、5、6	9、10、11、12、13	16、17、18、19、20	23、24、25、26、27
3、4、5、6、7	10、11、12、13、14	17、18、19、20、21	24、25、26、27、28
4、5、6、7、8	11、12、13、14、15	18、19、20、21、22	25、26、27、28、29
5、6、7、8、9	12、13、14、15、16	19、20、21、22、23	26、27、28、29、30
6、7、8、9、10	13、14、15、16、17	20、21、22、23、24	27、28、29、30、31
7、8、9、10、11	14、15、16、17、18	21、22、23、24、25	28、29、30、31、32
			29、30、31、32、33

第四章 福彩双色球三年
大派奖活动大数据情况

近年来，福利双色球彩票每年举办一次 20 期大派奖活动，这已经成为福彩游戏惯例，也是全国千百万双色球彩民献爱心中大奖、实现人生梦想，热情沸腾的时刻。

我们对有关大派奖活动各种数据进行盘点，给予梳理研究，以便读者心中有数，来年再努力奋斗。

一、2016 年福利双色球彩票 20 期大派奖活动主要数据

（1）6 个月红色球开奖号码"三区比代码"开出情况：

1）"312 代码"共开出 5 期。

2）"123 代码"共开出 4 期。

3）"222 代码"共开出 3 期。

4）"141 代码"共开出 2 期。

5）"240 代码""042 代码""321 代码""411 代码""213 代码""204 代码"6 个"三区比代码"各开出 1 期。

（2）2016 年 20 期福彩双色球共计开出一等巨奖 216 注。

平均每期开出 10.8 注巨奖。

最高一期一等巨奖开出 37 注。

最低一期一等巨奖开出 2 注。

（3）2016 年福彩双色球 20 期全国销售额 73.23 亿元。

平均每期销售额 3.66 亿元。

最高一期销售额 4.07 亿元。

最低一期销售额 3.39 亿元。

（4）2016 年 20 期大派奖最后一期结束后，福彩双色奖池积累余额 10.55 亿元（含派奖前的积余金额）。

二、2017 年福彩双色球 20 期大派奖活动数据

（1）6 个红色球开奖号码"三区比代码"开出情况：

1）"222 代码"共开出 3 期。

2）"132 代码"共开出 3 期。

3）"321 代码"共开出 3 期。

4）"123 代码"共开出 2 期。

5）"312 代码"共开出 2 期。

6）"114 代码"共开出 2 期。

7）"402 代码""411 代码""321 代码""024 代码""420 代码"5 个"三区比代码"各开出 1 期。

（2）2017 年 20 期福彩双色球共开出一等巨奖 289 注。

1）平均每期开出一等巨奖 14.45 注。

2）最高一期开出一等巨奖 67 注。

3）最低一期开出一等巨奖 3 注。

（3）2017 年 20 期福彩双色球全国销售额共计 78.43 亿元。

1）平均每期全国销售额 3.92 亿元。

2）最高一期全国销售额 4.34 亿元。

3）最低一期全国销售额 3.65 亿元。

（4）2017 年 20 期双色球大派奖最后一期奖池积累余额 2.29 亿元（含派奖前的积余金额）。

三、2018 年福彩双色球 20 期大派奖活动数据

（1）6 个红色球开奖号码"三区比代码"开出情况：

1）"321 代码"共计开出 4 期。

2）"132 代码"共计开出 3 期。

3）"123 代码"共计开出 3 期。

4）"420 代码"共计开出 2 期。

5）"024 代码""141 代码""510 代码""330 代码""024 代码""501 代码""204 代码""402 代码"8 个代码，合计开出 8 期。

（2）2018 年福彩双色球 20 期大派奖活动合计共开出一等巨奖 148 注。比 2017 年四期一等巨奖少开 141 注。下降幅度之大令人惊讶！

1）平均每期开出 7.4 注。

2）最高一期开出一等巨奖 17 注。

3）最低一期开出一等巨奖 0 注。

（3）2018 年 20 期大派奖活动，全国双色球彩票销售额 78.43 亿元，和 2017 年同期销售额持平，都是 78.43 亿元。

1）平均每期全国销售额 3.92 亿元。

2）最高一期全国销售额 4.34 亿元。

3）最低一期全国销售额 3.65 亿元。

（4）派奖活动最后一期结束后，福彩双色球奖池积累余额 13.43 亿元（含派奖前积累余额），总余额比 2017 年上涨 11.14 亿元。

四、福利双色球彩票三年大派奖活动数据的分析

第一，观察 20 期双色球彩票大派奖活动销售额。2016～2018 年三年大派奖全国销售额，每年都保持在 73 亿～79 亿元。

第二，从一等大奖开出注数升跌情况进行分析。

例如：2017 年 20 期大派奖活动开出一等大奖 289 注，比 2016 年开出 216 注增加 73 注，升幅达 25% 左右，再看 2018 年 20 期大派奖活动，一等大奖只开出 148 注，比 2017 年少开出 141 注，下跌幅度达 48.78%。2017 年 20 期双色球大派奖活动中，一等大奖有 9 次大井喷，其中最后一期一等大奖大井喷共开出一等奖 67 注。反观 2018 年双色球 20 期大派奖活动只有三次小井喷，其中最多一次只喷出 17 注。更令人目瞪口呆的是，2018 年 140 期双色球彩票开奖一等大奖零注，全国无人中头奖。

第三，2018 年 20 期大派奖最后一期双色球奖池积累余额高达 13.43 亿元，比 2017 年同期奖池余额（2.29 亿元）猛增 11.14 亿元。

分析主要原因是 6 个红色球开奖号码"三区比代码"，偏态期数开出偏多，红色球选号投注难度偏高。

五、福彩双色球大派奖活动三份数据

表 4－1 福彩双色球 2016 年 20 期派奖活动数据

期数	期号	点评成语	红球						蓝球	三区比代码	奇偶	重球（个）	连球（个）	和值	一等奖		全国销售额（亿元）	奖池积累（亿元）
															注数	每注金额（万元）		
1	2016/124	同音球与二连号	9	15	21	24	27	32	1	123	4:2	2	0	123	5	869	3.70	11.44
2	2016/125	等间隔	1	6	8	20	27	30	3	312	2:4	1	0	92	10	581	3.46	11.17
3	2016/126	中区优先选	2	6	12	17	18	19	10	240	2:4	1	3	74	4	1000	3.47	11.54

期数	期号	点评成语	红球						蓝球	三区比代码	奇偶	重球(个)	连球(个)	和值	一等奖 注数	一等奖 每注金额(万元)	全国销售额(亿元)	奖池积累(亿元)
4	2016/127	号码向后移	7	12	17	26	29	31	16	123	4:2	2	0	122	3	1000	3.77	12.08
5	2016/128	前区二连号	4	9	11	17	26	27	13	312	4:2	2	2	94	17	603	3.46	11.72
6	2016/129	大冷号	5	6	8	21	31	33	14	312	4:2	0	2	104	2	1000	3.56	12.36
7	2016/130	中区优先选	3	17	21	23	27	28	1	123	5:1	1	2	119	8	779	3.89	12.58
8	2016/131	小号球为主	4	10	18	19	25	27	2	222	3:3	1	2	103	4	935	3.41	12.86
9	2016/132	中后区二连号	5	8	13	19	27	28	7	222	4:2	2	2	100	37	506	3.49	11.07
10	2016/133	擦边斜连球	15	16	21	22	27	33	15	042	4:2	1	2+2	134	26	580	3.97	10.35
11	2016/134	偶数球为主	11	12	14	18	18	33	13	141	3:3	1	4	101	8	784	3.56	10.57
12	2016/135	号码向前移	2	8	18	20	23		12	321	1:5	2	0	91	24	553	3.53	9.37
13	2016/136	后区二连号	2	7	10	20	27	29	3	312	3:3	3	0	95	8	750	3.96	9.89
14	2016/137	重球配填空	1	6	9	10	15	32	14	411	3:3	1	2	73	4	997	3.39	10.24
15	2106/138	间隔二期同音球	7	16	20	24	25	30	7	123	2:4	0	2	122	12	605	3.50	9.98
16	2016/139	号码向后移	1	6	19	26	28	30	3	213	2:4	1	0	110	5	993	3.95	10.41
17	2016/140	中区号为主	1	2	5	17	26	32	10	312	3:3	2	2	83	16	584	3.60	9.98
18	2016/141	左右擦边球	4	13	15	17	21	24	15	141	4:2	1	1	94	7	818	3.71	10.25
19	2016/142	后区二连号	1	10	17	21	23	30	4	222	4:2	2	0	102	11	681	4.07	10.25
20	2016/143	号码向后移	6	9	23	24	25	33	13	204	4:2	1	3	120	5	900	3.78	10.55

注:2016年福彩双色球20期派奖总数据:①一等大奖开出216注;②全国福彩双色球销售额73.23亿元;③派奖最后一期双色球奖积累余额10.55亿元。

表4-2　福彩双色球2017年20期派奖活动数据

期数	期号	点评成语	红球						蓝球	三区比代码	奇偶	重球(个)	连球(个)	和值	一等奖		全国销售额(亿元)	奖池积累(亿元)
															注数	每注金额(万元)		
1	2017/130	号码向前移	5	13	14	23	25	31	2	123	5:1	2	2	111	5	1000	4.01	6.90
2	2017/131	精彩"2尾球"	1	7	10	11	26	27	11	402	4:2	0	2+2	82	25	551	3.67	6.00
3	2017/132	中区偶数球	2	3	5	9	13	28	11	411	4:2	0	2	60	6	882	3.77	6.33
4	2017/133	右擦边斜连球	6	15	17	18	23	30	11	132	3:3	0	2	109	7	832	4.00	6.62
5	2017/134	等同隔	4	5	11	14	28	32	4	312	2:4	0	2	94	13	604	3.65	6.35
6	2017/135	关注大冷号	1	6	7	14	18	26	16	321	2:4	1	2	72	8	792	3.78	6.59
7	2017/136	奇数号为主	3	7	10	18	21	24	12	321	3:3	2	0	83	19	595	4.01	6.14
8	2017/137	"1"尾同音球	5	10	20	23	26	31	3	213	2:4	1	0	115	7	791	3.76	6.35
9	2017/138	偶数球为主	1	17	24	28	32	33	2	114	3:3	0	2	135	6	903	3.77	6.72
10	2017/139	一组同音球	2	14	20	24	28	32	16	123	0:6	1	0	120	6	982	4.09	7.21
11	2017/140	奇数球反攻	21	22	25	28	29	30	8	024	3:3	1	3+2	155	16	603	3.76	6.87
12	2017/141	前区积数球	1	6	7	11	13	15	5	420	5:1	0	2	53	4	785	3.74	6.98
13	2017/142	中区优先选	8	13	14	18	23	33	6	132	3:3	2	2	109	6	764	4.17	7.12
14	2017/143	"9"尾同音球	4	6	9	14	20	29	14	321	2:4	0	2	82	13	668	3.83	7.07
15	2017/144	前区二连号	3	14	16	20	31	32	9	132	2:4	2	2	116	8	631	3.94	6.96
16	2017/145	中后区间隔球	2	6	12	17	25	28	12	222	2:4	0	0	90	31	538	4.34	5.74
17	2017/146	等同隔	1	19	25	26	27	33	10	114	5:1	3	3	131	21	580	4.09	5.15
18	2017/147	小号球为主	3	7	20	21	25	31	14	222	5:1	2	2	107	3	1000	3.97	5.85
19	2017/148	大小偶数球	4	7	11	14	29	32	12	312	3:3	0	0	97	18	627	4.19	5.58
20	2017/149	中后区连号	5	8	15	20	27	30	13	222	3:3	0	0	105	67	503	3.89	2.29

注：2017年福彩双色球20期派奖总数据：①一等大奖开出289注（比2016年增加73注）；②全国福彩双色球销售额78.43亿元（比2016年增加5.20亿元）；③派奖最后一期双色球奖池积累余额2.29亿元（比2016年减少8.26亿元）。

表4-3 福彩双色球 2018年 20期派奖活动数据

期数	期号	点评成语	红球						蓝球	三区比代码	奇偶	重球（个）	连球（个）	和值	一等奖 注数	一等奖 每注金额（万元）	全国销售额（亿元）	奖池积累（亿元）
1	2018/123	前区二连号	13	21	24	27	31	32	1	024	3:3	1	2	148	6	921	4.10	8.69
2	2018/124	号码向前移	9	13	14	19	22	25	2	141	4:2	1	2	102	4	929	3.78	8.94
3	2018/125	右擦边斜连球	3	10	11	14	15	32	2	321	3:3	1	2+2	85	3	1000	3.91	9.61
4	2018/126	奇数球为主	1	6	8	9	14	22	5	420	2:4	1	2	60	8	758	4.15	9.78
5	2018/127	号码向后移	2	5	6	7	11	15	12	510	4:2	2	3	46	13	641	3.83	9.64
6	2018/128	关注大号为主	6	7	8	19	22	23	2	321	3:3	2	3+2	85	11	722	3.88	9.76
7	2018/129	奇数另为主	2	4	6	16	18	19	16	330	1:5	2	2	65	7	872	4.16	10.13
8	2018/130	最冷号与最大号	5	12	17	18	24	28	12	132	2:4	2	2	104	17	607	3.74	9.78
9	2018/131	左擦边球	21	22	24	31	32	33	1	024	3:3	1	3+2	163	2	1000	3.83	10.5
10	2018/132	积数球	1	2	9	10	15	22	6	420	3:3	1	2+2	59	12	662	4.08	10.43
11	2018/133	号码向后移	2	4	11	12	18	32	13	321	1:5	1	2	79	3	1000	3.74	10.84
12	2018/134	看好奇数球	3	16	18	31	32	33	12	123	3:3	2	3	133	11	683	3.77	10.84
13	2018/135	和数球	1	3	6	10	11	29	16	501	4:2	2	2	60	4	1000	4.06	11.38
14	2018/136	一组同音球	10	12	15	25	26	27	14	123	3:3	1	3	115	6	854	3.77	11.66
15	2018/137	左擦边斜连球	3	5	11	15	20	23	9	321	5:1	1	0	77	10	628	3.79	11.52
16	2018/138	小同隔号为主	1	10	25	27	30	32	9	204	3:3	0	0	125	3	1000	4.12	12.13
17	2018/139	中区二连号	11	18	20	23	31	32	15	123	3:3	1	1	135	10	712	3.80	12.21
18	2018/140	擦边斜连球	1	15	20	22	25	28	14	132	3:3	1	1	111	0		3.86	13.20
19	2018/141	积数球	11	14	16	18	23	24	4	132	2:4	0	2	116	2	1000	4.16	13.85
20	2018/142	前区二连号	5	8	10	11	27	28	11	402	3:3	1	2+2	89	16	585	3.90	13.43

注：2018年福彩双色球20期派奖总数据：①一等大奖开出148注（比2017年减少141注）；②全国福彩双色球销售额78.43亿元（和2017年销售额持平）；③派奖最后一期双色球奖池积累余额13.43亿元（比2017年上涨11.14亿元）。

六、关于购买福利双色球彩票成本核算问题

（1）购买彩票要不要进行经济成本核算？

答：如果你每期购买双色球 6 + 1 单式彩票，金额在 10 元以内，一个月 14 期也不过 140 元，一年按 154 期计算大概 1540 元。如此购买金额数目，如果没有中奖，问题也不大，就当作贡献一点爱心罢了，谈不上购买彩票成本核算。

如果你每期购买双色球彩票金额在 3 ~ 5 位数额时，那就要认真进行成本核算，以免陷入经济困境。

（2）怎样进行购买双色球彩票成本核算？

在这里举一个例子：2018 年福利双色球彩票 20 期大派奖活动的最后一期——2018 年第 142 期，福建省厦门市有三位搞贸易的生意伙伴合伙购买福利双色球彩票，以 8580 元用复式胆拖票，即 2 个红球号码作胆球，13 个红球号码作为拖码，加 6 个蓝球号码，组成一注大复式彩票进行投注，最终福星高照，在大派奖活动最后一期收获一注 1141 万元超值大奖。

现将 2018 年第 142 期福彩双色球开奖号码和 8580 元胆拖复式彩票复原如下：

2018 年第 142 期福彩双色球开奖号码：

红色球 5、8、10、11、27、28 + 蓝色球 11

2018 年第 142 期中超值一等大奖彩票，福建省厦门市 8580 元胆拖大复式彩票：

红胆：㉗、㉘

拖码：4、⑤、⑧、9、⑩、⑪、12、15、16、23、24、32、33

蓝复：6、7、8、10、⑪、13

倍数：1

投注金额：8580 元

（注：本彩票有"○"符号的，均是中奖号码）

以上胆拖大复式彩票，如果以红色球大复式进行投注，即红色球 15 个号码 + 蓝色球 6 个号码，其投注金额是 60060 元，对比可节省 51480 元。

（3）怎样能使中奖彩票奖金额增值增收，锦上添花？

在这里以 2018 年第 142 期福建省厦门市以 8580 元胆拖大复式彩票中超值一等大奖为例：

红胆：27、28（号码不变）

拖码：4、5、8、9、10、11、12、15、16、23、24、32、33（号码不改变）

蓝复：6、7、8、10、11、13（六个号码可分出 6 张彩票，即每张彩票一个蓝球号码进行投注的话）

以上红球不改，蓝球改，除收获 1 注一等超值大奖外，还可以增加 5 注二等奖金。这种美事何乐而不为！

第五章　福彩双色球开奖号码大数据

表 5-1　福彩双色球开奖号码"三区比代码"上下期对应表索引目录

序号	三区比代码	页号	序号	三区比代码	页号
1	222	1	15	114	80
2	123	14	16	240	83
3	321	22	17	420	85
4	231	30	18	240	87
5	213	37	19	204	89
6	132	44	20	501	91
7	312	53	21	105	92
8	330	60	22	150	93
9	411	64	23	510	94
10	141	67	24	510	95
11	042	71	25	015	96
12	303	73	26	600	97
13	033	76	27	006	98
14	402	78	28	060	99

表 5-2　福彩双色球开奖号码主要数据
(2003～2019 年)

派奖	期号	点评成语	红球						蓝球	三区比代码	奇偶	重球（个）	连球（个）	同音球（个）	和值
	2003/01		10	11	12	13	26	28	11	222	2:4	0	4	0	100
	2003/02		4	9	19	20	21	26	12	231	3:3	1	3	1	99
	2003/03		1	7	10	23	28	32	16	303	3:3	0	0	0	101
	2003/04		4	6	7	10	13	25	3	411	3:3	1	2	0	65
	2003/05		4	6	15	17	30	31	16	222	3:3	2	2	0	103

续表

派奖	期号	点评成语	红球						蓝球	三区比代码	奇偶	重球（个）	连球（个）	同音球（个）	和值
	2003/06		1	3	10	21	26	27	6	312	4:2	0	2	1	88
	2003/07		1	9	19	21	23	26	7	222	5:1	3	0	0	99
	2003/08		5	8	9	14	17	23	8	321	4:2	2	2	0	76
	2003/09		5	9	18	20	22	30	9	231	2:4	2	0	1	104
	2003/10		1	2	8	13	17	24	13	321	3:3	0	2	0	65
	2003/11		4	5	11	12	30	32	15	312	2:4	0	2+2	1	94
	2003/12		2	12	16	17	27	30	12	222	2:4	2	2	1	104
	2003/13		8	13	17	21	23	32	12	132	4:2	1	0	1	114
	2003/14		3	5	7	8	21	31	2	411	5:1	2	2	1	79
	2003/15		4	11	19	25	26	32	13	213	3:3	0	2	0	117
	2003/16		11	17	28	30	31	33	6	114	4:2	1	2	1	150
	2003/17		5	8	18	23	25	31	6	213	4:2	1	0	1	110
	2003/18		5	16	19	20	25	28	13	132	3:3	2	2	1	119
	2003/19		4	8	12	13	16	33	9	231	2:4	1	2	1	88
	2003/20		7	10	25	26	27	32	4	204	3:3	0	3	1	127
	2003/21		14	15	18	25	26	30	1	033	2:4	2	2+2	1	128
	2003/22		2	7	11	12	14	32	8	321	2:1	2	2	1	78
	2003/23		1	10	20	22	26	31	2	222	2:4	0	2	1	110
	2003/24		2	7	15	17	22	30	14	231	3:3	1	0	1	93
	2003/25		1	5	11	13	14	27	12	321	5:1	0	2	1	71
	2003/26		8	13	15	26	29	31	16	123	4:2	1	0	0	122
	2003/27		1	11	14	17	27	28	15	222	4:2	0	2	2	98
	2003/28		6	13	16	20	28	32	10	132	1:5	1	0	1	115
	2003/29		2	7	15	26	29	32	10	213	3:3	1	0	1	111
	2003/30		2	6	13	14	23	27	7	222	3:3	1	2	1	85
	2003/31		11	17	20	22	28	32	1	132	2:4	0	0	1	130
	2003/32		4	11	25	27	29	30	13	204	4:2	0	2	0	126
	2003/33		1	7	14	20	27	30	10	222	3:3	2	0	1	99
	2003/34		8	13	14	16	23	25	14	132	3:3	1	2	1	99
	2003/35		3	4	5	8	10	11	8	600	3:3	1	3+2	0	41

派奖	期号	点评成语	红球						蓝球	三区比代码	奇偶	重球（个）	连球（个）	同音球（个）	和值
	2003/36		7	21	24	25	27	28	15	114	4:2	0	2+2	1	132
	2003/37		9	14	17	18	26	32	7	132	2:4	0	2	0	116
	2003/38		5	7	8	24	25	27	16	303	4:2	0	2+2	2	96
	2003/39		3	5	23	24	27	32	3	204	4:2	2	2	1	114
	2003/40		4	5	6	12	14	23	16	321	2:4	2	3	1	64
	2003/41		2	3	17	18	24	25	11	222	3:3	0	2+2+2	0	89
	2003/42		3	5	7	10	15	20	7	420	4:2	1	0	2	60
	2003/43		2	8	10	19	20	32	13	321	1:5	2	2	2	91
	2003/44		3	5	9	16	32	33	15	312	4:2	2	2	1	98
	2003/45		3	7	14	15	17	32	3	231	4:2	1	2	1	88
	2003/46		7	8	10	11	17	21	11	411	3:3	2	2+2	2	79
	2003/47		3	17	26	28	32	23	16	114	3:3	2	2	1	139
	2003/48		10	12	20	28	30	31	9	123	1:5	1	2	1	121
	2003/49		3	6	7	13	24	25	15	312	4:2	0	2+2	1	78
	2003/50		2	8	17	23	24	26	13	213	2:4	1	2	0	100
	2003/51		4	13	15	17	24	27	1	132	4:2	2	0	2	100
	2003/52		1	12	13	23	30	31	11	123	4:2	1	2+2	2	136
	2003/53		15	19	20	21	28	29	13	042	4:2	0	3+2	1	132
	2003/54		2	5	9	21	31	33	12	312	5:1	1	0	1	101
	2003/55		6	13	16	21	28	31	16	132	3:3	2	0	2	115
	2003/56		8	17	21	26	28	29	7	123	3:3	2	2	1	129
	2003/57		18	19	24	25	30	31	16	024	3:3	0	2+2+2	0	147
	2003/58		9	11	16	28	32	33	2	213	3:3	0	2	0	129
	2003/59		2	3	5	6	18	30	4	411	2:4	0	2+2	0	64
	2003/60		2	4	6	17	21	28	11	321	2:4	2	0	0	78
	2003/61		3	5	20	21	28	32	2	222	3:3	2	2	0	109
	2003/62		1	6	12	19	20	32	14	231	2:4	2	2	1	90
	2003/63		5	8	9	14	21	33	11	321	4:2	0	2	0	90

派奖	期号	点评成语	红球						蓝球	三区比代码	奇偶	重球（个）	连球（个）	同音球（个）	和值
	2003/64		4	6	8	12	15	30	1	321	1:5	1	0	0	75
	2003/65		6	15	16	17	30	33	11	132	3:3	3	3	1	117
	2003/66		3	7	8	20	24	32	14	312	2:4	0	2	0	94
	2003/67		5	11	12	13	27	31	10	222	5:1	0	3	1	99
	2003/68		9	19	25	27	32	33	11	114	5:1	1	2	0	145
	2003/69		7	11	16	19	26	28	11	222	3:3	1	0	1	107
	2003/70		1	2	4	17	18	19	8	330	3:3	1	3+2	0	61
	2003/71		9	11	12	14	15	33	11	231	4:2	0	2+2	0	94
	2003/72		3	6	8	11	19	27	11	411	4:2	1	0	0	74
	2003/73		2	12	14	21	23	30	13	132	2:4	0	0	1	102
	2003/74		2	12	19	22	27	32	1	132	2:4	2	0	1	114
	2003/75		16	17	19	22	31	33	11	042	4:2	2	2	0	138
	2003/76		1	13	16	18	20	33	2	141	3:3	1	0	0	97
	2003/77		4	12	16	22	24	25	6	132	1:5	1	2	2	103
	2003/78		7	12	23	26	29	30	11	114	3:3	0	2	0	127
	2003/79		12	15	22	23	26	31	4	033	3:3	3	2	11	129
	2003/80		9	20	24	25	28	30	10	114	2:4	0	23	1	136
	2003/81		1	2	14	26	29	30	7	213	2:4	1	2+2	0	102
	2003/82		7	17	18	19	30	31	14	132	4:2	1	3+2	1	122
	2003/83		1	3	14	18	26	28	1	222	2:4	1	0	1	90
	2003/84		2	6	7	10	17	33	3	411	3:3	0	2	1	75
	2003/85		1	4	11	12	19	27	14	321	4:2	0	20	1	74
	2003/86		5	12	16	18	26	30	13	132	1:5	1	0	1	89
	2003/87		2	3	4	5	24	28	13	402	4:2	1	4	1	66
	2003/88		3	10	21	22	24	33	12	222	3:3	2	2	1	91
	2003/89		18	19	21	26	27	33	16	033	4:2	2	2+2	0	144
	2004/01		1	2	3	7	10	25	7	501	4:2	0	3	0	48
	2004/02		10	12	18	22	30	31	11	132	1:5	1	2	2	123
	2004/03		3	5	6	17	26	33	8	312	4:2	0	2	2	90
	2004/04		10	19	22	23	25	29	9	123	4:2	0	2	1	128

派奖	期号	点评成语	红球						蓝球	三区比代码	奇偶	重球（个）	连球（个）	同音球（个）	和值
	2004/05		9	11	13	16	17	18	7	240	4:2	0	3	0	84
	2004/06		4	12	18	20	23	32	6	132	1:5	1	0	1	109
	2004/07		4	12	17	20	25	28	9	222	2:4	3	0	0	106
	2004/08		1	7	10	22	32	33	13	312	3:3	0	2	1	105
	2004/09		1	9	10	16	22	24	11	321	2:4	3	2	0	82
	2004/10		6	7	8	13	14	19	15	330	3:3	0	3+2	0	67
	2004/11		1	4	13	23	28	30	3	213	3:3	0	1	1	99
	2004/12		1	7	27	30	31	33	8	204	5:1	2	2	1	126
	2004/13		12	14	21	29	30	32	13	033	2:4	1	2	1	138
	2004/14		3	7	11	17	20	26	12	321	4:2	0	0	1	84
	2004/15		1	3	5	18	22	23	13	321	4:2	1	2	1	72
	2004/16		4	7	8	28	30	32	5	303	1:5	0	2	1	109
	2004/17		5	12	14	15	25	31	9	132	4:2	0	2	1	102
	2004/18		2	5	6	8	28	30	6	402	1:5	1	2	1	79
	2004/19		5	10	11	23	24	32	4	303	3:3	1	2+2	0	105
	2004/20		1	2	9	22	28	31	4	312	3:3	0	2	2	93
	2004/21		5	9	11	17	26	27	10	312	5:1	1	2	1	95
	2004/22		3	10	14	19	20	30	6	231	2:4	0	2	1	96
	2004/23		1	8	14	17	19	30	3	231	3:3	3	0	0	89
	2004/24		1	13	21	23	25	32	6	123	5:1	1	0	2	115
	2004/25		7	8	10	24	29	33	4	303	3:3	0	2	0	111
	2004/26		4	10	14	18	28	32	15	222	0:6	1	0	2	106
	2004/27		1	5	9	10	18	32	11	411	3:3	3	2	0	75
	2004/28		1	2	3	5	10	22	12	510	3:3	3	3	1	43
	2004/29		9	13	20	22	24	32	5	132	2:4	1	0	1	120
	2004/30		1	7	9	17	26	31	5	312	5:1	1	0	1	91
	2004/31		3	6	19	20	21	24	11	231	3:3	0	3	0	93
	2004/32		2	5	8	11	15	31	13	411	4:2	0	0	2	72
	2004/33		1	4	8	9	19	20	1	420	3:3	1	2+2	1	61
	2004/34		2	7	13	20	27	30	14	222	3:3	1	0	2	99

续表

派奖	期号	点评成语	红球						蓝球	三区比代码	奇偶	重球（个）	连球（个）	同音球（个）	和值
	2004/35		2	8	26	27	30	32	16	204	1：5	3	2	1	125
	2004/36		2	13	17	18	26	30	1	132	2：4	3	2	0	106
	2004/37		3	4	11	17	20	26	5	321	3：3	2	2	0	81
	2004/38		11	16	17	25	28	29	7	123	4：2	1	2＋2	0	126
	2004/39		10	16	18	25	26	29	3	123	2：4	3	2	1	124
	2004/40		7	17	19	20	21	29	11	141	5：1	1	3	2	113
	2004/41		8	10	17	22	25	29	14	222	3：3	2	0	0	111
	2004/42		6	10	13	17	18	21	2	240	3：3	2	2	0	85
	2004/43		4	9	10	21	22	24	10	321	2：4	2	2＋2	1	90
	2004/44		2	6	7	12	31	32	5	312	2：4	0	2＋2	1	90
	2004/45		1	12	18	26	27	28	13	123	2：4	1	3	1	112
	2004/46		7	15	16	22	23	32	14	132	3：3	0	2＋2	1	115
	2004/47		1	7	8	11	27	31	6	402	5：1	1	2	2	85
	2004/48		8	9	11	16	17	29	9	321	4：2	1	2＋2	0	90
	2004/49		11	12	14	16	25	29	9	132	3：3	3	2	0	107
	2004/50		6	7	19	21	25	29	2	232	5：1	1	2	1	107
	2004/51		2	3	9	10	15	29	11	411	4：2	1	2＋2	1	68
	2004/52		1	12	14	15	17	29	9	141	4：2	1	2	0	88
	2004/53		2	3	4	9	24	25	2	402	3：3	0	3＋2	1	67
	2004/54		9	11	14	16	27	28	11	222	3：3	1	2	0	105
	2004/55		6	8	19	25	29	32	7	213	3：3	0	0	1	119
	2004/56		1	20	21	25	29	30	2	123	4：2	1	2＋2	2	126
	2004/57		5	21	23	25	28	32	4	114	4：2	2	0	1	134
	2004/58		1	8	11	12	27	31	12	312	4：2	1	2	0	90
	2004/59		4	7	11	19	23	26	10	312	4：2	1	0	0	90
	2004/60		3	5	11	24	27	28	15	303	4：2	1	2	0	98
	2004/61		13	16	19	20	23	33	9	042	4：2	0	2	1	124
	2004/62		1	12	25	27	28	29	13	114	4：2	0	3	0	122
	2004/63		7	10	13	16	27	28	7	222	3：3	2	2	1	101
	2004/64		14	15	18	20	27	31	4	042	3：3	1	2	0	125

派奖	期号	点评成语	红球						蓝球	三区比代码	奇偶	重球（个）	连球（个）	同音球（个）	和值
	2004/65		13	14	27	29	32	33	8	024	4:2	2	2+2	1	148
	2004/66		5	13	20	23	24	25	3	123	4:2	1	3	1	110
	2004/67		1	6	7	13	16	32	4	321	3:3	1	2	1	75
	2004/68		2	8	11	13	24	31	15	312	3:3	1	0	1	89
	2004/69		2	11	15	20	22	29	5	231	3:3	2	0	1	99
	2004/70		10	12	21	22	30	33	6	132	2:4	1	2	1	128
	2004/71		3	8	16	17	21	29	6	231	4:2	1	2	0	94
	2004/72		8	15	18	28	30	33	14	123	2:4	1	0	1	132
	2004/73		2	7	13	16	23	28	16	222	3:3	1	0	1	89
	2004/74		5	6	15	19	26	29	13	222	4:2	0	2	2	100
	2004/75		7	18	21	26	27	28	7	123	3:3	1	3	2	127
	2004/76		3	5	13	17	25	31	7	222	6:0	0	0	2	94
	2004/77		8	9	10	14	16	26	7	321	1:5	0	3	2	83
	2004/78		4	5	10	21	24	26	5	312	2:4	1	2	1	90
	2004/79		7	13	14	17	19	30	3	141	4:2	0	2	1	100
	2004/80		3	8	20	23	24	26	16	213	2:4	0	2	1	104
	2004/81		3	5	21	24	27	32	6	213	4:2	1	0	0	112
	2004/82		3	20	24	27	29	30	15	114	3:3	3	2	1	142
	2004/83		14	16	27	28	30	33	6	024	2:4	2	2	0	148
	2004/84		1	4	8	11	21	25	14	411	4:2	0	0	1	70
	2004/85		3	8	11	29	30	32	1	303	3:3	2	2	0	113
	2004/86		10	13	18	19	25	27	1	132	4:2	0	2	0	112
	2004/87		1	3	7	8	25	26	14	402	4:2	1	2+2	0	70
	2004/88		2	10	19	22	24	32	14	222	1:5	0	0	1	109
	2004/89		14	17	20	25	28	30	14	033	2:4	0	0	1	134
	2004/90		1	18	20	24	32	33	12	123	2:4	1	2	0	128
	2004/91		9	13	14	21	30	33	1	132	4:2	1	2	1	120
	2004/92		1	4	8	13	28	31	2	312	3:3	1	0	2	85
	2004/93		11	14	20	27	32	33	5	123	3:3	0	2	0	137
	2004/94		5	9	10	13	24	25	8	312	4:2	0	2	1	86

续表

派奖	期号	点评成语	红球						蓝球	三区比代码	奇偶	重球（个）	连球（个）	同音球（个）	和值
	2004/95		19	22	27	28	30	32	1	024	2:4	0	2	1	158
	2004/96		1	4	12	16	20	30	15	231	1:5	1	0	1	83
	2004/97		10	19	20	26	29	31	14	123	3:3	1	2	2	135
	2004/98		3	12	13	25	26	31	3	123	4:2	2	2+2	1	110
	2004/99		5	10	21	22	26	33	2	222	3:3	1	2	0	117
	2004/100		6	8	9	14	24	33	15	312	2:4	1	2	1	94
	2004/101		2	9	14	19	25	26	15	222	3:3	2	2	1	95
	2004/102		3	9	12	15	28	32	1	222	3:3	1	0	1	99
	2004/103		1	2	3	9	16	21	2	420	4:2	2	3	1	52
	2004/104		7	11	17	18	24	29	5	222	4:2	0	2	1	106
	2004/105		7	9	10	21	23	30	12	312	4:2	1	2	1	100
	2004/106		10	15	23	26	28	29	12	114	2:4	2	2	0	131
	2004/107		1	2	12	13	18	20	7	240	2:4	0	2	1	72
	2004/108		8	13	14	27	28	31	12	123	3:3	2	2+2	1	121
	2004/109		6	8	10	17	30	31	14	312	2:4	2	2	1	102
	2004/110		14	19	20	21	22	31	11	051	3:3	1	4	1	132
	2004/111		11	16	18	28	26	31	2	132	2:4	2	0	2	122
	2004/112		9	13	15	21	26	33	6	132	5:1	1	0	1	117
	2004/113		8	10	23	25	31	32	7	204	3:3	0	2	0	129
	2004/114		1	6	9	17	21	22	1	330	4:2	0	2	1	76
	2004/115		2	16	20	30	31	33	1	123	2:4	0	2	1	132
	2004/116		1	3	5	8	14	33	3	411	4:2	1	0	1	64
	2004/117		1	3	7	13	24	26	7	312	4:2	3	2	1	74
	2004/118		3	4	7	12	30	31	15	312	3:3	2	2+2	0	87
	2004/119		6	9	18	20	25	33	6	222	3:3	0	0	0	111
	2004/120		7	8	18	21	27	32	10	222	3:3	1	2	2	113
	2004/121		7	13	16	18	30	32	10	132	2:4	3	0	0	116
	2004/122		3	11	14	22	24	31	15	222	3:3	0	0	0	105
	2005/01		1	7	8	23	27	28	14	303	4:2	0	2+2	2	94
	2005/02		6	9	20	26	28	33	14	213	2:4	1	0	1	122

派奖	期号	点评成语	红球						蓝球	三区比代码	奇偶	重球（个）	连球（个）	同音球（个）	和值
	2005/03		9	12	15	19	22	31	16	141	4:2	1	0	2	108
	2005/04		1	4	8	9	22	23	3	411	3:3	2	2+2	0	67
	2005/05		5	9	20	26	28	33	15	213	3:3	1	0	0	121
	2005/06		2	4	5	15	21	31	16	321	4:2	1	2	2	78
	2005/07		7	15	17	20	23	33	15	132	5:1	1	0	2	115
	2005/08		11	19	22	27	32	33	11	123	4:2	1	2	1	144
	2005/09		2	17	22	27	29	31	14	123	4:2	2	0	1	138
	2005/10		8	10	11	18	25	26	1	312	2:4	0	2+2	1	98
	2005/11		9	11	13	15	22	30	15	231	4:2	1	0	0	100
	2005/12		2	3	6	16	22	31	5	321	2:4	1	2	2	80
	2005/13		7	8	16	19	20	24	6	231	2:4	1	2+2	0	94
	2005/14		13	19	21	23	30	32	5	033	4:2	1	0	1	138
	2005/15		4	8	9	16	17	29	15	321	3:3	0	2+2	1	83
	2005/16		1	5	6	12	16	30	15	321	2:4	1	2	1	70
	2005/17		2	6	10	25	27	31	3	303	3:3	1	0	0	101
	2005/18		1	3	6	22	23	25	6	303	4:2	2	2	1	80
	2005/19		6	11	12	13	19	22	8	240	3:3	2	3	1	83
	2005/20		14	16	19	20	25	29	5	042	3:3	1	2	1	123
	2005/21		2	6	24	26	30	31	16	204	1:5	0	2	1	119
	2005/22		8	10	12	21	32	33	4	222	2:4	0	2	1	116
	2005/23		10	15	19	20	21	25	12	141	4:2	2	3	2	110
	2005/24		5	9	14	27	31	32	13	213	4:2	0	2	0	118
	2005/25		1	7	10	11	13	32	7	411	4:2	1	2	1	74
	2005/26		6	10	14	20	25	26	7	132	1:5	0	2	1	103
	2005/27		1	3	4	6	21	32	15	411	3:3	1	2	1	67
	2005/28		4	9	22	25	26	32	10	213	2:4	2	2	1	118
	2005/29		2	14	21	22	27	30	14	132	2:4	1	2	1	114
	2005/30		1	5	9	14	22	28	5	321	3:3	1	0	0	79
	2005/31		4	10	16	20	23	32	7	222	1:5	0	0	1	105
	2005/32		5	15	19	20	25	29	3	132	5:1	1	2	2	113

续表

派奖	期号	点评成语	红球						蓝球	三区比代码	奇偶	重球(个)	连球(个)	同音球(个)	和值
	2005/33		7	8	12	14	19	20	7	330	2:4	2	2+2	0	80
	2005/34		5	17	18	25	28	32	9	123	3:3	0	2	1	125
	2005/35		12	16	21	28	29	30	14	033	2:4	1	3	0	136
	2005/36		12	19	20	21	26	31	15	042	3:3	2	3	1	129
	2005/37		7	12	14	22	24	32	16	132	1:5	1	0	2	111
	2005/38		4	7	11	20	27	28	16	312	3:3	1	2	1	97
	2005/39		2	16	18	19	21	29	9	141	3:3	0	2	1	105
	2005/40		1	12	21	24	30	32	13	123	2:4	1	0	2	120
	2005/41		2	11	16	23	24	29	3	213	2:4	1	2	0	105
	2005/42		11	16	21	26	27	30	15	123	3:3	2	2	1	131
	2005/43		4	5	6	7	8	32	5	501	2:4	0	5	0	62
	2005/44		1	6	16	17	18	22	9	240	2:4	1	3	1	80
	2005/45		1	7	10	15	18	20	10	330	3:3	2	0	1	71
	2005/46		9	16	18	20	22	24	5	141	1:5	2	0	0	109
	2005/47		2	3	5	7	8	27	15	501	4:2	0	2+2	1	52
	2005/48		6	7	8	10	16	28	2	411	1:5	2	3	2	75
	2005/49		2	3	7	8	10	25	12	402	3:3	3	2+2	0	55
	2005/50		2	9	12	20	26	32	13	222	1:5	1	0	1	101
	2005/51		3	6	14	19	20	21	2	240	3:3	1	3	0	83
	2005/52		1	2	14	17	30	32	1	222	2:4	1	2	2	96
	2005/53		4	7	10	14	27	29	9	312	3:3	1	0	2	91
	2005/54		5	13	17	18	21	29	14	141	5:1	1	2	1	103
	2005/55		1	20	22	30	32	33	9	123	2:4	1	2	2	138
	2005/56		12	17	19	27	29	31	9	033	5:1	0	0	2	135
	2005/57		5	6	10	15	30	31	13	312	3:3	1	2+2	2	98
	2005/58		4	6	10	21	25	26	10	312	2:4	1	2	1	92
	2005/59		7	11	14	18	24	29	7	222	3:3	0	0	1	103
	2005/60		9	12	21	25	31	33	13	123	5:1	0	0	1	131
	2005/61		5	9	14	21	23	24	1	222	4:2	2	2	1	96
	2005/62		2	7	11	12	20	23	7	321	3:3	1	2	1	75

派奖	期号	点评成语	红球						蓝球	三区比代码	奇偶	重球（个）	连球（个）	同音球（个）	和值
	2005/63		2	11	13	18	22	30	4	231	2:4	2	0	1	96
	2005/64		10	18	23	27	30	32	8	114	2:4	2	0	1	140
	2005/65		12	16	17	21	22	23	16	051	3:3	1	2+3	1	111
	2005/66		2	4	10	11	25	28	5	402	2:4	0	2	0	80
	2005/67		3	12	16	20	21	26	16	141	2:4	0	2	1	98
	2005/68		1	8	10	13	25	33	13	312	4:2	0	0	1	90
	2005/69		7	9	21	24	31	33	12	213	5:1	1	0	1	125
	2005/70		3	4	8	14	16	26	4	321	1:5	0	2	2	71
	2005/71		4	8	12	14	16	22	10	240	0:6	4	0	2	76
	2005/72		6	10	19	20	24	23	11	222	2:4	0	2	1	112
	2005/73		1	6	8	9	18	20	1	420	2:4	2	2	1	62
	2005/74		6	9	18	20	26	29	9	222	2:4	3	0	2	108
	2005/75		11	13	14	16	18	31	14	141	3:3	1	2	1	103
	2005/76		4	9	11	22	25	28	13	312	3:3	1	0	0	99
	2005/77		8	17	22	24	32	33	16	123	2:4	1	2	1	136
	2005/78		3	11	15	20	26	32	11	222	3:3	1	0	0	107
	2005/79		3	9	20	24	25	28	5	213	3:3	2	0	2	109
	2005/80		1	12	14	26	27	32	16	123	2:4	0	2	1	112
	2005/81		2	4	10	12	26	30	3	312	0:6	2	0	2	84
	2005/82		1	7	11	14	19	20	12	330	4:2	0	2	1	72
	2005/83		3	5	9	14	16	30	13	321	3:3	1	0	0	77
	2005/84		1	2	7	15	19	20	3	330	4:2	0	2+2	0	64
	2005/85		8	9	13	14	20	22	12	240	2:4	1	2+2	0	86
	2005/86		7	11	12	24	27	29	12	213	4:2	0	2	1	110
	2005/87		8	9	15	16	23	26	8	222	3:3	0	2+2	1	97
	2005/88		1	3	7	18	20	24	7	321	3:3	1	0	0	73
	2005/89		5	19	20	23	26	31	12	123	4:2	1	2	0	124
	2005/90		1	9	21	25	29	32	3	213	5:1	0	0	1	117
	2005/91		1	11	12	15	26	27	13	222	3:3	1	2+2	1	92
	2005/92		8	13	19	26	28	31	10	123	3:3	1	0	1	125

续表

派奖	期号	点评成语	红球						蓝球	三区比代码	奇偶	重球（个）	连球（个）	同音球（个）	和值
	2005/93		4	6	17	23	25	29	14	213	4:2	0	0	0	104
	2005/94		3	5	9	23	27	33	3	303	6:0	1	0	1	100
	2005/95		9	12	18	21	28	29	5	132	3:3	1	2	2	117
	2005/96		4	5	17	18	26	33	4	222	3:3	1	2+2	0	103
	2005/97		5	10	23	27	28	30	15	204	3:3	1	2	1	123
	2005/98		12	15	19	22	31	33	1	042	4:2	0	0	1	132
	2005/99		10	13	16	22	24	31	9	132	2:4	2	0	1	116
	2005/100		2	4	9	14	16	31	3	321	2:4	2	0	1	76
	2005/101		9	16	19	21	22	24	12	141	3:3	2	2	1	111
	2005/102		2	5	6	14	24	31	12	312	2:4	1	2	1	82
	2005/103		4	7	16	18	23	30	7	222	2:4	0	0	0	98
	2005/104		2	4	21	23	30	33	9	213	3:3	3	0	1	113
	2005/105		4	15	23	30	32	33	3	114	3:3	2	2	1	137
	2005/106		1	11	13	24	26	31	13	213	4:2	0	0	1	106
	2005/107		9	10	20	24	25	26	11	213	2:4	2	2+3	1	114
	2005/108		3	10	17	24	29	30	6	213	2:4	1	2	2	108
	2005/109		3	5	13	15	17	31	4	231	6:0	1	0	2	84
	2005/110		7	10	16	19	24	25	9	222	3:3	0	2	0	101
	2005/111		3	7	15	16	19	29	9	231	5:1	3	2	1	89
	2005/112		4	12	22	28	29	30	16	123	1:5	1	3	1	125
	2005/113		15	18	20	22	26	27	3	042	2:4	1	2	0	128
	2005/114		6	7	10	15	21	27	6	321	4:2	2	2	0	86
	2005/115		3	12	18	23	30	33	2	123	3:3	0	0	0	119
	2005/116		4	6	8	14	15	30	10	321	1:5	1	2	0	77
	2005/117		6	17	22	27	28	32	3	123	2:4	1	2	1	132
	2005/118		4	9	12	15	26	31	16	222	3:3	0	0	0	97
	2005/119		1	7	11	18	20	22	2	240	3:3	0	0	1	79
	2005/120		1	6	13	18	30	32	14	222	2:4	1	0	0	100
	2005/121		1	7	20	25	31	32	12	213	4:2	2	2	1	116
	2005/122		1	4	7	14	30	32	9	312	2:4	2	0	1	88

派奖	期号	点评成语	红球						蓝球	三区比代码	奇偶	重球（个）	连球（个）	同音球（个）	和值
	2005/123		11	12	13	17	18	25	7	141	4:2	0	3+2	0	96
	2005/124		5	6	10	19	31	33	11	312	4:2	0	2	0	104
	2005/125		6	14	18	28	31	32	3	123	1:5	2	2	1	129
	2005/126		2	8	13	19	25	26	9	222	2:4	0	2	0	93
	2005/127		4	6	11	14	23	25	12	312	3:3	1	0	1	83
	2005/128		2	4	14	23	29	33	15	213	3:3	3	0	2	105
	2005/129		5	10	14	20	27	33	3	222	3:3	2	0	1	109
	2005/130		3	5	9	15	20	25	16	321	5:1	2	0	1	77
	2005/131		2	7	10	11	12	24	5	411	2:4	0	3	1	66
	2005/132		2	4	10	18	27	29	15	312	2:4	0	2	0	90
	2005/133		1	7	14	16	18	25	11	231	3:3	1	0	0	81
	2005/134		4	13	14	18	26	30	1	132	1:5	2	2	1	105
	2005/135		1	5	13	15	21	25	11	231	6:0	1	0	2	80
	2005/136		5	14	16	18	25	27	13	132	3:3	2	0	2	105
	2005/137		3	9	15	23	25	33	2	213	6:0	1	0	2	108
	2005/138		3	5	6	11	20	22	13	420	3:3	1	0	0	67
	2005/139		2	7	20	23	32	33	10	213	3:3	1	2	2	118
	2005/140		4	6	7	8	12	17	7	420	2:4	1	3	1	54
	2005/141		3	5	8	12	16	19	15	330	3:3	2	0	0	63
	2005/142		7	10	12	17	22	29	5	231	3:3	1	0	0	97
	2005/143		3	10	15	17	20	32	8	231	3:3	2	0	1	97
	2005/144		1	8	14	15	19	27	9	231	4:2	1	2	0	84
	2005/145		3	7	8	17	20	28	15	321	3:3	1	2	2	83
	2005/146		7	11	19	20	24	28	2	222	3:3	1	23	1	109
	2005/147		6	7	15	27	28	30	10	213	3:3	2	2+2	1	113
	2005/148		3	15	17	23	24	29	13	123	5:1	1	2	1	111
	2005/149		11	16	21	23	25	32	7	123	4:2	1	0	1	128
	2005/150		3	7	10	14	18	20	2	330	2:4	0	0	1	72
	2005/151		4	11	12	13	19	30	5	231	3:3	0	3	0	89
	2005/152		1	5	12	14	21	27	3	231	4:2	1	0	1	80

派奖	期号	点评成语	红球						蓝球	三区比代码	奇偶	重球（个）	连球（个）	同音球（个）	和值
	2005/153		4	5	7	21	26	29	1	312	4∶2	2	2	0	92
	2006/01		1	12	15	19	21	28	3	141	4∶2	1	0	1	96
	2006/02		7	13	16	21	26	28	9	132	3∶3	2	0	1	111
	2006/03		2	4	5	6	16	20	12	420	1∶5	1	3	1	53
	2006/04		4	8	17	27	28	31	7	213	3∶3	1	2	2	115
	2006/05		3	19	20	24	26	27	11	123	3∶3	1	2＋2	0	119
	2006/06		8	21	22	23	26	32	14	123	2∶4	1	3	1	132
	2006/07		4	16	18	27	32	33	7	123	2∶4	1	2	0	130
	2006/08		3	5	9	18	28	32	16	312	3∶3	2	0	1	95
	2006/09		5	6	8	20	26	30	6	312	1∶5	1	2	2	95
	2006/10		4	6	12	19	27	29	8	222	3∶3	1	2	1	97
	2006/11		5	7	8	14	27	31	11	312	4∶2	1	2	1	92
	2006/12		9	11	13	27	31	33	11	213	6∶0	2	0	2	124
	2006/13		1	5	6	12	16	21	11	330	3∶3	0	2	2	61
	2006/14		6	14	26	29	32	33	7	114	2∶4	1	2	1	140
	2006/15		2	3	9	15	29	32	3	312	4∶2	2	2	2	90
	2006/16		1	7	13	17	23	30	16	222	5∶1	0	0	2	91
	2006/17		3	4	8	31	32	33	2	303	3∶3	0	2＋3	1	111
	2006/18		1	13	14	17	24	26	7	132	3∶3	0	20	1	95
	2006/19		4	6	13	22	26	32	7	222	1∶5	2	0	1	103
	2006/20		5	9	21	23	26	29	13	213	4∶2	1	0	1	113
	2006/21		1	2	5	20	21	22	9	330	3∶3	2	2＋3	2	71
	2006/22		2	3	4	13	16	27	3	321	3∶3	1	3	1	65
	2006/23		4	13	14	19	23	28	8	132	3∶3	1	2	1	101
	2006/24		2	7	9	11	21	27	6	411	5∶1	0	2	1	77
	2006/25		3	4	17	19	24	32	5	222	3∶3	0	1	1	99
	2006/26		1	2	18	22	29	32	3	222	2∶4	1	2	1	104
	2006/27		6	8	11	14	16	27	15	321	2∶4	0	0	1	82
	2006/28		5	7	14	16	17	27	2	231	4∶2	3	1	1	86
	2006/29		3	4	7	9	14	19	8	420	4∶2	2	2	2	56

派奖	期号	点评成语	红球						蓝球	三区比代码	奇偶	重球（个）	连球（个）	同音球（个）	和值
	2006/30		8	13	15	17	20	32	14	141	3:3	0	0	0	105
	2006/31		3	10	12	16	31	32	14	222	2:4	1	2	1	104
	2006/32		5	18	20	24	26	31	9	123	2:4	1	0	0	124
	2006/33		15	20	22	23	27	31	6	033	4:2	2	2	0	138
	2006/34		2	10	15	16	17	33	13	231	3:3	1	3	0	93
	2006/35		3	9	13	21	27	29	13	222	6:0	0	0	2	102
	2006/36		4	7	10	16	17	21	9	330	3:3	1	2	1	75
	2006/37		2	12	23	24	25	32	14	114	2:4	0	3	1	118
	2006/38		2	14	17	19	22	30	10	141	2:4	1	0	1	104
	2006/39		16	19	22	28	31	32	3	033	2:4	2	2	1	148
	2006/40		15	22	25	26	28	33	3	024	3:3	2	2	1	149
	2006/41		3	10	16	18	21	28	4	231	2:4	1	0	1	96
	2006/42		3	16	23	26	28	31	11	114	3:3	3	0	1	127
	2006/43		5	12	13	16	23	32	3	132	3:3	2	2	2	101
	2006/44		2	10	18	21	30	31	5	222	2:4	0	2	2	112
	2006/45		6	7	10	14	20	21	4	330	2:4	2	2	1	78
	2006/46		13	18	23	29	31	32	8	024	4:2	0	2	1	146
	2006/47		2	17	20	22	28	32	3	132	1:5	1	0	1	121
	2006/48		9	13	19	25	29	32	12	123	5:1	1	0	1	127
	2006/49		6	10	12	13	17	20	3	240	2:4	1	2	0	78
	2006/50		2	6	12	15	25	31	7	222	3:3	2	0	1	91
	2006/51		2	6	7	17	27	30	16	312	3:3	2	2	1	89
	2006/52		11	24	26	27	30	32	3	105	2:4	2	2	0	150
	2006/53		1	11	17	27	28	31	2	213	5:1	2	2	2	115
	2006/54		3	5	7	10	28	30	4	402	3:3	1	0	1	83
	2006/55		4	5	28	29	31	33	11	204	4:2	2	2+2	0	130
	2006/56		11	13	15	21	23	25	8	132	6:0	0	0	2	108
	2006/57		3	4	17	18	21	31	8	231	4:2	1	2+2	1	94
	2006/58		1	12	22	23	24	25	14	123	3:3	0	4	1	107
	2006/59		5	10	15	17	27	29	11	222	5:1	0	0	1	103

续表

派奖	期号	点评成语	红球						蓝球	三区比代码	奇偶	重球(个)	连球(个)	同音球(个)	和值
	2006/60		5	15	19	23	30	32	14	123	4:2	2	0	1	124
	2006/61		5	13	17	19	25	30	11	132	5:1	3	0	1	109
	2006/62		18	22	23	24	26	30	1	024	1:5	1	3	0	143
	2006/63		4	5	15	21	23	24	8	222	4:2	2	2+2	2	92
	2006/64		3	12	14	21	24	28	11	132	2:4	2	0	1	102
	2006/65		4	8	17	28	29	30	13	213	2:4	1	3	1	116
	2006/66		6	8	11	18	30	33	5	312	2:4	2	0	1	106
	2006/67		7	8	11	16	17	24	13	321	3:3	2	2+2	1	83
	2006/68		3	7	10	14	30	33	10	312	3:3	1	0	2	97
	2006/69		5	16	20	22	29	30	8	132	2:4	1	2	1	122
	2006/70		2	3	11	13	20	27	2	321	4:2	1	2	1	76
	2006/71		5	11	12	19	29	31	1	222	5:1	1	2	2	107
	2006/72		2	3	5	20	21	24	8	321	3:3	1	2+2	0	75
	2006/73		5	13	16	18	27	29	12	132	4:2	1	0	1	108
	2006/74		1	3	15	19	25	33	4	222	6:0	0	0	1	96
	2006/75		10	21	22	23	25	33	11	123	4:2	2	3	1	134
	2006/76		4	10	17	21	29	32	14	222	3:3	2	0	0	113
	2006/77		8	9	12	13	19	33	9	231	4:2	0	2+2	1	94
	2006/78		3	5	17	22	31	33	12	222	5:1	1	0	1	111
	2006/79		6	11	13	17	20	32	8	231	3:3	1	0	0	99
	2006/80		15	17	20	22	26	29	9	042	3:3	2	0	0	129
	2006/81		14	16	18	21	22	32	4	051	1:5	1	2	1	123
	2006/82		3	13	15	23	28	29	9	123	5:1	0	2	1	111
	2006/83		7	9	18	19	26	29	10	222	4:2	1	2	1	108
	2006/84		1	12	17	21	25	26	12	132	4:2	1	0	1	102
	2006/85		2	6	18	21	24	25	8	222	2:4	2	0	0	96
	2006/86		4	6	10	24	26	31	6	303	1:5	2	0	2	101
	2006/87		4	5	8	9	12	30	5	411	2:4	1	2+2	0	68
	2006/88		3	11	20	24	25	26	1	213	3:3	0	3	0	109
	2006/89		1	13	16	18	19	22	1	150	3:3	0	2	0	89

派奖	期号	点评成语	红球						蓝球	三区比代码	奇偶	重球（个）	连球（个）	同音球（个）	和值
	2006/90		2	11	15	20	23	29	11	222	4:2	0	0	0	100
	2006/91		7	8	12	21	22	24	7	231	2:4	0	2+2	1	94
	2006/92		2	8	11	16	20	21	14	330	2:4	2	2	1	78
	2006/93		2	12	16	18	19	23	5	141	2:4	2	2	1	90
	2006/94		15	16	17	18	24	33	13	042	3:3	2	4	0	123
	2006/95		1	3	17	20	21	29	16	231	5:1	1	2	1	91
	2006/96		1	5	9	13	18	33	14	321	5:1	1	0	1	79
	2006/97		11	14	15	20	26	27	12	132	3:3	0	2+2	0	113
	2006/98		6	7	10	11	18	23	16	411	3:3	1	2+2	0	75
	2006/99		9	12	18	23	24	27	5	123	3:3	2	2	0	113
	2006/100		1	11	18	26	30	32	3	213	2:4	1	0	1	118
	2006/101		9	12	20	26	27	28	16	123	2:4	1	3	0	122
	2006/102		1	4	13	19	20	24	11	231	3:3	1	2	1	81
	2006/103		12	14	15	25	28	31	6	033	3:3	0	2	0	125
	2006/104		3	7	22	27	28	31	11	213	4:2	2	2	0	118
	2006/105		5	12	14	15	20	31	1	141	3:3	1	2	1	97
	2006/106		2	12	14	19	28	33	10	132	2:4	2	0	1	108
	2006/107		1	6	8	13	17	30	7	321	3:3	0	0	2	75
	2006/108		2	6	8	20	24	30	9	312	0:6	3	0	1	90
	2006/109		1	5	17	18	23	26	13	222	4:2	0	2	0	90
	2006/110		9	12	14	18	27	33	13	132	3:3	1	0	0	113
	2006/111		1	8	11	16	17	22	15	330	3:3	0	2	1	74
	2006/112		4	9	13	15	31	33	11	222	5:1	0	0	1	105
	2006/113		5	14	17	18	28	33	2	132	3:3	1	2	0	115
	2006/114		8	10	14	20	27	29	16	222	2:4	1	0	1	108
	2006/115		1	10	20	26	28	29	15	213	2:4	3	2	1	114
	2006/116		5	16	21	22	32	33	9	132	3:3	0	2+2	1	129
	2006/117		6	14	20	22	23	26	9	132	1:5	1	2	1	111
	2006/118		1	3	7	8	10	30	5	510	3:3	0	2	1	59
	2006/119		1	2	14	20	27	30	2	222	2:4	2	2	1	94

派奖	期号	点评成语	红球						蓝球	三区比代码	奇偶	重球（个）	连球（个）	同音球（个）	和值
	2006/120		6	8	14	15	24	33	9	222	2:4	1	2	1	100
	2006/121		3	4	6	27	31	33	6	303	4:2	2	2	1	104
	2006/122		4	5	6	8	22	24	3	411	1:5	2	3	0	69
	2006/123		2	3	20	25	28	32	6	213	2:4	0	2	1	110
	2006/124		12	13	14	18	31	32	13	042	2:4	1	3+2	1	110
	2006/125		15	19	23	30	32	33	6	024	4:2	1	2	1	152
	2006/126		2	8	13	16	24	33	9	222	2:4	1	0	1	96
	2006/127		3	4	11	17	19	30	1	321	4:2	0	2	0	84
	2006/128		4	15	21	30	31	33	5	123	4:2	2	2	1	130
	2006/129		9	14	18	22	27	29	12	132	3:3	0	0	1	119
	2006/130		1	12	21	22	30	32	2	132	2:4	1	2	2	118
	2006/131		3	4	9	22	26	33	1	312	3:3	1	2	1	97
	2006/132		6	14	22	26	30	33	1	123	1:5	3	0	1	131
	2006/133		4	6	20	25	29	31	3	213	3:3	1	0	0	115
	2006/134		10	13	18	26	28	30	12	123	1:5	0	0	1	125
	2006/135		4	19	21	22	23	31	4	132	4:2	0	3	1	120
	2006/136		11	15	17	21	22	24	5	132	4:2	2	2	1	110
	2006/137		10	14	17	21	27	31	9	132	4:2	2	0	2	120
	2006/138		4	9	11	17	18	26	8	321	3:3	1	2	0	85
	2006/139		7	8	14	21	23	25	5	222	4:2	0	2	0	98
	2006/140		1	8	11	18	19	23	5	321	4:2	2	2	2	80
	2006/141		16	18	22	23	25	31	11	033	3:3	2	2	0	135
	2006/142		10	16	19	22	26	27	16	132	2:4	2	2	1	120
	2006/143		1	15	20	29	31	32	8	123	4:2	0	2	1	128
	2006/144		4	10	13	16	22	29	6	231	2:4	1	0	0	94
	2006/145		2	7	23	26	28	31	7	204	3:3	0	0	0	117
	2006/146		3	9	13	23	28	30	5	213	4:2	2	0	1	106
	2006/147		1	4	15	17	27	31	1	222	5:1	0	0	2	95
	2006/148		4	8	12	13	23	29	1	222	3:3	1	2	1	89
	2006/149		2	3	5	11	15	32	15	411	4:2	0	2	2	68

派奖	期号	点评成语	红球						蓝球	三区比代码	奇偶	重球（个）	连球（个）	同音球（个）	和值
	2006/150		8	9	12	18	25	27	12	222	3:3	0	2	1	99
	2006/151		1	3	4	6	16	22	8	420	2:4	0	2	1	52
	2006/152		1	14	20	25	27	31	15	123	4:2	1	0	1	118
	2006/153		1	7	11	20	30	33	10	312	4:2	2	0	2	102
	2006/154		7	14	18	20	30	33	13	132	2:4	1	0	1	122
	2007/01		2	4	9	10	20	26	14	411	1:5	1	0	1	71
	2007/02		5	6	14	20	21	22	1	240	2:4	1	2+3	0	88
	2007/03		5	9	11	12	22	27	15	321	4:2	2	2	1	86
	2007/04		3	7	10	13	25	33	10	312	5:1	0	0	1	91
	2007/05		1	5	6	16	24	30	12	312	2:4	0	2	1	82
	2007/06		6	10	14	22	26	27	11	222	1:5	1	2	1	105
	2007/07		4	12	15	17	22	32	14	141	2:4	1	0	1	102
	2007/08		1	4	5	18	19	25	10	321	4:2	1	2+2	1	72
	2007/09		2	4	14	15	25	27	15	222	3:3	2	2	2	87
	2007/10		3	8	14	17	30	32	5	222	2:4	1	0	0	104
	2007/11		3	10	15	25	28	33	16	213	4:2	1	0	2	114
	2007/12		3	6	7	21	26	28	4	312	3:3	2	2	1	91
	2007/13		5	15	18	27	29	32	5	123	4:2	0	0	1	126
	2007/14		1	13	16	20	24	26	9	132	2:4	0	0	1	100
	2007/15		3	4	8	18	22	30	15	321	1:5	0	2	1	85
	2007/16		1	18	20	22	26	33	5	132	2:4	2	0	0	120
	2007/17		5	9	10	24	25	32	14	303	3:3	0	2+2	1	105
	2007/18		1	12	18	20	21	26	11	141	2:4	0	2	1	98
	2007/19		4	11	16	23	29	31	14	213	4:2	0	0	1	114
	2007/20		5	10	16	20	28	31	14	222	2:4	1	0	1	110
	2007/21		3	6	9	11	25	31	13	402	5:1	1	0	1	85
	2007/22		2	4	7	10	18	27	10	411	2:4	0	0	1	68
	2007/23		3	7	13	17	32	33	2	222	5:1	1	2	2	105
	2007/24		8	9	17	25	27	32	6	213	4:2	2	2	1	118
	2007/25		3	16	18	22	23	26	3	132	2:4	0	2	1	108

续表

派奖	期号	点评成语	红球						蓝球	三区比代码	奇偶	重球（个）	连球（个）	同音球（个）	和值
	2007/26		1	4	14	16	26	29	10	222	2:4	2	0	1	90
	2007/27		2	3	9	22	24	27	11	312	3:3	0	2	1	87
	2007/28		3	8	13	20	29	30	11	222	3:3	1	2	2	103
	2007/29		6	8	9	11	19	21	10	420	4:2	1	2	2	74
	2007/30		3	16	21	22	27	30	4	132	3:3	1	2	0	119
	2007/31		4	6	10	12	19	31	1	321	2:4	0	0	0	82
	2007/32		4	8	16	24	30	32	6	213	0:6	1	0	1	114
	2007/33		3	4	11	17	18	28	9	321	3:3	1	2＋2	1	81
	2007/34		2	9	12	14	23	25	16	222	3:3	0	0	1	85
	2007/35		1	4	8	12	29	31	6	312	3:3	1	0	1	85
	2007/36		3	14	21	23	30	31	10	123	4:2	1	2	1	122
	2007/37		10	11	16	23	31	33	16	213	4:2	2	2	2	124
	2007/38		3	11	14	19	21	30	5	231	4:2	1	0	1	98
	2007/39		6	7	19	24	27	29	10	213	4:2	1	2	1	112
	2007/40		13	14	15	19	24	30	10	042	3:3	2	3	1	115
	2007/41		1	3	9	11	26	31	12	402	5:1	0	0	1	81
	2007/42		3	13	16	19	32	33	8	132	4:2	1	2	1	116
	2007/43		3	8	10	11	14	30	5	411	2:4	1	2	1	76
	2007/44		9	13	20	21	24	32	8	132	3:3	0	2	0	119
	2007/45		1	12	18	21	28	30	10	132	2:4	1	0	1	110
	2007/46		2	6	7	9	19	26	14	411	3:3	0	2	1	75
	2007/47		2	4	16	18	23	30	6	222	1:5	1	0	0	93
	2007/48		2	11	12	15	17	28	12	231	3:3	1	2	1	85
	2007/49		4	14	18	19	31	33	2	132	3:3	0	2	1	119
	2007/50		1	5	8	13	18	25	2	321	4:2	1	0	1	70
	2007/51		3	14	16	26	27	33	13	123	3:3	0	2	1	119
	2007/52		2	3	7	8	26	29	7	402	3:3	2	2＋2	0	75
	2007/53		10	13	16	17	18	27	11	141	3:3	0	3	0	101
	2007/54		1	3	6	18	23	28	5	222	3:3	1	0	1	79
	2007/55		2	6	11	22	28	29	2	312	2:4	2	2	1	98

派奖	期号	点评成语	红球						蓝球	三区比代码	奇偶	重球（个）	连球（个）	同音球（个）	和值
	2007/56		14	17	21	29	31	32	12	033	4:2	1	2	1	144
	2007/57		5	11	18	19	20	21	9	240	4:2	1	2+2	1	94
	2007/58		7	8	10	13	25	27	7	312	4:2	0	2	1	90
	2007/59		1	3	4	6	7	29	14	501	4:2	1	2+2	0	50
	2007/60		1	2	8	16	19	29	5	321	3:3	2	2	1	75
	2007/61		1	6	7	11	20	23	5	411	4:2	1	2	1	68
	2007/62		8	17	20	29	30	33	9	123	3:3	1	2	1	137
	2007/63		10	15	17	24	26	28	12	123	2:4	1	0	0	120
	2007/64		2	6	9	16	21	23	16	321	3:3	0	0	1	77
	2007/65		4	7	19	21	25	31	7	222	5:1	1	0	1	107
	2007/66		5	11	16	24	32	33	8	213	3:3	0	2	0	121
	2007/67		6	11	13	17	21	23	11	231	5:1	1	0	2	91
	2007/68		11	18	19	22	23	28	1	132	3:3	2	2+2	1	121
	2007/69		3	4	11	12	14	32	12	321	2:4	1	2	2	76
	2007/70		6	8	15	17	18	30	12	231	2:4	0	2	1	94
	2007/71		1	6	14	21	30	31	9	222	3:3	2	2	1	103
	2007/72		2	4	8	13	14	33	16	321	2:4	1	2	2	74
	2007/73		5	9	11	19	28	31	2	312	5:1	0	0	2	103
	2007/74		8	13	15	25	27	28	3	123	4:2	1	2	2	116
	2007/75		13	16	17	22	30	32	3	042	2:4	1	2	1	130
	2007/76		6	12	15	16	20	31	2	141	2:4	1	2	1	100
	2007/77		6	8	14	21	28	29	1	222	2:4	1	2	1	106
	2007/78		4	6	7	23	25	32	1	303	3:3	1	2	0	97
	2007/79		3	4	14	20	21	25	14	231	3:3	2	2+2	1	87
	2007/80		1	8	16	18	19	29	4	231	3:3	0	2	2	91
	2007/81		9	14	15	19	24	33	13	132	4:2	1	2	2	114
	2007/82		5	15	17	18	25	32	15	132	4:2	1	2	1	112
	2007/83		11	14	18	20	21	26	5	141	2:4	1	2	1	110
	2007/84		6	10	12	14	20	27	10	231	1:5	2	0	1	89
	2007/85		2	12	17	19	29	30	12	132	3:3	1	2	2	109

派奖	期号	点评成语	红球						蓝球	三区比代码	奇偶	重球（个）	连球（个）	同音球（个）	和值
	2007/86		5	8	14	22	27	29	16	222	3∶3	1	0	0	105
	2007/87		1	3	4	5	8	21	9	510	4∶2	2	3	1	42
	2007/88		2	4	10	28	29	33	6	303	2∶4	1	2	0	106
	2007/89		3	7	8	15	19	28	3	321	4∶2	1	2	1	80
	2007/90		5	11	13	27	30	31	2	213	5∶1	0	2	1	117
	2007/91		2	11	17	30	31	32	7	213	3∶3	3	3	2	123
	2007/92		14	18	22	23	24	33	9	033	2∶4	0	3	2	134
	2007/93		5	10	13	15	19	29	2	231	5∶1	0	0	2	91
	2007/94		3	5	18	19	24	32	2	222	3∶3	2	2	0	101
	2007/95		1	6	8	18	29	32	7	312	2∶4	2	0	1	94
	2007/96		9	10	20	22	30	32	8	222	1∶5	1	2	1	123
	2007/97		4	8	13	18	26	30	11	222	1∶5	1	0	1	99
	2007/98		2	3	5	11	19	20	12	420	4∶2	0	2	0	60
	2007/99		3	4	14	27	31	33	5	213	4∶2	0	2	2	112
	2007/100		8	18	27	29	30	32	6	114	2∶4	1	2	1	144
	2007/101		15	16	18	21	22	30	14	051	2∶4	2	2＋2	0	122
	2007/102		4	6	8	10	20	33	11	321	1∶5	1	0	1	89
	2007/103		7	9	25	27	30	32	1	204	4∶2	0	0	1	130
	2007/104		2	8	12	14	20	32	4	231	0∶6	1	0	1	88
	2007/105		2	7	10	17	23	29	14	312	4∶2	1	0	1	88
	2007/106		12	18	21	24	25	29	8	033	3∶3	1	2	0	129
	2007/107		2	8	9	18	24	28	10	312	1∶5	2	2	1	89
	2007/108		3	7	12	13	20	33	2	231	4∶2	0	2	1	88
	2007/109		1	4	7	8	13	14	4	420	3∶3	2	2＋2	1	47
	2007/110		2	4	7	15	24	28	3	312	2∶4	2	0	1	80
	2007/111		2	9	10	12	13	17	11	330	3∶3	1	2＋2	1	63
	2007/112		7	11	14	16	25	32	11	222	2∶4	0	0	0	105
	2007/113		4	18	23	25	26	31	10	114	3∶3	1	2	0	127
	2007/114		5	12	15	24	27	33	5	123	4∶2	0	0	1	116
	2007/115		1	5	10	16	20	26	2	321	2∶4	1	0	2	78

派奖	期号	点评成语	红球						蓝球	三区比代码	奇偶	重球（个）	连球（个）	同音球（个）	和值
	2007/116		3	5	7	11	17	27	13	411	6:0	1	0	1	70
	2007/117		3	7	9	10	26	32	1	402	3:3	2	2	0	87
	2007/118		4	10	16	18	25	32	15	222	1:5	2	0	0	105
	2007/119		3	8	11	13	25	31	12	312	5:1	1	0	2	91
	2007/120		6	7	11	12	18	25	1	321	3:3	2	2+2	0	79
	2007/121		3	10	21	22	27	28	6	222	3:3	0	2+2	0	111
	2007/122		4	7	19	24	26	32	9	213	2:4	0	0	1	112
	2007/123		1	13	15	23	28	32	2	123	4:2	1	0	1	112
	2007/124		3	7	13	16	19	32	16	231	4:2	2	0	1	90
	2007/125		3	5	18	20	27	33	1	222	4:2	1	0	1	106
	2007/126		9	10	19	23	26	31	9	213	4:2	0	2	1	118
	2007/127		6	9	13	16	24	28	11	222	2:4	1	0	1	96
	2007/128		9	10	19	21	27	31	5	222	5:1	1	2	2	117
	2007/129		5	7	20	21	22	30	8	231	3:3	1	3	1	105
	2007/130		3	5	9	11	27	31	4	402	6:0	1	0	1	86
	2007/131		3	5	7	16	22	27	5	321	4:2	3	0	1	80
	2007/132		1	9	16	21	22	23	5	231	4:2	1	3	1	92
	2007/133		3	6	7	11	13	33	10	321	5:1	0	2	1	73
	2007/134		1	4	10	13	18	25	15	321	3:2	1	0	0	71
	2007/135		1	11	16	26	31	33	16	213	4:2	1	0	2	118
	2007/136		1	2	18	21	25	29	14	222	4:2	1	2	1	96
	2007/137		3	7	8	18	20	22	3	330	2:4	1	2	1	78
	2007/138		2	3	15	17	19	25	16	231	5:1	1	2	1	81
	2007/139		6	10	12	14	16	22	6	240	0:6	0	0	1	80
	2007/140		1	5	16	21	22	26	11	231	3:3	1	2	2	91
	2007/141		2	3	4	6	17	31	8	411	3:3	0	3	1	63
	2007/142		11	20	25	26	27	30	8	114	3:3	0	3	1	139
	2007/143		1	6	22	23	24	26	4	213	2:4	1	3	1	102
	2007/144		8	14	23	25	28	32	16	114	2:4	1	0	1	130
	2007/145		8	9	11	12	25	31	11	312	4:2	2	2+2	1	96

派奖	期号	点评成语	红球						蓝球	三区比代码	奇偶	重球（个）	连球（个）	同音球（个）	和值
	2007/146		4	18	22	24	26	30	9	123	0:6	0	0	1	124
	2007/147		3	7	18	24	26	27	4	213	3:3	3	2	1	105
	2007/148		3	9	16	17	23	28	7	222	4:2	0	0	1	96
	2007/149		1	17	19	22	28	30	3	132	3:3	2	0	0	117
	2007/150		3	5	11	13	19	24	5	321	5:1	0	0	1	75
	2007/151		1	6	10	11	23	25	2	402	4:2	1	2	1	76
	2007/152		11	17	21	29	30	33	8	123	5:1	1	2	1	141
	2007/153		1	14	19	20	25	31	15	222	4:2	0	2	1	100
	2008/01		2	4	7	9	14	29	3	411	3:3	0	0	1	65
	2008/02		3	4	18	22	25	29	9	222	3:3	2	2	0	101
	2008/03		6	8	11	13	17	19	12	330	4:2	0	0	0	74
	2008/04		4	8	22	23	27	29	8	213	2:4	1	2	0	113
	2008/05		3	5	15	22	24	25	15	222	4:2	1	2	1	94
	2008/06		1	14	16	18	22	27	14	141	2:4	1	0	0	98
	2008/07		1	13	17	22	23	30	11	132	4:2	2	2	1	106
	2008/08		2	15	16	23	26	27	7	132	3:3	1	2+2	1	109
	2008/09		9	21	29	30	31	32	16	114	4:2	0	2+2	2	152
	2008/10		3	8	11	17	21	27	9	321	5:1	1	0	2	87
	2008/11		2	4	17	21	30	32	3	132	2:4	2	0	1	116
	2008/12		3	4	5	16	20	30	13	321	2:4	1	3	1	78
	2008/13		2	8	15	16	22	28	10	231	1:5	1	2	0	91
	2008/14		3	9	11	17	21	31	14	321	6:0	0	0	1	92
	2008/15		6	8	11	16	29	33	3	312	3:3	1	0	1	103
	2008/16		3	12	14	21	29	33	13	132	4:2	2	0	1	112
	2008/17		2	5	7	17	20	22	2	330	3:3	0	0	1	73
	2008/18		2	5	6	23	26	33	13	303	3:3	2	2	2	95
	2008/19		2	9	11	17	27	31	5	312	5:1	1	0	2	97
	2008/20		3	10	13	15	28	30	3	222	3:3	0	0	2	99
	2008/21		9	12	19	20	26	28	15	132	2:4	1	2	1	114
	2008/22		12	18	20	24	28	32	5	033	0:6	3	0	2	134

派奖	期号	点评成语	红球						蓝球	三区比代码	奇偶	重球（个）	连球（个）	同音球（个）	和值
	2008/23		8	16	18	25	26	32	2	123	1:5	2	2	2	125
	2008/24		1	20	21	26	28	30	13	123	2:4	1	2	2	126
	2008/25		8	16	17	18	19	21	14	150	3:3	1	4	1	99
	2008/26		5	17	19	27	29	32	3	123	5:1	2	0	2	129
	2008/27		15	18	19	23	24	26	13	033	3:3	1	2+2	0	125
	2008/28		1	13	21	26	29	32	10	123	4:2	1	0	1	122
	2008/29		1	9	14	22	29	32	12	222	3:3	3	0	2	107
	2008/30		6	15	18	19	20	28	11	141	2:4	0	3	1	106
	2008/31		3	6	11	15	21	31	13	321	5:1	2	0	1	87
	2008/32		5	14	16	21	23	28	13	132	3:3	1	0	0	107
	2008/33		12	17	18	30	31	33	4	033	3:3	0	2+2	0	141
	2008/34		3	5	9	11	21	29	9	411	6:0	0	0	2	78
	2008/35		7	11	14	17	18	29	16	231	3:3	2	2	1	96
	2008/36		2	6	13	18	23	28	16	222	2:4	1	0	2	90
	2008/37		1	12	22	24	28	31	6	123	2:4	1	0	2	118
	2008/38		3	9	10	11	15	19	13	420	5:1	0	3	1	67
	2008/39		1	7	10	13	22	29	1	321	4:2	1	0	0	82
	2008/40		6	13	22	25	27	28	9	123	3:3	2	2	0	121
	2008/41		8	11	20	22	23	27	4	222	3:3	2	2	0	111
	2008/42		3	4	9	11	12	24	1	411	3:3	1	2+2	1	63
	2008/43		3	10	16	22	27	33	14	222	3:3	1	0	1	111
	2008/44		5	7	9	20	26	29	8	312	4:2	0	0	1	96
	2008/45		1	10	13	21	29	32	4	222	4:2	1	0	1	106
	2008/46		15	16	18	24	28	33	15	033	2:4	0	2	1	134
	2008/47		9	12	13	14	20	22	10	150	2:4	0	3	1	90
	2008/48		11	18	21	27	30	32	1	123	3:3	1	0	1	139
	2008/49		3	10	12	13	19	25	4	231	4:2	0	2	1	82
	2008/50		1	11	19	24	26	27	3	213	4:2	1	2	1	108
	2008/51		1	4	8	10	13	33	11	411	3:3	1	0	1	69
	2008/52		2	10	17	23	28	31	10	222	3:3	1	0	0	111

续表

派奖	期号	点评成语	红球						蓝球	三区比代码	奇偶	重球（个）	连球（个）	同音球（个）	和值
	2008/53		6	12	19	20	21	27	4	141	3:3	0	3	0	105
	2008/54		2	6	16	17	20	25	7	231	2:4	2	2	1	86
	2008/55		1	16	19	23	26	31	4	123	4:2	1	0	2	116
	2008/56		8	13	22	23	25	30	7	123	3:3	1	2	1	121
	2008/57		19	20	21	26	28	30	8	033	2:4	1	3	1	144
	2008/58		1	12	21	27	29	31	11	123	5:1	1	0	1	121
	2008/59		2	6	15	29	31	32	16	213	3:3	2	2	1	115
	2008/60		6	7	8	17	30	32	3	312	2:4	2	3	1	100
	2008/61		1	2	5	12	26	31	6	312	3:3	0	2	2	77
	2008/62		6	8	13	17	24	27	15	222	3:3	0	0	1	85
	2008/63		5	9	11	14	16	17	15	330	4:2	1	2	0	72
	2008/64		1	2	7	9	12	18	12	420	3:3	1	2	1	49
	2008/65		5	13	15	19	30	31	5	132	5:1	1	2	1	113
	2008/66		7	12	21	22	29	30	8	132	3:3	1	2＋2	1	121
	2008/67		10	11	15	19	26	33	13	222	4:2	0	2	0	114
	2008/68		5	7	17	23	27	29	7	213	6:0	0	0	1	108
	2008/69		5	8	17	20	26	30	10	222	2:4	1	1	1	106
	2008/70		5	6	12	15	18	33	13	231	3:3	1	2	1	89
	2008/71		1	6	21	26	27	28	9	213	3:3	1	3	2	109
	2008/72		1	5	10	18	22	30	9	321	2:4	1	0	1	86
	2008/73		1	9	13	22	28	33	8	222	4:2	2	0	1	106
	2008/74		1	11	15	19	20	24	9	231	4:2	1	2	1	90
	2008/75		1	8	14	18	22	30	11	231	4:2	1	0	1	93
	2008/76		2	5	7	11	13	18	11	420	4:2	1	0	0	56
	2008/77		4	12	22	26	30	33	9	123	1:5	0	0	0	127
	2008/78		6	13	16	26	30	33	1	123	2:4	3	0	2	124
	2008/79		3	4	5	10	20	32	9	411	2:4	0	3	1	74
	2008/80		4	14	22	25	29	32	14	123	2:4	2	0	2	126
	2008/81		2	12	13	18	25	31	4	132	3:3	1	2	1	101
	2008/82		4	8	10	12	21	26	9	321	1:5	1	0	0	81

派奖	期号	点评成语	红球						蓝球	三区比代码	奇偶	重球（个）	连球（个）	同音球（个）	和值
	2008/83		7	8	9	18	29	32	9	312	3:3	1	3	2	103
	2008/84		4	7	13	20	29	30	16	222	3:3	2	2	1	103
	2008/85		1	4	12	20	24	29	15	222	2:4	3	0	0	90
	2008/86		4	5	10	26	27	30	12	303	2:4	1	2+2	1	102
	2008/87		1	7	26	29	30	31	6	204	4:2	1	3	1	124
	2008/88		1	6	8	16	17	23	5	321	3:3	1	2	1	71
	2008/89		3	6	11	16	22	27	11	321	3:3	2	0	1	85
	2008/90		2	7	14	18	19	24	1	231	2:4	0	2	1	84
	2008/91		3	12	14	23	31	32	10	123	3:3	1	2	2	115
	2008/92		1	3	18	27	28	30	5	213	3:3	1	2	1	108
	2008/93		4	10	12	16	26	28	7	222	0:6	1	0	1	96
	2008/94		14	4	15	16	23	28	14	222	3:3	3	2	0	87
	2008/95		3	8	14	21	28	29	3	222	3:3	1	2	1	103
	2008/96		6	8	12	24	27	31	14	213	2:4	1	0	0	108
	2008/97		3	6	8	9	16	17	13	420	3:3	2	3+2	1	59
	2008/98		6	7	10	11	15	30	1	411	3:3	1	2+2	1	79
	2008/99		10	15	16	22	23	24	7	123	2:4	2	2+3	0	110
	2008/100		8	14	17	21	27	28	14	132	3:3	0	2	2	115
	2008/101		9	17	21	26	28	30	4	123	3:3	3	0	0	131
	2008/102		3	7	12	21	25	32	5	222	4:2	1	0	1	100
	2008/103		1	12	15	18	22	33	4	141	3:3	1	0	1	91
	2008/104		3	6	8	17	24	31	1	312	3:3	0	0	0	89
	2008/105		5	17	19	27	28	32	2	123	4:2	1	2	1	128
	2008/106		14	19	25	27	29	30	15	024	4:2	2	2	1	144
	2008/107		6	13	28	22	27	32	4	132	2:4	1	0	1	118
	2008/108		9	10	15	17	23	30	12	222	4:2	0	2	1	104
	2008/109		4	7	9	16	21	28	10	321	3:3	1	0	0	85
	2008/110		10	16	22	23	29	31	2	123	3:3	1	2	0	131
	2008/111		17	18	21	25	31	32	6	033	4:2	1	2+2	1	144
	2008/112		5	13	14	19	22	23	6	132	4:2	0	2+2	1	96

续表

派奖	期号	点评成语	红球						蓝球	三区比代码	奇偶	重球（个）	连球（个）	同音球（个）	和值
	2008/113		6	9	10	12	17	22	9	330	2:4	1	2	1	76
	2008/114		4	9	20	24	25	31	14	213	2:3	1	2	1	113
	2008/115		2	12	13	14	17	18	6	150	2:4	0	3+2	1	76
	2008/116		3	7	21	22	24	29	14	222	4:2	0	2	0	106
	2008/117		3	5	7	10	14	23	7	411	4:2	2	0	1	72
	2008/118		4	9	16	27	31	33	1	213	4:2	1	0	0	120
	2008/119		5	7	9	15	24	29	7	312	5:1	1	0	2	89
	2008/120		10	11	22	24	26	33	2	213	2:4	1	2	0	126
	2008/121		2	22	23	27	31	32	6	114	3:3	1	2+2	1	137
	2008/122		2	8	11	14	19	26	15	321	2:4	1	0	0	80
	2008/123		10	11	15	16	25	29	2	222	4:2	1	2+2	1	106
	2008/124		1	7	10	13	21	22	3	330	4:2	1	2	1	74
	2008/125		10	11	12	15	26	29	9	222	3:3	1	3	0	103
	2008/126		4	11	12	14	20	30	13	231	1:5	2	2	2	91
	2008/127		5	8	19	22	27	30	13	222	3:3	1	0	0	111
	2008/128		1	5	19	20	27	33	5	222	5:1	3	2	0	105
	2008/129		1	3	18	24	25	32	15	213	3:3	1	2	0	103
	2008/130		1	12	18	28	30	32	6	123	1:5	3	0	1	111
	2008/131		2	12	15	18	22	32	8	141	1:5	3	0	1	101
	2008/132		9	13	16	25	27	33	2	123	5:1	0	0	1	123
	2008/133		8	11	16	19	24	26	11	222	2:4	1	0	1	104
	2008/134		10	15	19	20	28	32	2	132	2:4	1	2	0	124
	2008/135		5	14	15	16	19	21	15	150	4:2	2	3	1	90
	2008/136		5	9	10	12	18	28	9	321	2:4	1	0	1	82
	2008/137		1	4	24	28	29	33	9	204	3:3	1	2	1	119
	2008/138		7	14	19	23	25	32	4	123	4:2	0	0	0	120
	2008/139		8	9	19	23	25	26	7	213	4:2	3	2+2	1	110
	2008/140		7	14	16	29	30	31	14	123	3:3	0	3	0	127
	2008/141		3	13	20	25	29	33	15	123	5:1	1	0	1	123
	2008/142		5	6	10	13	17	28	15	321	3:3	1	2	0	79

派奖	期号	点评成语	红球						蓝球	三区比代码	奇偶	重球（个）	连球（个）	同音球（个）	和值
	2008/143		12	17	18	19	26	27	6	042	3:3	1	3+2	1	119
	2008/144		2	5	10	27	29	33	15	303	4:2	1	0	0	116
	2008/145		7	13	18	22	26	29	2	132	3:3	1	0	0	115
	2008/146		7	8	17	19	31	32	10	222	4:2	1	2+2	1	114
	2008/147		7	8	14	22	26	33	2	222	4:2	2	2	0	110
	2008/148		3	5	9	22	26	28	9	312	3:3	2	0	0	93
	2008/149		10	14	22	28	29	33	1	123	2:4	2	2	0	136
	2008/150		4	19	22	24	29	32	2	123	2:4	2	0	2	130
	2008/151		6	8	10	14	17	19	6	330	2:4	1	0	0	74
	2008/152		1	4	6	22	26	30	8	312	1:5	1	0	1	89
	2008/153		1	4	18	21	24	30	16	222	2:4	3	0	2	98
	2008/154		2	5	7	21	22	26	8	321	3:3	1	2	1	83
	2009/01		4	21	23	24	30	31	4	114	3:3	1	2+2	2	133
	2009/02		10	14	17	25	29	33	14	123	4:2	0	0	0	128
	2009/03		2	3	6	15	25	30	12	312	3:3	1	2	1	81
	2009/04		3	11	13	17	28	31	3	222	5:1	1	0	0	103
	2009/05		1	3	8	15	17	21	13	330	5:1	2	0	1	65
	2009/06		6	12	18	20	26	33	2	132	1:5	0	0	1	115
	2009/07		1	5	12	23	25	26	15	213	4:2	1	2	1	92
	2009/08		4	15	16	22	32	33	2	132	2:4	0	2+2	1	122
	2009/09		8	15	21	30	31	33	2	123	4:2	2	2	1	138
	2009/10		3	10	17	19	20	24	2	231	3:3	0	2	1	93
	2009/11		2	4	13	14	18	23	15	231	2:4	0	2	2	74
	2009/12		5	11	14	17	18	28	1	231	3:3	2	2	1	93
	2009/13		4	8	9	21	26	27	9	312	3:3	0	2+2	0	95
	2009/14		3	6	9	14	15	18	5	330	3:3	1	2	0	65
	2009/15		2	4	6	15	17	32	5	321	2:4	2	0	0	76
	2009/16		2	7	13	16	20	33	3	231	3:3	1	0	1	91
	2009/17		6	14	15	19	25	26	8	132	3:3	0	2+2	2	105
	2009/18		2	5	6	19	27	30	15	312	3:3	2	2	0	89

派奖	期号	点评成语	红球						蓝球	三区比代码	奇偶	重球（个）	连球（个）	同音球（个）	和值
	2009/19		6	17	19	20	26	27	4	132	3∶3	3	2+2	2	115
	2009/20		3	5	7	10	19	23	13	411	5∶1	1	0	0	67
	2009/21		1	4	5	17	24	27	9	312	4∶2	1	2	2	78
	2009/22		5	8	9	10	11	18	8	510	3∶3	1	4	1	51
	2009/23		1	6	7	15	24	30	8	312	3∶3	0	2	0	83
	2009/24		1	3	17	23	30	33	12	213	5∶1	2	0	1	107
	2009/25		10	20	22	23	26	33	11	123	2∶4	2	2	2	134
	2009/26		11	15	17	18	20	30	16	141	3∶3	1	2	1	111
	2009/27		2	7	11	16	27	32	6	312	3∶3	1	0	2	95
	2009/28		3	6	12	15	23	26	10	222	3∶3	0	0	2	85
	2009/29		12	13	15	22	23	29	13	042	4∶2	3	2+2	2	114
	2009/30		8	14	24	26	28	32	7	114	0∶6	0	0	1	132
	2009/31		1	2	3	15	30	1	1	312	4∶2	0	3	1	82
	2009/32		9	11	12	19	27	32	6	222	4∶2	0	2	2	110
	2009/33		7	8	13	14	29	30	6	222	3∶3	0	2+2+2	0	101
	2009/34		9	12	18	21	22	26	7	141	2∶4	0	2	1	108
	2009/35		6	15	21	26	29	31	5	123	4∶2	2	0	2	128
	2009/36		6	9	18	23	32	33	7	213	3∶3	1	2	1	121
	2009/37		2	6	15	18	20	31	3	231	2∶4	2	0	0	92
	2009/38		12	13	15	23	28	32	5	033	3∶3	1	2	2	123
	2009/39		5	12	14	15	21	27	3	141	4∶2	2	2	1	94
	2009/40		4	7	10	20	26	30	12	312	1∶5	0	0	1	97
	2009/41		1	8	23	26	28	33	8	204	3∶3	1	0	2	119
	2009/42		8	16	22	23	27	30	11	123	2∶4	2	2	0	126
	2009/43		4	9	10	15	18	26	7	321	2∶4	0	2	0	82
	2009/44		11	14	16	18	26	30	1	132	1∶5	2	0	1	115
	2009/45		3	4	6	23	30	32	1	303	2∶4	1	2	1	98
	2009/46		16	20	21	26	29	30	9	033	2∶4	1	2+2	2	142
	2009/47		6	8	11	15	21	22	16	330	3∶3	1	2	1	83

派奖	期号	点评成语	红球						蓝球	三区比代码	奇偶	重球（个）	连球（个）	同音球（个）	和值
	2009/48		3	7	11	15	17	31	1	321	6:0	2	0	2	84
	2009/49		9	12	14	20	30	31	6	132	2:4	1	2	1	116
	2009/50		13	21	24	29	30	32	4	024	3:3	1	2	0	149
	2009/51		6	10	13	16	21	23	7	231	3:3	2	0	1	89
	2009/52		9	11	15	19	21	30	8	231	5:1	1	0	2	105
	2009/53		7	12	18	19	22	28	4	141	2:4	1	2	2	106
	2009/54		16	17	23	26	31	32	11	024	3:3	0	2+2	1	145
	2009/55		3	4	18	22	24	29	11	222	2:4	0	2	1	100
	2009/56		4	9	10	18	29	32	8	312	2:4	3	2	1	102
	2009/57		5	7	10	14	17	25	11	321	4:2	1	0	2	78
	2009/58		5	8	10	15	23	26	9	312	3:3	2	0	1	87
	2009/59		3	7	13	23	27	30	11	213	5:1	1	0	2	103
	2009/60		7	13	17	24	32	33	4	123	4:2	2	2	2	128
	2009/61		10	11	13	16	19	30	3	231	3:3	1	2	1	99
	2009/62		10	19	20	21	23	32	10	132	3:3	2	3	1	125
	2009/63		2	5	11	26	32	32	16	303	2:4	1	0	1	106
	2009/64		1	2	14	23	28	29	15	213	3:3	1	2+2	0	97
	2009/65		8	12	20	22	30	33	2	132	1:5	0	0	2	125
	2009/66		2	15	19	24	31	32	4	123	3:3	0	2	1	113
	2009/67		4	10	16	23	28	30	5	213	1:5	0	0	1	111
	2009/68		6	11	18	20	25	30	5	222	2:4	1	0	1	110
	2009/69		3	5	12	18	21	23	2	231	4:2	0	0	1	82
	2009/70		1	2	9	10	21	31	10	411	4:2	1	2+2	1	74
	2009/71		4	5	23	26	31	32	6	204	3:3	1	2+2	0	121
	2009/72		1	3	12	20	21	29	4	231	4:2	0	2	1	86
	2009/73		9	16	17	18	22	27	14	141	3:3	0	3	1	109
	2009/74		5	10	16	19	23	28	13	222	3:3	1	0	0	101
	2009/75		1	13	15	17	20	30	5	141	4:2	0	0	1	96
	2009/76		9	18	19	25	28	31	6	123	4:2	0	2	2	130
	2009/77		1	9	14	16	28	32	16	222	2:4	2	0	0	100

续表

派奖	期号	点评成语	红球						蓝球	三区比代码	奇偶	重球（个）	连球（个）	同音球（个）	和值
	2009/78		5	7	12	14	15	20	13	240	3:3	1	0	1	73
	2009/79		2	9	13	21	30	31	13	222	3:3	0	2	1	109
	2009/80		1	11	13	25	32	33	6	213	5:1	0	2	2	115
	2009/81		4	5	6	25	29	30	3	303	3:3	1	3+2	1	99
	2009/82		11	15	18	21	27	29	2	132	5:1	1	0	1	121
	2009/83		2	8	12	18	24	28	4	222	0:6	1	0	2	92
	2009/84		4	9	11	20	32	33	13	312	3:3	0	2	0	109
	2009/85		4	8	12	17	20	30	3	231	1:5	2	0	1	91
	2009/86		11	12	13	18	23	32	11	132	3:3	1	3	2	109
	2009/87		6	11	13	20	28	32	6	222	2:4	3	0	0	110
	2009/88		4	7	11	15	16	17	2	330	4:2	1	3	1	70
	2009/89		2	3	7	11	19	32	4	411	4:2	2	2	1	74
	2009/90		7	9	14	20	23	30	14	222	3:3	1	2	1	103
	2009/91		3	8	11	14	25	29	4	312	4:2	1	0	0	90
	2009/92		2	6	7	14	18	31	8	321	2:4	1	2	0	78
	2009/93		1	11	20	31	32	33	3	213	4:2	1	3	1	128
	2009/94		3	16	22	25	26	33	14	123	3:3	1	2	2	125
	2009/95		8	9	14	28	31	33	15	213	3:3	1	2	1	123
	2009/96		1	26	27	31	32	33	3	105	4:2	2	2+3	1	150
	2009/97		7	13	24	26	28	32	14	114	2:4	2	0	0	130
	2009/98		3	14	15	20	23	30	2	132	3:3	0	2	2	105
	2009/99		8	9	18	20	25	29	9	222	3:3	1	2	2	109
	2009/100		2	11	17	27	30	33	11	213	4:2	1	0	1	120
	2009/101		1	2	5	10	19	24	14	411	3:3	1	2	0	61
	2009/102		3	5	7	8	14	31	10	411	4:2	1	2	0	68
	2009/103		6	11	17	20	23	24	9	222	3:3	0	2	0	101
	2009/104		20	22	26	29	30	32	16	024	1:5	1	2	2	159
	2009/105		2	8	10	16	27	30	15	312	1:5	1	0	1	93
	2009/106		1	2	15	18	20	29	4	231	3:3	1	2	0	85
	2009/107		7	8	20	23	28	29	5	213	3:3	2	2+2	1	115

派奖	期号	点评成语	红球						蓝球	三区比代码	奇偶	重球（个）	连球（个）	同音球（个）	和值
	2009/108		4	10	17	28	32	33	2	213	2:4	1	2	0	114
	2009/109		5	6	7	14	25	28	1	312	3:3	1	3	1	85
	2009/110		4	10	13	15	19	30	14	231	3:3	0	0	1	91
	2009/111		2	4	7	14	15	25	15	321	3:3	2	2	2	67
	2009/112		6	7	18	24	30	32	9	213	1:5	1	2	0	117
	2009/113		4	12	20	25	28	29	16	123	2:4	0	2	0	118
	2009/114		3	5	11	12	31	32	11	312	4:2	1	2+2	2	94
	2009/115		2	9	13	15	19	24	3	231	4:2	0	0	1	82
	2009/116		5	17	21	25	27	32	14	123	5:1	0	0	2	127
	2009/117		5	9	15	21	26	31	13	222	5:1	2	0	2	107
	2009/118		12	16	25	26	27	31	5	024	4:2	2	3	1	137
	2009/119		6	7	10	12	15	21	5	330	3:3	1	2	0	71
	2009/120		1	2	8	12	16	30	16	321	1:5	1	2	1	69
	2009/121		2	4	6	10	25	30	9	402	1:5	1	0	1	77
	2009/122		7	14	16	27	29	32	1	123	3:3	0	0	1	125
	2009/123		9	13	20	22	25	28	14	132	3:3	0	0	0	117
	2009/124		3	4	22	23	28	30	10	213	2:4	2	2+2	1	110
	2009/125		6	7	8	22	26	27	12	312	2:4	1	3+2	2	96
	2009/126		3	5	6	10	19	23	15	411	4:2	1	2	1	66
	2009/127		2	11	12	14	15	16	4	240	2:4	0	2+3	1	70
	2009/128		5	8	15	16	26	32	1	222	2:4	2	2	2	102
	2009/129		6	7	16	17	24	25	7	222	3:3	1	2+2+2	2	95
	2009/130		2	3	7	12	13	30	11	321	3:3	1	2+2	2	67
	2009/131		16	23	25	26	32	33	5	015	3:3	0	2+2	2	145
	2009/132		4	14	15	21	23	30	7	132	3:3	1	21	1	107
	2009/133		5	9	13	18	20	32	1	231	3:3	0	0	0	97
	2009/134		3	5	12	15	28	33	6	222	4:2	1	0	1	96
	2009/135		1	3	14	19	30	33	16	222	4:2	2	0	0	100
	2009/136		1	4	14	22	30	33	1	222	2:4	4	0	1	104

派奖	期号	点评成语	红球						蓝球	三区比代码	奇偶	重球（个）	连球（个）	同音球（个）	和值
	2009/137		8	12	14	15	17	21	1	150	3:3	1	2	0	87
	2009/138		4	7	14	26	32	33	14	213	2:4	1	2	1	116
	2009/139		1	5	15	17	27	29	2	222	6:0	0	0	2	94
	2009/140		4	5	11	18	22	23	12	321	3:3	1	2	0	93
	2009/141		2	13	21	28	29	31	9	123	4:2	0	2	1	124
	2009/142		7	11	15	19	20	24	13	231	4:2	0	2	0	96
	2009/143		5	9	11	17	23	28	10	312	5:1	1	0	0	93
	2009/144		1	5	10	17	18	29	12	321	3:3	2	2	0	80
	2009/145		3	5	11	15	26	33	11	312	5:1	1	0	2	93
	2009/146		3	9	16	20	22	33	15	231	3:3	2	0	1	103
	2009/147		6	8	10	18	22	32	10	321	0:6	1	0	1	96
	2009/148		6	12	15	22	29	32	10	132	2:4	3	0	1	116
	2009/149		1	3	16	18	22	29	4	231	3:3	2	0	0	89
	2009/150		4	6	7	16	19	20	4	330	2:4	1	2+2	1	72
	2009/151		6	8	10	16	25	30	14	312	1:5	2	0	2	95
	2009/152		3	4	19	21	27	28	5	222	4:2	0	2+2	0	102
	2009/153		6	7	8	20	21	25	10	321	3:3	1	3+2	0	87
	2009/154		1	7	12	14	18	25	16	231	3:3	2	0	0	77
	2010/01		7	17	18	27	29	32	13	123	4:2	2	2	1	130
	2010/02		3	6	7	23	30	33	13	303	4:2	1	2	1	102
	2010/03		14	22	26	27	28	31	4	114	2:4	0	3	0	148
	2010/04		4	12	13	16	23	28	7	132	3:3	1	2	1	93
	2010/05		3	5	6	8	17	18	14	420	3:3	0	2+2	1	57
	2010/06		3	5	7	13	14	18	5	330	4:2	3	2	1	60
	2010/07		14	22	27	28	30	33	14	024	2:4	1	2	0	154
	2010/08		5	7	13	15	18	30	14	231	4:2	1	0	1	88
	2010/09		1	9	13	21	24	32	6	222	4:2	1	0	1	100
	2010/10		7	8	12	15	22	26	8	231	2:4	0	2	1	90
	2010/11		7	8	14	22	24	30	7	222	1:5	3	2	0	105
	2010/12		2	8	13	14	25	33	10	222	3:3	2	2	1	95

续表

派奖	期号	点评成语	红球						蓝球	三区比代码	奇偶	重球(个)	连球(个)	同音球(个)	和值
	2010/13		1	2	3	16	18	23	12	321	3:3	1	3	1	63
	2010/14		1	3	7	14	26	28	2	312	3:3	2	0	0	79
	2010/15		1	4	16	21	23	28	6	222	3:3	2	0	1	93
	2010/16		2	8	10	12	30	33	16	312	1:5	0	0	2	95
	2010/17		1	3	6	11	12	23	11	411	4:2	1	2	2	56
	2010/18		11	28	29	30	32	33	2	105	3:3	1	3+2	0	163
	2010/19		2	10	22	24	26	27	6	213	1:5	0	2	1	111
	2010/20		5	6	14	22	24	26	9	222	1:5	3	2	2	97
	2010/21		2	9	16	17	19	25	4	231	4:2	0	2	1	88
	2010/22		1	2	18	29	31	32	2	213	3:3	1	2+2	2	113
	2010/23		2	9	11	22	24	27	11	312	3:3	1	0	1	95
	2010/24		7	16	26	27	29	31	14	114	4:2	1	2	2	136
	2010/25		4	5	7	10	13	25	11	411	4:2	1	2	1	64
	2010/26		2	4	5	8	19	22	12	420	2:4	2	2	1	60
	2010/27		3	4	15	25	26	30	13	213	3:3	1	2+2	1	103
	2010/28		1	3	5	12	16	32	12	321	2:4	1	0	1	70
	2010/29		1	5	14	16	17	22	3	240	3:3	3	2	0	75
	2010/30		3	6	10	16	25	31	5	312	3:3	1	0	1	91
	2010/31		5	7	13	24	25	28	4	213	4:2	1	2	1	102
	2010/32		8	12	21	28	29	33	8	123	3:3	1	2	1	137
	2010/33		8	10	11	12	25	29	9	312	3:3	2	3	0	95
	2010/34		6	11	13	22	25	32	12	222	3:3	2	0	1	109
	2010/35		9	10	11	18	19	21	10	330	4:2	1	3+2	2	88
	2010/36		6	9	14	28	29	30	8	123	2:4	0	2+3	0	120
	2010/37		3	6	19	21	24	26	6	132	3:3	0	0	1	109
	2010/38		1	6	7	11	13	16	1	420	4:2	1	2	2	54
	2010/39		8	7	21	23	25	32	12	123	4:2	0	0	0	126
	2010/40		12	19	24	25	30	32	11	024	2:4	2	2	1	142
	2010/41		3	5	13	19	25	29	12	222	6:0	0	0	3	94
	2010/42		3	6	11	20	31	32	10	312	3:3	1	2	1	103

续表

派奖	期号	点评成语	红球						蓝球	三区比代码	奇偶	重球（个）	连球（个）	同音球（个）	和值
	2010/43		4	10	19	22	28	33	4	222	2:4	0	0	0	116
	2010/44		3	9	21	23	27	31	5	213	6:0	0	0	2	114
	2010/45		2	3	4	13	20	29	1	321	3:3	1	3	1	71
	2010/46		11	12	21	23	27	32	5	123	4:2	0	2	2	126
	2010/47		3	10	13	20	21	32	15	231	3:3	2	2	2	99
	2010/48		1	6	8	10	23	33	2	422	2:4	1	0	1	81
	2010/49		1	6	10	26	27	28	2	303	2:4	3	3	1	98
	2010/50		7	21	22	26	28	30	11	123	2:4	2	2	0	134
	2010/51		4	17	23	27	28	32	3	114	3:3	1	2	0	131
	2010/52		1	2	19	23	27	29	10	213	5:1	2	2	1	101
	2010/53		3	22	24	27	28	30	14	114	2:4	1	2	0	134
	2010/54		1	6	8	12	14	25	6	321	2:4	0	0	0	66
	2010/55		2	3	13	19	20	23	8	231	4:2	0	2+2	1	80
	2010/56		1	2	3	8	13	32	7	411	3:3	3	3	1	59
	2010/57		5	11	12	19	25	32	5	222	4:2	1	2	2	104
	2010/58		1	4	11	17	19	29	12	321	5:1	2	0	2	81
	2010/59		1	9	11	12	18	30	10	321	2:3	2	2	1	81
	2010/60		1	8	15	18	22	27	9	231	2:3	2	0	1	91
	2010/61		2	4	16	19	22	26	12	231	1:5	1	0	2	89
	2010/62		11	13	15	20	31	33	3	132	5:1	0	0	2	123
	2010/63		2	6	10	17	23	24	3	312	2:4	0	2	0	82
	2010/64		8	14	25	26	30	31	11	114	2:4	0	2+2	0	134
	2010/65		2	7	8	17	30	32	12	312	2:4	2	2	2	96
	2010/66		1	3	21	22	31	32	7	222	4:2	1	2+2	2	110
	2010/67		1	7	10	14	21	25	1	321	4:2	2	0	1	78
	2010/68		3	13	18	20	23	28	13	132	3:1	0	0	2	105
	2010/69		12	14	20	22	24	32	11	042	0:3	0	0	2	124
	2010/70		8	13	23	27	31	33	7	114	5:1	0	0	1	135
	2010/71		5	13	14	17	20	26	1	141	3:3	1	2	0	95
	2010/72		6	8	22	23	30	31	1	222	2:4	0	2+2	0	120

续表

派奖	期号	点评成语	红球						蓝球	三区比代码	奇偶	重球（个）	连球（个）	同音球（个）	和值
	2010/73		1	16	20	23	27	31	2	123	4:2	2	0	1	118
	2010/74		2	10	17	18	19	29	15	231	3:3	0	3	1	95
	2010/75		5	9	12	13	15	22	14	231	4:2	0	2	2	76
	2010/76		1	12	14	29	31	32	15	123	3:3	1	2	2	119
	2010/77		2	8	14	20	21	24	9	231	1:5	1	2	1	89
	2010/78		1	3	9	11	17	23	12	411	6:0	0	0	2	64
	2010/79		8	11	12	14	18	22	2	240	1:5	1	2	2	85
	2010/80		8	10	13	14	16	23	16	231	2:4	2	2	1	84
	2010/81		2	3	9	24	26	27	5	303	3:3	0	2+2	0	91
	2010/82		1	8	13	14	27	31	2	222	4:2	1	2	1	94
	2010/83		2	20	21	22	23	31	12	132	3:3	1	4	2	119
	2010/84		2	10	14	18	20	30	3	231	0:6	2	0	1	94
	2010/85		1	8	12	13	24	27	8	222	3:3	0	2	0	85
	2010/86		5	21	28	29	30	31	8	114	4:2	0	4	1	144
	2010/87		1	8	16	17	25	30	10	222	3:3	1	2	0	97
	2010/88		5	6	15	23	27	30	12	213	4:2	1	2	1	106
	2010/89		7	8	9	16	23	26	1	312	3:3	1	3	1	89
	2010/90		1	6	10	15	25	31	14	312	4:2	0	0	2	88
	2010/91		6	13	16	20	22	24	16	141	1:5	1	0	1	101
	2010/92		3	13	19	27	28	30	2	123	4:2	1	2	1	120
	2010/93		9	10	19	28	32	33	6	213	3:3	1	2+2	1	131
	2010/94		3	5	7	27	31	32	10	303	5:1	1	2	1	105
	2010/95		9	11	16	17	25	27	14	222	5:1	1	2	1	105
	2010/96		7	12	21	23	24	28	3	123	3:3	0	2	0	115
	2010/97		10	16	18	21	24	26	1	132	1:5	1	0	1	115
	2010/98		1	3	8	16	29	33	7	312	4:2	1	0	1	90
	2010/99		3	4	17	24	27	30	6	213	3:3	1	2	1	105
	2010/100		1	6	12	22	23	26	8	222	2:4	0	2	2	90
	2010/101		4	9	18	21	25	26	6	222	3:3	1	2	0	103
	2010/102		4	11	16	20	22	29	10	231	2:4	1	0	0	102

派奖	期号	点评成语	红球						蓝球	三区比代码	奇偶	重球（个）	连球（个）	同音球（个）	和值
	2010/103		4	9	14	17	20	33	9	231	3∶3	1	0	1	97
	2010/104		7	17	23	24	27	32	2	114	4∶2	1	2	1	130
	2010/105		1	8	9	19	21	31	11	321	5∶1	0	2	2	89
	2010/106		2	6	8	15	26	29	16	312	2∶4	1	0	1	86
	2010/107		8	12	15	17	22	23	16	141	3∶3	1	0	1	107
	2010/108		2	4	8	20	23	24	7	312	1∶5	1	2	1	81
	2010/109		4	15	18	25	29	32	15	123	3∶3	1	2	0	123
	2010/110		1	3	12	24	26	27	1	213	3∶3	0	2	0	93
	2010/111		4	7	8	13	17	18	10	330	3∶3	0	2+2	2	67
	2010/112		1	8	18	24	29	30	16	213	2∶4	2	2	1	110
	2010/113		5	10	15	18	20	28	10	231	2∶4	1	0	3	96
	2010/114		1	8	11	15	17	25	1	321	5∶1	1	0	2	77
	2010/115		1	22	24	25	29	33	15	105	4∶2	1	2	0	134
	2010/116		5	9	10	20	22	26	7	321	2∶4	1	2	1	92
	2010/117		1	8	20	22	24	28	1	222	1∶5	2	0	1	103
	2010/118		5	8	11	13	15	25	5	321	5∶1	1	0	1	77
	2010/119		7	17	25	27	30	31	9	114	5∶1	1	2	1	137
	2010/120		1	2	5	6	10	29	16	501	3∶3	0	2+2	0	53
	2010/121		8	11	13	18	25	30	15	222	3∶3	0	0	1	105
	2010/122		2	9	12	16	25	27	6	222	3∶3	1	0	1	91
	2010/123		6	12	15	18	29	32	10	132	2∶4	1	0	1	112
	2010/124		2	6	8	11	12	25	2	411	2∶4	1	2	1	64
	2010/125		6	7	13	23	28	29	9	213	4∶2	1	2+2	0	106
	2010/126		3	13	18	20	27	28	5	132	3∶3	2	2	2	109
	2010/127		1	4	8	17	25	33	1	312	4∶2	0	0	0	88
	2010/128		4	11	19	20	24	28	12	222	2∶4	1	2	1	106
	2010/129		4	8	14	25	28	32	16	213	1∶5	2	0	1	111
	2010/130		1	2	7	15	21	31	16	321	5∶1	0	2	1	77
	2010/131		5	6	15	16	19	26	6	231	3∶3	1	2+2	2	87
	2010/132		2	10	12	18	24	33	15	222	1∶5	0	0	1	99

派奖	期号	点评成语	红球						蓝球	三区比代码	奇偶	重球（个）	连球（个）	同音球（个）	和值
	2010/133		3	9	17	21	26	32	1	222	4:2	0	0	0	208
	2010/134		9	15	16	22	27	28	6	132	3:3	0	2+2	0	117
	2010/135		4	10	13	25	26	30	10	213	2:4	0	2	1	108
	2010/136		4	10	23	24	26	33	10	204	2:4	3	2	1	120
	2010/137		7	9	10	13	19	33	6	321	5:1	2	2	2	91
	2010/138		1	21	23	24	26	29	5	114	3:3	0	2	1	125
	2010/139		11	13	18	20	26	31	9	132	3:3	1	0	1	119
	2010/140		1	12	13	18	26	29	15	132	3:3	2	2	0	99
	2010/141		2	3	7	18	23	27	6	312	4:2	1	2	1	80
	2010/142		2	16	18	23	26	27	10	123	2:4	4	2	1	112
	2010/143		9	16	18	26	30	31	14	123	2:4	3	2	1	130
	2010/144		2	5	8	15	19	21	11	33	4:2	0	2	0	68
	2010/145		3	21	24	27	28	31	8	114	4:2	1	2	1	134
	2010/146		1	17	18	22	25	32	1	132	3:3	0	2	1	115
	2010/147		2	8	15	18	24	30	3	222	1:5	1	0	1	97
	2010/148		1	3	7	18	23	27	12	312	5:1	1	0	1	79
	2010/149		2	7	8	16	25	30	9	312	2:4	1	2	0	88
	2010/150		2	17	18	23	29	30	6	123	3:3	2	2+2	0	119
	2010/151		2	13	14	17	19	26	14	141	3:3	2	2	0	91
	2010/152		4	9	17	21	25	31	1	222	5:1	1	0	1	107
	2010/153		3	6	12	19	30	31	13	222	3:3	1	2	0	101
	2011/01		3	9	20	24	26	32	10	213	2:4	1	0	0	114
	2011/02		6	8	12	17	28	33	5	222	2:4	0	0	1	104
	2011/03		13	14	21	22	23	27	4	042	4:2	0	2+3	1	120
	2011/04		4	6	8	10	13	26	5	411	1:5	1	0	1	67
	2011/05		6	9	12	14	20	22	13	231	1:5	1	0	1	83
	2011/06		1	3	5	13	16	18	5	330	4:2	0	0	1	56
	2011/07		1	9	17	24	26	31	5	213	4:2	1	0	1	108
	2011/08		10	12	13	17	24	31	15	132	3:3	3	2	0	107
	2011/09		17	18	23	24	25	26	4	024	3:3	3	2+4	0	133

续表

派奖	期号	点评成语	红球						蓝球	三区比代码	奇偶	重球（个）	连球（个）	同音球（个）	和值
	2011/10		1	4	5	9	15	19	13	420	5:1	0	2	2	53
	2011/11		1	12	18	19	21	24	10	141	3:3	1	2	1	95
	2011/12		7	8	11	13	15	26	13	321	4:2	0	2	0	80
	2011/13		1	3	13	16	21	22	8	240	4:2	1	2	2	76
	2011/14		5	7	10	11	23	26	16	402	4:2	0	3	0	82
	2011/15		3	6	13	26	27	29	7	213	4:2	1	2	1	104
	2011/16		3	14	16	17	22	29	1	231	3:3	2	2+2	0	91
	2011/17		2	6	15	23	26	33	8	213	3:3	0	0	2	105
	2011/18		13	15	18	28	30	33	1	023	3:3	1	0	2	137
	2011/19		2	4	12	19	32	33	16	222	2:4	1	2	1	102
	2011/20		12	16	17	19	24	30	5	042	2:4	2	2	0	118
	2011/21		1	2	14	18	25	31	8	222	3:3	0	2	1	91
	2011/22		2	7	14	16	17	21	4	240	3:3	2	2	2	77
	2011/23		2	3	6	21	22	25	5	321	3:3	2	2+2	1	79
	2011/24		5	7	10	19	26	31	14	312	4:2	0	0	2	98
	2011/25		8	25	26	31	32	33	9	105	3:3	2	2+3	0	155
	2011/26		7	8	17	19	21	26	12	231	4:2	2	2	0	98
	2011/27		13	18	21	22	25	26	1	042	3:3	2	2+2	0	125
	2011/28		1	4	5	14	16	17	1	330	3:3	0	2+2	1	57
	2011/29		1	4	9	10	20	31	7	411	3:3	2	2	2	75
	2011/30		2	9	19	24	25	33	10	213	4:2	1	2	1	112
	2011/31		16	17	24	28	29	32	12	024	2:4	1	2+2	0	146
	2011/32		3	5	7	13	14	15	15	330	5:1	0	3	2	57
	2011/33		2	8	12	13	19	29	4	231	3:3	1	2	2	83
	2011/34		13	14	17	19	24	31	8	042	4:2	2	2	1	118
	2011/35		13	14	18	20	27	31	2	042	3:3	3	2	0	123
	2011/36		2	11	20	22	24	31	5	222	2:4	2	0	2	110
	2011/37		1	3	4	6	17	25	11	411	4:2	0	2	0	56
	2011/38		2	14	15	19	23	24	12	132	3:3	0	2+2	1	97
	2011/39		3	7	10	16	24	29	12	312	3:3	1	0	0	89

派奖	期号	点评成语	红球						蓝球	三区比代码	奇偶	重球（个）	连球（个）	同音球（个）	和值
	2011/40		5	11	14	24	26	28	13	213	2:4	1	0	1	108
	2011/41		4	10	12	13	30	32	13	222	1:5	0	2	2	101
	2011/42		5	13	15	17	19	21	15	150	6:0	0	0	1	90
	2011/43		4	13	14	17	25	31	4	132	4:2	2	2	1	104
	2011/44		3	14	16	26	27	31	9	123	3:3	2	2	1	117
	2011/45		2	16	17	20	26	32	8	132	1:5	2	2	2	113
	2011/46		9	17	18	26	29	30	8	123	3:3	2	2+2	1	129
	2011/47		4	13	23	25	27	33	14	114	5:1	0	0	1	125
	2011/48		10	14	18	25	26	27	15	123	2:4	2	3	0	120
	2011/49		1	11	17	18	27	31	14	222	5:1	2	2	2	105
	2011/50		4	5	19	22	28	29	15	222	3:3	0	2+2	1	107
	2011/51		1	7	11	14	15	16	14	330	4:2	0	3	1	64
	2011/52		4	5	8	19	27	28	8	312	3:3	0	2+2	1	91
	2011/53		3	6	10	12	22	30	15	321	1:5	0	0	2	83
	2011/54		8	11	16	17	22	33	8	231	3:3	1	2	0	107
	2011/55		8	13	16	17	29	32	16	132	3:3	3	2	0	115
	2011/56		13	16	19	20	23	25	10	042	4:2	2	2	1	116
	2011/57		4	6	20	21	26	33	2	222	2:4	1	2	1	110
	2011/58		7	18	22	30	32	33	6	123	2:4	1	2	1	142
	2011/59		24	26	27	29	31	33	16	006	4:2	1	2	0	170
	2011/60		10	11	13	21	27	31	1	222	5:1	2	2	1	113
	2011/61		2	3	8	13	19	21	3	330	4:2	2	2	1	66
	2011/62		4	8	9	10	29	30	3	402	2:4	1	3+2	1	90
	2011/63		4	6	13	15	18	19	5	240	3:3	1	2	0	75
	2011/64		3	6	7	29	30	33	2	303	4:2	1	2	1	108
	2011/65		4	16	23	25	27	29	3	114	4:2	1	0	0	124
	2011/66		4	6	14	17	30	32	12	222	1:5	1	0	1	103
	2011/67		17	19	20	24	25	27	12	033	4:2	1	2+2	1	132
	2011/68		3	7	10	15	19	24	10	321	4:2	2	0	0	78
	2011/69		2	13	16	18	24	30	12	132	1:5	1	0	0	103

续表

派奖	期号	点评成语	红球						蓝球	三区比代码	奇偶	重球（个）	连球（个）	同音球（个）	和值
	2011/70		1	3	5	12	21	28	12	321	4:2	0	0	1	70
	2011/71		1	2	15	22	28	30	2	222	2:4	2	2	1	98
	2011/72		1	6	10	11	18	27	12	411	3:3	1	2	1	73
	2011/73		3	4	5	12	17	21	14	330	4:2	0	3	0	62
	2011/74		2	21	26	28	29	32	1	114	2:4	1	2	1	138
	2011/75		7	9	10	12	31	32	13	312	3:3	1	2	1	101
	2011/76		6	19	21	26	32	33	13	123	3:3	1	2	1	137
	2011/77		1	7	8	15	26	29	10	312	4:2	1	2	0	86
	2011/78		3	5	13	20	22	29	9	231	4:2	1	0	1	92
	2011/79		3	14	15	16	24	29	5	132	3:3	1	3	1	101
	2011/80		2	7	9	25	31	32	9	303	4:2	0	2	1	106
	2011/81		6	14	19	23	25	32	12	123	3:3	2	0	0	119
	2011/82		7	16	17	20	25	26	4	132	3:3	1	2 + 2	2	111
	2011/83		7	16	18	24	28	29	6	123	2:4	2	2	1	122
	2011/84		9	10	12	16	18	32	15	231	1:5	2	2	1	97
	2011/85		3	6	11	21	24	31	10	312	4:2	0	0	1	96
	2011/86		6	7	9	12	17	24	9	321	3:3	1	2	1	75
	2011/87	左右擦边球	2	3	4	5	18	28	1	411	2:4	0	4	1	60
	2011/88		3	9	17	20	21	29	4	231	5:1	1	2	1	99
	2011/89		1	2	11	24	29	30	12	303	3:3	1	2 + 2	1	97
	2011/90		2	5	14	18	21	25	16	231	3:3	1	0	1	85
	2011/91		9	15	21	23	28	30	3	123	4:2	1	0	0	126
	2011/92		5	10	17	26	31	32	4	213	3:3	0	2	0	121
	2011/93		4	7	11	13	23	30	9	312	4:2	0	0	1	88
	2011/94		9	11	12	17	18	19	5	240	4:2	1	2 + 3	1	86
	2011/95	等间隔一期	3	7	8	10	23	24	5	402	3:3	0	2 + 2	1	75
	2011/96	空档做文章	1	4	7	13	14	19	15	330	4:2	1	2	1	58
	2011/97	后区执订	9	17	19	20	21	26	16	141	4:2	1	3	1	112
	2011/98		3	7	20	21	22	32	5	231	3:3	2	3	1	105
	2011/99	多选前后区	10	12	13	21	26	27	14	132	3:3	1	2 + 2	0	109

派奖	期号	点评成语	红球						蓝球	三区比代码	奇偶	重球（个）	连球（个）	同音球（个）	和值
	2011/100	蓝偶为先锋	7	11	21	23	31	32	5	213	5:1	1	2	1	125
	2011/101		6	10	19	23	29	31	6	203	4:2	2	0	1	118
	2011/102		1	5	13	21	27	31	11	222	6:0	1	0	1	98
	2011/103		4	5	10	13	15	16	12	330	4:2	2	2+2	1	63
	2011/104		9	10	16	20	25	29	9	222	3:3	2	2	2	109
	2011/105		4	6	23	25	27	28	1	204	3:3	1	2	0	113
	2011/106		2	11	12	14	24	32	14	222	1:5	0	2	2	95
	2011/107		4	9	16	17	22	29	15	231	3:3	0	2	1	97
	2011/108		2	17	22	26	29	33	10	123	3:3	3	0	1	129
	2011/109		1	3	9	15	16	33	15	321	5:1	1	2	1	77
	2011/110		12	14	21	26	28	33	12	033	2:4	1	0	0	134
	2011/111		1	3	5	20	25	27	4	312	5:1	0	0	1	81
	2011/112		3	5	16	18	23	24	15	222	3:3	2	2	1	89
	2011/113		6	10	11	25	32	33	5	323	3:3	0	2+2	0	117
	2011/114		1	14	15	16	30	32	9	132	2:4	1	3	0	108
	2011/115		7	8	9	12	17	33	16	321	4:2	0	3	1	86
	2011/116		1	7	11	12	17	27	5	321	5:1	3	2	2	75
	2011/117		8	10	19	26	28	30	4	213	1:5	0	0	2	121
	2011/118		5	6	11	14	20	21	10	330	3:3	0	2+2	1	77
	2011/119		9	12	14	19	28	32	1	132	2:4	1	0	2	114
	2011/120		4	14	17	28	30	33	7	123	2:4	2	0	1	126
	2011/121		4	14	22	25	32	33	2	123	2:4	2	2	2	130
	2011/122		10	12	18	26	27	31	3	123	2:4	0	2	0	124
	2011/123		1	4	5	14	19	28	16	321	3:3	0	2	1	71
	2011/124		9	18	19	26	31	32	16	123	3:3	1	2+2+2	1	35
	2011/125		3	10	15	24	27	32	8	213	3:3	1	0	0	111
	2011/126		3	7	13	18	23	26	16	222	4:2	1	0	1	90
	2011/127		16	19	22	23	27	29	11	033	4:2	1	2	1	136
	2011/128		9	14	14	17	19	23	23	231	5:1	2	0	1	93

续表

派奖	期号	点评成语	红球						蓝球	三区比代码	奇偶	重球(个)	连球(个)	同音球(个)	和值
	2011/129		7	10	11	21	23	26	6	312	4:2	2	2	1	98
	2011/130		7	14	18	23	25	32	15	123	3:3	2	0	0	119
	2011/131		2	7	9	17	21	25	1	321	5:1	1	0	1	81
	2011/132		2	5	12	13	25	33	7	222	4:2	2	2	2	90
	2011/133		12	14	20	21	25	31	16	042	3:3	2	2	1	123
	2011/134	间隔三期	1	2	6	7	30	31	10	402	3:3	1	2+2+2	1	77
	2011/135	中区奇数三连	12	13	17	20	25	26	12	042	3:3	0	2+2	0	113
	2011/136	首选蓝奇	2	4	6	20	22	31	7	321	1:5	1	0	1	85
	2011/137	考虑"0"尾球	2	11	18	23	30	33	13	213	3:3	1	0	1	117
	2011/138	间隔斜连球	1	5	15	24	28	32	7	213	3:3	0	0	1	105
	2011/139	多选偶数球	8	20	24	27	30	31	3	114	2:4	1	2	1	140
	2011/140	号码前移	4	18	20	27	29	32	6	132	2:4	1	0	0	120
	2011/141	前区奇数球	2	4	6	19	24	29	11	312	2:4	2	0	2	84
	2011/142	姐妹连同音	12	15	16	26	29	31	2	033	3:3	1	2	1	129
	2011/143	"2"尾同音球	7	8	12	14	15	30	16	231	2:4	2	2+2	0	86
	2011/144	间隔二期	1	2	9	10	16	24	3	411	2:4	0	2+2	0	62
	2011/145	优首斜连球	2	4	14	15	26	30	4	222	1:5	1	2	1	91
	2011/146	同音一对对	11	23	26	28	32	33	10	105	3:3	0	2	1	153
	2011/147	中区号码优先	4	8	12	17	18	30	10	231	1:5	0	2	1	89
	2011/148	奇数球转强	5	14	22	23	25	26	14	123	3:3	0	2+2	1	115
	2011/149	一组同音球	4	5	6	7	23	31	16	402	4:2	2	4	0	76
	2011/150	前区奇数蓝球	8	10	12	15	22	27	13	231	2:4	0	0	1	94
	2011/151	蓝球奇数抢先	7	11	16	19	31	33	10	222	5:1	1	0	1	117
	2011/152	擦边二斜连	4	10	11	12	21	26	13	321	2:4	1	3	1	84
	2011/153	头尾落球	5	8	9	10	20	25	13	411	3:3	1	3	2	77
	2012/01	间隔斜连球	1	4	5	9	15	17	6	420	5:1	2	2	1	51
	2012/02	中后区为主	2	3	7	9	10	32	13	501	3:3	1	2+2	1	63
	2012/03	从蓝偶入手	3	6	8	24	29	31	9	303	3:3	1	0	0	101
	2012/04	中区为主	1	5	10	11	21	23	16	411	5:1	1	0	2	71

派奖	期号	点评成语	红球						蓝球	三区比代码	奇偶	重球（个）	连球（个）	同音球（个）	和值
	2012/05	擦边球	7	9	18	27	31	33	6	213	5:1	0	0	1	125
	2012/06	红偶蓝奇	2	22	25	29	32	33	8	114	3:3	1	2	1	143
	2012/07	擦边寻好球	10	17	19	27	28	32	4	123	3:3	1	2	1	133
	2012/08	号码前移	1	12	20	23	24	29	8	123	3:3	0	2	0	109
	2012/09	间隔三期	4	16	24	26	27	33	11	114	2:4	1	2	1	130
	2012/10	（春节）	1	3	13	19	25	26	10	222	5:1	1	2	1	87
	2012/11	偶数三连号	4	14	15	16	20	26	5	141	1:5	1	3	2	95
	2012/12	擦边斜连球	15	17	18	20	23	27	1	042	4:2	2	2	1	120
	2012/13	偶数有希望	6	8	24	29	30	32	13	204	1:5	0	2	1	129
	2012/14	耕耘前区	1	2	5	16	28	30	12	312	2:4	1	2	0	82
	2012/15	"1"尾冷球	1	3	6	10	21	23	15	411	4:2	1	0	2	64
	2012/16	后区彩球反弹	2	5	12	17	22	25	8	231	3:3	0	0	2	83
	2012/17	后区能量回补	6	9	14	19	25	28	10	222	3:3	1	0	1	101
	2012/18	同音连球各一对	3	5	6	22	26	32	15	312	2:4	1	2	2	94
	2012/19	放眼中区	7	14	18	20	22	30	16	141	1:5	1	0	1	111
	2012/20	两边扩散	3	8	12	18	23	29	11	222	3:3	1	0	1	93
	2012/21	擦边斜连球	1	15	16	18	22	30	3	141	2:4	1	2	0	102
	2012/22	三区均衡发展	4	8	12	24	26	27	4	213	1:5	0	2	1	101
	2012/23	右擦边球	5	9	15	23	24	33	2	213	5:1	1	2	2	109
	2012/24	还看奇数球	4	12	19	21	25	28	13	132	3:3	0	0	0	109
	2012/25	奇数多选些	3	8	9	17	25	27	6	312	5:1	1	2	1	89
	2012/26	同音球优先	3	7	9	15	24	25	16	312	5:1	3	2	1	83
	2012/27	红偶蓝奇	4	16	22	25	30	31	12	123	4:2	1	2	0	128
	2012/28	考虑斜连球	10	15	20	21	28	30	11	132	2:4	1	2	1	124
	2012/29	连球一串串	4	7	15	25	26	28	3	213	3:3	2	2	1	105
	2012/30	小间隔号码	9	10	17	18	21	31	4	231	4:2	0	2+2	1	106
	2012/31	"3"尾号码	4	16	22	24	27	31	3	123	2:4	1	0	1	124
	2012/32	前区偶数	1	2	10	17	22	24	4	321	2:4	2	2	2	76
	2012/33	蓝球看奇数	2	3	15	16	17	27	4	231	4:2	2	2+3	1	80
	2012/34	红偶蓝奇	2	3	8	23	32	33	16	303	3:3	2	2+2	2	101

续表

派奖	期号	点评成语	红球						蓝球	三区比代码	奇偶	重球（个）	连球（个）	同音球（个）	和值
	2012/35	看好中区	9	11	12	21	24	26	5	222	3:3	0	2	1	103
	2012/36	蓝球看奇数	2	11	13	18	19	26	9	231	3:3	2	2	0	89
	2012/37	擦边球	5	14	19	24	28	33	9	123	3:3	1	2	1	123
	2012/38	·中区偶数球	9	10	11	15	19	33	16	321	5:1	2	3	1	97
	2012/39	后区二连号	1	2	5	13	22	29	8	321	4:2	0	2	1	72
	2012/40	红偶蓝奇	3	8	9	22	25	31	10	312	4:2	1	2	0	98
	2012/41	小号球	8	11	15	20	24	32	2	222	2:4	1	0	0	110
	2012/42	填空二连号与同音球	5	6	11	19	24	28	16	312	3:3	2	2	0	93
	2012/43	蓝球看奇数	2	9	11	21	26	33	3	312	4:2	1	0	1	102
	2012/44	斜连球精彩	6	9	10	14	22	25	3	321	2:4	1	2	0	86
	2012/45	蓝球关注后区	8	11	20	21	27	30	9	222	3:3	0	2	2	117
	2012/46	填空二连号	4	12	19	20	23	33	11	132	3:3	1	2	1	111
	2012/47	偶数放光彩	6	7	11	16	32	33	11	312	3:3	1	2 + 2	1	105
	2012/48	小间隔号码	1	5	14	22	24	30	10	222	2:4	0	0	0	96
	2012/49	前后区同音球	4	12	13	19	20	32	4	141	2:4	0	2 + 2	1	100
	2012/50	左右擦边球	7	13	15	17	19	24	11	141	5:1	2	0	1	95
	2012/51	向两边扩散	2	12	14	17	30	31	9	132	2:4	1	2	1	106
	2012/52	多考虑奇数红球	2	3	5	6	20	24	4	411	2:4	1	2 + 2	0	60
	2012/53	红球大号奇数蓝球小号奇数	4	15	22	25	27	33	4	123	4:2	0	0	1	126
	2012/54	擦边斜球	6	14	18	20	30	33	14	132	1:5	1	0	1	121
	2012/55	三区均衡发展	4	6	13	20	24	28	1	222	1:5	1	0	1	95
	2012/56	二连号落前区	4	7	14	17	26	31	10	222	3:3	0	2	2	99
	2012/57	奇数号为主	3	5	19	21	27	31	4	222	6:0	1	0	1	106
	2012/58	中后区火起来	3	6	15	20	25	26	4	222	3:3	1	2	2	95
	2012/59	前区大冷球	4	13	21	22	26	31	1	132	3:3	1	2	1	117
	2012/60	间隔三期"7"尾球	7	10	13	16	17	29	1	231	4:2	1	2	1	92
	2012/61	蓝球继续奇数	3	8	11	12	14	18	14	330	2:4	0	2	1	66

续表

派奖	期号	点评成语	红球						蓝球	三区比代码	奇偶	重球（个）	连球（个）	同音球（个）	和值
	2012/62	后区二连号	2	13	16	17	20	31	7	141	3:3	0	2	0	99
	2012/63	"3"尾球	2	10	17	19	24	27	12	222	3:3	2	0	1	99
	2012/64	左右擦边球	5	10	11	16	23	24	11	312	3:3	2	2+2	0	89
	2012/65	"2"尾擦边斜连球	8	10	18	19	27	31	14	222	3:3	1	2	1	113
	2012/66	斜连球精彩	1	2	9	26	29	33	12	303	4:2	0	2	1	100
	2012/67	左右擦边球	4	5	10	21	26	30	16	312	2:4	1	2	1	96
	2012/68	间隔二期球	5	17	22	26	32	33	10	123	3:3	2	2	1	135
	2012/69	看好小号	8	10	11	18	20	29	6	321	2:4	0	2	2	96
	2012/70	奇数号	2	3	4	24	31	32	11	303	2:4	0	3+2	2	96
	2012/71	中间小间隔号	3	4	19	21	22	23	8	231	4:2	2	2+3	1	92
	2012/72	"6"尾同音球	2	3	7	9	13	30	6	411	4:2	1	2	1	64
	2012/73	看好蓝奇	4	7	9	10	17	27	5	411	4:2	2	2	1	74
	2012/74	后区等差号	15	16	18	19	28	32	8	042	2:4	0	2+2	1	128
	2012/75	精彩斜连球	4	6	22	23	29	32	11	213	2:4	1	2	1	116
	2012/76	优先关注中后区	11	18	22	27	29	30	15	123	3:3	2	2	0	137
	2012/77	看好奇数号	2	4	13	18	26	28	12	222	1:5	1	0	1	91
	2012/78	奇数好机会	8	15	22	24	28	33	12	123	2:4	1	0	1	130
	2012/79	小号球	6	7	12	24	30	33	12	213	2:4	2	2	0	112
	2012/80	间隔二期	4	9	14	15	16	27	3	231	3:3	0	3	1	85
	2012/81	看好斜连球	2	5	10	24	25	29	6	303	3:3	0	2	1	95
	2012/82	中区为主	2	4	11	18	22	29	6	321	2:4	2	0	1	86
	2012/83	前区二连号	4	9	14	15	26	33	4	222	3:3	1	2	1	101
	2012/84	斜连球配擦边	2	10	20	26	28	29	14	213	1:5	1	2	1	115
	2012/85	奇数反转	5	17	24	30	31	33	5	114	4:2	0	2	0	140
	2012/86	左右擦边球	8	9	13	15	22	23	8	231	4:2	0	2+2	1	90
	2012/87	"2"尾同音球	3	10	11	13	14	22	9	330	3:3	2	2+2	1	73
	2012/88	"3"尾有好球	3	5	23	24	27	31	15	204	5:1	1	2	1	113
	2012/89	中区等差数	3	7	10	13	14	25	11	321	4:2	1	2	1	72
	2012/90	间隔五期大号球	2	13	20	25	29	30	11	123	3:3	2	2	1	119
	2012/91	前区二连号	1	5	7	8	19	21	16	420	5:1	0	2	1	61

续表

派奖	期号	点评成语	红球						蓝球	三区比代码	奇偶	重球（个）	连球（个）	同音球（个）	和值
	2012/92	号码后移	6	13	17	18	28	32	3	132	2:4	0	2	1	114
	2012/93	前区二偶连	3	5	19	21	24	33	13	222	5:1	0	0	1	105
	2012/94	一对和数球	6	9	14	16	23	33	15	222	3:3	1	0	2	101
	2012/95	后区重中之重	17	24	27	28	29	30	2	015	3:3	0	4	1	155
	2012/96	全奇套餐	4	7	11	16	19	33	7	312	4:2	0	0	0	100
	2012/97	二连号与同音球	5	8	13	14	19	22	6	240	3:3	0	2	0	81
	2012/98	间隔二期大偶数	2	12	19	26	29	31	9	123	3:3	0	0	0	119
	2012/99	最小二连号	8	12	15	16	21	27	16	141	3:3	1	2	0	99
	2012/100	间隔三期	5	7	15	18	25	33	10	222	5:1	0	0	0	103
	2012/101	填空球配重球	9	12	17	18	20	33	2	141	3:3	2	2	0	109
	2012/102	前区和数球	13	25	27	28	29	30	15	015	4:2	0	4	0	152
	2012/103	后区蓝球	4	9	11	14	32	33	2	312	3:3	0	2	1	103
	2012/104	头尾偶数球	4	5	9	10	19	28	3	411	3:3	2+2	0	1	75
	2012/105	奇数配同音	6	13	14	15	17	30	4	141	3:3	0	3	0	95
	2012/106	间隔一期球	13	14	20	22	23	32	16	042	2:4	2+2	2	2	124
	2012/107	号码前移	11	12	15	24	25	31	3	123	4:2	0	2+2	2	118
	2012/108	多留意奇数	1	9	12	13	19	28	13	231	4:2	1	2	1	82
	2012/109	最大姐妹花	2	12	24	26	29	31	14	114	2:4	1	0	1	124
	2012/110	连号与同音	3	7	10	13	22	32	9	321	3:3	0	2	2	87
	2012/111	中区姐妹花	2	9	10	20	23	31	13	321	2:4	1	2	0	94
	2012/112	红奇蓝偶为佳	8	15	20	21	27	31	6	132	4:2	2	2	1	122
	2012/113	小号热出	3	6	9	13	18	32	6	321	3:3	0	2	1	81
	2012/114	保持蓝偶	1	6	11	26	27	29	15	303	4:2	1	2	0	100
	2012/115	空档处做文章	3	8	20	24	26	32	14	213	1:5	1	0	0	113
	2012/116	中区奇数球	3	21	26	29	31	32	3	114	4:2	3	2	1	142
	2012/117	间隔三期球	13	15	18	20	24	28	9	042	2:4	0	0	1	118
	2012/118	"1"尾球	5	6	7	12	15	28	11	321	3:3	2	3	1	73
	2012/119	多选偶数球	12	20	25	26	27	28	13	024	2:4	2	4	2	138
	2012/120	中区奇数球	1	4	20	24	28	29	13	213	2:4	2	2	0	106
	2012/121	蓝球转为奇数球	1	7	8	20	23	24	11	312	3:3	3	2+2	0	83

派奖	期号	点评成语	红球						蓝球	三区比代码	奇偶	重球（个）	连球（个）	同音球（个）	和值
	2012/122	左右擦边球	12	13	19	22	28	29	11	042	3:3	0	2+2	2	123
	2012/123	同音配姐妹	8	10	16	25	28	33	9	213	2:4	1	0	1	120
	2012/124	中区左右擦边球	6	7	21	25	27	33	11	213	5:1	2	2	1	119
	2012/125	擦边配重球	8	12	13	26	29	33	1	123	3:3	1	2	1	121
	2012/126	看好偶数球	3	5	12	15	23	24	7	222	4:2	1	2	2	82
	2012/127	精彩斜连球	1	9	11	21	26	32	8	312	4:2	0	0	1	100
	2012/128	斜连球配重球	5	9	12	29	30	31	5	213	4:2	1	3	1	116
	2012/129	放眼中区	1	7	9	17	21	29	1	321	6:0	2	0	2	84
	2012/130	在区左右擦边球	1	3	15	20	22	2!	3	231	4:2	1	0	1	92
	2012/131	继续蓝奇	6	18	19	26	28	32	12	123	1:5	1	2	1	129
	2012/132	蓝球冷球占先锋	7	12	16	17	21	25	10	141	4:2	0	2	1	98
	2012/133	擦边三斜连	1	8	11	20	21	29	3	321	3:3	1	2	1	90
	2012/134	间隔二期球	2	5	6	7	13	23	15	411	4:2	0	3	1	56
	2012/135	最大奇数球	2	5	7	8	11	17	16	510	4:2	3	2	1	50
	2012/136	再选蓝奇	2	7	8	17	21	28	11	321	3:3	4	2	1	83
	2012/137	冷球为主	1	2	4	6	13	17	17	420	3:3	2	2	0	43
	2012/138	中区擦边球	1	7	16	17	19	21	14	240	5:1	2	2	2	81
	2012/139	偶数反击	8	19	21	24	28	31	15	123	3:3	2	0	2	131
	2012/140	双同音	14	18	27	30	31	33	15	024	3:3	1	2	0	153
	2012/141	擦边配斜连球	3	5	8	19	20	27	9	321	4:2	1	2	0	82
	2012/142	偶数同音	5	18	22	28	29	31	6	123	3:3	1	2	1	133
	2012/143	小号优先	7	8	18	25	30	32	3	213	2:4	1	2	1	120
	2012/144	中区偶数球	3	10	12	13	27	30	4	222	3:3	1	2	2	95
	2012/145	多选连环	5	20	26	27	28	33	3	114	3:3	1	3	0	139
	2012/146	偶数为主	1	5	7	13	29	32	13	312	5:1	1	0	0	87
	2012/147	再次携手下落	2	12	15	23	24	32	13	123	2:4	1	2	1	108
	2012/148	小号偶数大号奇数	3	6	11	17	21	31	7	321	5:1	0	0	1	89
	2012/149	多关注蓝偶	1	5	13	25	26	32	13	213	4:2	0	2	1	102
	2012/150	斜连球配重音	9	11	17	23	24	26	7	213	4:2	1	2	0	110
	2012/151	二连号与填空球	5	14	24	25	26	32	1	114	2:4	2	3	1	126

续表

派奖	期号	点评成语	红球						蓝球	三区比代码	奇偶	重球（个）	连球（个）	同音球（个）	和值
	2012/152	前区奇数二连	10	12	18	22	28	29	7	132	1:5	0	2	2	119
	2012/153	前区二连号	4	5	11	21	27	28	10	312	4:2	1	2+2	1	96
	2012/154	红偶蓝奇	5	7	12	16	28	32	4	222	2:4	2	0	1	100
	2013/01	擦边球为主	3	8	14	15	24	25	6	222	2:4	0	2+2	2	92
	2013/02	前区奇数球	1	16	18	22	28	30	12	132	1:5	0	0	1	115
	2013/03	红球小号蓝球大号	22	23	26	27	28	33	9	015	3:3	2	2+3	1	159
	2013/04	奇数唱主角	6	10	16	20	27	32	8	222	1:5	1	0	2	111
	2013/05	擦边号码为优	1	13	14	25	31	32	12	123	4:2	1	2+2	1	116
	2013/06	前区等差数列	9	10	13	17	22	30	13	231	3:3	1	2	1	101
	2013/07	间隔二期球	2	9	15	22	26	32	1	222	2:4	1	2	1	106
	2013/08	擦边球为主	3	8	17	21	25	32	15	222	4:2	1	0	0	106
	2013/09	斜连球精彩	1	4	9	13	16	23	2	321	4:2	0	2	1	66
	2013/10	二连号与同音球	1	9	11	17	32	33	12	312	5:1	2	2	1	103
	2013/11	前区继续强	3	12	17	24	27	29	2	123	4:2	1	2	1	112
	2013/12	小间隔号码	6	14	17	22	28	29	2	132	2:4	2	2	0	116
	2013/13	奇数蓝球热门	5	6	13	19	22	28	5	231	3:3	3	2	0	93
	2013/14	擦边斜连与同音	2	4	5	17	19	20	8	330	3:3	2	2+2	0	67
	2013/15	红球大号蓝球小号	5	6	7	11	13	18	15	420	4:2	1	3	0	60
	2013/16	号码后移	2	5	6	12	14	28	5	321	1:5	2	2	0	67
	2013/17	后区"3"尾同音球	4	6	12	30	31	32	9	213	1:5	2	3	1	115
	2013/18	（春节）	2	8	13	28	29	30	5	213	2:4	1	3	1	110
	2013/19	蓝球偶为先	1	2	5	16	20	26	6	321	2:4	1	2	1	70
	2013/20	姐妹伴斜连	1	7	8	12	16	21	1	330	3:3	2	2	1	65
	2013/21	后区"3"尾冷球	1	6	17	19	26	31	11	222	4:2	1	0	0	100
	2013/22	奇数冷球	2	4	7	9	15	20	7	420	3:3	0	0	0	57
	2013/23	偶数三连号	3	6	15	18	30	32	5	222	2:4	1	0	0	104
	2013/24	左擦边球	4	5	13	23	27	30	9	213	4:2	1	2	1	102
	2013/25	冷热同音球	16	17	18	24	25	30	8	033	2:4	1	3+2	1	130

派奖	期号	点评成语	红球						蓝球	三区比代码	奇偶	重球(个)	连球(个)	同音球(个)	和值
	2013/26	冷热同音球	4	11	14	15	22	31	11	231	3:3	0	2	2	97
	2013/27	中区好球	1	2	4	12	21	24	12	321	2:4	1	2	3	64
	2013/28	擦边三斜连	7	8	14	25	26	28	13	213	2:4	0	2+2	1	108
	2013/29	擦边斜连球	6	7	10	19	23	29	12	312	4:2	1	2	1	94
	2013/30	中区优先	7	14	18	25	26	29	6	123	3:3	2	2	0	119
	2013/31	中区擦边球	3	13	14	15	21	23	3	141	5:1	1	3	1	99
	2013/32	冷热奇偶球	4	21	25	29	30	33	3	114	4:2	2	2	0	142
	2013/33	前区优先	5	6	13	17	19	28	1	231	4:2	0	2	0	88
	2013/34	小间隔号	6	15	20	22	26	33	9	132	2:4	1	0	1	122
	2013/35	偶数优先	1	14	15	17	26	30	13	132	3:3	1	2	1	103
	2013/36	冷球为主	4	5	9	27	29	31	13	303	5:1	0	2	1	105
	2013/37	精彩斜连球	2	15	18	27	28	32	14	123	2:4	1	2	2	122
	2013/38	"1"尾携姐妹	9	10	12	14	15	19	11	240	3:3	1	2+2	1	79
	2013/39	后区精彩	1	2	14	15	24	29	6	222	3:3	1	2+2	1	85
	2013/40	前区偶数球	2	4	10	12	17	30	10	321	1:5	1	0	2	75
	2013/41	后区等差数	2	10	12	17	23	24	5	222	2:4	4	2	1	88
	2013/42	回归蓝偶	1	8	12	13	15	33	3	231	4:2	1	2	1	82
	2013/43	一组同音球	3	6	14	15	17	25	16	231	4:2	1	2	1	80
	2013/44	擦边冷球	3	5	11	18	26	28	6	312	3:3	1	0	1	91
	2013/45	擦边配重球	6	7	8	14	23	31	12	312	3:3	0	3	0	89
	2013/46	亮点尽在斜连中	3	16	19	20	24	26	6	132	2:4	0	2	1	108
	2013/47	间隔一期斜连球	1	8	11	17	27	30	12	312	4:2	0	0	1	94
	2013/48	填空二连号	10	13	17	28	30	32	4	123	2:4	2	0	1	130
	2013/49	间隔二期再携手	10	13	14	16	21	32	14	141	2:4	3	2	0	106
	2013/50	擦边球	3	7	13	18	22	25	3	231	4:2	1	0	1	88
	2013/51	蓝球后边三朵花	8	12	15	19	28	29	6	132	3:3	0	2	1	111
	2013/52	奇数优先	6	7	14	21	22	24	13	231	3:4	0	2+2	1	94
	2013/53	擦边球	3	12	13	22	30	33	14	132	3:3	1	2	1	113
	2013/54	奇数为主	3	4	8	14	21	28	14	321	2:4	1	2	2	78
	2013/55	前中区防同音	8	18	19	22	27	32	6	132	2:4	1	2	2	126

续表

派奖	期号	点评成语	红球						蓝球	三区比代码	奇偶	重球（个）	连球（个）	同音球（个）	和值
	2013/56	姐妹花优先	3	12	25	26	28	29	16	114	3:3	0	2+2	0	123
	2013/57	二连号与同音球	13	16	19	23	26	28	5	033	3:3	2	0	2	125
	2013/58	前区优先	8	11	17	21	23	24	5	222	4:2	1	2	1	104
	2013/59	两边扩散	3	10	18	24	27	29	9	213	3:3	1	0	0	111
	2013/60	偶数大斜连	5	7	10	13	119	20	15	330	4:2	1	2	1	74
	2013/61	间隔二期	5	6	7	12	13	18	12	330	3:3	3	3+2	0	61
	2013/62	一组同音球	1	6	7	19	22	27	2	321	4:2	2	2	1	82
	2013/63	向后转移	10	15	18	20	23	31	12	132	3:3	0	0	1	117
	2013/64	奇数蓝球优先选	1	9	13	22	25	32	12	222	4:2	0	0	1	102
	2013/65	中后区奇数旺	7	18	19	23	29	30	2	123	4:2	0	2+2	1	126
	2013/66	重球配擦边	1	3	16	17	20	32	7	231	3:3	0	2	0	89
	2013/67	奇数号优先	1	4	9	15	22	30	6	321	3:3	1	0	0	81
	2013/68	一组同音球	2	7	13	20	25	27	6	222	4:2	0	0	1	94
	2013/69	填空配重球	7	16	17	18	30	33	6	132	3:3	1	3	1	121
	2013/70	中区三偶数	2	3	9	10	28	30	6	402	2:4	1	2+2	1	82
	2013/71	擦边"1"尾球	5	12	21	23	26	28	9	123	3:3	1	0	0	115
	2013/72	奇数蓝球优先选	2	8	11	14	19	33	9	321	3:3	0	0	0	87
	2013/73	热号球精彩	2	9	13	17	20	28	11	231	3:3	1	0	0	89
	2013/74	同音球与斜连球	3	6	8	14	19	32	3	321	2:4	0	0	0	82
	2013/75	二连号与同音球	4	6	9	25	30	33	14	303	3:3	1	0	0	107
	2013/76	小间隔号码	14	23	24	26	29	30	3	015	2:4	1	2+2	1	146
	2013/77	中区为主	9	14	23	24	26	29	3	114	3:3	5	2	2	125
	2013/78	擦边出球	3	5	17	18	26	27	15	222	4:2	1	2+2	1	96
	2013/79	"7"尾球继续精彩	7	13	17	19	22	26	13	141	4:2	0	0	0	104
	2013/80	重点考虑"2"字尾	10	11	12	23	28	32	16	213	2:4	0	3	1	116
	2013/81	前区等差数列	1	4	10	13	21	31	13	321	4:2	1	0	1	80
	2013/82	中区好球配同音	4	13	14	20	22	30	6	141	1:5	2	2	2	103
	2013/83	前区冷号组合	5	6	12	14	19	23	9	231	3:3	1	2	0	79
	2013/84	号码后移	5	7	9	11	20	21	3	420	5:1	1	2	1	73

续表

派奖	期号	点评成语	红球						蓝球	三区比代码	奇偶	重球（个）	连球（个）	同音球（个）	和值
	2013/85	小间隔二连号	2	8	12	14	16	32	16	231	0:6	0	0	1	84
	2013/86	同音继续出	2	4	11	13	16	26	11	321	2:4	2	0	1	72
	2013/87	热号同音球	2	13	19	23	24	28	5	123	3:3	2	2	1	109
	2013/88	擦边球为主	9	15	20	21	22	24	14	141	3:3	1	3	0	111
	2013/89	擦边配重球	4	8	12	19	21	25	13	213	3:3	1	0	0	89
	2013/90	红大蓝小	2	5	11	23	24	29	8	303	4:2	0	2	0	94
	2013/91	同音走强	4	14	24	25	28	31	10	114	2:4	1	2	1	126
	2013/92	二连号与同音球	7	11	15	21	26	31	6	222	5:1	1	1	1	111
	2013/93	擦边为主	1	2	8	26	29	31	14	303	3:3	2	1	1	97
	2013/94	斜连配同音	2	4	14	18	20	22	7	240	0:6	1	0	2	80
	2013/95	填空球为主	1	6	15	19	28	29	10	222	4:2	0	1	1	98
	2013/96	蓝球落大号	1	2	22	28	29	30	15	213	2:4	3	3	0	112
	2013/97	小号球为主	5	14	17	22	23	25	2	132	4:2	1	2	1	106
	2013/98	再战同音球	7	15	18	19	20	26	14	141	3:3	0	3	0	105
	2013/99	二连号与同音球	5	11	20	21	26	31	3	222	4:2	2	1	1	114
	2013/100	小号奇数	4	8	11	14	16	20	11	330	1:5	2	0	1	73
	2013/101	冷球呈强态	5	7	9	23	27	32	1	303	5:1	0	0	1	103
	2013/102	中区二连号	2	4	5	6	8	16	3	510	1:5	1	3	1	41
	2013/103	姐妹配同音	2	4	13	18	20	7		330	2:4	2	0	0	66
	2013/104	中区优先	1	2	4	15	17	28	11	321	3:3	2	2	0	67
	2013/105	前区成风依然	1	11	23	27	31	32	9	204	5:1	1	2	1	125
	2013/106	中区偶二连	9	11	23	30	31	32	6	204	4:2	4	3	1	136
	2013/107	擦边同音球	7	9	11	17	28	31	11	312	5:1	3	0	2	103
	2013/108	偶数号转强	16	21	22	28	31	32	5	033	2:4	2	2＋2	2	150
	2013/109	号码前移	9	23	24	27	29	32	8	105	4:2	1	2	1	144
	2013/110	蓝球转为奇数	15	17	18	21	29	32	13	042	4:2	2	2	0	132
	2013/111	号码前移	1	2	3	6	8	33	13	501	3:3	0	3	1	53
	2013/112	斜连球值得推荐	1	6	12	13	22	31	7	231	3:3	2	2	1	85
	2013/113	前区回暖	4	7	11	17	24	33	9	312	4:2	0	0	2	96
	2013/114	冷热搭配	4	6	17	21	23	33	7	222	4:2	3	0	1	104

续表

派奖	期号	点评成语	红球						蓝球	三区比代码	奇偶	重球（个）	连球（个）	同音球（个）	和值
	2013/115	填空球	3	12	16	17	18	27	8	141	3:3	1	3	1	93
	2013/116	擦边斜连球	12	15	21	26	32	33	7	033	3:3	1	2	1	139
	2013/117	关注零重球	9	12	13	24	27	33	16	123	4:2	2	2	1	118
	2013/118	等间隔	2	3	17	22	32	33	16	222	3:3	1	2＋2	2	109
	2013/119	前区等差数列	5	15	20	22	26	32	9	132	2:4	2	0	2	120
	2013/120	蓝球前移转偶	5	6	13	18	23	31	11	222	4:2	1	2	1	96
	2013/121	蓝球前移转偶	4	5	6	7	25	27	7	402	4:2	2	4	2	74
	2013/122	蓝球前移转偶	7	10	13	15	26	27	11	222	4:2	2	2	1	98
	2013/123	号码前移	1	2	6	11	17	25	2	411	4:2	0	2	1	62
	2013/124	同音走路	3	9	15	23	25	30	7	213	5:1	1	0	2	105
	2013/125	好球看偶数	4	6	8	18	25	28	16	312	1:5	1	0	1	89
	2013/126	后区呈强势	4	10	19	27	31	33	16	213	4:2	1	0	0	124
	2013/127	前区二连号	2	3	13	20	22	33	14	231	3:3	1	2	2	93
	2013/128	奇数为主	7	13	17	19	25	31	8	132	6:0	1	0	1	112
	2013/129	偶数反转	5	6	10	14	27	31	14	312	3:3	1	2	0	93
	2013/130	"0"字尾	1	3	15	16	31	33	8	222	5:1	1	2	2	99
	2013/131	斜连球优先	4	6	12	17	19	26	9	231	2:4	0	0	1	84
	2013/132	左右擦边球	20	21	22	23	25	27	12	033	4:2	0	4	0	138
	2013/133	红偶蓝奇	4	7	12	19	22	25	1	231	3:3	2	0	1	89
	2013/134	同音球与二连号	1	17	18	19	25	29	10	132	5:1	1	3	1	109
	2013/135	冷态蓝球复苏	9	23	24	25	29	31	12	105	5:1	2	3	1	141
	2013/136	蓝球看奇数	4	6	14	16	18	26	6	231	0:6	0	0	2	84
	2013/137	填空球精彩	4	17	19	23	24	27	10	123	4:2	1	2	2	114
	2013/138	左右擦边球	4	15	16	24	27	28	3	123	2:4	3	2＋2	2	114
	2013/139	关注"1"字尾	7	8	11	13	21	27	8	321	5:1	1	2	2	87
	2013/140	考虑红偶蓝奇	1	5	12	13	21	22	10	240	4:2	2	2＋2	2	74
	2013/141	号码后移	3	4	5	25	30	31	4	303	4:2	1	3＋2	1	98
	2013/142	中区为主	11	12	14	20	22	29	14	141	2:4	0	2	1	108
	2013/143	奇数填空球	12	18	21	22	27	32	11	042	2:4	2	2	1	132
	2013/144	蓝球选中区	5	7	12	19	27	31	2	222	5:1	1	0	1	101

派奖	期号	点评成语	红球						蓝球	三区比代码	奇偶	重球（个）	连球（个）	同音球（个）	和值
	2013/145	间隔二期	6	10	13	16	23	24	15	222	2:4	0	2	2	92
	2013/146	擦边球为主	8	20	25	30	32	33	1	114	2:4	0	2	1	148
	2013/147	同音球走强	2	15	16	17	19	30	8	141	3:3	1	3	0	99
	2013/148	蓝球选中区	6	11	12	14	17	22	1	240	2:4	1	2	1	82
	2013/149	蓝球后区偶数球	9	8	25	26	30	32	11	114	2:4	0	2	0	140
	2013/150	前移二连号	1	15	16	25	26	29	10	123	4:2	2	2+2	2	112
	2013/151	擦边配奇姐妹	3	9	10	19	23	33	9	312	4:2	0	2	1	102
	2013/152	姐妹花精彩	4	6	14	16	18	29	5	231	1:5	0	0	2	87
	2013/153	全包蓝偶	8	11	13	18	23	33	2	222	3:3	1	0	1	111
	2013/154	奇数号为主	7	11	14	19	24	29	5	222	4:2	1	0	1	104
	2014/01	填空二连号	3	9	15	20	27	29	1	222	5:1	1	0	1	103
	2014/02	斜连配重球	4	21	23	31	32	33	4	114	4:2	0	3	2	144
	2014/03	擦边斜连球	6	10	11	28	30	33	12	303	2:4	0	1	1	118
	2014/04	左右擦边球	1	4	19	22	24	25	15	222	3:3	0	1	1	95
	2014/05	填空球	15	18	23	27	32	33	4	224	4:2	0	1	1	148
	2014/06	前区配中区	3	4	7	17	21	27	14	321	5:1	1	2	1	79
	2014/07	主攻奇数球	8	10	12	14	20	28	14	231	0:6	1	0	1	90
	2014/08	主攻奇数球	5	14	16	21	29	30	12	132	3:3	1	2	0	115
	2014/09	间隔三期	8	9	19	20	25	32	16	222	3:3	0	2+2	1	113
	2014/10	左右擦边球	5	7	8	20	31	33	11	312	4:2	2	2	1	104
	2014/11	关注红偶蓝奇	9	10	13	14	21	32	2	231	3:3	0	2+2	0	99
	2014/12	右擦边斜连球	1	8	11	19	21	24	8	321	4:2	1	0	1	84
	2014/13	号码后移	5	9	13	15	17	21	13	240	6:0	1	0	1	80
	2014/14	同音花开"8"尾	4	9	19	22	25	29	15	222	4:2	1	0	1	108
	2014/15	对称图形出彩	2	11	19	30	32	33	9	213	3:3	1	2	1	127
	2014/16	间隔三期"5"尾球	2	3	7	13	21	24	8	321	4:2	1	2	1	70
	2014/17	冷球二连号	4	6	7	14	25	26	10	312	2:4	1	2+2	2	82
	2014/18	对称出彩	13	17	18	21	30	33	15	042	4:2	0	2	1	132
	2014/19	差数球配同音	2	10	15	19	20	21	7	240	3:3	1	3	1	87

续表

派奖	期号	点评成语	红球						蓝球	三区比代码	奇偶	重球（个）	连球（个）	同音球（个）	和值
	2014/20	前区和数球	9	14	17	23	24	25	15	123	4:2	0	3	1	112
	2014/21	擦边斜连球	8	10	15	17	22	29	12	231	3:3	1	0	0	101
	2014/22	间隔连增球	4	6	7	10	21	26	16	411	2:4	1	2	1	74
	2014/23	左擦边斜连球	7	9	13	17	21	22	10	240	5:1	2	2	1	89
	2014/24	偶数球为主	8	10	16	20	23	30	9	222	1:5	0	0	1	107
	2014/25	重球配冷球	1	5	10	14	16	30	16	321	2:4	3	0	1	76
	2014/26	小间隔号为主	1	2	5	6	11	23	14	501	4:2	2	2+2	1	48
	2014/27	一组同音球	8	10	14	16	30	31	1	222	1:5	0	0	1	109
	2014/28	奇数号为主	6	16	21	27	30	32	5	123	2:4	0	2	1	132
	2014/29	同音伴斜连	2	7	14	16	21	29	14	231	3:3	2	0	1	89
	2014/30	小间隔二连号	12	18	19	23	24	30	10	033	2:4	0	2+2	0	126
	2014/31	奇数号为主	4	10	16	17	21	27	11	231	3:3	0	2	1	95
	2014/32	前区优先	1	2	14	22	29	33	12	222	3:3	0	0	1	101
	2014/33	精彩中区	5	13	23	28	32	33	12	114	4:2	0	2	1	134
	2014/34	左擦边斜连球	1	3	4	8	25	31	6	402	4:2	0	2	1	72
	2014/35	蓝球转奇数	7	8	9	17	32	33	6	312	4:2	1	3+2	1	106
	2014/36	红偶蓝奇	1	7	8	9	11	22	3	510	4:2	3	3	1	58
	2014/37	号码后移	6	13	14	24	25	30	7	123	2:4	0	2+2	1	112
	2014/38	一组同音球	4	7	22	23	24	33	12	213	3:3	1	3	2	113
	2014/39	左右擦边球	3	11	15	19	20	31	7	231	5:1	0	2	1	99
	2014/40	偶数号为主	3	4	6	11	12	15	8	420	3:3	3	2+2	0	51
	2014/41	号码后移	7	11	16	18	21	22	2	240	3:3	1	2	1	95
	2014/42	冷球二连号	12	15	20	25	28	33	1	033	3:3	0	0	1	133
	2014/43	左右擦边球	2	5	9	14	24	33	9	312	3:3	1	0	1	87
	2014/44	一组同音球	4	9	21	27	28	33	12	213	4:2	2	2	0	122
	2014/45	左右擦边球	2	4	9	11	19	22	15	420	3:3	1	0	2	67
	2014/46	大号为主	2	10	11	17	18	22	10	330	2:4	3	2+2	1	80
	2014/47	红球后移蓝球前移	8	10	11	12	19	27	15	321	3:3	2	3	1	89
	2014/48	奇数号为主	6	9	16	17	24	25	8	222	3:3	0	2+2	1	97
	2014/49	一组同音球	6	7	16	17	23	32	6	222	3:3	3	2+2	2	101

续表

派奖	期号	点评成语	红球						蓝球	三区比代码	奇偶	重球（个）	连球（个）	同音球（个）	和值
	2014/50	大号为主	3	17	23	25	26	32	13	114	4∶2	3	2	1	126
	2014/51	中区优先	10	16	19	21	23	24	13	132	3∶3	1	2	0	113
	2014/52	向两边扩散	9	13	15	28	30	33	8	123	4∶2	0	0	1	128
	2014/53	中区优先	14	17	19	22	26	31	2	042	3∶3	0	0	0	129
	2014/54	前区二连号	1	4	5	11	29	30	14	402	4∶2	0	2＋2	1	80
	2014/55	重球配擦边	2	9	14	19	21	30	4	231	3∶3	1	0	1	95
	2014/56	等间隔二期	1	11	18	20	28	29	1	222	3∶3	0	2	1	107
	2014/57	蓝奇优先选	2	4	12	18	23	31	8	222	2∶4	1	0	1	90
	2014/58	后区二连号	2	3	12	12	14	25	11	231	3∶3	2	2＋3	2	69
	2014/59	大号为主	5	8	12	23	25	13		222	4∶2	3	2	1	86
	2014/60	擦边球	3	5	14	15	25	33	6	222	4∶2	2	0	2	98
	2014/61	"1"尾球	2	14	17	27	28	31	8	123	3∶3	1	2	1	119
	2014/62	前区优先	6	9	15	24	25	26	9	213	3∶3	0	3	2	105
	2014/63	红偶蓝奇	3	8	17	21	23	31	16	231	4∶2	0	1	0	102
	2014/64	重球配擦边	2	9	15	16	29	32	14	222	3∶3	0	2	1	103
	2014/65	后区为主	3	4	5	10	22	6		510	2∶4	0	3	0	52
	2014/66	小间隔号码	2	5	15	17	18	21	16	240	4∶2	1	2	1	78
	2014/67	一组同音球	1	6	7	17	18	23	6	321	4∶2	2	2＋2	1	72
	2014/68	等间隔一期	4	12	13	22	27	29	16	132	3∶3	0	2	1	107
	2014/69	重球配填空	5	12	17	19	25	30	11	132	4∶2	1	0	1	108
	2014/70	小间隔号为主	1	7	9	19	28	29	7	312	5∶1	1	2	1	93
	2014/71	左右擦边球	2	4	12	17	25	14		231	2∶4	0	0	1	82
	2014/72	继续关注偶数号	1	3	7	13	19	32	16	321	5∶1	0	1	1	75
	2014/73	间隔一期	1	12	16	20	33	2		132	2∶4	1	0	1	112
	2014/74	后区二连号	1	3	6	13	30	31	12	312	4∶2	22	2	2	84
	2014/75	蓝球前移转奇数	3	9	11	22	27	29		312	5∶1	0	2	1	101
	2014/76	中区二连号	6	10	12	17	18	33	11	231	2∶4	0	2	0	96
	2014/77	擦边斜连球	8	9	12	15	19	22	10	240	3∶3	1	2	2	85
	2014/78	二连号与同音球	2	3	5	6	9	17	7	510	4∶2	1	2＋2	0	42
	2014/79	"2"尾同音球	2	7	16	22	27	28	2	222	2∶4	1	2	2	102

派奖	期号	点评成语	红球						蓝球	三区比代码	奇偶	重球（个）	连球（个）	同音球（个）	和值
	2014/80	擦边二连号	5	14	16	17	25	30	7	132	3:3	1	2	1	107
	2014/81	再次携手下落	8	14	22	24	27	29	10	123	2:4	0	0	1	124
	2014/82	奇数优先选	2	4	20	25	26	29	11	213	2:4	1	2	0	106
	2014/83	中区偶三连	5	6	19	21	23	33	12	222	5:1	0	2	1	107
	2014/84	同音球与二连号	1	6	9	10	13	25	8	411	4:2	1	2	0	64
	2014/85	号码后移	1	2	11	19	23	29	8	312	5:1	1	2	2	85
	2014/86	中区二连号	2	4	10	12	14	30	8	321	0:6	1	0	3	72
	2014/87	填空球配重球	6	18	22	23	32	33	6	123	2:4	0	2+2	2	134
	2014/88	大号球为主	3	6	11	14	16	19	15	321	3:3	1	0	1	79
	2014/89	填空二连号	4	6	14	17	27	30	9	222	2:4	2	0	2	98
	2014/90	奇数号优先	5	9	11	19	24	32	13	312	4:2	0	0	1	100
	2014/91	中区二连号	1	5	12	19	27	29	14	222	5:1	2	0	1	93
	2014/92	红偶蓝奇	3	13	18	19	22	26	1	141	3:3	1	0	1	101
	2014/93	左右擦边球	2	8	9	10	20	29	5	411	2:4	0	3	2	78
	2014/94	大号红球小号蓝球	1	10	18	20	23	29	1	222	3:3	3	0	1	101
	2014/95	偶数号为主	5	6	8	14	22	31	8	321	2:4	0	2	0	86
	2014/96	大号红球小号蓝球	12	14	17	19	22	24	8	051	2:4	0	2	0	108
	2014/97	后区二连号	7	13	24	25	27	32	15	114	4:2	1	2	1	128
	2014/98	间隔一期"2"尾球	2	13	17	20	29	31	7	132	4:2	1	0	0	112
	2014/99	最小二连号	1	5	10	11	13	32	14	411	4:2	1	2	1	72
	2014/100	奇数二连号	1	6	9	10	14	16	11	420	2:4	2	2	1	55
	2014/101	号码向后移	16	18	20	23	24	32	7	033	1:5	0	2	1	133
	2014/102	奇数号为主	14	16	21	24	28	31	9	033	2:4	0	0	2	134
	2014/103	冷球二连号	3	8	9	10	18	33	4	411	3:3	0	3	2	81
	2014/104	红球大号蓝球小号	2	6	12	19	27	28	13	222	2:4	0	2	1	94
	2014/105	左右擦边球	14	16	17	19	27	32	4	042	3:3	2	2	1	125
	2014/106	号码向前移	9	14	17	18	21	25	15	141	4:2	2	2	0	104
	2014/107	大号球为主	11	14	17	22	25	27	16	132	4:2	3	0	1	116
	2014/108	前区二连号	3	8	9	20	23	28	2	312	3:3	0	2	0	91

派奖	期号	点评成语	红球						蓝球	三区比代码	奇偶	重球(个)	连球(个)	同音球(个)	和值
	2014/109	右擦边球	2	5	11	15	19	28	2	321	4:2	1	0	1	80
	2014/110	一连号与同音球	1	8	11	13	19	30	6	321	4:2	2	0	1	82
	2014/111	前区优先选	2	8	17	20	22	28	2	231	1:5	1	0	2	97
	2014/112	奇数号反弹	1	15	16	21	24	30	3	132	3:3	0	2	1	107
	2014/113	间隔一期对称下落	12	14	28	31	32	33	7	024	2:4	0	3	1	150
	2014/114	前区优先选	2	7	23	30	32	33	10	204	3:3	2	2	2	127
	2014/115	奇数号为主	1	9	10	11	13	32	3	411	4:2	1	3	1	76
	2014/116	"2"尾同音球	9	10	14	15	19	29	16	231	4:2	2	2＋2	1	96
	2014/117	号码向前移	5	10	17	25	28	29	4	213	4:2	2	2	1	114
	2014/118	左右擦边球	5	7	15	18	26	30	3	222	3:3	1	0	1	101
	2014/119	偶数号为主	6	13	17	20	26	29	8	132	3:3	1	0	1	111
	2014/120	擦边斜连球	1	7	12	16	23	28	4	222	3:3	0	0	0	87
	2014/121	奇数号为主	1	2	13	22	28	30	9	222	2:4	2	2	1	96
	2014/122	同音球继续出	6	9	11	16	20	29	11	321	3:3	0	0	2	91
	2014/123	后区二连号	1	6	11	17	28	33	5	312	4:2	2	0	1	96
	2014/124	中区优先选	2	17	20	24	31	33	4	123	3:3	2	0	0	127
	2014/125	连号与同音	10	11	15	26	31	32	6	213	3:3	1	2＋2	1	125
	2014/126	左右擦边球	6	11	16	17	22	27	1	231	3:3	1	2	2	99
	2014/127	右擦边斜连球	2	10	12	21	23	27	12	222	3:3	0	0	1	95
	2014/128	奇数号为主	5	7	8	17	18	24	14	321	3:3	0	2＋2	2	79
	2014/129	小间隔号为主	5	8	9	20	28	32	2	312	2:4	2	2	1	102
	2014/130	号码向后移	1	2	10	24	30	33	10	303	2:4	0	2	1	100
	2014/131	一组同音球	5	17	21	22	28	32	14	132	3:3	0	2	1	125
	2014/132	奇数号为主	5	6	14	15	18	33	8	231	3:3	1	2＋2	1	91
	2014/133	等间隔一期偶数球	13	14	16	23	30	31	13	033	3:3	1	2＋2	1	127
	2014/134	号码向前移	5	16	22	23	26	28	2	123	2:4	2	2	1	120
	2014/135	前区和数球	2	4	11	13	25	33	1	312	4:2	0	0	1	88
	2014/136	一组同音球	3	16	19	27	31	32	10	123	4:2	1	2	1	128
	2014/137	偶数为主	3	6	9	11	25	29	9	402	5:1	1	0	1	83
	2014/138	奇数号为主	4	6	13	29	31	33	13	213	4:2	2	0	1	116

续表

派奖	期号	点评成语	红球						蓝球	三区比代码	奇偶	重球（个）	连球（个）	同音球（个）	和值
	2014/139	关注中区奇数球	1	14	15	20	25	29	11	132	4:2	1	2	1	104
	2014/140	奇数号为主	6	10	11	14	17	33	6	321	3:3	1	2	0	91
	2014/141	大号优先选	8	9	11	16	21	24	10	321	3:3	1	2	2	89
	2014/142	号码向后移	6	21	22	23	25	28	13	123	3:3	1	3	0	125
	2014/143	小号偶数球	3	12	18	20	25	26	16	132	2:4	1	2	0	104
	2014/144	一组同音球	3	5	6	9	10	27	14	501	4:2	1	2+2	0	60
	2014/145	号码向后移	10	12	13	23	26	29	11	123	3:3	1	2	1	113
	2014/146	一组同音球	1	6	13	20	29	32	1	222	3:3	2	0	0	101
	2014/147	奇数号为主	6	7	22	26	31	32	10	213	4:2	1	2+2	1	124
	2014/148	右擦边球为主	1	2	5	12	15	16	13	330	3:3	0	2+2	2	51
	2014/149	同音球继续走强	7	9	10	15	19	33	1	321	5:1	1	2	1	93
	2014/150	后区二连号	3	8	14	22	24	32	9	222	1:5	0	0	1	103
	2014/151	重球配填空球	4	5	8	11	21	27	8	411	4:2	1	2	1	76
	2014/152	擦边斜连球	8	13	15	20	21	25	12	141	4:2	2	2	1	102
	2015/01	大号球为主	1	7	9	16	20	23	6	321	4:2	1	2	1	76
	2015/02	后区二连号	7	15	16	25	28	32	5	123	3:3	2	2	1	123
	2015/03	号码向前移	10	15	20	23	24	31	15	123	3:3	1	2	1	123
	2015/04	前区偶三连	2	14	15	16	23	24	10	132	2:4	3	3+2	1	94
	2015/05	前区优先选	7	10	16	17	18	32	15	231	2:4	1	3	1	100
	2015/06	左右擦边球	1	10	11	29	31	33	6	303	5:1	0	2	1	115
	2015/07	最冷号填空出彩	1	7	9	17	20	33	8	321	5:1	1	0	1	87
	2015/08	后区二连号	4	7	10	16	20	22	3	330	1:5	0	0	1	79
	2015/09	二连号与同音球	4	7	14	17	21	25	14	231	4:2	1	2	2	88
	2015/10	奇数号为主	1	2	3	8	21	31	9	411	4:2	1	3	1	66
	2015/11	号码向后移	4	14	15	17	18	20	15	141	2:4	0	2+2	1	88
	2015/12		3	5	22	23	29	31	6	213	5:1	0	2	1	113
	2015/13	等间隔下落	8	9	24	25	26	29	1	204	3:3	1	2+3	1	121
	2015/14	同音球走强	2	12	16	19	27	30	11	133	2:4	0	0	1	106
	2015/15	小号球为主	1	7	20	24	25	33	4	213	4:2	0	2	0	110
	2015/16	左右擦边球	2	6	10	15	17	31	8	321	3:3	0	0	0	81

派奖	期号	点评成语	红球						蓝球	三区比代码	奇偶	重球（个）	连球（个）	同音球（个）	和值
	2015/17	重球配填空	13	18	20	25	27	33	12	033	4:2	0	0	1	136
	2015/18	号码向前移	6	9	12	14	28	29	9	222	2:4	0	2	1	98
	2015/19	小号码为主	2	6	11	19	25	26	4	312	3:3	1	2	1	89
	2015/20	中区优先选	1	4	7	19	22	23	4	321	4:2	1	2	0	76
	2015/21	后区奇数球	14	15	16	17	27	28	8	042	3:3	0	4+2	1	117
	2015/22	（春节）	4	7	10	16	23	25	10	312	3:3	1	0	0	85
	2015/23	填空二连号	8	9	10	13	29	30	1	312	3:3	1	3+2	2	99
	2015/24	奇数号为主	9	11	16	18	23	24	10	222	3:3	1	2	0	101
	2015/25	同音球走强	10	11	12	15	27	32	14	222	3:3	1	3	1	107
	2015/26	小间隔号为主	2	13	17	21	22	33	13	141	4:2	0	2	2	108
	2015/27	前区偶数球	5	7	9	16	26	29	7	312	4:2	0	0	2	92
	2015/28	填空球为主	4	7	10	26	27	28	14	303	2:4	2	3	1	102
	2015/29	等间隔号码	7	14	15	19	21	28	7	141	4:2	0	0	1	104
	2015/30	左右擦边球	8	11	14	15	16	26	7	231	2:4	2	3	1	90
	2015/31	号码向后移	1	5	22	32			11	312	3:3	1	0	1	93
	2015/32	同音球优先	11	14	16	18	29	32	16	132	2:4	1	0	2	120
	2015/33	后区二连号	3	6	21	29	31	32	5	213	4:2	2	2	0	122
	2015/34	擦边球为主	12	13	17	18	20	27	13	051	3:3	0	2+2	1	107
	2015/35	前区二连号	1	8	9	22	24	33	3	312	3:3	0	0	0	97
	2015/36	偶数球为主	4	6	16	17	26	33	2	222	2:4	1	2	1	102
	2015/37	大冷球下落	5	7	12	18	28	31	3	222	3:3	0	0	1	101
	2015/38	填空二连号	5	6	11	12	14	33	14	321	3:3	2	2+2	0	81
	2015/39	大冷号下落	1	13	15	26	30		12	123	4:2	0	2		114
	2015/40	同音球走强	13	16	18	27	30	32	16	033	2:4	1	0	1	136
	2015/41	号码向前移	4	9	11	17	21	25	6	321	5:1	0	0	1	87
	2015/42	最冷号下落	9	10	19	21	23	32	8	222	4:2	2	2	1	114
	2015/43	号码向前移	11	12	15	24	26	27	15	123	3:3	0	2+2	0	115
	2015/44	多选偶数号	2	3	4	13	14	16	2	330	2:4	0	3+2	2	52
	2015/45	奇数号优先	1	5	13	22	30	31	7	222	4:2	1	2	1	102
	2015/46	大号球为主	5	7	10	14	23	31	1	312	4:2	1	0	0	90

派奖	期号	点评成语	红球						蓝球	三区比代码	奇偶	重球（个）	连球（个）	同音球（个）	和值
	2015/47	左右擦边球	2	3	20	24	26	27	9	213	2:4	0	2 + 2	0	102
	2015/48	一组同音球	13	16	17	22	25	27	10	042	4:2	1	2	1	120
	2015/49	小间隔号码	7	12	14	17	20	23	5	141	3:3	1	0	1	93
	2015/50	同音球再落	3	9	12	16	17	31	4	231	4:2	2	2	0	88
	2015/51	大号球为主	4	10	24	26	28	32	9	204	0:6	0	0	0	124
	2015/52	冷号同音球	2	4	11	16	25	26	12	312	2:4	2	2	1	84
	2015/53	右擦边斜连球	3	7	17	22	32	33	10	222	4:2	2	2	2	114
	2015/54	擦边球配重球	1	2	7	10	22	26	7	411	2:4	2	2	1	68
	2015/55	"8"尾冷球落	1	10	15	18	19	28	2	231	3:3	2	2	1	91
	2015/56	等间隔二期	1	7	8	16	18	20	14	330	2:4	2	2	1	70
	2015/57	奇数号优先	9	20	24	25	26	32	4	114	2:4	1	3	0	136
	2015/58	一组同音球	2	9	10	18	19	20	15	330	2:4	2	2 + 3	2	78
	2015/59	号码向后移	2	6	9	22	25	26	14	312	2:4	2	0	2	90
	2015/60	蓝球转奇数	1	3	18	27	31	32	13	213	4:2	1	2	1	112
	2015/61	中区偶数球	6	18	22	26	32	33	4	123	1:5	2	2	2	137
	2015/62	右擦边冷球	9	14	15	18	21	26	16	141	3:3	2	2	0	103
	2015/63	号码向后移	1	7	9	16	22	32	12	321	3:3	1	0	1	87
	2015/64	奇数号优先	11	12	14	17	23	27	1	132	4:2	0	2	1	104
	2015/65	小号球为主	8	10	14	19	26	29	12	222	2:4	1	0	2	106
	2015/66	奇数号优先	5	8	11	17	24	28	16	312	3:3	1	2	1	93
	2015/67	填空二连号	2	5	8	24	25	31	14	303	3:3	3	2	1	95
	2015/68	二连号与同音球	6	15	18	21	26	27	10	132	3:3	0	2	1	113
	2015/69	中区优先选	1	13	17	18	23	30	15	132	4:2	2	2	1	102
	2015/70	间隔六期奇数球	1	7	13	19	21	29	15	231	6:0	2	2	2	90
	2015/71	大冷号填空出彩	8	18	20	28	29	31	8	123	2:4	1	2	1	134
	2015/72	擦边斜连球	1	3	5	20	21	31	5	321	5:1	2	2	1	81
	2015/73	前区二连号	1	2	17	22	26	27	4	222	3:3	1	2 + 2	2	95
	2015/74	红球偶数为先	4	7	21	25	26	29	8	213	4:2	1	2	0	112
	2015/75	左擦边斜连球	6	11	13	19	21	32	4	231	4:2	1	0	1	102
	2015/76	中区同音球	1	9	10	19	23	27	9	312	5:1	1	2	1	89

派奖	期号	点评成语	红球						蓝球	三区比代码	奇偶	重球(个)	连球(个)	同音球(个)	和值
	2015/77	奇数号为主	1	6	8	10	13	27	16	411	3:3	3	0	0	65
	2015/78	号码向后移	3	7	20	22	26	29	2	222	3:3	0	0	0	107
	2015/79	重球配填空球	9	14	15	20	26	32	11	132	2:4	2	2	0	116
	2015/80	一组同音球	14	17	25	27	28	30	2	024	3:3	1	0	1	141
	2015/81	号码向前移	13	20	22	26	28	31	13	033	2:4	1	0	0	140
	2015/82	热球填空出彩	2	8	9	14	28	30	7	312	1:5	1	2	1	91
	2015/83	斜连球配大冷球	6	7	16	18	29	32	5	222	2:4	0	2	1	108
	2015/84	中区优先选	15	18	20	22	28	29	15	042	2:4	2	2	1	132
	2015/85	号码向前移	2	8	25	27	28	29	5	204	3:3	3	3	1	119
	2015/86	一组同音球	5	6	8	16	18	22	12	330	1:5	1	2	2	75
	2015/87	号码向前移	9	15	16	19	20	28	11	141	3:3	1	2+2	1	107
	2015/88	右擦边斜连球	2	12	20	24	29	31	9	123	2:4	1	0	1	118
	2015/89	间隔二期球	12	14	19	27	28	29	1	033	3:3	2	3	1	129
	2015/90	偶数球为主	10	12	14	22	25	33	15	132	2:4	2	0	1	116
	2015/91	号码向前移	5	7	17	19	22	31	11	231	5:1	1	0	1	101
	2015/92	偶数号为主	9	15	19	21	26	27	13	132	5:1	1	0	1	117
	2015/93	冷号同音球	1	3	13	21	25	31	8	222	6:0	1	0	2	94
	2015/94	偶数球为主	1	4	6	13	16	17	10	330	3:3	2	2	1	57
	2015/95	号码向后移	4	15	21	28	30	31	1	123	3:3	1	1	1	129
	2015/96	一组同音球	6	16	17	23	24	31	7	123	3:3	1	2+2	1	117
	2015/97	号码向前移	9	12	14	20	26	27	4	132	2:4	0	2	0	108
	2015/98	左擦边下落	6	9	13	26	27	33	1	213	4:2	3	2	2	114
	2015/99	前区积数球	6	7	10	11	14	22	9	420	2:4	1	2+2	0	70
	2015/100	右擦边斜连球	2	3	11	17	19	21	8	330	5:1	1	2	1	74
	2015/101	号码向后移	8	16	22	24	28	29	5	123	1:5	0	2	1	127
	2015/102	奇数号为主	7	9	12	14	21	23	8	231	4:2	0	0	0	86
	2015/103	重球配填空球	6	8	13	26	30	32	14	213	1:5	0	0	1	115
	2015/104	奇数号为主	9	18	21	23	25	26	1	123	4:2	1	2	0	122
	2015/105	小号球为主	9	10	16	19	20	26	12	231	2:4	2	2+2	3	100
	2015/106	右擦边斜连球	1	3	4	23	31	32	13	303	4:2	0	2+2	2	94

续表

派奖	期号	点评成语	红球						蓝球	三区比代码	奇偶	重球（个）	连球（个）	同音球（个）	和值
	2015/107	中区做文章	7	14	16	18	21	25	8	141	3:3	0	0	0	101
	2015/108	一组同音球	2	12	19	22	24	27	15	321	2:4	0	0	1	106
	2015/109	填空球配重球	1	8	9	16	32	33	13	312	3:3	0	2+2	2	99
	2015/110	一组同音球	5	7	16	17	22	23	4	231	4:2	1	2+2	1	90
	2015/111	号码向后移	8	14	16	18	20	30	12	141	0:6	1	0	2	106
	2015/112	奇数号为主	1	3	10	19	20	27	11	321	4:2	1	2	1	80
	2015/113	关注大冷号	1	5	7	8	19	27	12	411	5:1	3	2	1	67
	2015/114	左右擦边球	4	7	9	13	21	26	1	321	4:2	0	0	0	80
	2015/115	同音球走强	1	7	8	14	24	32	3	312	2:4	1	2	1	86
	2015/116	再次携手下落	4	6	15	23	26	28	11	213	2:4	0	0	1	102
	2015/117	填空球	4	11	12	18	26	32	12	222	1:5	2	2	1	103
	2015/118	左右擦边球	1	4	11	21	23	31	12	312	5:1	2	0	1	91
	2015/119	偶数球为主	2	8	10	18	23	31	8	312	2:4	2	0	1	92
	2015/120	"2"尾同音球	16	21	24	26	27	29	16	024	3:3	0	2	1	143
	2015/121	最冷号填空下落	1	3	20	21	28	29	12	222	4:2	2	2+2	2	102
	2015/122	左右擦边球	5	7	11	16	22	25	7	321	4:2	0	0	1	86
	2015/123	二连号与同音球	5	8	9	12	22	28	7	321	2:4	2	2	2	84
	2015/124	大号球为主	2	3	5	12	18	27	1	321	3:3	2	2	1	67
	2015/125	号码向后移	5	13	22	27	30	33	12	123	4:2	2	0	1	130
	2015/126	填空二连号	10	11	15	20	23	29	12	222	4:2	0	2	1	108
	2015/127	偶数号为主	7	10	19	22	27	33	6	222	4:2	1	0	1	118
	2015/128	擦边配重球	1	3	8	11	22	28	6	411	3:3	1	0	2	73
	2015/129	右擦边斜连球	5	8	11	16	18	27	4	321	3:3	1	2	1	85
	2015/130	重球配填空球	6	14	15	16	17	22	10	150	2:4	1	4	1	90
	2015/131	奇数号为主	10	12	13	19	22	26	3	141	2:4	1	2	1	102
	2015/132	头尾偶数球	3	5	11	28	30	33	1	303	4:2	0	0	1	110
	2015/133	间隔二期球	2	3	13	22	22	24	15	231	2:4	1	2	2	84
	2015/134	最冷号下落	2	5	14	19	27	31	4	222	4:2	1	0	0	98
	2015/135	同音球与二连号	1	12	14	18	26	32	7	123	1:5	1	0	1	103
	2015/136	奇数号为主	2	5	12	23	28	29	1	213	3:3	1	2	1	99

派奖	期号	点评成语	红球						蓝球	三区比代码	奇偶	重球（个）	连球（个）	同音球（个）	和值
	2015/137	中区优先选	14	22	23	27	28	31	12	024	3:3	2	2+2	0	145
	2015/138	号码向前移	1	2	8	16	19	24	11	321	2:4	0	2	0	70
	2015/139	"6"尾同音球	1	10	13	18	25	27	9	222	4:2	1	0	0	94
	2015/140	偶数号为主	6	20	28	29	30	31	12	114	2:4	0	4	1	144
	2015/141	小号球为主	3	8	19	25	27	28	2	213	4:2	1	2	1	110
	2015/142	一组同音球	13	17	19	20	22	25	11	251	4:2	2	2	0	116
	2015/143	冷号同音球	13	15	19	20	21	32	4	051	4:2	2	3	0	120
	2015/144	前区等差数列	1	4	7	15	28	32	16	312	3:3	2	0	0	87
	2015/145	重球对称出彩	7	8	15	19	20	24	13	231	3:3	2	2+2	0	93
	2015/146	擦边球为主	16	17	21	28	30	32	15	033	2:4	0	2	0	144
	2015/147	偶数和数球	8	9	16	23	24	30	5	213	2:4	2	2+2	0	110
	2015/148	"2"尾大号球	9	13	14	22	26	27	7	132	3:3	1	2+2	0	111
	2015/149	小号球为主	9	10	20	21	22	33	9	231	3:3	2	2+2	1	115
	2015/150	优先选偶数	1	3	8	11	29	31	13	402	5:1	0	0	1	83
	2015/151	"2"尾大冷号	5	6	8	23	31	32	11	303	3:3	2	2+2	0	105
	2015/152	中区优先选	11	18	19	21	29	32	12	132	4:2	1	2	2	130
	2015/153	大冷号	8	11	15	22	27	29	3	222	4:2	2	0	2	112
	2015/154	偶数号为主	7	9	11	15	18	25	7	321	5:1	0	0	1	85
	2016/01	看好偶数球	6	13	16	18	20	22	13	150	1:5	1	0	1	95
	2016/02	号码向后移	9	14	17	20	24	30	16	132	2:4	1	0	2	114
	2016/03	首尾"3"尾球	1	10	14	23	26	28	1	213	2:4	1	0	0	102
	2016/04	号码向后移	8	10	17	22	25	33	12	222	3:3	1	0	0	115
	2016/05	后区二连号	11	14	18	20	31	33	12	132	3:3	1	0	0	127
	2016/06	最冷号下落	13	16	18	20	28	31	12	042	2:4	3	0	0	126
	2016/07	冷热二连号	5	12	14	20	27	29	6	132	3:3	1	0	0	107
	2016/08	精彩擦边球	2	15	24	29	32	33	2	114	3:3	1	2	1	135
	2016/09	一组同音球	10	14	24	25	27	32	4	114	2:4	2	2	1	132
	2016/10	前区二连号	2	4	12	14	19	25	6	231	2:4	2	0	2	96
	2016/11	最小号与最大号	3	8	10	15	22	29	12	321	3:3	0	0	0	87
	2016/12	重球配填空球	7	12	14	16	27	32	15	132	2:4	0	0	1	108

续表

派奖	期号	点评成语	红球						蓝球	三区比代码	奇偶	重球（个）	连球（个）	同音球（个）	和值
	2016/13	头尾偶数球	7	12	21	22	26	31	1	132	3:3	2	2	2	119
	2016/14	和数球	2	8	10	18	20	27	7	321	1:5	0	0	2	85
	2016/15	等间隔	1	2	14	22	25	26	7	222	2:4	1	2	1	90
	2016/16	（春 节）	1	20	22	24	25	26	16	123	2:4	4	3	0	118
	2016/17	奇数号优先选	5	6	8	20	22	30	5	321	1:5	2	2	1	91
	2016/18	奇数填空球	12	13	14	17	21	25	4	051	4:0	0	3	0	102
	2016/19	一组同音球	6	13	16	17	23	30	10	132	3:3	1	2	2	105
	2016/20	等间隔号码	1	2	10	12	22	24	10	321	1:5	0	0	1	71
	2016/21	号码向后移	9	11	12	22	24	26	5	222	3:3	2	0	0	105
	2016/22	填空配重球	4	9	19	22	23	30	7	222	3:3	2	2	1	107
	2016/23	号码向后移	3	6	10	19	25	29	7	312	4:2	1	0	1	92
	2016/24	右擦边	2	5	6	14	18	31	13	321	2:4	0	2	0	76
	2016/25	偶数大冷号	4	11	12	17	24	30	12	222	2:4	0	2	1	98
	2016/26	左擦边斜连球	4	9	12	28	30	33	1	213	2:4	3	0	0	116
	2016/27	同音球与二连号	11	13	15	17	19	31	5	141	6:0	0	0	1	106
	2016/28	偶数号为主	6	8	12	21	25	29	1	222	3:3	0	0	0	101
	2016/29	擦边球	12	15	18	20	21	27	15	051	3:3	2	2	0	113
	2016/30	号码向前移	10	14	19	22	25	29	12	132	3:3	0	0	1	119
	2016/31	前区等差数列	3	8	10	19	26	33	3	312	3:3	2	0	1	99
	2016/32	偶数球为主	8	12	14	15	21	27	15	141	3:3	1	0	0	97
	2016/33	蓝球转偶数	6	17	18	20	27	29	15	132	3:3	1	2	1	117
	2016/34	左右擦边球	3	15	21	22	23	28	15	132	4:2	0	3	0	112
	2016/35	偶数号为主	4	13	19	20	26	29	11	132	3:3	0	2	1	111
	2016/36	擦边斜连球	3	4	7	9	20	22	3	420	3:3	2	2	0	65
	2016/37	偶数大冷球	6	15	26	31	32	33	16	114	3:3	0	3	1	143
	2016/38	前区偶数球	3	12	13	22	28	29	1	132	3:3	0	2+2	1	107
	2016/39	一组同音球	1	3	7	18	19	27	16	321	5:1	1	2	1	75
	2016/40	偶数大冷号	3	13	19	20	23	26	3	132	4:2	2	2	1	104
	2016/41	擦边斜连球	12	17	18	21	22	24	4	051	2:4	0	2+2	1	114
	2016/42	偶数大冷球	7	14	17	23	26	31	9	123	4:2	1	0	1	118

续表

派奖	期号	点评成语	红球						蓝球	三区比代码	奇偶	重球(个)	连球(个)	同音球(个)	和值
	2016/43	号码向前移	5	14	20	26	30	33	12	123	2:4	2	0	1	128
	2016/44	一组同音球	1	3	10	12	18	30	1	321	2:4	1	0	1	74
	2016/45	大冷号纷纷落	4	9	12	17	30	32	3	222	2:4	2	0	1	104
	2016/46	二连号与同音球	7	20	25	26	27	30	14	114	3:3	1	3	1	135
	2016/47	大冷号下落	2	5	8	15	17	22	16	321	3:3	0	0	1	69
	2016/48	大号球为主	3	8	13	14	15	30	4	231	3:3	2	3	1	83
	2016/49	冷热同音球	6	8	13	14	22	27	10	231	2:4	3	2	0	90
	2016/50	左右擦边球	9	12	24	28	29	30	2	114	2:4	0	3	1	132
	2016/51	中区优先选	1	2	4	9	15	33	12	411	4:2	1	2	0	64
	2016/52	同音球走强	1	6	13	19	24	28	16	222	3:3	1	0	0	91
	2016/53	偶数大冷号	2	8	10	12	29	31	1	312	2:4	0	0	1	92
	2016/54	中区优先选	6	11	16	19	28	32	1	222	2:4	0	0	1	112
	2016/55	连号花落中后区	5	6	10	16	22	26	11	321	1:5	2	2	1	85
	2016/56	前中区同音球	3	4	8	11	16	18	14	420	2:4	1	2	1	60
	2016/57	号码向后移	7	12	19	22	23	26	11	132	3:3	0	2	1	109
	2016/58	后区二连号	3	5	11	20	24	32	11	222	2:4	0	2	1	102
	2016/59	奇数号优先选	4	11	12	20	25	28	15	222	2:4	1	2	0	100
	2016/60	中区大冷号	4	5	22	26	29	32	8	213	2:4	1	2	1	118
	2016/61	一组同音球	5	6	18	18	20	32	8	321	1:5	2	2	1	89
	2016/62	奇数号为主	12	13	15	18	19	21	9	060	4:2	1	2+2	0	98
	2016/63	大号球为主	16	17	18	23	28	32	7	033	2:4	1	3	1	134
	2016/64	号码向前移	3	12	14	17	19	26	3	141	3:3	1	0	0	91
	2016/65	小号球为主	13	16	22	25	26	27	14	033	3:3	1	3	1	129
	2016/66	前区和数球	3	7	13	18	19	20	5	240	4:2	1	3	1	80
	2016/67	偶数球为主	9	13	18	20	27	31	4	132	4:2	3	0	0	118
	2016/68	和数球	8	19	23	28	31	32	1	114	3:3	1	2	1	141
	2016/69	偶数大冷球	8	10	11	20	21	27	11	321	3:3	1	2+2	2	97
	2016/70	头尾偶数球	3	6	11	18	23	29	1	312	4:2	1	0	1	90
	2016/71	偶数球为主	19	21	26	28	29	32	1	024	3:3	1	2	1	155
	2016/72	和数球	5	16	19	22	24	25	2	132	3:3	1	2	1	111

续表

派奖	期号	点评成语	红球						蓝球	三区比代码	奇偶	重球（个）	连球（个）	同音球（个）	和值
	2016/73	小号球为主	9	11	12	15	16	20	13	240	3:3	1	2+2	0	83
	2016/74	头尾大冷号	6	10	11	12	20	25	12	321	2:4	3	3	1	84
	2016/75	一组同音球	1	3	6	16	29	32	7	312	3:3	1	0	1	87
	2016/76	连号与同音	7	8	13	22	30	32	1	222	2:4	1	2	1	112
	2016/77	擦边球为主	1	9	17	19	20	29	10	231	5:1	0	2	1	95
	2016/78	偶数球为主	2	4	8	23	26	29	2	303	2:4	1	0	0	92
	2016/79	中区优先选	1	3	10	12	24	28	7	312	2:4	0	0	0	78
	2016/80	等间隔	1	16	17	24	25	32	14	123	3:3	2	2+2	0	115
	2016/81	左右擦边球	2	6	15	25	30	32	7	213	2:4	2	0	1	110
	2016/82	右擦边斜连球	6	12	14	15	17	20	9	150	2:4	2	2	0	84
	2016/83	填空球	9	16	17	24	30	31	4	123	3:3	1	2+2	0	127
	2016/84	中区同音球	2	4	12	18	24	26	5	222	0:6	1	0	2	86
	2016/85	二连号与同音球	1	12	19	20	21	25	16	141	4:2	1	3	1	98
	2016/86	偶三连	9	10	11	12	15	32	5	321	3:3	1	4	0	89
	2016/87	一组同音球	2	3	10	11	14	21	12	420	3:3	2	2+2	1	61
	2016/88	号码向后移	3	14	16	18	25	33	15	132	3:3	2	0	1	109
	2016/89	一组同音球	1	3	14	30	31	32	8	213	3:3	2	3	1	111
	2016/90	奇数号为主	2	13	17	20	21	26	7	141	3:3	0	2	0	99
	2016/91	号码向后移	4	8	14	22	23	28	7	222	1:5	0	2	1	99
	2016/92	同音球一对	2	13	15	23	24	29	6	123	4:2	1	2	1	106
	2016/93	奇数三连号	6	9	15	17	25	27	9	222	5:1	1	0	1	99
	2016/94	最冷号配重球	6	7	10	12	18	31	10	321	2:4	1	2	0	84
	2016/95	右擦边斜连球	1	5	9	12	18	32	12	321	3:3	2	0	1	77
	2016/96	大号球为主	6	13	14	21	22	24	16	141	2:4	0	2+2	0	100
	2016/97	奇数号为主	6	13	25	26	28	31	1	114	3:1	2	2	1	129
	2016/98	"8"尾同音球	2	8	25	29	31	32	6	204	3:3	2	2	1	127
	2016/99	中区同音球	1	11	21	23	27	33	6	213	6:0	0	0	2	116
	2016/100	填空配重球	3	10	22	23	27	29	4	213	4:2	2	2	1	114
	2016/101	同音球一对	1	3	19	24	32	33	1	213	4:2	1	2	1	112
	2016/102	等间隔号码	5	8	10	14	17	30	13	321	2:0	0	0	1	84

派奖	期号	点评成语	红球						蓝球	三区比代码	奇偶	重球（个）	连球（个）	同音球（个）	和值
	2016/103	擦边球配重球	1	5	13	19	24	27	11	222	5:1	1	0	0	89
	2016/104	擦边球	5	9	11	18	30	31	4	312	4:0	1	2	1	104
	2016/105	"0"尾同音球	8	10	19	27	28	31	16	213	3:3	1	2	1	123
	2016/106	中区优先选	4	5	13	22	25	30	4	222	3:3	0	2	1	99
	2016/107	擦边球配重球	6	11	18	26	27	32	1	213	2:4	0	2	1	120
	2016/108	中区偶数球	2	3	7	8	19	26	16	411	3:1	1	2+2	0	65
	2016/109	擦边斜连球	9	11	15	16	27	33	5	222	5:1	1	2	0	111
	2016/110	对称球	5	7	28	31	32	33	8	204	4:0	1	3	0	136
	2016/111	同音球一对	2	4	7	14	15	32	4	321	2:4	2	2	2	74
	2016/112	中区"2"尾球	6	12	14	15	18	25	12	141	2:4	2	2	1	90
	2016/113	大号球为主	1	11	16	17	20	26	14	231	3:3	0	2	2	91
	2016/114		5	16	20	22	27	29	9	132	3:3	2	0	0	119
	2016/115	填空球	6	8	22	26	27		9	222	1:5	3	2	0	109
	2016/116	奇数号转强	7	18	20	23	27	31	13	123	4:2	2	0	1	126
	2016/117	一组同音球	3	10	14	17	28	33	2	222	3:3	0	0	1	105
	2016/118	擦边斜连球	9	14	22	23	31	33	4	123	4:2	2	2	0	132
	2016/119	最冷号下落	9	19	21	30	31	32	4	123	4:2	2	3	2	142
	2016/120	号码向前移	2	5	6	21	25	28	9	312	3:3	1	2	1	87
	2016/121	前中区同音球	2	3	10	23	25	28	9	303	3:3	3	2	1	91
	2016/122	中后区二连号	15	22	23	24	28	29	8	024	3:3	2	3+2	0	141
	2016/123	小号球为主	7	9	12	14	20	27	16	231	3:3	0	0	1	89
√	2016/124	同音球与二连号	9	15	21	24	27	32	10	123	4:2	2	0	0	123
√	2016/125	等间隔	1	6	8	20	27	30	3	312	2:4	1	0	1	92
√	2016/126	中区优先选	3	6	12	17	18	19	10	240	2:4	1	3	1	74
√	2016/127	号码向后移	7	12	17	26	29	31	16	123	4:2	2	0	1	122
√	2016/128	前区二连号	4	9	11	17	26	27	13	312	4:2	2	2	1	94
√	2016/129	大冷号	5	6	8	21	31	33	14	312	4:2	0	2	1	104
√	2016/130	中区优先选	3	17	21	23	27	28	1	123	5:1	1	2	1	119
√	2016/131	小号球为主	4	10	18	19	25	27	2	222	3:3	1	2	0	103
√	2016/132	中后区二连号	5	8	13	19	27	28	7	222	4:2	2	2	1	100

续表

派奖	期号	点评成语	红球						蓝球	三区比代码	奇偶	重球（个）	连球（个）	同音球（个）	和值
√	2016/133	擦边斜连球	15	16	21	22	27	33	15	042	4:2	1	2+2	0	134
√	2016/134	偶数球为主	11	12	13	14	18	33	13	141	3:3	1	4	1	101
√	2016/135	号码向前移	2	8	10	18	20	33	12	321	1:5	2	0	2	91
√	2016/136	后区二连号	2	7	10	20	27	29	3	312	3:3	0	2	2	95
√	2016/137	重球配填空	1	6	9	10	15	32	14	411	3:3	1	2	0	73
√	2016/138	间隔二期同音球	7	16	20	24	25	30	7	123	2:4	0	2	1	122
√	2016/139	号码向后移	1	6	19	26	28	30	3	213	2:4	1	2	0	110
√	2016/140	中区号为主	1	2	5	17	26	32	10	312	3:3	2	2	1	83
√	2016/141	左右擦边球	4	13	15	17	21	24	15	141	4:2	1	0	0	94
√	2016/142	后区二连号	1	10	17	21	23	30	12	222	4:2	2	0	2	102
√	2016/143	号码向后移	6	9	23	24	25	33	13	204	4:2	1	3	1	120
	2016/144	前中区同音球	4	10	12	27	32	33	5	213	2:4	1	2	1	118
	2016/145	中区优先选	1	3	7	12	19	20	1	330	4:2	0	0	0	62
	2016/146	大号球为主	3	7	15	16	17	23	10	231	5:1	2	3	2	81
	2016/147	大号球为主	4	14	18	28	31	32	12	123	1:5	0	2	2	127
	2016/148	奇数号为主	1	2	11	20	26	30	14	312	2:4	0	2	1	90
	2016/149	中区优先选	3	20	23	26	32	33	1	114	3:3	2	2	1	137
	2016/150	小号球为主	2	4	5	9	13	21	5	420	4:2	0	2	0	51
	2016/151	号码向后移	6	11	16	20	22	33	7	231	2:4	0	2	0	108
	2016/152	擦边斜连球	2	8	9	16	20	22	8	330	1:5	3	2	1	77
	2016/153	奇数号为主	7	9	16	24	25	29	6	213	4:2	1	2	1	110
	2017/01	左右擦边球	9	11	14	20	25	26	15	222	3:3	2	2	0	105
	2017/02	前中区同音球	15	19	23	24	25	32	13	024	4:2	2	3	1	138
	2017/03	号码向后移	1	4	8	15	27	32	16	312	3:3	2	2	0	87
	2017/04	同音球走强	5	13	17	26	27	30	7	123	4:2	1	2	1	118
	2017/05	和数球	6	11	12	22	23	30	5	222	2:4	1	2+2	1	104
	2017/06	偶数大冷号	2	4	8	26	27	33	8	303	2:4	0	0	0	102
	2017/07	中区二连号	2	4	5	24	26	33	15	303	2:4	4	2	1	94
	2017/08	中区号为主	7	13	15	27	28	29	12	123	5:1	0	3	3	119
	2017/09	擦边球	2	6	8	9	15	29	14	411	3:3	2	2	1	69

派奖	期号	点评成语	红球						蓝球	三区比代码	奇偶	重球（个）	连球（个）	同音球（个）	和值
	2017/10	大冷球	5	8	19	25	28	30	7	213	3:3	1	0	2	115
	2017/11	中区二连号	10	11	12	23	26	29	16	213	3:3	0	0	0	11
	2017/12	前中区同音球	10	11	14	15	16	24	7	231	2:4	2	2+3	1	90
	2017/13	冷号同音球	8	11	28	29	31	33	6	204	4:2	1	2	2	140
	2017/14	中区欲反弹	6	8	18	20	23	31	13	222	2:4	2	0	1	106
	2017/15	奇数号优先	1	8	9	14	17	32	1	321	3:3	1	2	0	81
	2017/16	前后区同音落	5	8	16	22	27	29	2	222	3:3	1	0	1	107
	2017/17	斜连球	3	7	8	10	22	23	12	411	3:3	2	2+2	1	73
	2017/18	号码向后移	1	2	3	17	25	31	9	312	5:1	1	3	1	79
	2017/19	前中区同音球	4	6	12	23	25		8	312	2:4	1	0	1	78
	2017/20	中区二连号	4	8	10	12	31	33	10	312	2:4	3	0	0	98
	2017/21	等间隔	2	5	10	22	32	33	9	312	2:4	2	2	2	104
	2017/22	中区等差数	2	6	15	16	32		15	231	1:5	2	2	2	89
	2017/23	奇数号为主	1	3	4	11	18	22	14	420	3:3	1	2	1	59
	2017/24	大号球为主	9	21	25	26	29	31	13	114	5:1	0	2	1	141
	2017/25	中区优先选	2	15	16	17	22	31	7	141	2:4	0	3	1	104
	2017/26	擦边斜连球	3	10	12	19	27	30	8	222	3:3	0	0	0	101
	2017/27	后区二连号	2	4	11	14	27	30	5	312	2:4	2	0	1	88
	2017/28	左右擦边球	7	8	12	13	22	30	9	231	2:4	2	2+2	1	92
	2017/29	冷热同音球	2	15	21	23	25	30	10	123	4:2	1	0	2	116
	2017/30	和数球	1	7	9	20	23	30	2	312	4:2	1	0	1	90
	2017/31	斜连配重球	6	10	16	26	27	29	3	213	2:4	0	2	1	114
	2017/32	中区二连号	5	8	15	24	27	31	11	213	4:2	1	0	1	110
	2017/33	中区二连号	5	7	15	20	23	30	15	222	4:2	1	0	2	100
	2017/34	擦边配重球	4	7	8	19	32	33	13	312	3:3	1	2+2	0	103
	2017/35	大冷号	1	6	14	24	28	32	12	213	1:5	1	0	1	105
	2017/36	左右擦边球	1	2	5	10	24	27	15	402	3:3	2	2	0	69
	2017/37	等差数列号码	11	15	20	22	25	30	5	132	3:3	0	0	2	123
	2017/38	二连号与同音球	1	4	8	13	24	27	5	312	3:3	0	0	1	77
	2017/39	同音球走强	2	4	12	14	17	24	15	231	1:5	2	0	2	73

续表

派奖	期号	点评成语	红球						蓝球	三区比代码	奇偶	重球（个）	连球（个）	同音球（个）	和值
	2017/40	冷球填空下落	15	19	23	28	29	33	4	024	5:1	0	2	2	147
	2017/41	大冷号下落	4	10	13	15	22	27	4	231	3:3	1	0	0	91
	2017/42	重球与同音球	1	2	4	7	10	23	4	501	3:3	2	2	0	47
	2017/43	中区大冷	8	13	16	23	27	31	8	123	4:2	1	0	1	118
	2017/44	等差数	8	16	19	21	31	32	6	132	3:3	3	2	1	127
	2017/45	等间隔二期	5	7	16	20	21	25	5	231	4:2	2	2	1	94
	2017/46	中后区同音球	4	13	14	23	26	32	10	123	2:4	0	2	2	112
	2017/47	奇数号为主	2	5	8	10	32	33	2	402	2:4	1	2	1	90
	2017/48	等间隔三期	5	8	9	14	15	19	7	321	4:2	2	2	1	70
	2017/49	关注大冷号	1	8	14	15	20	29	10	231	3:3	3	2	0	87
	2017/50	号码向后移	10	12	20	24	27	29	7	123	2:4	2	0	1	122
	2017/51	大号球为主	2	5	9	15	24	25	11	312	4:2	1	2	1	80
	2017/52	同音球擦边球	7	8	18	24	29	31	7	213	2:4	1	2	2	117
	2017/53	等间隔	4	9	11	15	29	31	6	312	5:1	2	0	2	99
	2017/54	偶数球为主	2	3	9	23	28	33	8	303	4:2	1	2	1	98
	2017/55	一组同音球	7	12	13	20	24	31	5	132	3:3	0	2	0	107
	2017/56	号码向后移	13	14	18	19	21	28	6	051	3:3	1	2+2	1	113
	2017/57	偶数号为主	18	20	22	23	30	31	16	033	2:4	1	2+2	1	144
	2017/58	号码向前移	1	9	13	22	28	32	11	222	3:3	1	0	1	105
	2017/59	和数球	4	8	9	15	19	25	9	321	4:2	1	2	1	80
	2017/60	大冷下落	5	10	13	24	26	31	4	213	3:3	0	0	0	109
	2017/61	填空二连号	6	7	12	20	26	27	11	222	2:4	1	2+2	2	98
	2017/62	和数球	1	7	22	24	26	31	10	213	3:3	2	0	1	111
	2017/63	大冷号	12	16	20	22	23	31	4	042	2:4	2	0	1	126
	2017/64	号码向前移	2	10	16	22	24	28	15	222	0:6	2	0	1	102
	2017/65	奇数号转移	2	5	8	10	12	21	7	420	2:4	2	0	1	58
	2017/66	号码向后移	1	4	6	17	19	26	3	321	3:3	0	0	1	73
	2017/67	后区二连号	1	3	4	10	18	29	4	411	3:3	2	2	0	65
	2017/68	左右擦边球	2	6	10	22	30	31	15	312	1:5	1	2	2	101
	2017/69	奇数号为主	2	11	12	23	29	31	5	213	4:2	1	2	1	108

派奖	期号	点评成语	红球						蓝球	三区比代码	奇偶	重球（个）	连球（个）	同音球（个）	和值
	2017/70	一组同音球	1	6	14	22	25	26	12	222	2:4	0	2	1	94
	2017/71	关注最冷号	2	3	6	14	31	32	3	312	2:4	2	2+2	1	88
	2017/72	等间隔一期	6	11	14	23	26	30	2	213	2:4	2	0	1	110
	2017/73	奇数号为主	3	6	16	23	26	30	14	213	2:4	4	0	2	104
	2017/74	中区二连号	2	6	16	23	30	31	2	213	2:4	4	2	1	108
	2017/75	奇数号为主	1	3	6	19	21	29	7	321	5:1	1	0	2	79
	2017/76	填空球配重球	1	4	8	9	14	15	13	420	3:3	1	2+2	1	51
	2017/77	大冷号	1	2	4	15	17	22	14	330	3:3	3	2	1	61
	2017/78	号码向后移	5	7	18	19	22	24	16	231	3:3	1	2	0	95
	2017/79	同音球走强	3	7	14	23	25	27	8	213	5:1	1	2	1	99
	2017/80	大小偶数球	1	12	16	20	22	24	8	141	1:5	0	0	1	95
	2017/81	奇数号转强	3	5	14	25	26	30	5	213	3:3	0	2	1	103
	2017/82	左右擦边球	14	18	21	25	28	29	10	033	3:3	2	2	1	135
	2017/83	号码向前移	3	8	14	20	24	26	12	222	1:5	1	2	1	95
	2017/84	奇数号为主	1	5	11	20	22	24	2	321	3:3	1	0	1	83
	2017/85	大冷号	1	5	6	16	25	30	3	312	3:3	2	2	2	83
	2017/86	一组同音球	3	5	6	13	20	22	7	330	3:3	2	2	1	69
	2017/87	最大二连号	3	6	13	14	19	28	6	231	3:3	2	2	1	83
	2017/88	大小偶数球	7	9	18	22	23	29	6	222	4:2	0	2	1	108
	2017/89	最冷号	11	12	13	16	23	25	12	132	4:2	1	3	1	100
	2017/90	等差数列号码	1	7	10	16	22	33	9	321	3:3	1	0	0	89
	2017/91	后区优先选	5	7	10	23	28	29	3	303	4:2	2	2	0	102
	2017/92	等间隔	10	18	19	29	32	33	9	123	3:3	2	2+2	1	141
	2017/93	号码向前移	7	8	9	15	22	27	12	321	4:2	0	3	1	88
	2017/94	左右擦边球	8	11	13	19	28	31	6	222	4:2	1	0	2	110
	2017/95	两组同音球	9	10	11	19	22	29	16	231	3:3	1	2	2	101
	2017/96	左右擦边球	2	6	11	12	19	26	6	321	3:3	2	2	2	79
	2017/97	号码向后移	5	10	18	19	30	31	13	222	3:3	1	2+2	1	113
	2017/98	"1"尾同音球	4	19	12	27	30	33	1	123	3:3	2	0	0	135
	2017/99	大号球为主	2	5	6	16	28	29	4	312	2:4	0	2+2	1	86

续表

派奖	期号	点评成语	红球						蓝球	三区比代码	奇偶	重球(个)	连球(个)	同音球(个)	和值
	2017/100	左右擦边球	4	7	8	18	23	24	2	312	2:4	0	2+2	2	84
	2017/101	关注大冷号	1	4	11	28	31	32	16	303	3:3	1	2	1	107
	2017/102	等间隔二期	4	8	10	14	18	20	11	330	0:6	1	0	3	74
	2017/103	奇数球优先	1	21	23	25	31	33	1	114	6:0	0	0	2	134
	2017/104	前中区同音球	1	14	15	20	23	30	14	132	3:3	2	23	1	103
	2017/105	关注大冷号	3	6	7	12	25	26	7	312	3:3	0	2+2	1	79
	2017/106	左右擦边球	12	15	20	25	27	31	2	033	4:2	2	0	1	130
	2017/107	和数球	8	9	15	17	30	32	6	222	3:3	1	2	0	111
	2017/108	奇数二连号	7	12	14	15	17	20	1	150	3:3	2	2	1	85
	2017/109	号码向后移	8	14	16	18	21	23	16	141	2:4	1	0	1	100
	2017/110	奇数号为主	1	3	12	15	19	23	14	231	5:1	1	0	1	73
	2017/111	号码向后移	5	10	17	19	29	32	12	222	4:2	1	0	1	112
	2017/112	后区二连号	3	10	14	16	22	23	11	231	2:4	1	2	1	88
	2017/113	重球对称出彩	4	6	16	27	29	33	5	213	3:3	1	0	1	115
	2017/114	前区和数球	6	12	13	15	18	26	13	141	2:4	1	2	1	90
	2017/115	奇数号为主	4	10	11	25	30	31	1	303	3:3	0	2+2	2	111
	2017/116	一组同音球	2	14	20	22	30	32	2	132	0:6	1	0	2	120
	2017/117	头尾球	1	2	8	11	14	21	9	420	3:3	2	2	1	57
	2017/118	号码向后移	8	9	15	22	30	33	16	222	3:3	1	2	0	117
	2017/119	前中区同音球	9	16	21	25	26	31	14	123	4:2	1	2	2	128
	2017/120	擦边球为主	8	10	15	19	23	28	16	222	3:3	0	0	1	103
	2017/121	最大二连号	11	18	19	22	24	32	7	132	2:4	1	2	1	126
	2017/122	奇数号为主	11	20	21	22	24	27	15	132	3:3	3	3	1	125
	2017/123	前区和数球	4	5	6	11	21	31	10	411	4:2	2	3	1	78
	2017/124	左擦边斜连球	2	6	11	26	28	29	3	303	2:4	2	2	1	102
	2017/125	关注大冷号	1	14	23	25	29	30	3	114	4:2	1	2	0	122
	2017/126	右擦边斜连球	1	16	17	21	27	30	16	132	4:2	2	2	2	112
	2017/127	前区和数球	14	15	21	24	27	32	12	033	3:3	2	2	1	133
	2017/128	号码向前移	2	6	13	22	29	31	8	222	3:3	0	0	1	103
	2017/129	左右擦边球	5	6	9	14	21	33	2	321	4:2	1	2	0	88

派奖	期号	点评成语	红球						蓝球	三区比代码	奇偶	重球（个）	连球（个）	同音球（个）	和值
√	2017/130	号码向前移	5	13	14	23	25	31	2	123	5：1	2	2	2	111
√	2017/131	精彩"2"尾球	1	7	10	11	26	27	11	402	4：2	0	2＋2	2	82
√	2017/132	中区偶数球	2	3	5	9	13	28	11	411	4：2	0	2	1	60
√	2017/133	右擦边斜连球	6	15	17	18	23	30	11	132	3：3	0	2	0	109
√	2017/134	等间隔	4	5	11	14	28	32	4	312	2：4	0	2	1	94
√	2017/135	关注大冷号	1	6	7	14	18	26	16	321	2：4	1	2	1	72
√	2017/136	奇数号为主	3	7	10	18	21	24	12	321	3：3	2	0	0	83
√	2017/137	"1"尾同音球	5	10	20	23	26	31	3	213	2：4	1	0	1	115
√	2017/138	偶数球为主	1	17	24	28	32	33	2	114	3：3	0	2	0	135
√	2017/139	一组同音球	2	14	16	28	32	16	123		0：6	2	0	2	120
√	2017/140	奇数球反攻	21	22	25	28	29	30	8	024	3：3	1	2＋3	0	155
√	2017/141	前区积数球	1	6	7	11	13	15	5	420	5：1	2	2	0	53
√	2017/142	中区优先选	8	13	14	18	23	33	6	313	3：3	1	2	2	109
√	2017/143	"9"尾同音球	4	6	9	14	20	29	14	321	2：4	1	0	2	82
√	2017/144	前区二连号	3	14	16	20	31	32	9	132	2：4	2	2	0	116
√	2017/145	中后区同音球	2	6	12	17	25	28	12	222	2：4	0	0	1	90
√	2017/146	等间隔	1	19	25	26	27	33	10	114	5：1	1	3	0	131
√	2017/147	小号球为主	3	7	20	21	25	31	14	222	5：1	1	2	1	107
√	2017/148	大小偶数球	4	7	11	14	29	32	12	312	3：3	1	0	1	97
√	2017/149	中后区连号	5	8	15	20	27	30	13	222	3：3	0	0	2	105
	2017/150	等间隔二期	6	4	19	20	21	23	8	141	3：3	1	3	0	103
	2017/151	"2"尾球同落	2	5	7	9	11	27	16	501	5：1	0	0	1	61
	2017/152	冷号填空球	6	10	23	25	26	29	5	204	3：3	0	2	1	119
	2017/153	连号转中区	7	11	12	13	18	19	16	150	4：2	0	3＋2	0	80
	2017/154	右擦边与斜连球	5	9	13	15	18	20	5	231	4：2	2	0	1	86
	2018/01	号码向后移	1	8	11	26	28	31	4	303	3：3	1	0	2	105
	2018/02	中区二连号	7	18	24	29	31	33	16	114	4：2	1	0	1	142
	2018/03	擦边斜连号	1	14	16	17	20	31	4	141	3：3	1	2	1	99
	2018/04	间隔递增"5"尾球	14	18	19	26	30	31	11	033	2：4	2	2＋2	0	138

续表

派奖	期号	点评成语	红球						蓝球	三区比代码	奇偶	重球（个）	连球（个）	同音球（个）	和值
	2018/05	号码向前移	2	20	21	28	31	33	6	123	3:3	1	2	1	135
	2018/06	和数球	2	7	8	9	17	29	11	411	4:2	1	3	2	72
	2018/07	左右擦边球	13	14	20	25	27	31	12	033	4:2	0	2	0	130
	2018/08	大冷号聚会	5	9	10	12	17	19	13	330	4:2	0	2	1	72
	2018/09	等间隔	5	10	17	23	26	32	7	213	3:3	3	0	0	113
	2018/10	同音球强势	1	8	17	20	21	22	3	240	3:3	1	3	1	89
	2018/11	后区偶二连	3	10	21	23	27	33	11	213	5:1	1	2	1	117
	2018/12	一组同音球	11	12	13	19	26	28	12	132	3:3	0	3	0	109
	2018/13	擦边斜连球	6	8	13	15	22	33	6	231	3:3	1	0	1	97
	2018/14	号码向前移	9	12	20	24	28	31	7	123	2:4	0	0	0	124
	2018/15	填空二连号	11	15	20	21	26	33	12	132	4:2	1	2	1	126
	2018/16	重球对称出彩	1	11	12	18	25	27	16	222	4:2	1	2	1	94
	2018/17	前区二连号	3	6	12	26	30	31	14	303	2:4	0	2	1	108
	2018/18	前中区"2"尾	2	12	13	18	25	27	3	132	3:3	0	2	1	97
	2018/19	前区球优先	3	11	12	16	21	23	7	231	4:2	1	2	1	86
	2018/20	同音球填空落	6	9	10	14	28	30	5	312	1:5	0	2	1	97
	2018/21	奇数号为主	3	4	6	11	23	28	14	402	3:3	1	2	1	25
	2018/22	右擦边斜连	7	14	19	21	22	23	3	141	4:2	1	3	0	106
	2018/23	大号球为主	12	15	16	21	26	29	14	042	3:3	1	2	1	119
	2018/24	号码向前移	11	19	22	26	31	32	2	123	3:3	1	2	1	141
	2018/25	右擦边斜连	4	13	16	19	21	25	14	141	4:2	1	0	1	98
	2018/26	前区二连号	4	7	12	14	26	32	4	222	1:5	1	0	0	95
	2018/27	奇数号为主	2	7	9	14	28	18	14	321	2:4	2	0	1	78
	2018/28	前区二连号	3	8	11	14	18	23	16	321	2:4	2	0	1	77
	2018/29	擦边球配重球	1	2	9	14	22	25	12	321	3:3	1	2	0	73
	2018/30	大号球为主	13	14	20	21	25	33	7	042	4:2	1	2＋2	1	126
	2018/31	后区奇数球	2	16	18	19	27	30	14	132	2:4	0	2	0	112
	2018/32	重球对称出彩	21	22	23	24	25	32	6	024	3:3	0	5	1	147
	2018/33	前区同音球	4	19	20	22	28	33	6	132	2:4	1	2	0	126
	2018/34	和数球	1	5	11	22	23	26	15	312	4:2	1	2	1	88

续表

派奖	期号	点评成语	红球						蓝球	三区比代码	奇偶	重球（个）	连球（个）	同音球（个）	和值
	2018/35	"1"尾同音落	7	10	11	17	23	28	15	312	4:2	2	2	1	96
	2018/36	等间隔二期	8	17	24	26	28	33	4	114	2:4	2	0	1	136
	2018/37	号码向前移	1	6	7	8	27	30	10	402	2:3	1	3	1	79
	2018/38	同音球强势	15	23	24	25	28	29	9	015	4:2	0	3+2	1	144
	2018/39	号码向前移	8	12	18	19	23	32	3	132	2:4	1	2	2	112
	2018/40	奇数号为主	1	3	8	13	18	23	16	321	4:2	3	0	2	66
	2018/41	中区二连号	7	8	20	23	24	32	13	213	2:4	2	2+2	0	114
	2018/42	左右擦边球	6	10	21	28	29	31	12	213	3:3	0	2	1	125
	2018/43	擦边斜连球	1	4	6	8	21	24	7	411	2:4	2	0	2	64
	2018/44	号码向后移	5	9	12	17	27	30	6	222	4:2	0	0	1	100
	2018/45	中区二连号	3	4	6	25	26	30	1	303	2:4	1	2+2	1	94
	2018/46	中区二连号	10	13	14	18	20	31	3	141	2:4	0	2	1	106
	2018/47	中区二连号	6	7	12	16	22	25	7	231	2:4	0	2	1	88
	2018/48	左右擦边球	1	12	20	25	30	31	2	123	3:3	2	2	2	119
	2018/49	前区二连号	1	3	4	11	19	23	2	411	5:1	1	2	2	61
	2018/50	偶数号为主	1	2	4	10	18	19	7	420	2:4	3	2+2	0	54
	2018/51	擦边斜连球	5	7	20	23	27	31	4	213	5:1	0	0	1	113
	2018/52	精彩偶数球	3	5	6	9	15	32	14	411	4:2	1	2	1	70
	2018/53	中区优先选	1	4	10	11	14	27	6	411	3:3	0	2	2	67
	2018/54	最冷号	4	6	18	22	25	33	16	222	2:4	1	0	0	108
	2018/55	号码向前移	7	9	10	12	22	26	7	321	2:4	1	0	1	86
	2018/56	"1"尾同音球	1	3	6	20	21	26	1	321	3:3	1	2	2	77
	2018/57	后区奇数球	5	15	17	19	20	30	13	141	4:2	1	2	2	106
	2018/58	等间隔	7	12	13	16	26	31	7	132	3:3	0	2	1	105
	2018/59	右擦边斜连球	4	6	8	13	22	32	11	321	1:5	1	0	1	85
	2018/60	大号球为主	4	8	13	25	30	31	10	213	3:3	3	2	0	111
	2018/61	同音球一组	9	10	11	12	18	23	7	321	3:3	0	4	0	83
	2018/62	大号球一组	2	18	19	24	25	33	11	123	3:3	1	2+2	0	121
	2018/63	左右擦边球	5	6	10	16	20	25	12	321	2:4	1	2	3	82
	2018/64	号码向后移	2	5	10	11	17	21	5	420	4:2	2	2	1	66

续表

派奖	期号	点评成语	红球						蓝球	三区比代码	奇偶	重球（个）	连球（个）	同音球（个）	和值
	2018/65	右擦边斜连球	1	4	6	14	28	33	1	312	2:4	0	0	1	86
	2018/66	"5"尾同音球	9	16	17	19	22	26	10	141	3:3	0	2	1	109
	2018/67	大号球为主	1	4	9	12	15	18	5	330	3:3	1	0	0	59
	2018/68	号码向后移	8	10	17	20	27	30	1	222	2:4	0	0	2	112
	2018/69	最大二连号	6	13	17	19	23	31	12	132	5:1	1	0	1	109
	2018/70	偶数号为主	4	9	15	16	19	27	10	231	4:2	1	2	1	90
	2018/71	左右擦边球	2	5	6	13	16	19	4	330	3:3	2	2	1	61
	2018/72	等间隔	11	16	19	22	25	30	8	132	3:3	2	0	0	123
	2018/73	后区二连号	3	9	14	15	16	23	11	231	3:3	1	3	0	79
	2018/74	号码向后移	9	11	14	20	27	30	9	222	3:3	1	0	1	111
	2018/75	大号球为主	7	9	12	13	22	24	11	231	3:3	1	0	1	87
	2018/76	号码向后移	3	7	8	15	29	30	13	312	4:2	1	2+2	0	92
	2018/77	同音球走强	2	5	9	15	20	24	11	333	3:3	1	0	2	75
	2018/78	后区二连号	3	10	14	17	18	30	12	231	2:4	0	2	1	92
	2018/79	右擦边斜连球	14	15	17	22	24	29	13	042	3:3	2	2	0	121
	2018/80	填空球	4	7	13	22	29	33	3	222	4:2	2	0	1	108
	2018/81	再落同音落	1	2	12	16	20	26	11	231	1:5	0	2	2	77
	2018/82	奇数号为主	6	12	14	20	22	24	9	141	6:0	2	0	2	98
	2018/83	奇数号反弹	4	9	18	21	33	33	2	222	3:3	1	2	0	117
	2018/84	左右擦边球	5	6	8	12	22	24	6	321	1:5	0	2	1	77
	2018/85	号码向后移	4	10	25	26	30	33	6	204	2:4	0	2	1	128
	2018/86	大冷号	2	7	17	21	23	26	16	222	4:2	1	0	1	96
	2018/87	后区二连号	1	5	10	16	31	31	3	321	3:3	0	2	0	81
	2018/88	大冷号	3	5	12	29	30	32	14	213	3:3	1	2	1	111
	2018/89	同音球走强	6	9	12	14	18	27	14	231	2:4	1	0	0	86
	2018/90	奇数号为主	1	2	4	10	14	23	7	411	2:4	1	2	1	54
	2018/91	号码向后移	6	11	13	17	25	32	2	222	4:2	0	0	0	104
	2018/92	填空球	6	10	16	19	24	33	16	222	2:4	1	0	1	108
	2018/93	擦边斜连球	4	18	20	21	29	33	1	132	3:3	1	2	1	125
	2018/94	冷号配重球	4	7	16	20	24	30	5	222	1:5	2	0	1	101

派奖	期号	点评成语	红球						蓝球	三区比代码	奇偶	重球（个）	连球（个）	同音球（个）	和值
	2018/95	多选奇数球	10	11	12	21	26	33	9	222	3:3	0	3	1	113
	2018/96	号码向前移	1	5	9	20	28	32	12	312	3:3	0	0	0	95
	2018/97	擦边斜连球	1	2	17	20	25	28	13	222	3:3	3	2	0	93
	2018/98	偶数大冷号	6	10	11	20	29	32	13	312	2:4	1	2	1	108
	2018/99	奇数球为主	3	7	8	14	25	32	6	312	3:3	1	2	0	89
	2018/100	间隔递减球	2	11	14	15	29	33	2	222	4:2	1	2	0	104
	2018/101	一组同音球	1	3	14	26	29	33	9	213	4:2	3	0	1	106
	2018/102	间隔递减球	2	6	11	19	21	28	5	321	3:3	0	0	1	87
	2018/103	中区二连号	2	9	15	22	23	24	16	222	3:3	1	3	1	95
	2018/104	号码向后移	2	3	6	19	25	29	1	312	4:2	1	2	1	84
	2018/105	"1"尾同音球	4	5	13	18	19	25	1	231	4:2	2	2	1	84
	2018/106	等间隔	4	18	19	24	25	26	10	123	2:4	4	3	1	116
	2018/107	奇数号为主	1	2	5	17	20	22	1	330	2:4	0	2	1	62
	2018/108	大号球为主	5	13	18	21	26	30	2	132	3:3	1	0	0	113
	2018/109	一组同音球	10	11	18	23	31	33	15	213	4:2	1	2	2	126
	2018/110	号码向前移	11	13	16	21	22	23	2	141	4:2	1	3	2	106
	2018/111	等差数列球	1	7	14	24	25	28	8	213	3:3	0	2	1	99
	2018/112	右擦边斜连球	5	8	18	25	26	31	4	213	3:3	1	2	2	113
	2018/113	前区和数球	1	6	9	16	25	26	9	312	3:3	2	2	1	83
	2018/114	号码向后移	1	7	15	16	20	27	14	231	4:2	1	2	1	86
	2018/115		1	13	19	24	26	29	11	123	4:2	1	0	1	112
	2018/116		5	14	17	22	23	28	15	132	3:3	0	2	0	109
	2018/117		8	11	15	17	23	25	5	222	5:1	2	0	1	99
	2018/118		8	12	21	22	27	31	9	132	3:3	1	2	2	121
	2018/119		3	13	14	16	25	27	12	132	4:2	1	2	1	98
	2018/120	积数球	3	4	18	26	27	33	1	213	3:3	2	2+2	1	111
	2018/121	一组同音球	6	8	14	19	23	25	11	222	3:3	0	0	0	95
	2018/122	填空球	5	7	20	22	30	32	10	222	2:4	0	0	2	116
√	2018/123	前区二连号	13	21	24	27	31	32	1	024	3:3	1	2	1	148
√	2018/124	号码向前移	9	13	14	19	22	25	2	141	4:2	1	2	1	102

续表

派奖	期号	点评成语	红球						蓝球	三区比代码	奇偶	重球（个）	连球（个）	同音球（个）	和值
√	2018/125	右擦边斜连球	3	10	11	14	15	32	2	321	3:3	1	2+2	0	85
√	2018/126	奇数球为主	1	6	8	9	14	22	5	420	2:4	1	2	0	60
√	2018/127	号码向后移	2	5	6	7	11	15	12	510	4:2	1	3	1	46
√	2018/128	关注大号球	6	7	8	19	22	23	2	321	3:3	2	3+2	0	85
√	2018/129	奇数号为主	2	4	6	16	18	19	16	330	1:5	2	2	1	65
√	2018/130	最冷号与最大号	5	12	17	18	24	28	12	132	2:4	1	2	1	104
√	2018/131	左擦边球	21	22	24	31	32	33	1	224	3:3	1	2+3	1	163
√	2018/132	积数球	1	2	9	10	15	22	6	420	3:3	1	2+2	1	59
√	2018/133	号码向后移	2	4	11	12	18	32	13	321	1:5	1	2	1	79
√	2018/134	看好奇数球	3	16	18	31	32	33	12	123	3:3	2	3	1	133
√	2018/135	和数球	1	3	6	10	11	29	16	501	4:2	1	2	1	60
√	2018/136	一组同音球	10	12	15	25	26	27	14	123	3:3	1	3	1	115
√	2018/137	左擦边斜连球	3	5	11	15	20	23	9	321	5:1	1	0	2	77
√	2018/138	小间隔号为主	1	10	25	27	30	32	9	204	3:3	0	0	1	125
√	2018/139	中区二连号	11	18	20	23	31	32	15	123	3:3	1	2	1	135
√	2018/140	擦边斜边球	1	15	20	22	25	28	14	132	3:3	1	0	1	111
√	2018/141	积数球	11	14	16	18	24	33	4	132	2:4	0	2	1	116
√	2018/142	前区二连号	5	8	10	11	27	28	11	402	3:3	1	2+2	1	89
	2018/143	和数球	4	6	15	28	32	33	14	213	3:3	0	2	2	118
	2018/144	右擦边斜连球	8	13	17	18	20	27	13	141	3:3	0	2	2	103
	2018/145	和数球	3	9	13	22	23	25	6	222	5:1	2	2	1	95
	2018/146	号码向后移	2	10	11	17	18	29	16	321	3:3	0	2+2	0	87
	2018/147	一组同音球	3	15	17	21	23	30	11	132	5:1	1	2	1	109
	2018/148	前区二连号	3	6	18	19	21	31	1	231	4:2	2	2	1	98
	2018/149	偶数球为主	1	7	8	10	12	24	1	411	2:4	0	2	0	62
	2018/150	左右擦边球	6	8	15	19	20	31	5	231	3:3	1	2	0	99
	2018/151	蓝球转偶数	5	15	19	25	26	29	15	123	5:1	2	2	2	119
	2018/152	偶数球为主	4	14	16	23	28	29	3	123	2:4	1	2	1	114
	2018/153	中后区同音球	1	7	17	23	25	31	11	213	6:0	1	0	2	104
	2019/01	偶数球转移	6	10	13	15	32	33	15	222	3:3	0	2	1	109

续表

派奖	期号	点评成语	红球						蓝球	三区比代码	奇偶	重球（个）	连球（个）	同音球（个）	和值
	2019/02	重球对称出彩	4	5	6	8	9	18	11	510	2:4	1	3+2	1	50
	2019/03	号码向后移	13	17	20	21	22	27	1	051	4:2	0	3	1	120
	2019/04	偶数号优先	8	12	16	19	26	32	3	132	1:5	0	0	2	113
	2019/05	左擦边斜连球	2	22	26	28	31	32	7	024	2:4	2	2+2	2	160
	2019/06	号码向前移	1	5	10	19	26	28	12	312	3:3	2	0	0	89
	2019/07	间隔递增球	6	10	14	15	19	23	15	231	3:3	2	2	0	87
	2019/08	和数球	2	6	9	13	28	32	12	312	2:4	2	0	0	90
	2019/09	前中区二连号	1	7	10	22	31	32	15	312	3:3	1	2	2	103
	2019/10	多关注中区	2	4	5	8	11	30	2	501	2:4	0	2	0	60
	2019/11	大号球为主	10	13	19	21	24	30	7	132	3:3	0	0	1	117
	2019/12	同音球再落	7	10	21	23	31	33	14	213	5:1	0	2	2	125
	2019/13	偶数球优先	5	7	14	16	18	21	1	240	3:3	2	0	0	81
	2019/14	后区二连号	1	2	3	14	19	33	3	321	4:2	1	3	0	72
	2019/15	最大二连号	11	15	16	20	24	31	4	132	3:3	0	2	1	117
	2019/16	和数球	5	7	9	11	19	25	5	411	6:0	1	0	1	76
	2019/17	偶数球为主	4	5	24	28	30	33	9	204	2:4	1	2	0	124
	2019/18	左擦边斜连球	4	11	18	19	26	32	4	222	2:4	1	2	0	110
	2019/19	冷热同音球	3	11	17	18	24	25	6	222	4:2	2	2+2	0	98
	2019/20	一组同音球	2	12	13	23	27	28	12	123	3:3	0	2+4	2	105
	2019/21	右擦边斜连	2	5	7	8	20	27	4	411	3:3	2	2	1	69
	2019/22	左右擦边球	3	7	11	21	30	33	7	312	5:1	1	0	2	105
	2019/23	中区优先选	1	10	14	15	18	31	13	231	3:3	0	2	1	89
	2019/24	头尾偶数球	1	8	23	25	28	29	10	204	4:2	1	2	0	114
	2019/25	蓝球继续看偶数	15	16	21	27	30	33	4	033	4:2	0	2	0	142
	2019/26	一组同音球	3	13	15	19	20	27	14	141	5:1	2	2	1	97
	2019/27	看好偶数球	2	6	8	10	11	17	13	510	2:4	0	2	0	54
	2019/28	号码向后移	4	19	22	26	29	30	11	123	2:4	0	2	1	130
	2019/29	左右擦边球	8	11	17	23	32	33	10	213	4:2	0	2	1	124
	2019/30	小间隔球为主	4	5	7	10	12	22	16	420	2:4	0	2	1	60
	2019/31	大号球为主	3	13	15	18	21	33	16	141	5:1	0	2	1	103

派奖	期号	点评成语	红球						蓝球	三区比代码	奇偶	重球（个）	连球（个）	同音球（个）	和值
	2019/32	左擦边斜连球	4	8	9	13	28	33	4	312	3:3	2	2	2	95
	2019/33	大号球优先	9	15	19	21	23	29	15	132	6:0	1	0	1	116
	2019/34	后区二连号	9	11	15	22	24	26	3	222	3:3	2	0	0	107
	2019/35	偶数号为主	1	5	7	9	10	20	16	510	4:2	1	2	1	52
	2019/36	号码向后移	2	10	13	16	23	32	8	222	2:4	1	0	2	96
	2019/37	右擦边斜连球	1	7	12	14	18	25	10	231	3:3	0	0	0	77
	2019/38	一组同音球	9	12	21	27	29	30	5	123	4:2	1	2	1	128
	2019/39	大冷号	6	7	11	14	27	32	8	312	3:3	1	2	1	97
	2019/40	大号球为主	5	6	9	18	23	31	11	312	4:2	1	2	1	92
	2019/41	"2"尾同音落	2	9	13	23	24	26	16	213	3:3	2	2	2	97
	2019/42	间隔递减球	15	17	19	22	25	26	4	042	4:2	1	2	1	124
	2019/43	头尾号同落	1	6	12	13	24	31	13	222	2:4	0	2	1	88
	2019/44	"1"尾同音落	6	14	16	17	23	29	7	132	3:3	1	2	1	105
	2019/45	填空球	1	6	17	19	27	31	14	222	5:1	2	0	2	101
	2019/46	和数球	2	12	16	22	25	31	6	132	1:5	0	0	1	109
	2019/47	前中区二连号	3	11	18	25	30	33	14	213	4:2	1	0	1	120
	2019/48	等间隔一期	3	7	10	12	18	29	10	321	3:3	2	0	0	69
	2019/49	同音冷球落	3	10	13	22	23	28	15	222	3:3	3	2	2	99
	2019/50	大号球为主	4	6	10	11	21	23	2	411	3:3	2	2	1	75
	2019/51	号码向后移	8	9	10	13	15	28	9	321	3:3	1	3	1	83
	2019/52	中区偶数球	3	6	9	13	16	19	19	330	4:2	2	0	3	66
	2019/53	号码向后移	4	16	22	25	29	31	8	123	3:3	1	0	0	127
	2019/54	重球配填空	7	10	11	15	24	26	11	312	3:3	0	2	0	93
	2019/55	填空球	1	6	11	15	19	31	10	321	5:1	2	0	1	83
	2019/56	大冷号	13	14	17	19	21	29	1	051	5:1	1	2	1	113
	2019/57	偶数球转强	4	5	6	8	13	18	16	420	2:4	1	3	1	54
	2019/58	重点看后区	7	8	12	21	23	27	12	222	4:2	1	2	1	98
	2019/59	精彩大号球	4	5	7	9	16	18	6	420	3:3	1	2	0	59
	2019/60	号码向后移	3	4	14	20	23	27	1	222	3:3	1	2	2	91
	2019/61	右擦边	3	17	19	24	27	31	14	123	5:1	2	0	1	121

派奖	期号	点评成语	红球						蓝球	三区比代码	奇偶	重球（个）	连球（个）	同音球（个）	和值
	2019/62	后区二连号	7	13	16	23	26	30	1	123	3：3	0	0	2	115
	2019/63	前区二连号	1	14	19	22	29	31	16	132	4：2	0	0	2	116
	2019/64	和数球	12	20	24	25	30	33	12	024	2：4	0	2	2	114
	2019/65	期待前区反转	6	9	11	15	20	26	10	321	3：3	1	0	1	87
	2019/66	积数球	1	14	17	20	22	32	4	141	2：4	1	0	1	106
	2019/67	奇数球为主	4	6	8	11	30	33	11	402	2：4	0	0	0	92
	2019/68	"2"尾同音落	3	14	20	24	26	33	10	123	2：4	1	0	1	120
	2019/69	奇数强	6	11	16	19	21	25	1	231	4：2	0	0	2	98
	2019/70	后区二连号	6	15	18	19	24	32	9	132	2：4	2	2	0	114
	2019/71	左右擦边球	1	8	19	24	29	30	4	213	3：3	2	2	1	111
	2019/72	大冷号	2	9	13	15	22	30	15	231	3：3	1	0	1	91
	2019/73	一组同音球	1	2	6	12	16	18	8	330	1：5	1	2	2	55
	2019/74	奇数号优先	12	21	27	29	31	33	4	024	5：1	1	0	1	153
	2019/75	精彩看前区	5	8	20	22	31	33	3	222	3：3	2	0	0	119
	2019/76	大冷号	12	15	19	20	29	32	14	042	2：4	1	2	2	127
	2019/77	积数球	9	11	13	18	21	22	15	240	4：2	0	0	1	94
	2019/78	大号球为主	1	17	27	29	31	33	12	114	6：0	0	0	2	138
	2019/79	偶数球反转	1	3	6	9	19	31	16	411	5：1	2	0	2	69
	2019/80	大冷号	3	6	18	20	24	32	7	222	1：5	2	0	0	103
	2019/81	后区二连号	5	24	27	29	31	32	10	105	4：2	2	2	0	148
	2019/82	同音球强势	7	16	19	22	24	28	2	132	2：4	1	0	0	116
	2019/83	填空二连号	6	15	17	26	28	31	3	123	3：3	1	0	1	123
	2019/84	冷热号组连号	4	8	14	18	20	27	3	231	1：5	0	0	2	91
	2019/85	奇数号为主	1	4	14	18	24	29	2	222	2：4	3	0	1	90
	2019/86	一组同音球	16	22	24	26	28	31	6	024	1：5	1	0	1	147
	2019/87	号码向前移	4	5	7	9	21	30	4	411	4：2	0	2	0	76
	2019/88	一组同音落	13	14	15	21	23	29	13	042	5：1	1	3	1	115
	2019/89	和数球	2	4	14	16	20	22	11	240	6：0	0	2	1	78
	2019/90	号码向后移	2	5	6	8	14	22	4	42	1：5	3	2	1	55
	2019/91	奇数球反转	7	10	21	24	29	32	11	213	3：3	0	0	0	123

续表

派奖	期号	点评成语	红球						蓝球	三区比代码	奇偶	重球（个）	连球（个）	同音球（个）	和值
	2019/92	左擦边	9	17	27	28	32	33	8	114	4：2	1	2＋2	1	146
	2019/93	号码向前移	5	7	8	9	20	22	2	420	3：3	1	3	0	71
	2019/94	和数球	5	10	12	18	19	27	6	231	3：3	1	2	0	91
	2019/95	积数球	2	5	14	19	21	28	1	231	3：3	2	0	0	89
	2019/96	在区二连号	5	7	12	18	27	32	11	222	3：3	1	0	2	101
	2019/97	大冷号	3	5	18	24	25	31	9	213	4：2	2	2	1	106
	2019/98	偶数球优先	3	11	12	14	17	26	9	231	3：3	1	2	0	83
	2019/99	后区二连号	7	14	22	23	27	30	8	123	3：3	1	2	1	123
	2019/100	右擦边球	1	4	12	13	30	32	8	222	2：4	1	2	1	92
	2019/101	精彩大号球	1	4	9	21	31	33	5	312	5：1	2	0	1	99
	2019/102	头尾偶数球	3	8	12	16	20	32	12	231	1：5	0	0	1	91
	2019/103														
	2019/104														
	2019/105														
	2019/106														
	2019/107														
	2019/108														
	2019/109														
	2019/110														
	2019/111														
	2019/112														
	2019/113														
	2019/114														
	2019/115														
	2019/116														
	2019/117														
	2019/118														
	2019/119														
	2019/120														
	2019/121														

续表

派奖	期号	点评成语	红球						蓝球	三区比代码	奇偶	重球(个)	连球(个)	同音球(个)	和值
	2019/122														
	2019/123														
	2019/124														
	2019/125														
	2019/126														
	2019/127														
	2019/128														
	2019/129														
	2019/130														
	2019/131														
	2019/132														
	2019/133														
	2019/134														
	2019/135														
	2019/136														
	2019/137														
	2019/138														
	2019/139														
	2019/140														
	2019/141														
	2019/142														
	2019/143														
	2019/144														
	2019/145														
	2019/146														
	2019/147														
	2019/148														
	2019/149														
	2019/150														
	2019/151														

派奖	期号	点评成语	红球						蓝球	三区比代码	奇偶	重球(个)	连球(个)	同音球(个)	和值
	2019/152														
	2019/153														

表5-3 福彩双色球开奖号码"三区比"上下期对应表

三区代码：222

期号	三区分布	红球						蓝球	和值	期号	三区分布	红球						蓝球	和值
		上		期								下		期					
2003/01	222	10	11	12	13	26	28	11	100	2003/02	231	4	9	19	20	21	26	12	99
2003/05	222	4	6	15	17	30	31	16	103	2003/06	312	1	3	10	21	26	27	6	88
2003/07	222	1	9	19	21	23	26	7	99	2003/08	321	5	8	9	14	17	23	8	76
2003/12	222	2	12	16	17	27	30	12	104	2003/13	132	8	13	17	21	23	32	12	114
2003/23	222	1	10	20	22	26	31	2	110	2003/24	231	2	7	15	17	22	30	14	93
2003/27	222	1	11	14	17	28	28	15	98	2003/28	132	6	13	16	20	28	32	7	115
2003/30	222	2	6	13	14	23	27	7	85	2003/31	132	11	17	20	22	28	32	1	130
2003/33	222	1	7	14	20	27	30	10	99	2003/34	132	8	13	14	16	23	25	14	99
2003/41	222	2	3	17	18	24	25	11	89	2003/42	420	3	5	10	15	20	7		60
2003/61	222	3	5	20	21	28	32	2	109	2003/62	231	1	6	12	19	20	32	14	90
2003/67	222	5	11	12	13	27	31	10	99	2003/68	114	9	19	25	27	32	33	11	145
2003/69	222	7	11	16	19	26	28	10	107	2003/70	330	1	2	4	17	18	19	8	61
2003/83	222	1	3	14	18	24	30	1	90	2003/84	411	2	6	7	10	17	33	3	75
2003/88	222	3	10	21	22	24	33	12	91	2003/89	033	18	19	21	26	27	33	16	144
2004/07	222	4	12	17	20	25	28	9	106	2004/08	312	1	7	10	22	32	33	13	105
2004/26	222	4	10	14	18	24	32	15	106	2004/27	411	1	5	9	10	18	32	11	75
2004/34	222	2	7	13	20	27	30	14	99	2004/35	204	2	8	26	27	30	32	16	125
2004/41	222	8	10	17	22	25	29	14	111	2004/42	240	6	10	13	17	18	21	2	85
2004/50	222	6	7	19	21	25	29	2	107	2004/51	411	2	3	9	10	15	29	11	68
2004/54	222	9	11	14	16	27	28	11	105	2004/55	213	6	8	19	25	29	32	7	119
2004/63	222	2	10	13	16	27	28	7	101	2004/64	042	14	15	18	20	27	31	4	125
2004/73	222	2	7	13	16	23	28	16	89	2004/74	222	5	6	15	19	26	29	13	100
2004/74	222	5	6	15	19	26	29	13	100	2004/75	123	7	18	21	26	27	28	7	127
2004/76	222	3	5	13	17	25	31	7	94	2004/77	321	8	9	10	14	16	26	7	83
2004/88	222	2	10	19	22	24	32	14	109	2004/89	033	14	17	20	25	28	30	14	134
2004/99	222	5	10	21	22	26	33	2	117	2004/100	312	6	8	9	14	24	33	15	94
2004/101	222	2	9	14	19	25	26	15	95	2004/102	222	3	9	12	15	28	32	1	99
2004/102	222	3	9	12	15	28	32	1	99	2004/103	420	1	2	3	9	16	21	2	52
2004/104	222	7	11	17	18	24	29	5	106	2004/105	312	7	9	10	21	23	30	12	100

续表

上　期								下　期							
期号	三区分布	红球					蓝球	和值	期号	三区分布	红球					蓝球	和值

期号	三区分布	红球						蓝球	和值	期号	三区分布	红球						蓝球	和值
2004/119	222	6	9	18	20	25	33	6	111	2004/120	222	7	8	18	21	27	32	10	113
2004/120	222	7	8	18	21	27	32	10	113	2004/121	132	7	13	16	18	30	32	10	116
2004/122	222	3	11	14	22	24	31	15	105	2005/01	303	1	7	8	23	27	28	14	94
2005/22	222	8	10	12	21	32	33	4	116	2005/23	141	10	15	19	20	21	25	12	110
2005/31	222	4	10	16	20	23	32	7	105	2005/32	132	5	15	19	20	25	29	3	113
2005/50	222	2	9	12	20	26	32	13	101	2005/51	240	3	6	14	19	20	21	2	83
2005/52	222	1	2	14	17	30	32	1	96	2005/53	312	4	7	10	14	27	29	9	91
2005/59	222	7	11	14	18	24	29	7	103	2005/60	123	9	12	21	25	31	33	13	131
2005/61	222	5	9	14	21	23	24	1	96	2005/62	321	2	7	11	12	20	23	7	75
2005/72	222	6	10	19	20	24	33	11	112	2005/73	420	1	6	8	9	18	20	1	62
2005/74	222	6	9	18	20	26	29	9	108	2005/75	141	11	13	14	16	18	31	14	103
2005/78	222	3	11	15	20	26	32	11	107	2005/79	213	3	9	20	24	25	28	5	109
2005/87	222	8	9	15	16	23	26	8	97	2005/88	321	1	3	7	18	20	24	7	73
2005/91	222	1	11	12	15	26	27	13	92	2005/92	123	8	13	19	26	28	31	10	125
2005/96	222	4	5	17	18	26	33	4	103	2005/97	204	5	10	23	27	28	30	15	123
2005/103	222	4	7	16	18	23	30	7	98	2005/104	213	2	4	21	23	30	33	9	113
2005/110	222	7	10	16	19	24	25	9	101	2005/111	231	3	7	15	16	19	29	9	89
2005/118	222	4	9	12	15	26	31	16	97	2005/119	240	1	7	11	18	20	22	2	79
2005/120	222	1	6	13	18	30	32	14	100	2005/121	213	1	7	20	25	31	32	12	116
2005/123	222	2	8	13	19	25	26	9	93	2005/127	312	4	6	11	14	23	25	12	83
2005/129	222	5	10	14	20	27	33	3	109	2005/130	321	3	5	9	15	20	25	16	77
2005/146	222	7	11	19	20	24	28	2	109	2005/147	213	6	7	15	27	28	30	10	113
2006/10	222	4	6	12	19	27	29	8	97	2006/11	312	5	9	8	14	27	31	11	92
2006/16	222	1	7	13	17	23	30	16	91	2006/17	303	3	4	8	31	32	33	2	111
2006/19	222	4	6	13	22	26	32	7	103	2006/20	213	5	9	21	23	26	29	6	113
2006/25	222	3	4	17	19	24	32	5	99	2005/26	222	1	2	18	22	29	32	3	104
2006/26	222	1	2	18	22	29	32	3	104	2006/27	321	6	8	11	14	16	27	15	82
2006/31	222	3	10	12	16	31	32	14	104	2006/32	123	5	18	20	24	26	31	9	124
2006/35	222	3	9	13	21	27	29	13	102	2006/36	330	4	7	10	16	17	21	9	75

| 上期 | | | | | | | | | 下期 | | | | | | | | |
期号	三区分布	红球						蓝球	和值	期号	三区分布	红球						蓝球	和值
2006/44	222	2	10	18	21	30	31	5	112	2006/45	330	6	7	10	14	20	21	4	78
2006/50	222	2	6	12	15	25	31	7	91	2006/51	312	2	6	7	17	27	30	16	89
2006/59	222	5	10	15	17	27	29	11	103	2006/60	123	5	15	19	23	30	32	14	124
2006/63	222	4	5	15	21	23	24	8	92	2006/64	132	3	12	14	21	24	28	11	102
2006/71	222	5	11	12	19	29	31	1	107	2006/72	321	2	3	5	20	21	24	8	75
2006/74	222	1	3	15	19	25	33	4	96	2006/75	123	10	21	22	23	25	33	11	134
2006/76	222	4	10	17	21	29	32	14	113	2006/77	231	8	9	12	13	19	33	9	94
2006/78	222	3	5	17	22	31	33	12	111	2006/79	231	6	11	13	17	20	32	8	99
2006/83	222	7	9	18	19	26	29	10	108	2006/84	132	1	12	17	21	25	26	12	102
2006/85	222	2	6	18	21	24	25	8	96	2006/86	303	4	6	10	24	26	31	6	101
2006/90	222	2	11	15	20	23	29	11	100	2006/91	231	7	8	12	21	22	24	7	94
2006/109	222	1	5	17	18	23	26	13	90	2006/110	132	9	12	14	18	27	33	13	113
2006/112	222	4	9	13	15	31	33	11	105	2006/113	132	5	14	17	18	28	33	2	115
2006/114	222	8	10	14	20	27	29	16	108	2006/115	213	1	10	20	26	28	29	15	114
2006/119	222	1	2	14	20	27	30	2	94	2006/120	222	6	8	14	15	24	33	9	100
2006/120	222	6	8	14	15	24	33	9	100	2006/121	303	3	4	6	27	31	33	6	104
2006/126	222	2	8	13	16	24	33	9	96	2006/127	321	3	4	11	17	19	30	1	84
2006/139	222	7	8	14	21	23	25	5	98	2006/140	321	1	8	11	18	19	23	5	80
2006/147	222	1	4	15	17	27	31	1	95	2006/148	222	4	8	12	13	23	29	1	89
2006/148	222	4	8	12	13	23	29	1	89	2006/149	411	2	3	5	11	15	32	15	68
2006/150	222	8	9	12	18	25	27	12	99	2006/151	420	1	3	4	6	16	22	8	52
2007/06	222	6	10	14	22	26	27	11	105	2007/07	141	4	12	15	17	22	32	14	102
2007/09	222	2	14	15	25	27		15	87	2007/10	222	3	8	14	17	30	32	5	104
2007/10	222	3	8	14	17	30	32	5	104	2007/11	213	3	10	15	25	28	33	16	114
2007/20	222	5	10	16	20	28	31	14	110	2007/21	402	3	6	9	11	25	31	13	85
2007/23	222	3	7	13	17	32	33	2	105	2007/24	213	8	9	17	25	27	32	6	118
2007/26	222	1	4	14	16	26	29	10	90	2007/27	312	2	3	9	22	24	27	11	87
2007/28	222	3	8	13	20	29	30	11	103	2007/29	420	6	8	9	11	19	21	10	74
2007/34	222	2	9	12	14	23	25	16	85	2007/35	312	1	4	8	12	29	31	6	85

续表

期号	三区分布	红球						蓝球	和值	期号	三区分布	红球						蓝球	和值
2007/47	222	2	4	16	18	23	30	6	93	2007/48	231	2	11	12	15	17	28	12	85
2007/54	222	1	3	6	18	23	25	5	79	2007/55	312	2	6	11	22	28	29	2	98
2007/65	222	4	7	19	21	25	31	7	107	2007/66	213	5	11	16	24	32	33	8	121
2007/71	222	1	6	14	21	30	31	9	103	2007/72	321	2	4	8	13	14	33	16	74
2007/77	222	6	8	14	21	28	29	2	106	2007/78	303	4	6	7	23	25	32	1	97
2007/86	222	5	8	14	22	27	29	16	105	2007/87	510	1	3	4	5	8	21	9	42
2007/94	222	3	5	18	19	24	32	2	101	2007/95	312	1	6	8	18	29	32	7	94
2007/96	222	9	10	20	22	30	32	8	123	2007/97	222	4	8	13	18	26	30	11	99
2007/97	222	4	8	13	18	26	30	11	99	2007/98	420	2	3	5	11	19	20	12	60
2007/112	222	7	11	14	16	25	32	11	105	2007/113	114	4	18	23	25	26	31	10	127
2007/118	222	4	10	16	18	25	32	15	105	2007/119	312	3	8	11	13	25	31	12	91
2007/121	222	3	10	21	22	27	28	3	111	2007/122	213	4	7	9	24	26	32	7	42
2007/125	222	3	5	18	20	27	33	1	106	2007/126	213	9	10	19	23	26	31	1	118
2007/127	222	6	9	13	16	24	28	11	96	2007/128	222	9	10	19	21	27	31	5	117
2007/128	222	9	10	19	21	27	31	5	117	2007/129	231	5	7	20	21	22	30	8	105
2007/136	222	1	2	18	21	25	29	14	96	2007/137	330	3	7	8	18	20	22	3	78
2007/148	222	3	9	16	17	23	28	7	96	2007/149	132	1	17	19	22	28	30	3	117
2007/153	222	1	4	19	20	25	31	15	100	2008/01	411	2	4	7	9	14	29	3	65
2008/02	222	3	4	18	22	25	29	9	101	2008/03	330	6	8	11	13	17	19	12	74
2008/05	222	3	5	15	22	24	25	15	94	2008/06	141	1	14	16	18	22	27	14	98
2008/20	222	3	10	13	15	28	30	3	99	2008/21	132	9	12	19	20	26	28	15	114
2008/29	222	1	9	14	22	29	32	12	107	2008/30	141	6	15	19	20	28		11	106
2008/36	222	2	6	13	18	23	28	16	90	2008/37	123	1	12	22	24	26	31	6	118
2008/41	222	8	11	20	22	23	27	4	111	2008/42	411	3	4	9	11	12	24	1	63
2008/43	222	3	10	16	22	27	33	14	111	2008/44	312	5	7	9	20	26	29	9	96
2008/45	222	1	10	13	21	29	32	4	106	2008/46	033	15	16	18	24	28	33	15	134
2008/52	222	2	10	17	23	28	31	10	111	2008/53	141	6	12	19	20	21	27	4	105
2008/62	222	6	8	13	17	24	27	15	95	2008/63	330	5	9	11	14	16	17	15	72
2008/67	222	10	11	15	19	26	33	13	114	2008/68	213	5	7	17	23	29		7	108

上　　期									下　　期								
期号	三区分布	红球						蓝球	和值	期号	三区分布	红球						蓝球	和值
2008/69	222	5	8	17	20	26	30	10	106	2008/70	231	5	6	12	15	18	33	13	89
2008/73	222	1	9	13	22	28	33	8	106	2008/74	231	1	11	15	19	20	24	9	90
2008/84	222	4	7	13	20	29	30	16	103	2008/85	222	1	4	12	20	24	29	15	90
2008/85	222	1	4	12	20	24	29	15	90	2008/86	303	4	5	10	26	27	30	12	102
2008/93	222	4	10	12	16	26	28	7	96	2008/94	222	1	4	15	16	23	28	14	87
2008/94	222	1	4	15	16	23	28	14	87	2008/95	222	3	8	14	21	28	29	3	103
2008/95	222	3	8	14	21	28	29	3	103	2008/96	213	6	8	12	14	27	31	14	108
2008/102	222	3	7	12	21	25	32	5	100	2008/103	141	1	12	15	18	22	33	4	91
2008/108	222	9	10	15	17	23	30	12	104	2008/109	321	4	7	9	16	21	28	10	85
2008/116	222	3	7	21	22	24	29	14	106	2008/117	411	3	5	7	10	14	33	7	72
2008/123	222	10	11	15	16	25	29	2	106	2008/124	330	1	7	10	13	21	22	3	74
2008/125	222	10	11	12	15	26	29	9	103	2008/126	231	4	11	12	14	20	30	13	91
2008/127	222	5	8	19	22	27	30	13	111	2008/128	222	1	5	19	20	27	33	5	105
2008/128	222	1	5	19	20	27	33	5	105	2008/129	213	1	3	18	24	25	32	15	103
2008/133	222	8	11	16	19	24	26	11	104	2008/134	132	10	15	19	20	28	32	2	124
2008/146	222	7	8	17	19	31	32	10	114	2008/147	222	7	8	14	22	26	33	2	110
2008/147	222	7	8	14	22	26	33	2	110	2008/148	312	3	5	9	22	26	28	9	93
2008/153	222	1	4	18	21	24	30	16	98	2008/154	321	2	5	7	21	22	26	8	83
2009/04	222	3	11	13	17	28	31	3	103	2009/05	330	1	3	8	15	17	21	13	65
2009/28	222	3	6	12	15	23	26	10	85	2009/29	042	12	13	15	22	23	29	13	114
2009/32	222	9	11	12	19	27	32	6	110	2009/33	222	7	8	13	14	29	30	6	101
2009/33	222	7	8	13	14	29	30	6	101	2009/34	141	9	12	18	21	22	26	7	108
2009/55	222	3	4	18	22	24	29	11	100	2009/56	312	4	9	10	18	29	32	8	102
2009/68	222	6	11	18	20	25	30	5	110	2009/69	231	3	5	12	18	21	23	2	82
2009/74	222	5	10	16	19	23	28	13	101	2009/75	141	1	13	15	17	20	30	5	96
2009/77	222	1	9	14	16	28	32	16	100	2009/78	240	5	7	12	14	15	20	13	73
2009/79	222	2	9	16	21	30	31	13	109	2009/80	213	1	11	13	25	32	33	6	115
2009/83	222	2	8	12	18	24	28	4	92	2009/84	312	4	9	11	20	32	33	13	109
2009/87	222	6	11	13	20	28	32	6	110	2009/88	330	4	7	11	15	16	17	2	70

续表

上　期									下　期								
期号	三区分布	红球						蓝球	和值	期号	三区分布	红球						蓝球	和值
2009/90	222	7	9	14	20	23	30	14	103	2009/91	312	3	8	11	14	25	29	4	90
2009/99	222	8	9	18	20	25	29	9	109	2009/100	213	2	11	17	27	30	33	11	120
2009/103	222	6	11	17	20	23	24	9	101	2009/104	024	20	22	26	29	30	32	16	159
2009/117	222	5	9	15	21	26	31	13	107	2009/118	024	12	16	25	26	27	31	5	137
2009/128	222	5	8	15	16	26	32	1	102	2009/129	222	6	7	16	17	24	25	7	95
2009/129	222	6	7	16	17	24	25	7	95	2009/130	321	3	7	12	13	30		11	67
2009/134	222	3	5	12	15	28	33	6	96	2009/135	222	1	3	14	19	30	33	16	100
2009/135	222	1	3	14	19	30	33	16	100	2009/136	222	1	4	14	22	30	33	1	104
2009/136	222	1	4	14	22	30	33	1	104	2009/137	150	8	12	14	15	17	21	1	87
2009/139	222	1	5	15	17	27	29	2	94	2009/140	321	4	5	11	18	22	33	12	93
2009/152	222	3	4	19	21	27	28	5	102	2009/153	321	6	7	8	20	21	25	10	87
2010/09	222	1	9	13	21	24	32	6	100	2010/10	231	3	7	12	15	27	26	8	90
2010/11	222	7	8	14	22	24	30	7	105	2010/12	222	2	8	13	14	25	33	10	95
2010/12	222	2	8	13	14	25	33	10	95	2010/13	321	1	2	3	16	18	23	12	63
2010/15	222	1	4	16	21	23	28	6	93	2010/16	312	2	8	10	12	30	33	16	95
2010/20	222	5	6	14	22	24	26	9	97	2010/21	231	9	16	17	19	25		4	88
2010/34	222	6	11	13	22	25	32	12	109	2010/35	330	9	10	11	18	19	21	10	88
2010/41	222	3	5	13	19	25	29	12	94	2010/42	312	3	6	11	20	31	32	10	103
2010/43	222	4	10	19	22	28	33	4	116	2010/44	213	3	9	21	23	27	31	5	114
2010/57	222	5	11	12	19	25	32	5	104	2010/58	321	1	4	11	17	19	29	12	81
2010/66	222	1	3	21	22	31	32	7	110	2010/67	321	1	7	10	14	21	25	1	78
2010/72	222	6	8	22	23	30	31	1	120	2010/73	123	1	16	20	23	27	31	2	118
2010/82	222	1	8	13	14	27	31	2	94	2010/83	132	2	20	21	22	23	31	12	119
2010/85	222	1	8	12	13	24	27	8	85	2010/86	114	5	21	28	29	30	31	8	144
2010/87	222	1	8	16	17	25	30	10	97	2010/88	213	5	6	15	27	30		12	106
2010/95	222	9	11	16	17	25	27	14	105	2010/96	123	7	12	21	23	24	28	3	115
2010/100	222	1	6	12	22	23	26	8	90	2010/101	222	4	9	18	21	25	26	6	103
2010/101	222	4	9	18	21	25	26	6	103	2010/102	231	4	11	16	20	22	29	10	102
2010/117	222	1	8	20	22	24	28	1	103	2010/118	321	5	8	11	13	15	25	5	77

续表

上 期										下 期									
期号	三区分布	红球						蓝球	和值	期号	三区分布	红球						蓝球	和值
2010/121	222	8	11	13	18	25	30	15	105	2010/122	222	2	9	12	16	25	27	6	91
2010/122	222	2	9	12	16	25	27	6	91	2010/123	132	6	12	15	18	29	32	10	112
2010/128	222	4	11	19	20	24	28	12	106	2010/129	213	4	8	14	25	28	32	16	111
2010/132	222	2	10	12	18	24	33	15	99	2010/133	222	3	9	17	21	26	32	1	108
2010/133	222	3	9	17	21	26	32	1	108	2010/134	132	9	15	16	22	27	28	6	117
2010/147	222	2	8	15	18	24	30	3	97	2010/148	312	1	3	7	18	23	27	12	79
2010/152	222	4	9	17	21	25	31	1	107	2010/153	222	3	6	12	19	30	31	13	101
2010/153	222	3	6	12	19	30	31	13	101	2011/01	213	3	9	20	24	26	32	10	114
2011/02	222	6	8	12	17	28	33	5	104	2011/03	042	13	14	21	22	23	27	4	120
2011/19	222	2	4	12	19	32	33	16	102	2011/20	042	12	16	17	19	24	30	5	118
2011/21	222	1	2	14	18	25	31	8	91	2011/22	240	2	7	14	16	17	21	5	77
2011/36	222	2	11	20	22	24	31	5	110	2011/37	411	1	3	4	6	17	25	11	56
2011/41	222	4	10	12	13	30	32	13	101	2011/42	150	5	13	15	17	19	21	15	90
2011/49	222	1	11	17	18	27	31	14	105	2011/50	222	4	5	19	22	28	29	15	107
2011/50	222	4	5	19	22	28	29	15	107	2011/51	330	1	7	11	14	15	16	14	64
2011/57	222	4	6	20	21	26	33	2	110	2011/58	123	7	18	22	30	32	33	6	142
2011/60	222	10	11	13	21	27	31	1	113	2011/61	330	2	3	8	13	19	21	3	66
2011/66	222	4	6	14	17	30	32	12	103	2011/67	033	17	19	20	24	25	27	12	132
2011/71	222	1	2	15	22	28	30	2	98	2011/72	411	1	6	10	11	18	27	12	73
2011/102	222	1	5	13	21	27	31	11	98	2011/103	330	4	5	10	13	15	16	12	63
2011/104	222	9	10	16	20	25	29	9	109	2011/105	204	4	6	23	25	27	28	1	113
2011/106	222	2	11	12	14	24	32	14	95	2011/107	231	4	9	16	17	22	29	15	97
2011/112	222	3	5	16	18	23	24	15	89	2011/113	303	6	10	11	25	32	33	5	117
2011/126	222	3	7	13	18	23	26	16	90	2011/127	033	16	19	22	23	27	29	11	136
2011/132	222	2	5	12	13	25	33	7	90	2011/133	042	12	14	20	21	25	31	16	123
2011/145	222	2	4	14	15	26	30	4	91	2011/146	105	11	23	26	28	32	33	10	153
2011/151	222	7	11	16	19	31	33	10	117	2011/152	321	4	10	11	12	21	26	13	84
2012/10	222	1	3	13	19	25	26	10	87	2012/11	141	4	14	15	16	20	26	5	95
2012/17	222	6	9	14	19	25	28	10	101	2012/18	312	3	5	6	22	26	32	15	94

续表

上　　期										下　　期									
期号	三区分布	红球						蓝球	和值	期号	三区分布	红球						蓝球	和值
2012/20	222	3	8	12	18	23	29	11	93	2012/21	141	1	15	16	18	22	30	3	102
2012/35	222	9	11	12	21	24	26	5	103	2012/36	231	2	11	13	18	19	26	9	89
2012/41	222	8	11	15	20	24	32	2	110	2012/42	312	5	6	11	19	24	28	16	93
2012/45	222	8	11	20	21	27	30	9	117	2012/46	132	4	12	19	20	23	33	6	111
2012/48	222	1	5	14	22	24	30	10	96	2012/49	141	4	12	13	19	20	32	2	100
2012/55	222	4	6	13	20	24	28	1	95	2012/56	222	4	7	14	17	26	31	10	99
2012/56	222	4	7	14	17	26	31	10	99	2012/57	222	3	5	19	21	27	31	4	106
2012/57	222	3	5	19	21	27	31	4	106	2012/58	222	3	6	15	20	25	26	4	95
2012/58	222	3	6	15	20	25	26	4	95	2012/59	132	4	13	21	22	26	31	1	117
2012/63	222	2	10	17	19	24	27	4	99	2012/64	312	5	10	11	16	23	24	11	89
2012/65	222	8	10	19	19	27	31	14	113	2012/66	303	1	2	9	26	29	33	12	100
2012/77	222	2	4	13	18	26	28	12	91	2012/78	213	1	6	24	26	28	45	12	130
2012/83	222	4	9	14	15	26	33	4	101	2012/84	213	2	10	20	26	28	29	14	115
2012/93	222	3	5	19	21	24	33	13	105	2012/94	222	6	9	14	16	23	33	15	101
2012/94	222	6	9	14	16	23	33	15	101	2012/95	015	17	24	27	28	29	30	2	155
2012/100	222	5	7	15	18	25	33	10	103	2012/101	141	9	12	17	19	23	33	9	109
2012/126	222	3	5	12	15	23	24	7	82	2012/127	312	1	9	11	21	26	32	8	100
2012/144	222	3	10	12	13	27	30	4	95	2012/145	114	5	20	26	27	28	33	3	139
2012/154	222	5	7	12	16	28	32	4	100	2013/01	222	6	8	14	15	24	25	6	92
2013/01	222	6	8	14	15	24	25	6	92	2013/02	132	1	16	18	21	28	30	12	115
2013/04	222	6	10	16	20	27	32	8	111	2012/05	123	1	13	14	25	31	32	12	116
2013/07	222	2	9	15	22	26	32	1	106	2013/08	222	3	6	17	21	25	34	15	106
2013/08	222	3	8	17	21	25	32	15	106	2013/09	321	1	4	9	13	16	23	2	66
2013/21	222	1	16	17	19	26	31	11	100	2013/22	420	2	4	7	9	15	20	4	57
2013/23	222	3	6	15	18	30	32	5	104	2013/24	213	4	5	13	23	27	30	9	102
2013/39	222	1	2	14	15	24	29	6	85	2013/40	321	2	4	10	12	17	30	10	75
2013/41	222	2	10	12	17	23	24	5	88	2013/42	231	1	8	12	13	15	33	3	82
2013/58	222	8	11	17	21	23	24	5	104	2013/59	213	3	10	18	24	27	29	9	111
2013/64	222	1	9	13	22	25	32	12	102	2013/65	123	7	18	19	23	29	30	2	126

期号	三区分布	红球						蓝球	和值	期号	三区分布	红球						蓝球	和值
2013/68	222	2	7	13	20	25	27	6	94	2013/69	132	7	16	17	18	30	33	6	121
2013/78	222	3	5	17	18	26	27	15	96	2013/79	141	7	13	17	19	22	26	13	104
2013/92	222	7	11	15	21	26	31	6	111	2013/93	303	1	2	8	26	29	31	14	97
2013/95	222	1	6	15	19	28	29	10	98	2013/96	213	1	2	22	28	29	30	15	112
2013/99	222	5	11	20	21	26	31	3	114	2013/100	330	4	8	11	14	16	20	11	73
2013/114	222	4	6	17	21	23	33	7	104	2013/115	141	3	12	16	17	18	27	8	93
2013/118	222	2	3	17	22	32	33	16	109	2013/119	132	5	15	20	22	26	32	9	120
2013/120	222	5	6	13	18	23	31	11	96	2013/121	402	4	5	6	7	25	27	7	74
2013/122	222	7	10	13	15	26	27	11	98	2013/123	411	1	2	6	11	17	25	2	62
2013/130	222	1	3	15	16	31	33	8	99	2013/131	231	4	6	12	17	19	26	9	84
2013/144	222	5	7	12	19	27	31	2	101	2013/145	222	6	10	13	16	23	24	15	92
2013/145	222	6	10	13	16	23	24	15	92	2013/146	114	8	20	25	30	32	33	1	148
2013/153	222	8	11	13	18	28	33	10	111	2013/154	222	7	11	14	19	24	29	5	104
2013/154	222	7	11	14	19	24	29	5	104	2014/01	222	3	9	15	20	27	29	1	103
2014/01	222	3	9	15	20	27	29	1	103	2014/02	114	4	21	23	31	32	33	4	144
2014/04	222	1	4	19	22	24	25	15	95	2014/05	024	15	18	23	27	32	33	4	148
2014/09	222	8	9	19	20	25	32	16	113	2014/10	312	5	7	8	20	31	33	11	104
2014/14	222	4	9	19	22	25	29	15	108	2014/15	213	2	11	19	30	32	33	9	127
2014/24	222	8	10	16	20	23	30	9	107	2014/25	321	1	5	10	14	16	30	16	76
2014/27	222	8	10	14	16	30	31	1	109	2014/28	123	6	16	21	27	30	32	5	132
2014/32	222	1	2	14	22	29	33	7	101	2014/33	114	5	13	23	28	32	33	12	134
2014/48	222	6	9	16	17	24	25	16	97	2014/49	222	6	7	16	17	23	32	6	101
2014/49	222	6	7	16	17	23	32	6	101	2014/50	114	3	17	23	25	26	32	13	126
2014/56	222	1	11	18	20	28	29	1	107	2014/57	222	2	4	12	18	23	31	8	90
2014/57	222	2	4	12	18	23	31	8	90	2014/58	231	2	3	12	13	14	25	11	69
2014/59	222	5	8	12	13	23	25	13	86	2014/60	222	3	5	14	18	25	33	6	98
2014/60	222	3	5	14	18	25	33	6	98	2014/61	123	2	14	17	27	28	31	8	119
2014/64	222	2	9	15	16	29	32	14	103	2014/65	510	3	4	5	8	10	22	6	52
2014/79	222	2	7	16	22	27	28	2	102	2014/80	132	5	14	16	17	25	30	7	107

续表

上　期									下　期								
期号	三区分布	红球						蓝球	和值	期号	三区分布	红球						蓝球	和值
2014/83	222	5	6	19	21	23	33	12	107	2014/84	411	1	6	9	10	13	25	8	64
2014/89	222	4	6	14	17	27	30	9	98	2014/90	312	5	9	11	19	24	32	13	100
2014/91	222	1	5	12	19	27	29	14	93	2014/92	141	3	13	18	19	22	26	7	101
2014/94	222	1	10	18	20	23	29	1	101	2014/95	321	5	6	8	14	22	31	8	86
2014/104	222	2	6	12	19	27	28	13	94	2014/105	042	14	16	17	19	27	32	4	125
2014/118	222	5	7	15	18	26	30	3	101	2014/119	132	6	13	17	20	26	29	9	111
2014/120	222	1	7	12	16	23	28	4	87	2014/121	222	1	2	13	22	28	30	9	96
2014/121	222	1	2	13	22	28	30	9	96	2014/122	122	9	11	16	20	29		11	91
2014/127	222	2	10	12	21	23	27	12	95	2014/128	321	5	7	8	17	18	24	14	79
2014/146	222	1	6	13	20	29	32	1	101	2014/147	213	6	7	26	31	32		10	124
2014/150	222	3	8	14	22	24	32	9	103	2014/151	411	4	5	8	11	21	27	8	76
2015/18	222	6	9	14	28	29		9	98	2015/19	312	5	11	19	25	26		8	89
2015/24	222	9	11	16	18	23	24	10	101	2015/25	222	10	11	12	15	27	32	14	107
2015/25	222	10	11	12	15	27	32	14	107	2015/26	141	2	13	17	21	22	33	13	108
2015/36	222	4	6	16	17	26	33	3	102	2015/37	222	5	7	12	18	28	31	3	101
2015/37	222	5	7	12	18	28	31	3	101	2015/38	321	5	6	12	14	33		14	81
2015/42	222	9	10	19	21	23	32	8	114	2015/43	123	11	12	15	24	26	27	15	115
2015/45	222	1	5	13	22	30	31	7	102	2015/46	312	5	7	10	14	23	31	1	90
2015/53	222	3	7	17	22	32	33	10	114	2015/54	411	1	2	7	10	22	26	7	68
2015/65	222	8	10	14	19	26	29	12	106	2015/66	312	5	8	11	17	24	28	16	93
2015/73	222	1	2	17	22	26	27	4	95	2015/74	213	4	7	21	25	26	29	8	112
2015/78	222	3	7	20	22	26	29	5	107	2015/79	132	9	14	15	20	26	32	11	116
2015/83	222	6	7	16	18	29	32	5	108	2015/84	042	15	18	20	28	28	29	15	132
2015/93	222	1	3	13	21	25	31	8	94	2015/94	330	1	4	6	13	16	17	10	57
2015/117	222	4	11	12	18	26	32	12	103	2015/118	312	1	4	11	21	23	31	12	91
2015/121	222	1	3	20	21	29		12	102	2015/122	321	5	7	11	16	22	25	7	86
2015/126	222	10	11	15	20	23	29	12	108	2015/127	222	7	10	19	22	27	33	6	118
2015/127	222	7	10	19	22	27	33	6	118	2015/128	411	1	3	8	11	22	28	6	73
2015/134	222	2	5	14	19	27	31	4	98	2015/135	123	1	12	14	18	26	32	7	103

期号	三区分布	红球						蓝球	和值	期号	三区分布	红球						蓝球	和值
		上		期								下		期					
2015/139	222	1	10	13	18	25	27	9	94	2015/140	114	6	20	28	29	30	31	12	144
2015/153	222	8	11	15	22	27	29	3	112	2015/154	321	7	9	11	15	18	25	7	85
2016/04	222	8	10	17	22	25	33	12	115	2016/05	132	11	14	18	20	31	32	14	127
2016/15	222	1	2	14	22	25	26	7	90	2016/16	123	1	20	22	24	25	26	16	118
2016/21	222	9	11	12	22	24	26	5	105	2016/22	222	4	9	19	22	23	30	7	107
2016/22	222	4	9	19	22	23	30	7	107	2016/23	312	3	6	10	19	25	29	7	92
2016/25	222	4	11	12	17	24	30	12	98	2016/26	213	4	9	12	28	30	33	1	116
2016/28	222	6	8	12	21	25	29	1	101	2016/29	051	12	15	18	20	21	27	15	113
2016/45	222	4	9	12	17	30	32	3	104	2016/46	114	7	20	25	26	27	30	14	135
2016/52	222	1	6	13	19	24	28	16	91	2016/53	312	2	8	10	12	29	31	1	92
2016/54	222	6	11	16	19	28	32	4	112	2016/55	321	5	6	10	16	22	26	11	85
2016/58	222	3	5	18	20	24	32	11	102	2016/59	222	4	11	12	20	25	28	15	100
2016/59	222	4	11	12	20	25	28	15	100	2016/60	213	4	5	22	26	29	32	8	118
2016/76	222	7	8	13	19	30	32	1	112	2016/77	231	1	9	17	19	20	29	10	95
2016/84	222	2	4	12	18	24	26	5	86	2016/85	141	1	12	19	20	21	25	16	98
2016/91	222	4	8	14	22	23	28	7	99	2016/92	123	2	13	15	23	24	29	6	106
2016/93	222	6	9	15	17	25	27	9	99	2016/94	321	6	7	10	12	18	31	10	84
2016/103	222	1	5	13	19	24	27	11	89	2016/104	312	5	9	11	18	30	31	4	104
2016/106	222	4	5	13	22	25	30	4	99	2016/107	213	6	11	18	26	27	32	1	120
2016/109	222	9	11	15	16	27	33	5	111	2016/110	204	5	7	28	31	32	33	8	136
2016/115	222	6	8	20	22	26	27	9	109	2016/116	123	7	18	20	23	27	31	13	126
2016/117	222	3	10	14	17	28	33	2	105	2016/118	123	9	14	22	23	31	33	14	132
2016/131	222	4	10	18	19	25	27	2	103	2016/132	222	5	8	13	19	27	28	7	100
2016/132	222	5	8	13	19	27	28	7	100	2016/133	042	15	16	21	22	27	33	15	134
2016/142	222	1	10	17	21	23	30	12	102	2016/143	204	6	9	23	24	25	33	13	120
2017/01	222	9	11	14	20	25	26	15	105	2017/02	024	15	19	23	24	25	32	3	138
2017/05	222	6	11	12	22	23	30	5	104	2017/06	303	2	4	8	26	29	33	8	102
2017/14	222	6	8	18	20	23	31	13	106	2017/15	321	1	8	9	14	17	32	1	81
2017/16	222	5	8	16	22	27	29	2	107	2017/17	411	3	7	8	10	22	23	12	73

续表

上　　　期									下　　　期								
期号	三区分布	红球						蓝球	和值	期号	三区分布	红球						蓝球	和值
2017/26	222	3	10	12	19	27	30	8	101	2017/27	312	2	4	11	14	27	30	5	88
2017/33	222	5	7	15	20	23	30	15	100	2017/34	312	4	7	8	19	32	33	13	103
2017/58	222	1	9	13	22	28	32	11	105	2017/59	321	4	8	9	15	19	25	9	80
2017/61	222	6	7	12	20	26	27	11	98	2017/62	213	1	7	22	24	26	31	10	111
2017/64	222	2	10	16	22	24	28	15	102	2017/65	420	2	5	8	10	12	21	7	58
2017/70	222	1	6	14	22	25	26	12	94	2017/71	312	2	3	6	14	31	32	3	88
2017/83	222	3	8	14	20	24	26	12	95	2017/84	321	1	5	11	20	22	24	2	83
2017/88	222	7	9	18	22	23	29	6	108	2017/89	132	11	12	13	16	23	25	12	100
2017/94	222	8	11	13	19	28	31	6	110	2017/95	231	9	10	12	19	22	29	16	101
2017/97	222	5	10	18	19	30	31	3	113	2017/98	123	4	19	22	27	30	33	1	135
2017/107	222	8	9	15	17	30	32	6	111	2017/108	150	7	12	14	15	17	20	1	85
2017/111	222	5	10	17	19	29	32	12	112	2017/112	231	3	10	14	16	22	23	11	88
2017/118	222	8	9	15	22	30	33	16	117	2017/119	123	9	16	21	25	26	31	14	128
2017/120	222	8	10	15	19	23	28	16	103	2017/121	132	11	18	19	22	24	32	7	126
2017/128	222	2	6	13	22	29	31	8	103	2017/129	321	5	6	9	14	21	33	2	88
2017/145	222	2	6	12	17	25	28	12	90	2017/146	114	1	19	25	26	27	33	10	131
2017/147	222	3	7	20	21	25	31	14	107	2017/148	312	4	7	11	14	29	32	12	97
2017/149	222	5	8	15	20	27	30	13	105	2017/150	141	6	14	19	20	21	23	8	103
2018/16	222	1	11	12	18	25	27	16	94	2018/17	303	3	6	11	26	30	32	12	108
2018/26	222	4	7	12	14	26	32	4	95	2018/27	321	2	7	9	14	18	28	5	78
2018/44	222	5	9	12	17	27	30	6	100	2018/45	303	3	4	6	25	26	30	1	94
2018/54	222	4	6	18	22	25	33	16	108	2018/55	321	7	9	10	12	22	26	7	86
2018/68	222	8	10	17	20	27	30	1	112	2018/69	132	6	13	17	19	23	31	12	109
2018/74	222	9	11	14	20	27	30	9	111	2018/75	231	7	9	12	13	22	24	11	87
2018/80	222	4	7	13	22	29	33	3	108	2018/81	231	1	2	12	16	20	26	3	77
2018/83	222	4	9	18	21	32	33	3	117	2018/84	321	5	6	8	12	22	24	3	77
2018/86	222	2	7	17	21	23	26	16	96	2018/87	321	1	5	10	16	18	31	3	81
2018/91	222	6	11	13	17	25	32	7	104	2018/92	222	6	10	16	19	24	33	16	108
2018/92	222	6	10	16	19	24	33	16	108	2018/93	132	4	18	20	21	29	33	7	125

上 期										下 期										
期号	三区分布	红球						蓝球	和值	期号	三区分布	红球						蓝球	和值
2018/94	222	4	7	16	20	24	30	5	101	2018/95	222	10	11	12	21	26	33	9	113
2018/95	222	10	11	12	21	26	33	9	113	2018/96	312	1	5	9	20	28	32	12	95
2018/97	222	1	2	17	20	25	28	13	93	2018/98	312	6	10	11	20	29	32	13	108
2018/100	222	2	11	14	15	29	33	2	104	2018/101	213	1	3	14	26	29	33	9	106
2018/103	222	2	9	15	22	23	24	16	95	2018/104	312	2	3	6	19	25	29	1	84
2018/117	222	8	11	15	17	23	25	5	99	2018/118	132	8	12	21	22	27	31	9	121
2018/121	222	6	8	14	19	23	25	11	95	2018/122	222	5	7	20	22	30	32	10	116
2018/122	222	5	7	20	22	30	32	10	116	2018/123	024	13	21	24	27	31	32	1	148
2018/145	222	3	9	13	22	23	25	6	95	2018/146	321	2	10	11	17	18	29	16	87
2019/01	222	6	10	13	15	32	33	15	109	2019/02	510	4	5	6	8	9	18	11	50
2019/18	222	4	11	18	19	26	32	4	110	2019/19	222	3	11	17	18	24	25	6	98
2019/19	222	3	11	17	18	24	25	6	98	2019/20	123	2	12	13	23	27	28	12	105
2019/34	222	9	11	15	22	24	26	3	107	2019/35	510	1	5	7	9	10	20	16	52
2019/36	222	2	10	13	16	23	32	8	96	2019/37	231	1	7	12	14	18	25	10	77
2019/43	222	1	6	12	13	24	32	13	88	2019/44	132	6	14	16	17	23	29	7	105
2019/45	222	1	6	17	19	27	31	14	101	2019/46	132	2	12	16	22	25	32	6	109
2019/49	222	3	10	13	22	23	28	15	99	2019/50	411	4	6	10	11	21	23	2	75
2019/58	222	7	8	12	21	23	27	12	98	2019/59	420	4	5	7	9	16	18	6	59
2019/60	222	3	4	14	20	23	27	1	91	2019/61	123	3	17	19	24	27	31	12	121

表5-4　福彩双色球开奖号码"三区比"上下期对应表

三区代码：123

上　　　　期									下　　　　期								
期号	三区分布	红球						蓝球	和值	期号	三区分布	红球						蓝球	和值
2003/26	123	8	13	15	26	29	31	16	122	2003/27	222	1	11	14	17	27	28	15	98
2003/48	123	10	12	20	28	30	31	9	121	2003/49	312	3	6	7	13	24	25	15	78
2003/52	123	1	12	13	23	30	31	11	136	2003/53	042	15	19	20	21	28	29	13	132
2003/56	123	8	17	21	26	28	29	7	129	2003/57	024	18	19	24	25	30	31	16	147
2004/04	123	10	19	22	23	25	29	9	128	2004/05	240	9	11	13	16	17	18	7	84
2004/24	123	1	13	21	23	24	32	6	115	2004/25	303	7	8	10	24	29	33	4	111
2004/38	123	11	16	17	25	28	29	7	126	2004/39	123	10	16	18	25	28	29	3	124
2004/39	123	10	16	18	25	26	29	3	124	2004/40	141	7	17	19	20	21	29	11	113
2004/45	123	1	12	18	26	27	28	13	112	2004/46	132	7	15	16	22	23	32	14	115
2004/56	123	1	20	21	25	29	30	2	126	2004/57	114	5	21	23	25	28	32	4	134
2004/66	123	5	13	20	23	24	25	3	110	2004/67	321	1	6	7	13	16	32	4	25
2004/72	123	8	15	18	28	30	33	14	132	2004/73	222	2	11	13	20	23	28	16	89
2004/75	123	7	18	21	26	27	28	7	127	2004/76	222	3	5	13	17	25	31	7	94
2004/90	123	1	18	20	24	32	33	12	128	2004/91	132	9	13	14	21	30	33	1	120
2004/93	123	11	14	20	27	32	33	5	137	2004/94	312	5	9	10	13	24	25	8	86
2004/97	123	10	19	20	26	29	31	11	135	2004/98	123	3	12	13	25	26	31	3	110
2004/98	123	3	12	13	25	26	31	3	110	2004/99	222	5	10	21	22	26	33	2	117
2004/108	123	8	13	14	27	28	31	12	121	2004/109	312	6	8	10	17	30	31	14	102
2004/115	123	2	16	20	30	31	33	1	132	2004/116	411	1	3	5	8	14	33	3	64
2005/08	123	11	19	22	27	32	33	11	144	2005/09	123	2	17	22	27	29	31	14	138
2005/09	123	2	17	22	27	29	31	14	138	2005/10	312	8	10	11	18	25	26	1	98
2005/34	123	5	17	18	25	28	32	9	125	2005/35	033	16	21	22	28	30	33	14	136
2005/40	123	1	12	21	24	30	32	13	120	2005/41	213	2	11	12	23	24	29	3	105
2005/42	123	11	16	21	27	30	33	15	131	2005/43	501	4	5	7	32	5				62
2005/55	123	1	20	22	30	32	33	9	138	2005/56	033	12	17	19	27	29	31	9	135
2005/60	123	9	12	15	25	29	33	13	131	2005/61	222	5	9	14	21	23	24	1	96
2005/77	123	8	17	22	24	32	33	16	136	2005/78	222	3	11	15	20	26	32	11	107
2005/80	123	1	12	14	26	27	32	16	112	2005/81	312	2	4	12	24	30	30	3	84
2005/89	123	5	19	20	23	26	31	12	124	2005/90	213	1	9	21	25	29	32	3	117

期号	三区分布	红球						蓝球	和值	期号	三区分布	红球						蓝球	和值
		上		期								下		期					
2005/92	123	8	13	19	26	28	31	10	125	2005/93	213	4	6	17	23	25	29	14	104
2005/112	123	4	12	22	28	29	30	16	125	2005/113	042	15	18	20	22	26	27	3	128
2005/115	123	3	12	18	23	30	33	2	119	2005/116	321	4	6	8	14	15	30	10	77
2005/117	123	6	17	22	27	28	32	3	132	2005/118	222	4	9	12	15	26	31	16	97
2005/125	123	6	14	18	28	31	32	3	129	2005/126	222	2	8	13	19	25	26	9	93
2005/148	123	3	15	17	23	24	29	13	111	2005/149	123	11	16	21	23	25	32	7	128
2005/149	123	11	16	21	23	25	32	7	128	2005/150	330	3	7	10	14	18	20	2	72
2006/05	123	3	19	20	24	26	27	11	119	2006/06	123	8	21	22	23	26	32	14	132
2006/06	123	8	21	22	23	26	32	14	132	2006/07	123	4	16	18	27	32	33	7	130
2006/07	123	4	16	18	27	32	33	7	130	2006/08	312	3	5	9	18	28	32	16	95
2006/32	123	5	18	20	24	26	31	9	124	2006/33	033	15	20	22	23	27	31	6	138
2006/48	123	9	13	19	25	29	32	12	127	2006/49	240	6	10	12	13	17	20	3	78
2006/58	123	1	12	22	23	24	25	14	107	2006/59	222	5	10	15	17	27	29	11	103
2006/60	123	5	15	19	23	30	32	14	124	2006/61	132	5	13	17	19	25	30	11	109
2006/75	123	10	21	22	23	25	33	11	134	2006/76	222	4	10	17	21	29	32	14	113
2006/82	123	3	13	15	23	28	29	9	111	2006/83	222	7	9	18	19	26	29	10	108
2006/99	123	9	12	18	23	24	27	5	113	2006/100	213	1	11	18	26	30	32	3	118
2006/101	123	9	12	20	26	27	28	16	122	2006/102	231	1	4	13	19	20	24	11	81
2006/128	123	4	15	21	30	31	33	5	130	2006/129	132	9	14	18	22	27	29	12	119
2006/132	123	6	14	22	26	30	33	1	131	2006/133	213	4	6	20	25	29	31	3	115
2006/134	123	10	13	18	26	28	30	12	125	2006/135	132	4	19	21	22	23	31	4	120
2006/143	123	1	15	20	29	31	32	8	128	2006/144	231	4	10	13	16	22	29	6	94
2006/152	123	1	14	20	25	27	31	15	118	2006/153	312	1	7	11	20	30	33	10	102
2007/13	123	5	15	18	27	29	32	5	128	2007/14	132	1	13	16	20	24	26	9	100
2007/36	123	3	14	21	23	30	31	10	122	2007/37	213	10	11	16	23	31	33	16	124
2007/51	123	3	14	16	26	27	33	13	119	2007/52	402	2	3	7	8	26	29	7	75
2007/62	123	8	17	20	29	30	33	9	137	2007/63	123	10	15	17	24	26	28	12	120
2007/63	123	10	15	17	24	26	28	12	120	2007/64	321	2	6	9	16	21	23	16	77
2007/74	123	8	13	15	25	27	28	3	116	2007/75	042	13	16	17	22	30	32	3	130

上　　期										下　　期									
期号	三区分布	红球						蓝球	和值	期号	三区分布	红球						蓝球	和值
2007/114	123	5	12	15	24	27	33	5	116	2007/115	321	1	5	10	16	20	26	2	78
2007/123	123	1	13	15	23	28	32	2	112	2007/124	231	3	7	13	16	19	32	16	90
2007/146	123	4	18	22	24	26	30	9	124	2007/147	213	3	7	18	24	26	27	4	105
2007/152	123	11	17	21	29	30	33	8	141	2007/153	222	1	4	19	20	25	31	15	100
2008/23	123	8	16	18	25	26	32	2	125	2008/24	123	1	20	21	26	28	30	13	126
2008/24	123	1	20	21	26	28	30	13	126	2008/25	150	8	16	17	18	19	21	14	99
2008/26	123	5	17	19	27	29	32	3	129	2008/27	033	15	18	19	23	24	26	13	125
2008/28	123	1	13	21	26	29	32	10	122	2008/29	222	1	9	14	22	29	32	12	107
2008/37	123	1	12	22	24	28	31	6	118	2008/38	420	3	9	10	11	15	19	13	67
2008/40	123	6	13	22	25	27	28	9	121	2008/41	222	8	11	20	22	23	27	4	111
2008/48	123	11	18	21	27	30	32	1	139	2008/49	231	3	10	12	13	19	25	4	82
2008/55	123	1	16	19	23	26	31	4	116	2008/56	123	4	13	22	23	25	32	7	121
2008/56	123	8	13	22	23	25	30	7	121	2008/57	033	19	20	21	26	28	30	8	144
2008/58	123	1	12	21	27	29	31	11	121	2008/59	213	2	6	15	29	31	32	16	115
2008/77	123	4	12	22	26	30	33	9	127	2008/78	123	6	13	16	26	30	33	1	124
2008/80	123	4	14	22	25	29	32	14	126	2008/81	132	2	12	13	18	25	31	4	101
2008/91	123	3	12	14	23	31	32	10	115	2008/92	213	1	3	18	27	28	30	5	108
2008/99	123	10	15	16	22	23	24	7	110	2008/100	132	8	14	17	21	27	28	14	115
2008/101	123	9	17	21	26	28	30	4	131	2008/102	222	3	7	12	21	25	32	5	100
2008/105	123	5	17	19	27	28	32	2	128	2008/106	024	14	19	25	27	29	30	15	144
2008/110	123	10	16	22	23	29	31	2	131	2008/111	033	17	18	21	25	31	32	6	144
2008/130	123	1	12	18	28	30	32	6	111	2008/131	141	2	12	15	19	22	31	8	101
2008/132	123	9	13	16	25	27	33	8	123	2008/133	222	8	11	16	19	24	26	11	104
2008/138	123	7	14	19	23	25	32	4	120	2008/139	213	8	9	19	23	25	26	7	110
2008/140	123	7	14	16	29	30	31	14	127	2008/141	123	3	13	20	25	29	33	15	123
2008/141	123	3	13	20	25	29	33	15	123	2008/142	321	5	6	10	13	17	28	15	79
2008/149	123	10	14	22	28	29	33	2	136	2008/150	123	4	19	22	24	29	32	2	130
2008/150	123	4	19	22	24	29	32	2	130	2008/151	330	6	8	10	14	17	19	6	74
2009/02	123	10	14	17	25	29	33	14	128	2009/03	312	2	3	6	15	25	30	2	81

续表

上　　期									下　　期								
期号	三区分布	红球						蓝球	和值	期号	三区分布	红球						蓝球	和值
2009/09	123	8	15	21	30	31	33	2	138	2009/10	231	3	10	17	19	20	24	2	93
2009/25	123	10	20	22	23	26	33	11	134	2009/26	141	11	15	17	18	20	30	16	111
2009/35	123	6	15	21	26	29	31	5	128	2009/36	213	6	9	18	23	32	33	7	121
2009/42	123	8	16	22	23	27	30	11	126	2009/43	312	4	9	10	15	18	26	7	82
2009/60	123	7	13	17	26	32	33	4	128	2009/61	231	10	11	13	16	19	30	3	99
2009/66	123	2	16	19	24	31	32	4	113	2009/67	213	4	10	16	23	28	30	5	111
2009/76	123	9	18	19	25	28	31	6	130	2009/77	222	1	9	14	16	28	32	16	100
2009/94	123	3	16	22	25	26	33	14	125	2009/95	213	8	9	14	28	31	33	15	123
2009/113	123	4	12	20	25	28	29	16	118	2009/114	312	3	5	11	12	31	32	11	94
2009/116	123	5	17	21	25	27	32	14	127	2009/117	222	5	9	15	21	26	31	13	107
2009/122	123	7	14	16	27	29	32	1	125	2009/123	132	9	13	20	22	25	28	14	117
2009/141	123	2	13	21	28	29	31	9	124	2009/142	231	7	11	15	19	20	24	13	96
2010/01	123	7	17	18	27	29	32	13	130	2010/02	303	3	6	7	23	30	33	13	102
2010/32	123	8	18	21	28	29	33	8	137	2010/33	312	8	10	11	12	25	29	9	95
2010/36	123	6	13	14	28	29	30	8	120	2010/37	132	3	16	19	21	24	26	6	109
2010/39	123	8	17	21	23	25	32	12	126	2010/40	024	12	19	24	25	30	32	11	142
2010/46	123	11	12	21	23	27	32	5	126	2010/47	231	3	10	13	20	21	32	15	99
2010/50	123	7	21	22	26	28	30	11	134	2010/51	114	4	17	23	27	28	32	3	131
2010/73	123	1	16	20	23	27	31	2	118	2010/74	231	2	10	17	18	19	29	15	95
2010/76	123	1	12	14	29	31	32	15	119	2010/77	231	2	8	14	20	21	24	9	89
2010/92	123	3	13	19	27	28	30	2	120	2010/93	213	9	10	19	28	32	33	6	131
2010/96	123	7	12	21	23	24	28	3	115	2010/97	132	10	16	18	21	24	26	1	115
2010/109	123	4	15	18	25	29	32	15	123	2010/110	213	1	3	12	24	26	27	1	93
2010/142	123	2	16	18	23	26	27	10	112	2010/143	123	9	16	18	26	30	31	14	130
2010/143	123	9	16	18	26	30	31	14	130	2010/144	330	2	3	8	15	19	21	11	68
2010/150	123	2	17	18	23	29	30	6	119	2010/151	141	2	13	14	17	19	26	14	91
2011/44	123	3	14	16	26	27	31	9	117	2011/45	132	2	16	17	20	26	32	8	113
2011/46	123	9	17	18	26	29	30	8	129	2011/47	114	4	13	23	25	27	33	14	125
2011/48	123	10	14	18	25	26	27	15	120	2011/49	222	1	11	17	18	27	31	14	105

续表

| 上　期 | | | | | | | | | | 下　期 | | | | | | | | | |
期号	三区分布	红球						蓝球	和值	期号	三区分布	红球						蓝球	和值
2011/58	123	7	18	22	30	32	33	6	142	2011/59	006	24	26	27	29	31	33	16	170
2011/76	123	6	19	21	26	32	33	13	137	2011/77	312	1	7	8	15	26	29	10	86
2011/81	123	6	14	19	23	25	32	12	119	2011/82	132	7	16	17	20	25	26	4	111
2011/83	123	7	16	18	24	28	29	6	122	2011/84	231	9	10	12	16	18	32	15	97
2011/91	123	9	15	21	23	28	30	3	126	2011/92	213	5	10	17	26	31	32	4	121
2011/108	123	2	17	22	26	29	33	10	129	2011/109	321	1	3	9	15	16	33	15	77
2011/120	123	4	14	17	28	30	33	7	126	2011/121	123	4	14	22	25	32	33	2	130
2011/121	123	4	14	22	25	32	33	2	130	2011/122	123	10	12	18	26	27	31	3	124
2011/122	123	10	12	18	26	27	31	3	124	2011/123	321	1	4	5	14	19	28	16	71
2011/124	123	9	18	19	26	31	32	16	135	2011/125	213	3	10	15	24	27	32	8	111
2011/130	123	7	14	18	23	25	32	15	119	2011/131	321	2	7	9	17	21	25	1	81
2011/148	123	5	14	22	23	25	26	14	115	2011/149	402	4	5	6	7	23	31	16	76
2012/07	123	10	17	19	27	28	32	4	133	2012/08	123	1	12	20	23	24	29	8	109
2012/08	123	1	12	20	23	24	29	8	109	2012/09	114	4	16	24	26	27	33	11	130
2012/27	123	4	16	22	25	30	31	12	128	2012/28	132	10	15	20	21	28	30	11	124
2012/31	123	4	16	22	24	27	31	3	124	2012/32	321	1	2	10	17	22	24	4	76
2012/37	123	5	14	19	24	28	33	9	123	2012/38	321	9	10	11	15	19	33	16	97
2012/53	123	4	15	24	25	27	33	4	126	2012/54	132	6	14	18	20	30	33	14	121
2012/68	123	5	17	22	26	32	33	10	135	2012/69	321	8	10	11	18	20	29	6	96
2012/76	123	11	18	22	27	29	30	15	137	2012/77	222	2	4	13	18	26	28	12	91
2012/78	123	8	15	22	24	28	33	12	130	2012/79	213	6	7	12	24	30	33	12	112
2012/90	123	2	13	20	25	29	30	11	119	2012/91	420	1	5	7	8	19	21	16	61
2012/98	123	2	12	19	26	29	31	9	119	2012/99	141	8	12	15	16	21	27	16	99
2012/107	123	11	12	15	24	25	31	9	118	2012/108	231	1	9	12	13	19	28	13	82
2012/125	123	8	12	13	26	29	33	1	121	2012/126	222	3	5	12	15	23	25	7	82
2012/131	123	6	18	19	26	28	32	12	129	2012/132	141	7	12	16	17	21	25	10	98
2012/139	123	8	19	21	24	28	31	15	131	2012/140	024	14	18	27	30	31	33	15	153
2012/142	123	5	18	22	28	29	31	6	133	2012/143	213	7	8	18	25	30	32	6	120
2012/147	123	2	12	15	23	24	32	9	108	2012/148	321	3	6	11	17	21	31	7	89

期号	三区分布	红球						蓝球	和值	期号	三区分布	红球						蓝球	和值
2013/05	123	1	13	14	25	31	32	12	116	2013/06	231	9	10	13	17	22	30	13	101
2013/11	123	3	12	17	24	27	29	9	112	2013/12	132	6	14	17	22	28	29	2	116
2013/30	123	7	14	18	25	26	29	6	119	2013/31	141	3	13	14	15	21	33	3	99
2013/37	123	2	15	18	27	28	32	14	122	2013/38	240	9	10	12	14	15	19	11	79
2013/48	123	10	13	17	28	30	32	4	130	2013/49	141	10	13	14	16	21	32	14	106
2013/65	123	7	18	19	23	29	30	2	126	2013/66	231	1	3	16	17	20	32	7	89
2013/71	123	5	12	21	23	26	28	9	115	2013/72	321	2	8	11	14	19	33	9	87
2013/87	123	2	13	19	23	24	28	5	109	2013/88	141	9	15	20	21	22	24	14	111
2013/117	123	9	12	13	24	27	33	16	118	2013/118	222	2	3	17	22	32	33	16	109
2013/137	123	4	17	19	24	27		10	114	2013/138	123	4	15	16	24	27	28	3	114
2013/138	123	4	15	16	24	27	28	3	114	2013/139	321	7	8	11	13	21	27	8	87
2013/150	123	1	15	16	25	26	29	10	112	2013/151	312	3	9	10	13	28	33	9	102
2014/20	123	9	14	17	23	24	25	15	112	2014/21	231	8	10	15	17	22	29	12	101
2014/28	123	6	16	21	27	30	32	5	132	2014/29	231	2	7	14	16	21	29	14	89
2014/37	123	6	13	14	24	25	30	7	112	2014/38	213	4	7	22	23	24	33	16	113
2014/52	123	9	13	15	28	30	33	8	128	2014/53	042	14	17	19	22	26	31	2	129
2014/61	123	2	14	17	27	28	31	8	119	2014/62	213	6	9	15	24	25	26	9	105
2014/81	123	8	14	22	24	27	29	10	124	2014/82	213	2	4	20	25	26	29	11	106
2014/87	123	6	18	22	23	32	33	6	134	2014/88	321	3	6	11	14	16	19	15	79
2014/124	123	2	17	20	24	31	33	4	127	2014/125	213	10	11	15	26	31	32	6	125
2014/134	123	5	16	22	23	26	28	2	120	2014/135	312	2	4	11	13	25	33	1	88
2014/136	123	3	16	19	27	31	32	10	128	2014/137	402	3	6	9	11	25	29	9	83
2014/142	123	6	21	22	23	25	28	13	125	2014/143	132	3	12	18	20	25	26	16	104
2014/145	123	10	12	13	23	26	29	11	113	2014/146	222	1	6	13	20	29	32	1	101
2015/02	123	7	15	16	25	28	32	5	123	2015/03	123	10	15	20	23	24	31	15	123
2015/03	123	10	15	20	23	24	31	15	123	2015/04	132	2	14	15	16	23	24	10	94
2015/39	123	1	13	15	26	29	30	12	114	2015/40	033	13	16	18	27	30	32	16	136
2015/43	123	11	12	15	24	26	27	15	115	2015/44	330	2	3	4	13	14	16	2	52
2015/61	123	6	18	22	26	32	33	4	137	2015/62	141	9	14	15	18	21	26	16	103

	上　　期								下　　期								
期号	三区分布	红球						蓝球	和值	期号	三区分布	红球						蓝球	和值
2015/71	123	8	18	20	28	29	31	8	134	2015/72	321	1	3	5	20	21	31	5	81
2015/88	123	2	12	20	24	29	31	9	118	2015/89	033	12	14	19	27	28	29	1	129
2015/95	123	4	15	21	28	30	31	4	129	2015/96	123	6	16	17	23	24	31	7	117
2015/96	123	6	16	17	23	24	31	7	117	2015/97	132	9	12	14	20	26	27	4	108
2015/101	123	8	16	22	24	28	29	5	127	2015/102	231	7	9	12	14	21	23	6	86
2015/104	123	9	18	21	23	25	26	1	122	2015/105	231	9	10	16	19	20	26	12	100
2015/125	123	5	13	22	27	30	33	10	130	2015/126	222	10	11	15	20	23	29	12	108
2015/135	123	1	12	14	18	26	32	7	103	2015/136	213	2	5	12	23	28	29	1	99
2016/16	123	1	20	22	24	25	26	16	118	2016/17	321	5	6	20	22	30		5	91
2016/42	123	7	14	17	23	26	31	9	118	2016/43	123	5	14	20	26	30	33	12	128
2016/43	123	5	14	20	26	30	33	12	128	2016/44	321	1	3	10	12	18	30	1	74
2016/80	123	1	16	17	24	25	32	14	115	2016/81	213	6	15	25	30	32		7	110
2016/83	123	9	16	17	24	30	31	4	127	2016/84	222	12	18	24	26			5	86
2016/92	123	2	13	15	23	24	29	6	106	2016/93	222	6	9	15	17	25	27	9	99
2016/116	123	7	18	20	23	27	31	13	126	2016/117	222	3	10	14	17	28	33	2	105
2016/118	123	9	14	22	23	31	33	14	132	2016/119	123	9	19	21	30	31	32	4	142
2016/119	123	9	19	21	30	31	32	4	142	2016/120	312	2	5	6	21	25	28	9	87
2016/124	123	9	15	21	24	27	32	10	123	2016/125	312	1	6	8	20	27	30	3	92
2016/127	123	7	12	17	26	29	31	16	122	2016/128	312	4	9	11	17	26	27	13	94
2016/130	123	3	17	21	23	27	28	1	119	2016/131	222	4	10	18	19	25	27	2	103
2016/138	123	7	16	20	24	25	30	7	122	2016/139	213	1	6	19	26	28	30	3	110
2016/147	123	4	14	18	28	31	32	12	127	2016/148	312	1	2	11	20	26	30	14	90
2017/04	123	5	13	17	26	27	30	7	118	2017/05	222	6	11	12	22	23	30	5	104
2017/08	123	7	13	15	27	28	29	13	119	2017/09	411	2	6	8	9	15	29	14	69
2017/29	123	2	15	21	23	25	30	10	116	2017/30	312	1	7	9	20	23	30	2	90
2017/43	123	8	13	16	23	27	31	8	118	2017/44	132	8	16	19	21	31	32	6	127
2017/46	123	4	13	14	23	26	32	10	112	2017/47	402	2	5	8	10	32	33	2	90
2017/50	123	10	12	20	24	27	29	7	122	2017/51	312	2	5	9	15	24	25	11	80
2017/92	123	10	18	19	29	32	33	9	141	2017/93	321	7	8	9	15	22	27	12	88

上　　期									下　　期								
期号	三区分布	红球						蓝球	和值	期号	三区分布	红球						蓝球	和值
2017/98	123	4	19	22	27	30	33	1	135	2017/99	312	2	5	6	16	28	29	4	86
2017/119	123	9	16	21	25	26	31	14	128	2017/120	222	8	10	15	19	23	28	16	103
2017/130	123	5	13	14	23	25	31	2	111	2017/131	402	1	7	10	11	26	27	11	82
2017/139	123	2	14	20	24	28	32	16	120	2017/140	024	21	22	25	28	29	30	8	155
2018/05	123	2	20	21	28	31	33	6	135	2018/06	411	2	7	8	9	17	29	11	72
2018/14	123	9	12	20	24	28	31	7	124	2018/15	132	11	15	20	21	26	33	15	126
2018/24	123	11	19	22	26	31	32	2	141	2018/25	141	4	13	16	19	21	25	14	98
2018/48	123	1	12	20	25	30	31	2	119	2018/49	411	1	3	4	11	19	23	2	61
2018/62	123	2	18	19	24	25	33	11	121	2018/63	321	5	6	10	16	20	25	12	82
2018/106	123	4	18	19	24	25	26	10	116	2018/107	330	1	2	5	12	20	22	1	62
2018/115	123	1	13	19	24	26	29	11	112	2018/116	132	5	14	17	22	23	28	15	109
2018/134	123	3	16	18	31	32	33	12	133	2018/135	501	1	3	6	10	11	29	16	60
2018/136	123	10	12	15	25	26	27	14	115	2018/137	321	3	5	11	15	20	23	9	77
2018/139	123	11	18	20	23	31	32	15	135	2018/140	132	1	15	20	22	25	28	14	111
2018/151	123	5	15	19	25	26	29	15	119	2018/152	123	4	14	16	23	28	29	3	114
2018/152	123	4	14	16	23	28	29	3	114	2018/153	213	1	7	17	23	25	31	11	104
2019/20	123	2	12	13	23	27	28	12	105	2019/21	411	2	5	7	8	20	27	4	69
2019/28	123	4	19	22	26	29	30	11	130	2019/29	213	8	11	17	23	32	33	10	124
2019/38	123	9	12	21	27	29	30	5	128	2019/39	312	6	7	11	14	27	32	8	97
2019/53	123	4	16	22	25	29	31	8	127	2019/54	312	7	10	11	15	24	26	11	93
2019/61	123	3	17	19	24	27	31	12	121	2019/62	123	7	13	16	23	26	30	1	115
2019/62	123	7	13	16	23	26	30	1	115	2019/63	132	1	14	19	22	29	31	16	116
2019/68	123	3	14	20	24	26	33	10	120	2019/69	231	6	11	16	19	21	25	1	98
2019/83	123	6	15	17	26	28	31	3	123	2019/84	231	4	8	14	18	20	27	3	91
2019/99	123	7	14	22	23	27	30	8	123	2019/100	222	1	4	12	13	30	32	8	92

表5－5　福彩双色球开奖号码"三区比"上下期对应表

三区代码：321

上　　期									下　　期								
期号	三区分布	红球						蓝球	和值	期号	三区分布	红球						蓝球	和值
2003/08	321	5	8	9	14	17	23	8	76	2003/09	231	5	9	18	20	22	30	9	104
2003/10	321	1	2	8	13	17	24	13	65	2003/11	312	4	5	11	12	30	32	15	94
2003/22	321	2	7	11	12	14	32	8	78	2003/23	222	1	10	20	22	26	31	2	110
2003/25	321	1	5	11	13	14	27	12	71	2003/26	123	8	13	15	26	29	31	16	122
2003/40	321	4	5	6	12	14	23	16	64	2003/41	222	2	3	17	18	24	25	11	89
2003/43	321	2	8	10	19	20	32	13	91	2003/44	312	3	5	9	16	32	33	15	98
2003/60	321	2	4	6	17	21	28	11	78	2003/61	222	5	20	21	28	32		2	109
2003/63	321	5	8	9	14	21	33	11	90	2003/64	321	4	6	8	12	15	30	1	75
2003/64	321	4	6	8	12	15	30	1	75	2003/65	132	6	15	16	17	30	33	11	117
2003/85	321	1	4	11	12	19	27	14	74	2003/86	132	5	12	16	18	26	30	13	89
2004/09	321	1	9	10	16	22	24	11	82	2004/10	330	3	8	13	14	19		15	67
2004/14	321	3	7	11	17	20	26	12	84	2004/15	321	1	3	5	18	22	23	13	72
2004/15	321	1	5	18	22	23		13	72	2004/16	303	8	28	30	32			5	109
2004/37	321	3	4	11	17	20	26	5	81	2004/38	123	11	16	17	25	28	29	7	126
2004/43	321	4	9	10	21	22	24	10	90	2004/44	312	2	6	7	12	31	32	5	90
2004/48	321	8	9	11	16	17	29	10	90	2004/49	132	11	12	14	16	25	29	9	107
2004/67	321	1	6	7	13	16	32	11	75	2004/68	312	8	11	13	24	31		15	89
2004/77	321	8	9	10	14	16	26	7	83	2004/78	312	4	5	10	21	24	26	5	90
2005/06	321	2	4	5	15	21	31	16	78	2005/07	132	7	15	17	20	23	33	15	115
2005/12	321	2	3	6	16	22	31	5	80	2005/13	231	7	8	16	19	20	24	6	94
2005/15	321	4	8	9	16	17	29	16	83	2005/16	321	1	5	6	12	16	30	15	70
2005/16	321	1	5	6	12	16	30	15	70	2005/17	303	4	6	25	27	31		3	101
2005/30	321	1	5	9	14	28		5	79	2005/31	222	4	10	16	20	23	32	7	105
2005/62	321	2	7	11	12	20	23	7	75	2005/63	231	2	11	13	18	22	30	4	96
2005/70	321	3	4	5	14	26		9	71	2005/71	240	4	8	12	14	16	22	10	76
2005/83	321	3	5	9	14	16	30	13	77	2005/84	330	1	2	7	15	19	20	3	64
2005/88	321	1	3	7	18	20	24	7	73	2005/89	123	5	19	20	23	26	31	12	124
2005/100	321	2	4	9	14	16	31	3	76	2005/101	141	9	16	19	21	22	24	12	111
2005/114	321	6	7	10	15	21	27	6	86	2005/115	123	3	12	18	23	30	33	2	119

续表

上　期									下　期								
期号	三区分布	红球						蓝球	和值	期号	三区分布	红球						蓝球	和值
2005/116	321	4	6	8	14	15	30	10	77	2005/117	123	6	17	22	27	28	32	3	132
2005/130	321	3	5	9	15	20	25	16	77	2005/131	411	2	7	10	11	12	24	3	66
2005/145	321	3	7	8	17	20	28	15	83	2005/146	222	7	11	19	20	24	28	2	109
2006/22	321	2	3	4	13	16	27	13	65	2006/23	132	4	13	14	19	23	28	8	101
2006/27	321	6	8	11	14	16	27	15	82	2006/28	231	5	7	14	16	17	27	4	86
2006/67	321	7	8	11	16	17	24	13	83	2006/68	312	3	7	10	14	30	33	10	97
2006/70	321	2	3	11	13	20	27	2	76	2006/71	222	5	11	12	19	29	31	1	107
2006/72	321	2	3	5	20	21	24	8	75	2006/73	132	5	13	16	18	27	29	12	108
2006/96	321	1	5	9	13	18	33	14	79	2006/97	132	11	14	15	20	26	27	12	113
2006/107	321	1	6	8	13	17	30	7	75	2006/108	312	2	6	8	20	24	30	9	90
2006/127	321	3	4	11	17	19	30	1	84	2006/128	123	4	15	21	30	31	33	5	130
2006/138	321	4	9	11	17	18	26	8	85	2006/139	222	7	8	14	21	23	25	5	98
2006/140	321	1	8	11	18	19	23	5	80	2006/141	033	16	18	22	23	25	31	11	135
2007/03	321	5	9	11	12	22	27	15	86	2007/04	312	3	7	10	13	25	33	10	91
2007/08	321	1	4	5	18	19	25	10	72	2007/09	222	2	4	14	15	25	27	15	87
2007/15	321	3	4	8	18	22	30	15	85	2007/16	132	1	18	20	22	26	33	5	120
2007/31	321	4	6	10	12	19	31	1	82	2007/32	213	4	8	16	24	30	32	6	114
2007/33	321	3	4	11	17	18	28	9	81	2007/34	222	2	9	12	14	23	25	16	85
2007/50	321	1	5	8	13	18	25	2	70	2007/51	123	3	14	16	26	27	33	13	119
2007/60	321	1	2	8	16	19	29	5	75	2007/61	411	1	6	7	11	20	23	5	68
2007/64	321	2	6	9	16	21	23	16	77	2007/65	222	4	7	19	21	25	31	7	107
2007/69	321	3	4	11	12	14	32	12	76	2007/70	231	6	8	15	17	18	30	12	94
2007/72	321	2	4	8	13	14	33	16	74	2007/73	312	5	9	11	19	28	31	2	103
2007/89	321	3	7	8	15	19	28	3	80	2007/90	213	5	11	13	27	30	31	2	117
2007/102	321	4	6	8	18	20	33	11	89	2007/103	204	7	9	25	27	30	32	1	130
2007/115	321	1	5	10	16	20	26	2	78	2007/116	411	3	5	7	11	17	27	13	70
2007/120	321	6	7	11	12	18	25	1	79	2007/121	222	3	10	21	22	27	28	6	111
2007/131	321	3	5	7	16	22	27	5	80	2007/132	231	1	9	16	21	22	23	5	92
2007/133	321	3	6	7	11	13	33	10	73	2007/134	321	1	4	10	13	18	25	15	71

续表

	上　　期									下　　期								
期号	三区分布	红球						蓝球	和值	期号	三区分布	红球						蓝球	和值
2007/134	321	1	4	10	13	18	25	15	71	2007/135	213	1	11	16	26	31	33	16	118
2007/150	321	3	5	11	13	19	24	5	75	2007/151	402	1	6	10	11	23	25	2	76
2008/10	321	3	8	11	17	21	27	9	87	2008/11	132	2	14	17	21	30	32	3	116
2008/12	321	3	4	5	16	20	30	13	78	2008/13	231	2	8	15	16	22	28	10	94
2008/14	321	3	9	11	17	21	31	14	92	2008/15	312	6	8	11	16	29	33	3	103
2008/31	321	3	6	11	15	21	31	13	87	2008/32	132	5	4	16	21	23	28	13	107
2008/39	321	1	7	10	13	22	29	1	82	2008/40	123	6	13	22	25	27	28	9	121
2008/72	321	1	5	10	18	22	30	9	86	2008/73	222	1	9	13	22	28	33	8	106
2008/82	321	4	8	10	12	21	26	9	81	2008/83	312	7	8	9	18	29	32	6	103
2008/88	321	1	6	8	16	17	23	5	71	2008/89	321	3	6	11	16	22	27	11	85
2008/89	321	3	6	11	16	22	27	11	85	2008/90	231	2	7	14	18	19	24	1	84
2008/109	321	4	7	9	16	24	28	10	85	2008/110	123	10	16	22	23	29	31	2	131
2008/122	321	2	8	11	14	19	26	15	80	2008/123	222	10	11	15	16	25	29	2	106
2008/136	321	5	9	10	12	18	28	2	82	2008/137	204	1	4	24	28	29	33	9	119
2008/142	321	5	6	10	13	17	28	15	79	2008/143	042	12	17	18	19	26	27	6	119
2008/154	321	2	5	7	21	22	26	8	83	2009/01	114	4	21	23	24	30	31	4	133
2009/15	321	2	4	6	15	17	32	5	76	2009/16	231	2	7	13	16	20	33	3	91
2009/43	321	4	9	10	15	18	26	7	82	2009/44	132	11	14	16	18	26	30	1	115
2009/48	321	3	7	11	15	17	31	1	84	2009/49	132	9	12	14	20	30	31	5	116
2009/57	321	5	7	10	14	17	25	11	78	2009/58	312	5	8	10	15	23	26	9	87
2009/92	321	2	6	7	14	18	31	8	78	2009/93	213	1	11	20	31	32	33	3	128
2009/111	321	2	4	7	14	15	25	15	67	2009/112	213	6	9	18	24	30	32	9	117
2009/120	321	1	2	8	12	16	30	16	69	2009/121	402	2	4	6	10	25	30	9	77
2009/130	321	2	3	7	12	13	30	11	67	2009/131	015	16	23	25	26	32	33	5	145
2009/140	321	4	5	11	18	22	33	12	93	2009/141	123	2	13	21	28	29	31	9	124
2009/144	321	1	5	10	17	18	29	12	80	2009/145	312	3	5	11	15	26	33	11	93
2009/147	321	6	8	10	18	22	32	16	96	2009/148	132	6	12	15	22	29	32	10	116
2009/153	321	6	7	8	20	21	25	10	87	2009/154	231	1	7	12	14	18	25	16	77
2010/13	321	1	2	3	16	18	23	12	63	2010/14	312	1	3	7	14	26	28	2	79

续表

期号	三区分布	红球						蓝球	和值	期号	三区分布	红球						蓝球	和值
2010/28	321	1	3	5	12	16	32	12	70	2010/29	240	1	5	14	16	17	22	3	75
2010/45	321	2	3	4	13	20	29	1	71	2010/46	123	11	12	21	23	27	32	5	126
2010/54	321	1	6	8	12	14	25	6	66	2010/55	231	2	3	13	19	20	23	8	80
2010/58	321	1	4	11	17	19	29	12	81	2010/59	321	1	9	11	12	18	30	10	81
2010/59	321	1	9	11	12	18	30	10	81	2010/60	231	1	8	15	18	22	27	9	91
2010/67	321	1	7	10	14	21	25	1	78	2010/68	132	3	13	18	20	23	28	13	105
2010/105	321	1	8	9	19	21	31	11	89	2010/106	312	2	6	8	15	26	29	16	86
2010/114	321	1	8	11	15	17	25	1	77	2010/115	105	1	22	24	25	29	33	15	134
2010/116	321	5	9	10	20	22	26	7	92	2010/117	222	1	8	20	22	24	28	1	103
2010/118	321	5	8	11	13	15	25	5	77	2010/119	114	7	17	25	27	30	31	9	137
2010/130	321	1	2	7	15	21	31	16	77	2010/131	231	5	6	15	16	19	26	6	87
2010/137	321	7	9	10	13	19	33	6	91	2010/138	114	1	21	23	24		30	5	125
2011/12	321	7	8	11	13	15	26	13	80	2011/13	240	1	3	13	16	21	22	8	76
2011/23	321	2	3	6	21	22	25	5	79	2011/24	312	5	7	10	19	26	31	14	98
2011/53	321	3	6	10	12	22	30	15	83	2011/54	231	8	11	16	17	22	23	8	107
2011/68	321	3	7	10	15	19	24	10	78	2011/69	132	2	13	16	18	24	30	12	103
2011/70	321	1	3	5	12	21	28	12	70	2011/71	222	1	2	15	22	28	30	2	98
2011/86	321	6	7	9	12	17	24	9	75	2011/87	411	2	3	4	5	18	28	1	60
2011/109	321	1	3	9	15	16	33	15	77	2011/110	033	12	14	21	26	28	33	12	134
2011/115	321	7	8	9	12	17	33	16	86	2011/116	321	1	7	11	12	17	27	5	75
2011/116	321	1	7	11	12	17	27	5	75	2011/117	213	8	10	19	26	28	30	4	121
2011/123	321	1	4	5	14	19	28	16	71	2011/124	123	9	18	19	26	31	32	16	135
2011/131	321	2	7	9	17	21	25	1	81	2011/132	222	2	5	12	13	25	33	7	90
2011/136	321	2	4	6	20	22	31	7	85	2011/137	213	2	11	18	23	30	33	13	117
2011/152	321	4	10	11	12	21	26	13	84	2011/153	411	5	8	9	10	20	25	13	77
2012/32	321	1	2	10	17	22	24	4	76	2012/33	231	2	3	15	16	17	27	4	80
2012/38	321	9	10	11	15	19	33	16	97	2012/39	321	1	2	5	13	22	29	8	72
2012/39	321	1	2	5	13	22	29	8	72	2012/40	312	3	8	9	22	25	31	10	98
2012/44	321	6	9	10	14	22	25	3	86	2012/45	222	8	11	20	21	27	30	9	117

续表

	上							期			下							期	
期号	三区分布	红球						蓝球	和值	期号	三区分布	红球						蓝球	和值
2012/69	321	8	10	11	18	20	29	6	96	2012/70	303	2	3	4	24	31	32	11	96
2012/82	321	2	4	11	18	22	29	6	86	2012/83	222	4	9	14	15	26	33	4	101
2012/89	321	3	7	10	13	14	25	11	72	2012/90	123	2	13	20	25	29	30	11	119
2012/110	321	3	7	10	13	22	32	9	87	2012/111	321	2	9	10	20	22	31	13	94
2012/111	321	2	9	10	20	22	31	13	94	2012/112	132	8	15	20	21	27	31	6	122
2012/113	321	3	6	9	13	18	32	6	81	2012/114	303	1	6	11	26	27	29	15	100
2012/118	321	5	6	7	12	15	28	11	73	2012/119	024	12	20	25	26	27	28	13	138
2012/129	321	1	7	9	17	21	29	1	84	2012/130	231	1	3	15	20	22	31	3	92
2012/133	321	1	8	11	20	21	29	2	90	2012/134	411	2	5	6	7	13	23	15	56
2012/136	321	2	7	8	17	21	28	11	83	2012/137	420	1	2	4	6	13	17	7	43
2012/141	321	3	5	8	19	20	27	9	82	2012/142	123	5	18	22	28	29	31	6	133
2012/148	321	3	6	11	17	21	31	7	89	2012/149	213	1	5	13	25	26	32	13	102
2013/09	321	1	4	9	13	16	23	2	66	2013/10	312	1	9	11	17	32	33	12	103
2013/16	321	2	5	6	12	14	28	5	67	2013/17	213	4	6	12	30	31	32	9	115
2013/19	321	1	2	5	16	20	26	6	70	2013/20	330	1	7	8	12	16	21	1	65
2013/27	321	1	2	4	12	21	24	12	64	2013/28	213	7	8	14	25	26	28	13	108
2013/40	321	2	4	10	12	17	30	10	75	2013/41	222	2	10	12	17	23	24	5	88
2013/54	321	3	4	8	14	21	28	14	78	2013/55	132	8	18	19	22	27	32	6	126
2013/62	321	1	6	7	19	22	27	2	82	2013/63	132	10	15	18	20	23	31	12	117
2013/67	321	1	4	9	15	22	30	6	81	2013/68	222	2	7	13	20	25	27	6	94
2013/72	321	2	8	11	14	19	33	9	87	2013/73	231	2	9	12	17	20	28	11	89
2013/74	321	3	6	8	14	19	32	3	82	2013/75	303	4	6	9	25	30	33	14	107
2013/81	321	1	4	10	13	21	31	13	80	2013/82	141	4	13	14	20	22	30	6	103
2013/86	321	2	4	11	13	16	26	11	72	2013/87	123	2	13	19	23	24	28	5	109
2013/104	321	1	2	4	15	17	28	11	67	2013/105	204	1	11	23	27	31	32	9	125
2013/139	321	7	8	11	13	21	27	8	87	2013/140	240	1	5	12	13	21	22	10	74
2014/06	321	3	4	7	17	21	27	14	79	2014/07	231	8	10	12	14	18	28	14	90
2014/12	321	1	8	11	19	21	24	8	84	2014/13	240	5	9	13	15	17	21	13	80
2014/16	321	2	3	7	13	21	24	8	70	2014/17	312	4	6	7	14	25	26	10	82

期号	三区分布	红球						蓝球	和值	期号	三区分布	红球						蓝球	和值
2014/25	321	1	5	10	14	16	30	16	76	2014/26	501	1	2	5	6	11	23	14	48
2014/47	321	8	10	11	12	19	29	15	89	2014/48	222	6	9	16	17	24	25	16	97
2014/67	321	1	6	7	17	18	23	6	72	2014/68	132	4	12	13	22	27	29	16	107
2014/72	321	1	3	7	13	19	32	16	75	2014/73	132	1	12	16	20	30	33	2	112
2014/86	321	2	4	10	12	14	30	8	72	2014/87	123	6	18	22	23	32	33	6	134
2014/88	321	3	6	11	14	16	19	15	79	2014/89	222	4	6	14	17	27	30	9	98
2014/95	321	5	6	8	14	22	31	8	86	2014/96	051	12	14	17	19	22	24	8	108
2014/109	321	2	5	11	15	19	28	2	80	2014/110	321	1	8	11	13	19	30	6	82
2014/110	321	1	8	11	13	19	30	6	82	2014/111	231	2	8	17	20	22	28	2	97
2014/122	321	6	9	11	16	20	29	11	91	2014/123	312	1	6	11	17	28	33	5	96
2014/128	321	5	7	8	17	18	24	14	79	2014/129	312	5	8	9	20	28	32	2	102
2014/140	321	6	10	11	14	17	33	6	91	2014/141	321	8	9	11	16	21	24	10	89
2014/141	321	8	9	11	16	21	24	10	89	2014/142	123	6	21	22	23	25	28	13	125
2014/149	321	7	9	10	15	19	33	1	93	2014/150	222	3	8	14	22	24	32	9	103
2015/01	321	1	7	9	16	20	23	6	76	2015/02	123	7	15	16	25	28	32	5	123
2015/07	321	1	7	9	17	20	33	8	87	2015/08	330	4	7	10	16	20	22	3	79
2015/16	321	2	6	10	15	17	31	13	81	2015/17	033	13	18	20	25	27	33	12	136
2015/20	321	1	4	7	19	22	23	4	76	2015/21	042	14	15	16	17	27	28	8	117
2015/38	321	5	6	11	12	14	33	14	81	2015/39	123	1	13	15	26	29	30	12	114
2015/41	321	4	9	11	17	21	25	6	87	2015/42	222	9	10	19	21	23	32	8	114
2015/63	321	1	7	9	16	22	32	12	87	2015/64	132	11	12	14	17	23	27	1	104
2015/72	321	1	3	5	20	21	31	5	81	2015/73	222	1	2	17	22	26	27	4	95
2015/108	321	2	12	19	22	24	27	15	106	2015/109	312	1	8	9	16	32	33	13	99
2015/112	321	1	3	10	19	20	27	11	80	2015/113	411	1	5	7	8	19	27	2	67
2015/114	321	4	7	9	13	21	26	1	80	2015/115	312	1	7	9	14	24	32	3	86
2015/122	321	5	7	11	16	22	25	8	86	2015/123	321	5	8	9	12	22	28	7	84
2015/123	321	5	8	9	12	22	28	7	84	2015/124	321	2	3	5	12	18	27	1	63
2015/124	321	2	3	5	12	18	27	1	67	2015/125	123	5	13	22	27	30	33	10	130
2015/129	321	5	8	11	16	18	27	4	85	2015/130	150	6	14	15	16	17	22	10	90

续表

期号	三区分布	红球						蓝球	和值	期号	三区分布	红球						蓝球	和值
2015/138	321	1	2	8	16	19	24	11	70	2015/139	222	1	10	13	18	25	27	9	94
2015/154	321	7	9	11	15	18	25	7	85	2016/01	150	6	13	16	18	20	22	13	95
2016/11	321	3	8	10	15	22	29	12	87	2016/12	132	7	12	14	16	27	32	15	108
2016/14	321	2	8	10	18	20	27	7	85	2016/15	222	1	2	14	22	25	26	7	90
2016/17	321	5	6	8	20	22	30	5	91	2016/18	051	12	13	14	17	21	25	4	102
2016/20	321	1	2	10	12	22	24	10	71	2016/21	222	9	11	13	22	24	26	5	105
2016/24	321	2	5	6	14	18	31	13	76	2016/25	222	4	11	12	17	24	30	12	98
2016/39	321	1	3	7	18	19	27	16	75	2016/40	132	3	13	19	20	23	26	3	104
2016/44	321	1	3	10	12	18	30	1	74	2016/45	222	4	9	12	17	30	32	3	104
2016/47	321	2	5	8	15	17	22	16	69	2016/48	231	3	8	13	14	15	30	4	83
2016/55	321	5	6	10	16	22	26	11	85	2016/56	420	3	4	8	11	16	18	14	60
2016/61	321	5	6	8	18	20	32	8	89	2016/62	060	12	13	15	18	19	21	9	98
2016/69	321	8	10	11	20	21	27	11	97	2016/70	312	3	14	18	23	29	1		90
2016/74	321	6	10	11	12	20	25	12	84	2016/75	312	1	3	6	16	29	32	7	87
2016/86	321	9	10	11	15	32	5		89	2016/87	420	3	10	11	14	21	12		61
2016/94	321	6	7	10	12	18	31	10	84	2016/95	321	1	5	9	12	18	32	12	77
2016/95	321	1	5	9	12	18	32	12	77	2016/96	141	6	13	14	21	22	24	16	100
2016/102	321	5	8	10	14	17	30	13	84	2016/103	222	1	5	13	19	24	27	11	89
2016/111	321	2	4	7	14	15	32	4	74	2016/112	141	6	12	14	15	18	25	12	90
2016/135	321	2	8	10	18	20	33	12	91	2016/136	312	2	7	10	20	27	29	3	95
2017/15	321	1	8	9	14	17	32	1	81	2017/16	222	5	8	16	22	27	29	2	107
2017/48	321	5	8	9	14	15	19	7	70	2017/49	231	1	8	14	15	20	29	10	87
2017/59	321	4	8	9	15	19	25	9	80	2017/60	213	5	10	13	24	26	31	4	109
2017/66	321	1	4	6	17	19	26	3	73	2017/67	411	1	3	4	10	18	29	4	65
2017/75	321	1	3	6	19	21	29	7	79	2017/76	420	1	4	8	9	14	15	13	51
2017/84	321	1	5	11	20	22	24	2	83	2017/85	312	1	5	6	16	25	30	9	83
2017/90	321	1	7	10	16	22	33	9	89	2017/91	303	5	7	10	23	28	29	3	102
2017/93	321	7	8	9	15	22	27	12	88	2017/94	222	8	11	13	19	28	31	6	110
2017/96	321	2	6	11	12	19	26	6	79	2017/97	222	5	10	18	19	30	31	3	113

续表

上期										下期									
期号	三区分布	红球						蓝球	和值	期号	三区分布	红球						蓝球	和值
2017/129	321	5	6	9	14	21	33	2	88	2017/130	123	5	13	14	23	25	31	2	111
2017/135	321	1	6	7	14	18	26	16	72	2017/136	321	3	7	10	18	21	24	12	83
2017/136	321	3	7	10	18	21	24	12	83	2017/137	213	5	10	20	23	26	31	3	115
2017/143	321	4	6	9	14	20	29	14	82	2017/144	132	3	14	16	20	31	32	9	116
2018/27	321	2	7	9	14	18	28	5	78	2018/28	321	3	8	11	14	18	23	16	77
2018/28	321	3	8	11	14	18	23	16	77	2018/29	321	1	2	9	14	22	25	5	73
2018/29	321	1	2	9	14	22	25	5	73	2018/30	042	13	14	20	21	25	33	7	126
2018/40	321	1	3	8	13	18	23	16	66	2018/41	213	7	8	20	23	24	32	13	114
2018/55	321	7	9	10	12	22	26	7	86	2018/56	321	1	3	6	20	21	26	1	77
2018/56	321	1	3	6	20	21	26	1	77	2018/57	141	5	15	17	19	20	30	13	106
2018/59	321	4	6	8	13	22	32	11	85	2018/60	213	4	8	13	25	30	31	10	111
2018/61	321	9	10	11	12	18	23	7	83	2018/62	123	2	18	19	24	25	33	11	121
2018/63	321	5	6	10	16	20	25	12	82	2018/64	420	2	5	10	11	17	21	5	66
2018/77	321	2	5	9	15	20	24	10	75	2018/78	231	3	10	14	17	18	30	12	92
2018/84	321	5	6	8	12	22	24	3	77	2018/85	204	4	10	25	26	30	33	6	128
2018/87	321	1	5	10	16	18	31	3	81	2018/88	213	3	5	12	29	30	32	14	111
2018/102	321	2	6	11	19	21	28	5	87	2018/103	222	2	9	15	22	23	24	16	95
2018/125	321	3	10	11	14	15	32	2	85	2018/126	420	1	6	8	9	14	22	5	60
2018/128	321	6	7	8	19	22	23	2	85	2018/129	330	2	4	6	16	18	19	16	65
2018/133	321	2	4	11	12	18	32	13	79	2018/134	123	3	16	18	31	32	33	12	133
2018/137	321	3	5	11	15	20	23	9	77	2018/138	204	1	10	25	27	30	32	9	125
2018/146	321	2	10	11	17	18	29	16	87	2018/147	132	3	15	17	21	23	30	11	109
2019/14	321	1	2	3	14	19	33	3	72	2019/15	132	11	15	16	20	24	31	4	117
2019/48	321	3	7	10	12	18	19	10	69	2019/49	222	3	10	18	22	23	28	15	104
2019/51	321	8	9	10	13	15	28	9	83	2019/52	330	3	6	9	13	16	19	16	66
2019/55	321	1	6	11	15	19	31	10	83	2019/56	051	13	14	17	19	21	29	1	113
2019/65	321	6	9	11	15	20	26	10	87	2019/66	141	1	14	17	20	22	32	4	106

表5－6　福彩双色球开奖号码"三区比"上下期对应表

三区代码：231

期号	三区分布	红球						蓝球	和值	期号	三区分布	红球						蓝球	和值
				上		期								下		期			
2003/02	231	4	9	19	20	21	26	12	99	2003/03	303	1	7	10	23	28	32	16	101
2003/09	231	5	9	18	20	22	30	9	104	2003/10	321	1	2	8	13	17	24	13	65
2003/19	231	4	8	12	13	16	33	9	88	2003/20	204	7	10	25	26	27	32	4	127
2003/24	231	2	7	15	17	22	30	14	93	2003/25	321	1	5	11	13	14	27	12	71
2003/45	231	3	7	14	15	17	32	3	88	2003/46	411	7	8	10	11	17	26	11	79
2003/62	231	1	6	12	19	30	32		90	2003/63	321	5	8	9	14	21	33	11	90
2003/71	231	9	11	12	14	15	33	11	94	2003/72	411	3	6	8	11	19	27	11	74
2004/22	231	3	10	14	19	20	30	6	96	2004/23	231	1	8	14	17	19	30	3	89
2004/23	231	1	8	14	17	19	30	3	89	2004/24	123	1	13	21	23	25	32	6	115
2004/31	231	3	6	19	20	21	24	11	93	2004/32	411	2	5	8	11	15	31	13	72
2004/69	231	2	11	15	20	22	29	5	99	2004/70	132	10	12	21	22	30	33	6	128
2004/71	231	3	8	15	17	21	29	6	94	2004/72	123	8	15	18	28	30	33	14	132
2004/96	231	1	4	12	14	21	31	6	83	2004/97	123	10	19	20	24	29	31	14	135
2005/11	231	9	11	13	15	22	30	15	100	2005/12	321	2	3	6	16	22	31	5	80
2005/13	231	7	8	16	19	20	24	6	94	2005/14	033	13	19	21	23	30	32	5	138
2005/63	231	2	11	13	18	22	30	4	96	2005/64	114	10	18	23	27	30	32	8	140
2005/109	231	3	5	13	15	17	31	4	84	2005/110	222	7	10	16	19	24	25	9	101
2005/111	231	3	7	15	16	19	29	9	89	2005/112	123	4	12	22	28	29	30	16	125
2005/133	231	1	7	14	16	18	25	11	81	2005/134	132	4	13	14	18	26	30	1	105
2005/135	231	1	5	13	15	21	25	11	80	2005/136	132	5	14	16	18	25	27	13	105
2005/142	231	7	10	12	17	22	29	5	97	2005/143	231	3	10	15	17	20	32	8	97
2005/143	231	3	10	15	17	20	32	8	97	2005/144	231	1	8	14	15	19	27	15	84
2005/144	231	1	8	14	15	19	27	15	84	2005/145	321	3	7	11	17	20	28	15	83
2005/151	231	4	11	12	13	19	30	5	89	2005/152	231	1	5	12	14	21	27	3	80
2005/152	231	1	5	12	14	21	27	3	80	2005/153	312	4	5	7	21	26	29	1	92
2006/28	231	5	7	14	16	17	24	4	86	2006/29	420	3	4	7	9	14	19	8	56
2006/34	231	2	10	15	16	17	33	13	93	2006/35	222	3	9	13	21	27	29	13	102
2006/41	231	3	10	16	18	21	28	4	96	2006/42	114	3	16	23	26	28	31	11	127
2006/57	231	3	4	17	18	21	31	8	94	2006/58	123	1	12	22	23	24	25	14	107

	上	期								下	期							
期号	三区分布	红球						蓝球	和值	期号	三区分布	红球						蓝球	和值
2006/77	231	8	9	12	13	19	33	9	94	2006/78	222	3	5	17	22	31	33	12	111
2006/79	231	6	11	13	17	20	32	8	99	2006/80	042	15	17	20	22	26	29	9	129
2006/91	231	7	8	12	21	22	24	7	94	2006/92	330	2	8	11	16	20	21	14	78
2006/95	231	1	3	17	20	21	29	16	91	2006/96	321	1	5	9	13	18	33	14	79
2006/102	231	1	4	13	19	20	24	11	81	2006/103	033	12	14	15	25	28	31	6	125
2006/144	231	4	10	13	16	22	29	6	94	2006/145	204	2	7	23	26	28	31	7	117
2007/38	231	3	11	14	19	21	30	5	98	2007/39	213	6	7	19	24	27	29	1	112
2007/48	231	2	11	12	15	17	28	12	85	2007/49	132	4	14	18	19	31	33	2	119
2007/67	231	6	11	13	17	21	23	11	91	2007/68	132	11	18	19	22	23	28	1	121
2007/70	231	6	8	15	17	18	30	12	94	2007/71	222	1	6	14	21	30	31	9	103
2007/79	231	3	4	14	20	21	25	14	87	2007/80	231	1	8	16	17	19	29	4	91
2007/80	231	1	8	16	18	19	29	4	91	2007/81	132	9	14	15	19	24	33	13	114
2007/84	231	6	10	12	14	20	27	10	89	2007/85	132	2	12	17	19	29	30	12	109
2007/93	231	5	10	13	15	19	29	2	91	2007/94	222	3	5	18	19	24	32	2	101
2007/104	231	2	8	12	14	20	32	4	88	2007/105	312	2	7	10	17	23	29	14	88
2007/108	231	3	7	12	13	20	33	2	88	2007/109	420	1	4	7	8	13	14	4	47
2007/124	231	3	7	13	16	19	32	16	90	2007/125	222	3	5	18	20	27	33	1	106
2007/129	231	5	7	20	21	22	30	8	105	2007/130	402	3	5	9	11	27	31	4	86
2007/132	231	1	9	16	21	22	23	5	92	2007/133	321	3	6	7	11	13	33	10	73
2007/138	231	2	3	15	17	19	25	16	81	2007/139	240	6	10	12	14	16	22	6	80
2007/140	231	1	5	16	21	22	26	11	91	2007/141	411	2	3	4	6	17	31	8	63
2008/13	231	2	8	15	16	22	28	10	91	2008/14	321	3	9	11	17	21	31	14	92
2008/35	231	7	11	14	17	18	29	16	96	2008/36	222	2	6	13	18	23	28	13	90
2008/49	231	3	10	12	13	19	25	4	82	2008/50	213	1	11	19	24	26	27	3	108
2008/54	231	2	6	16	17	20	25	7	86	2008/55	123	1	16	19	23	26	31	4	116
2008/70	231	5	6	12	15	18	33	13	89	2008/71	213	1	6	21	26	27	28	9	109
2008/74	231	1	11	15	19	20	24	9	90	2008/75	231	1	8	14	18	22	30	3	93
2008/75	231	1	8	14	18	22	30	3	93	2008/76	420	2	5	7	11	13	18	11	56
2008/90	231	2	7	14	18	19	24	1	84	2008/91	123	3	12	14	23	31	32	10	115

续表

上　　　期									下　　　期								
期号	三区分布	红球						蓝球	和值	期号	三区分布	红球						蓝球	和值
2008/126	231	4	11	12	14	20	30	13	91	2008/127	222	5	8	19	22	27	30	13	111
2009/10	231	3	10	17	19	20	24	2	93	2009/11	231	2	4	13	14	18	23	15	74
2009/11	231	2	4	13	14	18	23	15	74	2009/12	231	5	11	14	17	18	28	1	93
2009/12	231	5	11	14	17	18	28	1	93	2009/13	312	4	8	9	21	26	27	9	95
2009/16	231	2	7	13	16	20	33	3	91	2009/17	132	6	14	15	19	25	26	8	105
2009/37	231	2	6	15	18	20	31	3	92	2009/38	033	12	13	15	23	28	32	5	123
2009/51	231	6	10	13	16	21	23	7	89	2009/52	231	9	11	15	19	21	30	8	105
2009/52	231	9	11	15	19	21	30	8	105	2009/53	141	7	12	18	19	22	28	1	106
2009/61	231	10	11	13	16	19	30	3	99	2009/62	132	10	19	20	21	23	32	10	125
2009/69	231	3	5	12	18	21	23	2	82	2009/70	411	1	2	9	10	21	31	10	74
2009/72	231	1	3	12	20	21	29	4	86	2009/73	141	9	16	17	18	22	27	14	109
2009/85	231	4	8	12	17	20	30	3	91	2009/86	132	11	12	13	19	22	32	11	109
2009/106	231	1	2	15	18	20	29	4	85	2009/107	213	7	8	20	23	28	29	5	115
2009/110	231	4	10	13	15	19	30	14	91	2009/111	321	2	4	7	14	15	25	15	67
2009/115	231	2	9	13	15	19	24	3	82	2009/116	123	5	17	21	25	27	32	14	127
2009/133	231	5	9	13	18	20	32	1	97	2009/134	222	3	5	12	15	28	33	6	96
2009/142	231	7	11	15	19	20	21	13	96	2009/143	312	5	9	11	17	23	28	10	93
2009/146	231	3	9	16	20	22	33	15	103	2009/147	321	6	8	10	18	22	32	16	96
2009/149	231	1	3	16	18	22	29	4	89	2009/150	330	4	6	7	16	19	20	4	72
2009/154	231	1	7	12	14	18	25	16	77	2010/01	123	7	17	18	27	29	32	13	130
2010/08	231	5	7	13	15	18	30	14	88	2010/09	222	1	9	13	21	24	32	6	100
2010/10	231	7	8	12	15	26	22	5	90	2010/11	222	4	9	14	22	24	30	7	105
2010/21	231	2	9	16	17	19	25	4	88	2010/22	213	1	2	18	29	31	32	2	113
2010/47	231	3	10	13	20	21	32	15	99	2010/48	402	1	6	8	10	23	33	9	81
2010/55	231	2	3	13	19	20	23	8	80	2010/56	411	1	2	3	8	13	32	7	59
2010/60	231	1	8	15	18	22	27	5	91	2010/61	231	2	4	16	19	22	26	12	89
2010/61	231	2	4	16	19	22	26	12	89	2010/62	132	11	13	15	20	31	33	3	123
2010/74	231	2	10	17	18	19	29	15	95	2010/75	231	5	9	12	13	15	22	14	76
2010/75	231	5	9	12	13	15	22	14	76	2010/76	231	1	12	14	29	31	32	15	119

期号	三区分布	红球						蓝球	和值	期号	三区分布	红球						蓝球	和值
2010/77	231	2	8	14	20	21	24	9	89	2010/78	411	1	3	9	11	17	23	12	64
2010/80	231	8	10	13	14	16	23	16	84	2010/81	303	2	3	9	24	26	27	5	91
2010/84	231	2	10	14	18	20	30	3	94	2010/85	222	1	8	12	13	24	27	8	85
2010/102	231	4	11	16	20	22	29	10	102	2010/103	231	4	9	14	17	20	33	9	97
2010/103	231	4	9	14	17	20	33	9	97	2010/104	114	7	17	23	24	27	32	2	130
2010/113	231	5	10	15	18	20	28	10	96	2010/114	321	1	8	11	15	17	25	1	77
2010/131	231	5	6	15	16	19	26	6	87	2010/132	222	2	10	12	18	24	33	15	99
2011/05	231	6	9	12	14	20	22	13	83	2011/06	330	1	3	5	13	16	18	5	56
2011/16	231	3	4	16	17	22	29	13	91	2011/17	213	2	6	15	23	26	33	8	105
2011/26	231	7	8	17	19	21	26	12	98	2011/27	042	13	18	21	22	25	26	1	125
2011/33	231	2	8	12	13	19	29	4	83	2011/34	042	13	14	17	19	24	31	8	118
2011/34	231	8	11	16	17	22	33	8	107	2011/35	132	8	13	16	17	29	32	16	115
2011/78	231	3	5	13	20	22	29	9	92	2011/79	132	3	14	15	16	24	29	5	101
2011/84	231	9	10	12	16	18	32	15	97	2011/85	312	3	6	11	21	24	31	10	96
2011/88	231	3	9	17	20	21	29	4	99	2011/89	303	1	2	11	24	29	30	12	97
2011/90	231	2	5	14	18	21	25	16	85	2011/91	123	9	15	21	23	28	30	3	126
2011/98	231	3	7	20	21	22	32	5	105	2011/99	132	10	12	13	21	26	27	14	109
2011/107	231	4	9	16	17	22	29	15	97	2011/108	123	2	17	22	26	29	33	10	129
2011/128	231	9	11	14	17	19	23	12	93	2011/129	312	7	10	11	21	23	26	6	98
2011/143	231	7	8	12	14	15	30	16	86	2011/144	411	1	2	9	10	16	24	3	62
2011/147	231	4	8	12	17	18	30	10	89	2011/148	123	5	14	22	23	25	26	14	115
2011/150	231	8	10	12	15	22	27	13	94	2011/151	222	7	11	16	19	31	33	10	117
2012/16	231	2	5	12	17	22	25	8	83	2012/17	222	6	9	14	19	25	28	10	101
2012/30	231	9	10	17	18	21	31	8	106	2012/31	123	4	16	22	24	27	31	3	124
2012/33	231	2	3	15	16	17	27	4	80	2012/34	303	2	3	8	23	32	33	16	101
2012/36	231	2	11	13	18	19	26	9	89	2012/37	123	5	14	19	24	28	33	9	123
2012/60	231	7	10	13	16	17	29	1	92	2012/61	330	3	8	11	12	14	18	14	66
2012/71	231	3	4	19	21	22	23	8	92	2012/72	411	2	3	7	9	13	30	6	64
2012/80	231	4	9	14	15	16	27	3	85	2012/81	303	2	5	10	24	25	29	6	95

	上			期						下			期				
期号	三区分布	红球						蓝球	和值	期号	三区分布	红球						蓝球	和值
2012/86	231	8	9	13	15	22	23	8	90	2012/87	330	3	10	11	13	14	22	9	73
2012/108	231	1	9	12	13	19	28	13	82	2012/109	114	2	12	24	26	29	31	3	124
2012/130	231	1	3	15	20	22	31	3	92	2012/131	123	6	18	19	26	28	32	12	129
2013/06	231	9	10	13	17	22	30	13	101	2013/07	222	2	9	15	22	26	32	1	106
2013/13	231	5	6	13	19	22	28	9	93	2013/14	330	2	4	5	17	19	20	8	67
2013/26	231	4	11	14	15	22	31	11	97	2013/27	321	1	2	4	12	21	24	12	64
2013/33	231	5	6	13	17	19	28	1	88	2013/34	132	6	15	20	22	26	33	9	122
2013/42	231	1	8	12	13	15	33	3	82	2013/43	231	3	6	14	15	17	25	16	80
2013/43	231	3	6	14	15	17	25	16	80	2013/44	312	3	5	11	18	26	28	6	91
2013/50	231	3	7	13	18	22	25	3	88	2013/51	132	8	12	15	19	28	29	2	111
2013/52	231	6	7	14	21	22	24	13	94	2013/53	132	3	12	13	22	30	33	14	113
2013/66	231	1	3	16	17	20	32	7	89	2013/67	321	1	4	9	15	22	30	6	81
2013/73	231	2	9	13	17	20	28	11	89	2013/74	321	3	6	8	14	19	32	11	82
2013/83	231	5	6	12	14	19	23	9	79	2013/84	420	5	7	9	11	20	21	3	73
2013/85	231	2	8	12	14	16	32	16	84	2013/86	321	2	4	11	13	16	26	11	72
2013/89	231	4	8	12	19	21	25	13	89	2013/90	303	2	5	11	23	24	29	8	94
2013/112	231	1	6	12	13	22	31	7	85	2013/113	312	4	7	11	17	24	33	9	96
2013/127	231	2	3	13	20	22	33	14	93	2013/128	132	7	13	17	19	25	31	8	112
2013/131	231	4	6	12	17	19	26	9	84	2013/132	033	20	21	23	25	27		12	138
2013/133	231	4	7	12	19	22	25	1	89	2013/134	132	1	17	18	19	25	29	10	109
2013/136	231	4	6	14	16	18	26	6	84	2013/137	123	4	17	19	23	24	27	10	114
2013/152	231	4	6	14	16	18	29	5	87	2013/153	222	9	11	13	18	24	33	10	111
2014/07	231	8	10	12	14	18	28	14	90	2014/08	132	5	14	16	21	29	30	12	115
2014/11	231	9	10	13	14	21	32	2	99	2014/12	321	1	8	11	19	21	24	8	84
2014/21	231	8	10	15	17	22	29	12	101	2014/22	411	4	6	7	10	21	26	16	74
2014/29	231	2	7	14	16	21	29	14	89	2014/30	033	12	18	19	23	24	30	10	126
2014/31	231	4	10	16	17	21	27	14	95	2014/32	222	1	2	14	22	29	33	7	101
2014/39	231	3	11	15	19	20	31	7	99	2014/40	420	3	4	6	11	12	15	8	51
2014/55	231	2	9	14	19	21	30	4	95	2014/56	222	1	11	18	20	28	29	1	107

期号	三区分布	红球						蓝球	和值	期号	三区分布	红球						蓝球	和值
				上	期									下	期				
2014/58	231	2	3	12	13	14	25	11	69	2014/59	222	5	8	12	13	23	25	13	86
2014/63	231	3	8	17	21	22	31	16	102	2014/64	222	2	9	15	16	29	32	14	103
2014/71	231	2	4	12	17	22	25	14	82	2014/72	321	1	3	7	13	19	32	16	75
2014/76	231	6	10	12	17	18	33	11	96	2014/77	240	8	9	12	15	19	22	10	85
2014/111	231	2	8	17	20	22	28	2	97	2014/112	132	1	15	16	21	24	30	3	107
2014/116	231	9	10	14	15	19	29	16	96	2014/117	213	5	10	17	25	28	29	4	114
2014/126	231	6	11	16	17	22	27	1	99	2014/127	222	2	10	12	21	23	27	12	95
2014/132	231	5	6	14	15	18	33	8	91	2014/133	033	13	14	16	23	30	31	13	127
2015/05	231	7	10	16	17	18	32	15	100	2015/06	303	1	10	11	29	31	33	13	115
2015/09	231	4	7	14	17	21	25	14	88	2015/10	411	1	2	3	8	21	31	9	66
2015/30	231	8	11	14	15	16	26	7	90	2015/31	312	1	5	7	22	26	32	11	93
2015/50	231	3	9	12	16	17	31	4	88	2015/51	204	4	10	24	26	28	32	9	124
2015/55	231	1	10	15	18	19	28	2	91	2015/56	330	1	7	8	16	18	20	14	70
2015/70	231	1	7	13	19	21	29	15	90	2015/71	123	8	18	20	28	29	31	8	134
2015/75	231	6	11	13	19	21	32	4	102	2015/76	312	1	9	10	19	23	27	9	89
2015/91	231	5	7	17	19	22	31	11	101	2015/92	132	9	15	19	21	26	27	1	117
2015/102	231	7	9	12	14	21	23	6	86	2015/103	213	6	8	13	26	30	32	14	115
2015/105	231	9	10	16	19	20	26	12	100	2015/106	303	1	3	4	23	31	32	13	94
2015/110	231	5	7	16	17	22	23	4	90	2015/111	141	8	14	16	18	20	30	12	106
2015/133	231	2	3	13	20	22	24	15	84	2015/134	222	2	5	14	19	27	31	4	98
2015/145	231	7	8	15	19	20	24	13	93	2015/146	033	16	17	21	28	30	32	15	144
2015/149	231	9	10	20	21	22	33	9	115	2015/150	402	1	3	8	11	29	31	13	83
2016/10	231	2	4	12	14	19	25	6	76	2016/11	321	3	8	10	15	22	29	12	87
2016/48	231	3	8	13	14	15	30	4	83	2016/49	231	6	8	13	14	22	27	10	90
2016/49	231	6	8	13	14	22	27	10	90	2016/50	114	9	12	24	28	29	30	2	132
2016/77	231	1	9	17	19	20	29	10	95	2016/78	303	2	4	8	23	26	29	2	92
2016/113	231	1	11	16	17	20	26	14	91	2016/114	132	5	16	20	22	27	29	9	119
2016/123	231	7	9	12	14	20	27	16	89	2016/124	123	9	15	21	24	27	32	10	123
2016/146	231	3	7	15	16	17	23	10	81	2016/147	123	4	14	18	28	31	32	12	127

期号	三区分布	红球						蓝球	和值	期号	三区分布	红球						蓝球	和值
		上		期								下		期					
2016/151	231	6	11	16	20	22	33	7	108	2016/152	330	2	8	9	16	20	22	7	110
2017/12	231	10	11	14	15	16	24	7	90	2017/13	204	8	11	28	29	31	33	6	140
2017/22	231	2	6	15	16	18	32	15	89	2017/23	420	1	3	4	11	18	22	14	59
2017/28	231	7	8	12	13	22	30	9	92	2017/29	123	2	15	21	23	25	30	10	116
2017/39	231	2	4	12	14	17	24	15	73	2017/40	024	15	19	23	28	29	33	4	147
2017/41	231	4	10	13	15	22	27	4	91	2017/42	501	1	2	4	7	10	23	4	47
2017/45	231	5	7	16	20	21	25	5	94	2017/46	123	4	13	14	23	26	32	10	112
2017/49	231	1	8	14	15	20	29	10	87	2017/50	123	10	12	20	24	27	29	7	122
2017/78	231	5	7	18	19	22	24	16	95	2017/79	213	3	7	14	23	25	27	8	99
2017/87	231	3	6	13	14	19	28	6	83	2017/88	222	7	9	16	22	25	29	6	108
2017/95	231	9	10	12	19	22	29	16	101	2017/96	321	2	6	11	12	19	26	6	79
2017/110	231	1	3	12	15	19	23	14	73	2017/111	222	5	10	17	19	29	32	12	112
2017/112	231	3	10	14	16	22	23	11	88	2017/113	213	4	6	16	27	29	33	5	115
2018/13	231	6	8	13	15	22	23	6	97	2018/14	123	9	12	20	24	28	31	7	124
2018/19	231	3	11	12	16	21	23	9	86	2018/20	312	6	9	10	14	28	30	5	97
2018/47	231	6	7	12	16	22	25	7	88	2018/48	123	1	12	20	25	30	31	2	119
2018/70	231	4	9	15	16	19	27	10	90	2018/71	330	2	5	6	13	16	19	3	61
2018/73	231	2	9	14	15	16	23	10	79	2018/74	222	9	11	14	20	27	30	9	111
2018/75	231	7	9	12	13	22	24	11	87	2018/76	312	3	7	8	15	29	30	13	92
2018/78	231	3	10	14	17	18	30	12	92	2018/79	042	14	15	17	22	24	29	13	121
2018/81	231	1	2	12	16	20	26	3	77	2018/82	141	6	12	14	20	22	24	9	98
2018/89	231	6	9	12	14	18	27	14	86	2018/90	411	2	3	10	14	23	7		54
2018/105	231	4	5	13	18	19	25	1	84	2018/106	123	4	18	19	24	25	26	10	116
2018/114	231	1	7	15	16	20	27	14	86	2018/115	123	1	13	19	24	26	29	11	112
2018/148	231	3	6	18	19	21	31	1	98	2018/149	411	1	7	8	10	12	24	1	62
2018/150	231	6	8	15	19	20	31	5	99	2018/151	123	5	15	19	25	26	29	15	119
2019/23	231	1	10	14	15	18	31	13	89	2019/24	204	1	8	23	25	28	29	10	114
2019/07	231	6	10	14	15	19	23	15	87	2019/08	312	2	6	9	13	28	32	12	90
2019/37	231	1	7	12	14	18	25	10	77	2019/38	123	9	12	21	27	29	30	5	128

表5-7 福彩双色球开奖号码"三区比"上下期对应表

三区代码：213

期号	三区分布	红球						蓝球	和值	期号	三区分布	红球						蓝球	和值
				上	期									下	期				
2003/15	213	4	11	19	25	26	32	13	117	2003/16	114	11	17	28	30	31	33	6	150
2003/17	213	5	8	18	23	25	31	6	110	2003/18	132	5	16	19	20	25	28	13	119
2003/29	213	2	7	15	26	29	32	10	111	2003/30	222	2	6	13	14	23	27	7	85
2003/50	213	2	8	17	23	24	26	13	100	2003/51	132	4	13	15	17	24	27	1	100
2003/58	213	9	11	16	28	32	33	2	129	2003/59	411	2	3	5	6	18	30	4	64
2003/81	213	1	2	14	26	29	30	7	102	2003/82	132	7	17	18	19	30	31	14	122
2004/11	213	1	4	13	23	28	30	3	99	2004/12	204	1	7	27	30	31	33	8	126
2004/55	213	6	8	19	25	29	32	7	119	2004/56	123	1	20	21	25	29	30	2	126
2004/80	213	3	8	20	23	24	26	16	104	2004/81	213	3	5	21	24	27	32	6	112
2004/81	213	3	5	21	24	27	32	6	112	2004/82	114	3	20	24	27	29	30	15	142
2005/02	213	6	9	20	26	28	33	14	122	2005/03	141	9	12	15	19	22	31	16	108
2005/05	213	5	9	20	26	28	33	15	121	2005/06	321	2	4	5	15	21	31	16	78
2005/24	213	5	9	14	27	31	32	16	118	2005/25	411	1	7	10	11	13	32	7	74
2005/28	213	4	9	22	25	26	32	10	118	2005/29	132	2	14	21	22	27	30	14	114
2005/41	213	2	11	16	23	24	29	3	105	2005/42	123	11	16	21	26	27	30	15	131
2005/69	213	7	9	21	24	31	33	12	125	2005/70	321	3	4	8	14	16	26	4	71
2005/79	213	3	9	20	24	25	28	5	109	2005/80	123	1	12	14	26	27	32	16	112
2005/86	213	7	11	12	24	27	29	12	110	2005/87	222	8	9	15	16	23	26	8	97
2005/90	213	1	9	21	25	29	32	13	117	2005/91	222	1	11	12	15	26	27	13	92
2005/93	213	4	6	17	23	25	29	14	104	2005/94	303	3	5	9	23	27	33	3	100
2005/104	213	2	4	21	23	30	33	9	112	2005/105	114	4	15	23	30	32	33	3	137
2005/106	213	1	11	13	24	26	31	13	106	2005/107	213	9	10	20	24	25	26	11	114
2005/107	213	9	10	20	24	25	26	11	114	2005/108	213	3	10	12	24	29	30	6	108
2005/108	213	3	10	12	24	29	30	6	108	2005/109	231	3	5	13	15	17	31	4	84
2005/121	213	1	7	20	25	31	32	12	116	2005/122	312	1	4	7	14	30	32	9	88
2005/128	213	2	4	14	23	29	33	15	105	2005/129	222	5	10	14	20	27	33	3	109
2005/137	213	3	9	15	25	33		12	108	2005/138	420	3	5	6	11	20	22	13	67
2005/139	213	2	7	20	23	32	33	10	118	2005/140	420	4	6	7	8	12	17	7	54
2005/147	213	6	7	15	27	28	30	10	113	2005/148	123	3	15	17	23	24	29	13	111

续表

上　　期									下　　期								
期号	三区分布	红球						蓝球	和值	期号	三区分布	红球						蓝球	和值
2006/04	213	4	8	17	27	28	31	7	115	2006/05	123	3	19	20	24	26	27	11	119
2006/12	213	9	11	13	27	31	33	10	124	2006/13	330	1	5	6	12	16	21	11	61
2006/20	213	5	9	21	23	26	29	6	112	2006/21	330	1	2	5	20	21	22	9	71
2006/53	213	1	11	17	27	28	31	2	115	2006/54	402	3	5	7	10	28	30	4	83
2006/65	213	4	8	17	28	29	30	13	116	2006/66	312	6	8	11	18	30	33	5	106
2006/88	213	3	11	20	24	25	26	1	109	2006/89	150	1	13	16	18	19	22	1	89
2006/100	213	1	11	18	26	30	32	3	118	2006/101	123	9	12	20	26	27	28	16	122
2006/104	213	3	7	22	27	28	31	11	118	2006/105	141	5	12	14	15	20	31	1	97
2006/115	213	1	10	20	26	28	29	15	114	2006/116	132	5	16	21	22	32	33	9	129
2006/123	213	2	3	20	25	28	32	6	110	2006/124	042	12	13	14	18	31	32	13	110
2006/133	213	4	6	20	25	29	31	3	115	2006/134	123	10	13	18	26	28	30	12	125
2006/146	213	3	9	13	23	28	30	5	106	2006/147	222	1	4	15	17	27	31	1	95
2007/11	213	3	10	15	25	28	33	16	114	2007/12	312	3	6	7	21	26	28	4	91
2007/19	213	4	11	16	23	29	31	14	114	2007/20	222	5	10	20	28	31		14	110
2007/24	213	8	9	17	25	27	32	6	118	2007/25	132	3	16	18	22	23	26	3	108
2007/32	213	4	8	16	24	30	32	6	114	2007/33	321	3	4	11	17	18	28	9	81
2007/37	213	10	11	16	23	31	33	16	124	2007/38	231	3	11	14	19	21	30	5	98
2007/39	213	6	7	19	24	27	29	1	112	2007/40	042	13	14	15	19	24	30	10	115
2007/66	213	5	11	16	24	32	33	8	121	2007/67	231	6	11	13	17	21	23	11	91
2007/90	213	5	11	13	27	30	31	2	117	2007/91	213	2	11	17	30	31	32	7	123
2007/91	213	2	11	17	30	31	32	7	123	2007/92	033	14	18	22	23	24	33	9	134
2007/99	213	3	4	14	27	31	33	5	112	2007/100	114	8	18	27	29	30	32	6	144
2007/122	213	4	7	19	24	26	32	9	112	2007/123	123	1	13	15	23	28	32	2	112
2007/126	213	9	10	19	23	26	31	9	118	2007/127	222	6	9	13	16	24	28	11	96
2007/135	213	1	11	16	26	31	33	16	118	2007/136	222	1	2	18	21	25	29	14	96
2007/143	213	1	6	22	23	24	26	4	102	2007/144	114	8	14	23	25	28	32	16	130
2007/147	213	3	7	18	24	26	27	4	105	2007/148	222	3	9	16	17	23	28	7	96
2008/04	213	4	8	22	23	27	29	8	113	2008/05	222	3	5	15	22	24	25	15	94
2008/50	213	1	11	19	24	26	27	3	108	2008/51	411	1	4	8	10	13	33	11	69

	上			期								下			期							
期号	三区分布			红球				蓝球	和值	期号	三区分布			红球				蓝球	和值
2008/59	213	2	6	15	29	31	32	16	115	2008/60	312	6	7	8	17	30	32	3	100
2008/68	213	5	7	17	23	27	29	7	108	2008/70	321	1	5	10	18	22	30	9	86
2008/71	213	1	6	21	26	27	28	9	109	2008/72	321	1	5	10	18	22	30	9	86
2008/92	213	1	3	18	27	28	30	5	108	2008/93	222	4	10	12	16	26	28	7	96
2008/96	213	6	8	12	24	27	31	14	108	2008/97	420	3	6	8	9	16	17	13	59
2008/114	213	4	9	20	24	25	31	14	113	2008/115	150	2	12	13	14	17	18	6	76
2008/118	213	4	9	16	27	31	33	1	120	2008/119	312	5	7	9	15	24	29	7	89
2008/120	213	10	11	22	24	26	33	2	126	2008/121	114	2	22	23	27	31	32	6	137
2008/129	213	1	3	18	24	25	32	15	103	2008/130	123	1	12	18	28	30	32	6	111
2008/139	213	8	9	19	23	25	26	7	110	2008/140	123	7	14	16	29	30	31	14	127
2009/07	213	1	5	12	23	25	26	15	92	2009/08	132	4	15	16	22	32	33	2	122
2009/24	213	1	3	17	23	30	33	12	107	2009/25	123	10	20	22	23	26	33	11	134
2009/36	213	6	9	18	23	32	33	7	121	2009/37	213	6	9	18	23	32	33	7	121
2009/59	213	3	7	13	23	27	30	11	103	2009/60	123	7	13	17	26	32	33	4	128
2009/64	213	1	2	14	23	28	29	15	97	2009/65	132	8	12	20	22	30	33	2	125
2009/67	213	4	10	16	23	29	30	5	111	2009/68	222	6	11	18	20	25	30	5	110
2009/80	213	1	11	13	25	32	33	6	115	2009/81	303	4	5	6	25	29	30	3	99
2009/93	213	1	11	20	31	32	33	3	128	2009/94	123	3	16	22	25	26	33	14	125
2009/95	213	8	9	14	28	31	33	15	123	2009/96	105	1	26	27	31	32	33	3	150
2009/100	213	2	11	17	27	30	33	11	120	2009/101	411	1	2	5	10	19	24	14	61
2009/107	213	7	8	20	23	28	29	5	115	2009/108	213	4	10	17	28	32	33	2	114
2009/108	213	4	10	17	28	32	33	2	114	2009/109	312	5	6	7	14	25	28	1	85
2009/112	213	6	7	18	24	30	32	9	117	2009/113	123	4	12	20	25	28	29	16	118
2009/124	213	3	4	22	23	28	30	10	110	2009/125	312	6	7	8	22	26	27	12	96
2009/138	213	4	7	14	26	32	33	14	116	2009/139	222	1	5	15	17	27	29	2	94
2010/19	213	2	10	22	24	26	27	6	111	2010/20	222	5	6	14	22	24	26	9	97
2010/22	213	1	2	18	29	31	32	2	113	2010/23	312	2	9	11	22	24	27	11	95
2010/27	213	3	4	15	25	26	30	13	103	2010/28	321	1	3	5	12	16	32	12	70
2010/31	213	5	7	13	24	25	28	4	102	2010/32	123	8	18	21	28	29	33	8	137

续表

上　　期									下　　期								
期号	三区分布	红球						蓝球	和值	期号	三区分布	红球						蓝球	和值
2010/44	213	3	9	21	23	27	31	3	114	2010/45	321	2	3	4	13	20	29	1	71
2010/52	213	1	2	19	23	27	29	10	101	2010/53	114	3	22	24	27	28	30	14	134
2010/88	213	5	6	15	23	27	30	12	106	2010/89	312	7	8	9	16	23	26	1	89
2010/93	213	9	10	19	28	32	33	6	131	2010/94	303	3	5	7	27	31	32	10	105
2010/99	213	3	4	17	24	27	30	6	105	2010/100	222	1	6	12	22	23	26	8	90
2010/110	213	1	3	12	24	26	27	1	93	2010/111	330	4	7	8	13	17	18	10	67
2010/112	213	1	8	18	24	29	30	16	110	2010/113	231	5	10	15	18	20	28	10	96
2010/125	213	6	7	13	23	28	29	9	106	2010/126	132	3	13	18	20	27	28	5	109
2010/129	213	4	8	14	25	28	32	16	111	2010/130	321	1	2	7	15	21	31	16	77
2010/135	213	4	10	13	25	26	30	10	108	2010/136	204	4	10	23	24	26	33	10	120
2011/01	213	3	9	20	24	26	32	10	114	2011/02	222	6	8	12	17	28	33	5	104
2011/07	213	1	9	17	24	26	31	5	108	2011/08	132	10	12	13	17	24	31	15	107
2011/15	213	3	6	13	26	27	29	7	104	2011/16	231	3	4	16	17	22	29	13	91
2011/17	213	2	6	15	23	26	33	8	105	2011/18	033	13	15	18	28	30	33	1	137
2011/30	213	2	9	19	24	25	33	10	112	2011/31	024	16	17	24	28	29	32	12	146
2011/40	213	5	11	14	24	26	28	13	108	2011/41	222	4	10	12	13	30	32	13	101
2011/92	213	5	10	17	26	31	32	4	121	2011/93	312	4	7	11	13	23	30	9	88
2011/100	213	7	11	21	23	31	32	5	125	2011/101	213	6	10	19	23	29	31	6	118
2011/101	213	6	10	19	23	29	31	6	118	2011/102	222	1	5	13	21	27	31	11	98
2011/117	213	8	10	19	26	28	30	4	121	2011/118	330	5	6	11	14	20	21	10	77
2011/125	213	3	10	15	24	27	32	8	111	2011/126	222	3	7	13	18	23	26	16	90
2011/137	213	2	11	18	23	30	33	13	117	2011/138	213	1	5	15	24	28	32	7	105
2011/138	213	1	5	15	24	28	32	7	105	2011/139	114	8	20	24	27	30	31	3	140
2012/05	213	7	9	18	27	31	33	6	125	2012/06	114	2	22	25	29	32	33	8	143
2012/22	213	4	8	12	24	26	27	4	101	2012/23	213	5	9	15	23	24	33	2	109
2012/23	213	5	9	15	23	24	33	2	109	2012/24	132	4	12	19	21	25	28	13	109
2012/29	213	4	7	15	25	26	28	3	105	2012/30	231	9	10	17	18	21	31	8	106
2012/75	213	4	6	22	23	29	32	11	116	2012/76	123	11	18	22	27	29	30	15	137
2012/79	213	6	7	12	24	30	33	12	112	2012/80	231	4	9	14	16	27		3	85

期号	三区分布	红球						蓝球	和值	期号	三区分布	红球						蓝球	和值
		上		期								下		期					
2012/84	213	2	10	20	26	28	29	14	115	2012/85	114	5	17	24	30	31	33	5	140
2012/115	213	3	8	20	24	26	32	14	115	2012/116	114	3	21	26	29	31	32	3	142
2012/120	213	1	4	20	24	28	29	16	106	2012/121	312	1	7	8	20	23	24	11	83
2012/123	213	8	10	16	25	28	33	9	120	2012/124	213	6	7	21	25	27	33	11	119
2012/124	213	6	7	21	25	27	33	11	119	2012/125	123	8	12	13	26	29	33	1	121
2012/128	213	5	9	12	29	30	31	5	116	2012/129	321	1	7	9	17	21	29	1	84
2012/143	213	7	8	18	25	30	32	6	120	2012/144	222	3	10	12	13	27	30	4	95
2012/149	213	1	5	13	25	26	32	13	102	2012/150	213	9	11	17	23	24	26	7	110
2012/150	213	9	11	17	23	24	26	7	110	2012/151	114	5	14	24	25	26	32	1	126
2013/17	213	4	6	12	30	31	32	9	115	2013/18	213	2	8	13	28	29	30	5	110
2013/18	213	2	8	13	28	29	30	5	110	2013/19	321	1	2	5	16	20	26	6	70
2013/24	213	4	5	13	23	27	30	9	102	2013/25	033	16	17	18	24	25	30	8	130
2013/28	213	7	8	14	25	26	28	13	108	2013/29	312	6	7	10	19	23	29	12	94
2013/59	213	3	10	18	24	27	29	9	111	2013/60	330	5	7	10	13	19	20	15	74
2013/80	213	10	11	12	23	28	32	16	116	2013/81	321	1	4	10	13	21	31	13	80
2013/96	213	1	2	22	28	29	30	15	112	2013/97	132	5	14	17	22	23	25	7	106
2013/124	213	3	9	15	23	25	30	7	105	2013/125	312	4	6	8	18	25	28	16	89
2013/126	213	4	10	19	27	31	33	16	124	2013/127	231	2	3	13	20	22	33	14	93
2014/15	213	2	11	19	30	32	33	9	127	2014/16	321	2	3	7	13	21	24	8	70
2014/38	213	4	7	22	23	24	33	16	113	2014/39	231	3	11	15	19	20	31	7	99
2014/44	213	4	9	21	27	28	33	12	122	2014/45	420	2	4	9	11	19	22	15	67
2014/62	213	6	9	15	24	25	26	9	105	2014/63	231	3	8	17	21	22	31	16	102
2014/82	213	2	4	20	25	26	29	11	106	2014/83	222	5	6	19	21	23	33	12	107
2014/117	213	5	10	17	25	28	29	4	114	2014/118	222	5	7	15	18	26	30	3	101
2014/125	213	10	11	15	26	31	32	6	125	2014/126	231	6	11	16	17	22	27	1	99
2014/138	213	4	6	13	29	31	33	13	116	2014/139	104	1	14	15	20	25	29	11	104
2014/147	213	6	7	22	26	31	32	10	124	2014/148	330	1	2	5	12	15	16	13	51
2015/12	213	3	5	22	23	29	31	6	113	2015/13	204	8	9	24	25	26	29	1	121
2015/15	213	1	7	20	24	25	33	4	110	2015/16	321	2	6	10	15	17	31	13	81

续表

期号	三区分布	红球						蓝球	和值	期号	三区分布	红球						蓝球	和值
		上	期									下	期						
2015/33	213	3	6	21	29	31	32	5	122	2015/34	051	12	13	17	18	20	27	13	107
2015/47	213	2	3	20	24	26	27	9	102	2015/48	042	13	16	17	22	25	27	10	120
2015/60	213	1	3	18	27	31	32	13	112	2015/61	123	6	18	22	26	32	33	4	137
2015/74	213	4	7	21	25	26	29	8	112	2015/75	231	6	11	13	19	21	32	4	102
2015/98	213	6	9	13	26	27	33	1	114	2015/99	420	6	7	10	11	14	22	9	70
2015/103	213	6	8	13	26	30	32	14	115	2015/104	123	9	18	21	23	25	26	1	122
2015/116	213	4	6	15	23	26	28	11	102	2015/117	222	4	11	12	18	26	32	12	103
2015/136	213	2	5	12	23	28	29	1	99	2015/137	024	14	22	23	27	28	31	12	145
2015/141	213	3	8	19	25	27	28	2	110	2015/142	051	13	17	19	20	22	25	11	116
2015/147	213	8	9	16	23	24	30	5	110	2015/148	132	9	13	14	22	26	27	7	111
2016/03	213	1	10	14	23	26	28	1	102	2016/04	222	8	10	17	22	25	33	12	115
2016/26	213	4	9	12	28	30	33	1	116	2016/27	141	11	13	15	17	19	31	5	106
2016/60	213	4	5	22	26	29	32	8	118	2016/61	321	5	6	8	18	20	32	8	89
2016/81	213	2	6	15	25	30	32	7	110	2016/82	150	6	12	14	15	17	20	9	84
2016/89	213	1	3	14	30	31	32	8	111	2016/90	141	2	13	17	20	21	26	7	99
2016/99	213	1	11	21	23	27	33	6	116	2016/100	213	3	10	22	23	27	29	4	114
2016/100	213	3	10	22	23	27	29	4	114	2016/101	213	1	3	19	24	32	33	1	112
2016/101	213	1	3	19	24	32	33	1	112	2016/102	321	5	8	10	14	17	30	13	84
2016/105	213	8	10	19	27	28	31	16	123	2016/106	222	4	5	13	22	25	30	4	99
2016/107	213	6	11	18	26	27	32	1	120	2016/108	411	2	3	7	8	19	26	16	65
2016/139	213	1	6	19	26	17	30	3	110	2016/140	312	1	2	5	17	26	32	10	83
2016/144	213	4	10	12	27	32	33	5	118	2016/145	330	1	3	7	12	19	20	6	62
2016/153	213	7	9	16	24	25	29	6	110	2017/01	222	9	11	14	20	25	26	15	105
2017/10	213	5	8	19	25	28	30	7	115	2017/11	213	10	11	12	21	26	29	16	111
2017/11	213	10	11	12	23	26	29	16	111	2017/12	231	10	11	14	15	16	24	7	90
2017/31	213	6	10	16	26	27	29	3	114	2017/32	213	5	8	15	24	27	31	11	110
2017/32	213	5	8	15	24	27	31	11	110	2017/33	222	5	7	15	20	23	30	15	100
2017/35	213	1	6	14	24	28	32	12	105	2017/36	402	1	2	5	10	24	27	15	69
2017/52	213	7	8	18	24	29	31	7	117	2017/53	312	4	9	11	15	29	31	6	99

上　　　期									下　　　期								
期号	三区分布	红球						蓝球	和值	期号	三区分布	红球						蓝球	和值
2017/60	213	5	10	13	24	26	31	4	109	2017/61	222	6	7	12	20	26	27	11	98
2017/62	213	1	7	22	24	26	31	10	111	2017/63	042	12	16	20	22	25	31	4	126
2017/69	213	2	11	12	23	29	31	5	108	2017/70	222	1	6	14	22	25	26	12	94
2017/72	213	6	11	14	23	26	30	2	110	2017/73	213	3	6	16	23	26	30	14	104
2017/73	213	3	6	16	23	26	30	14	104	2017/74	213	2	6	16	23	30	31	2	108
2017/74	213	2	6	16	23	30	31	2	108	2017/75	321	1	3	6	19	21	29	7	79
2017/79	213	3	7	14	23	25	27	8	99	2017/80	141	1	12	16	20	22	24	8	95
2017/81	213	3	5	14	25	26	30	5	103	2017/82	133	14	18	21	25	28	29	10	135
2017/113	213	4	6	16	27	29	33	5	115	2017/114	141	6	12	13	15	15	26	13	90
2017/137	213	5	10	20	23	26	31	3	115	2017/138	114	1	17	24	28	32	33	2	135
2018/09	213	5	10	17	23	26	32	7	113	2018/10	240	1	8	17	20	21	22	3	89
2018/11	213	3	10	21	23	27	33	11	117	2018/12	132	11	12	13	19	26	28	12	109
2018/41	213	7	8	20	23	24	32	13	114	2018/42	213	6	10	21	28	29	31	12	125
2018/42	213	6	10	21	28	29	31	12	125	2018/43	411	1	4	6	8	21	24	7	64
2018/51	213	5	7	20	23	27	31	4	113	2018/52	411	3	5	6	9	15	32	14	70
2018/60	213	4	8	13	25	30	31	10	111	2018/61	321	9	10	11	12	18	23	7	83
2018/88	213	3	5	12	29	30	32	14	111	2018/89	231	6	9	12	14	18	27	14	86
2018/101	213	1	3	14	26	29	33	9	106	2018/102	321	2	6	11	19	21	28	5	87
2018/109	213	10	11	18	23	31	33	15	126	2018/110	141	11	13	16	21	22	23	2	106
2018/111	213	1	7	14	24	25	28	8	99	2018/112	213	5	8	18	25	26	31	4	113
2018/112	213	5	8	18	25	26	31	4	113	2018/113	312	1	6	9	16	25	26	9	83
2018/120	213	3	4	18	26	27	33	1	111	2018/121	222	6	8	14	19	23	25	11	95
2018/143	213	4	6	15	28	32	33	14	118	2018/144	141	8	12	17	18	20	27	13	103
2018/153	213	1	7	17	23	25	31	11	104	2019/01	222	6	10	13	15	32	33	15	109
2019/12	213	7	10	21	23	31	33	14	125	2019/13	240	5	7	14	16	18	21	1	81
2019/29	213	8	11	17	23	32	33	10	124	2019/30	420	4	5	7	10	12	22	16	60
2019/41	213	2	9	13	23	24	26	16	97	2019/42	042	15	17	19	22	25	26	4	124
2019/47	213	3	11	18	25	30	33	14	120	2019/48	321	3	7	10	12	18	29	10	69

表5－8　福彩双色球开奖号码"三区比"上下期对应表

三区代码：132

期号	三区分布	红球						蓝球	和值	期号	三区分布	红球						蓝球	和值
2003/13	132	8	13	17	21	23	32	12	114	2003/14	411	3	5	7	8	21	31	2	79
2003/18	132	5	16	19	20	25	28	13	119	2003/19	231	4	8	12	13	16	33	9	88
2003/28	132	6	13	16	20	28	32	7	115	2003/29	213	2	7	15	26	29	32	10	111
2003/31	132	11	17	20	22	28	31	1	130	2003/32	204	4	11	25	27	29	30	13	126
2003/34	132	8	13	14	16	23	25	14	99	2003/35	600	3	4	5	8	10	11	8	41
2003/37	132	9	14	17	18	26	32	7	116	2003/38	303	5	7	8	24	25	27	16	96
2003/51	132	4	13	15	17	24	27	1	100	2003/52	123	1	12	13	23	30	31	11	136
2003/55	132	6	13	16	21	28	31	16	115	2003/56	123	8	17	21	26	28	29	7	126
2003/65	132	6	15	16	17	30	33	11	117	2003/66	312	3	7	8	20	24	32	14	94
2003/73	132	2	12	14	21	23	30	13	102	2003/74	132	2	12	19	22	27	32	1	114
2003/74	132	2	12	19	22	27	32	1	114	2003/75	042	16	17	23	31	33	11	11	138
2003/77	132	4	12	16	22	24	25	6	103	2003/78	114	7	12	23	26	29	30	11	127
2003/82	132	7	17	18	19	23	31	12	122	2003/83	222	1	3	14	18	26	28	1	90
2003/86	132	5	12	16	18	26	30	13	89	2003/87	402	2	3	4	5	24	28	13	66
2004/02	132	10	12	18	22	30	31	11	123	2004/03	312	3	5	6	17	26	33	8	90
2004/06	132	4	12	18	20	23	32	6	109	2004/07	222	4	12	17	20	25	28	5	106
2004/17	132	5	12	14	15	23	31	9	102	2004/18	402	2	5	6	8	24	30	6	79
2004/29	132	9	13	20	22	24	32	5	120	2004/30	312	1	7	9	17	26	31	5	91
2004/36	132	2	13	17	18	30	26	1	106	2004/37	321	3	4	11	17	20	26	5	81
2004/46	132	7	15	16	22	23	32	14	115	2004/47	402	1	7	8	11	27	31	6	85
2004/49	132	11	12	14	16	25	29	9	107	2004/50	222	6	7	19	21	25	29	2	107
2004/70	132	10	12	21	22	30	33	6	128	2004/71	231	3	8	16	17	21	29	6	94
2004/86	132	10	13	18	19	25	27	1	112	2004/87	402	1	3	7	8	25	26	14	70
2004/91	132	9	13	14	21	30	33	1	120	2004/92	312	1	4	8	13	28	31	2	85
2004/111	132	11	16	18	20	26	31	2	122	2004/112	132	9	13	15	21	26	33	6	117
2004/112	132	9	13	15	21	26	33	6	117	2004/113	204	8	10	23	25	31	32	7	129
2004/121	132	7	13	16	18	30	32	10	116	2004/122	222	3	11	14	22	24	31	15	105
2005/07	132	7	15	17	20	23	33	15	115	2005/08	123	11	19	22	27	32	33	11	144
2005/26	132	6	12	14	20	25	26	7	103	2005/27	411	1	3	4	6	21	32	15	67

期号	三区分布	红球						蓝球	和值	期号	三区分布	红球						蓝球	和值
		上			期							下			期				
2005/29	132	2	14	21	22	27	30	14	114	2005/30	321	1	5	9	14	22	28	5	79
2005/32	132	5	15	19	20	25	29	3	113	2005/33	330	7	8	12	14	19	20	7	80
2005/37	132	7	12	14	22	24	32	16	111	2005/38	312	4	7	11	20	27	28	16	97
2005/95	132	9	12	18	21	28	29	5	117	2005/96	222	4	5	17	18	26	33	4	103
2005/99	132	10	13	16	22	24	31	9	116	2005/100	321	2	4	9	14	16	31	3	76
2005/134	132	4	13	14	18	26	30	1	105	2005/135	231	1	5	13	15	21	25	11	80
2005/136	132	5	14	16	18	25	27	13	105	2005/137	213	3	9	15	23	25	33	12	108
2006/02	132	7	13	16	21	26	28	9	111	2006/03	420	2	4	5	6	16	20	12	53
2006/18	132	1	13	14	17	24	26	5	95	2006/19	222	4	6	13	22	26	32	7	103
2006/23	132	4	13	14	19	23	28	8	101	2006/24	411	2	7	9	11	21	27	6	77
2006/43	132	5	12	13	16	23	32	3	101	2006/44	222	2	10	18	21	30	31	5	112
2006/47	132	2	17	20	22	28	32	3	121	2006/48	123	9	13	19	25	29	32	12	127
2006/56	132	11	13	15	21	23	25	8	108	2006/57	231	3	4	17	18	21	31	8	94
2006/61	132	5	13	17	19	25	30	11	109	2006/62	024	18	22	23	24	26	30	1	143
2006/64	132	3	12	14	21	24	28	11	102	2006/65	213	4	8	17	28	29	30	13	116
2006/69	132	5	16	20	22	29	30	8	122	2006/70	321	2	3	11	13	20	27	2	76
2006/73	132	5	13	16	18	27	29	12	108	2006/74	222	1	3	15	19	25	33	4	96
2006/84	132	1	12	17	21	25	26	12	102	2006/85	222	2	6	18	21	24	25	8	96
2006/97	132	11	14	15	20	26	27	12	113	2006/98	411	6	7	10	11	18	23	16	75
2006/106	132	2	12	14	19	28	33	10	108	2006/107	321	1	6	8	13	17	30	7	75
2006/110	132	9	12	14	18	27	33	13	113	2006/111	330	1	8	11	16	17	22	15	74
2006/113	132	5	14	17	18	28	33	2	115	2006/114	222	8	10	14	20	27	29	16	108
2006/116	132	5	16	21	22	32	33	9	129	2006/117	132	6	14	20	22	23	26	9	111
2006/117	132	6	14	20	22	23	26	9	111	2006/118	510	1	3	7	8	10	30	5	59
2006/129	132	9	14	18	22	27	29	12	119	2006/130	132	1	12	21	22	30	32	2	118
2006/130	132	1	12	21	22	30	32	2	118	2006/131	312	3	4	9	22	26	33	1	97
2006/135	132	4	19	21	22	23	31	4	120	2006/136	132	11	15	17	21	22	24	5	110
2006/136	132	11	15	17	21	22	24	5	110	2006/137	132	10	14	17	21	27	31	9	120
2006/137	132	10	14	17	21	27	31	9	120	2006/138	321	4	9	11	17	18	26	8	85

上　期								下　期							
期号	三区分布	红球						蓝球	和值	期号	三区分布	红球				
2006/142	132	10	16	19	22	26	27	16	120	2006/143	123	1	15	20	29	31	32	8	128
2006/154	132	7	14	18	20	30	33	13	122	2007/01	411	2	4	9	10	20	26	14	71
2007/14	132	1	13	16	20	24	26	9	100	2007/15	321	3	4	8	18	22	30	15	85
2007/16	132	1	18	20	22	26	33	5	120	2007/17	303	5	9	10	24	25	32	14	105
2007/25	132	3	16	18	22	23	26	3	108	2007/26	222	1	4	14	16	26	29	10	90
2007/30	132	3	16	21	22	27	30	4	119	2007/31	321	4	6	10	12	19	31	1	82
2007/42	132	3	13	16	19	32	33	8	116	2007/43	411	3	8	10	11	14	30	5	76
2007/44	132	9	13	20	21	24	32	8	119	2007/45	132	1	12	18	21	28	30	10	110
2007/45	132	1	12	18	21	28	30	10	110	2007/46	411	2	6	7	9	19	26	14	75
2007/49	132	4	14	18	19	31	33	2	119	2007/50	321	1	5	8	13	18	25	2	70
2007/68	132	11	18	19	22	23	28	1	121	2007/69	321	3	4	11	12	14	32	12	76
2007/81	132	9	14	15	19	24	33	13	114	2007/82	132	5	16	17	18	25	31	15	112
2007/82	132	5	15	17	18	25	32	15	112	2007/83	141	11	14	18	20	21	26	5	110
2007/85	132	2	12	17	19	29	30	12	109	2007/86	222	5	8	14	22	27	29	16	105
2007/149	132	1	17	19	22	28	30	3	117	2007/150	321	3	5	11	13	19	24	5	75
2008/07	132	1	13	17	22	23	30	11	106	2008/08	132	2	15	16	23	26	27	7	109
2008/08	132	2	15	16	23	26	27	7	109	2008/09	114	9	21	29	30	31	32	16	152
2008/11	132	2	14	17	21	30	32	3	116	2008/12	321	3	4	5	16	20	30	13	78
2008/16	132	3	12	14	21	29	33	13	112	2008/17	330	2	5	7	17	20	22	2	73
2008/21	132	9	12	19	20	26	28	15	114	2008/22	033	12	18	20	24	28	32	5	134
2008/32	132	5	14	16	21	23	28	13	107	2008/33	033	12	17	18	30	31	33	4	141
2008/65	132	5	13	15	19	30	31	5	113	2008/66	132	7	12	21	22	29	30	8	121
2008/66	132	7	12	21	22	29	30	8	121	2008/67	222	10	11	15	19	26	33	13	114
2008/81	132	2	12	13	18	25	31	4	101	2008/82	321	4	8	10	12	21	26	9	81
2008/100	132	8	14	17	21	27	28	14	115	2008/101	123	9	17	21	26	28	30	4	131
2008/107	132	6	13	18	22	27	32	4	118	2008/108	222	9	10	15	17	23	30	12	104
2008/112	132	5	13	14	19	22	23	6	96	2008/113	330	6	9	10	12	17	22	9	76
2008/134	132	10	15	19	20	28	32	2	124	2008/135	150	5	14	15	16	19	21	15	90
2008/145	132	7	13	18	22	26	29	2	115	2008/146	222	7	8	17	19	31	32	10	114

期号	三区分布	红球						蓝球	和值	期号	三区分布	红球						蓝球	和值
2009/06	132	6	12	18	20	26	33	2	115	2009/07	213	1	5	12	23	25	26	15	92
2009/08	132	4	15	16	22	32	33	2	122	2009/09	123	8	15	21	30	31	32	2	138
2009/17	132	6	14	15	19	25	26	8	105	2009/18	312	2	5	6	19	27	30	15	89
2009/19	132	6	17	19	20	26	27	4	115	2009/20	411	3	5	7	10	19	23	13	67
2009/44	132	11	14	16	18	26	30	1	115	2009/45	303	3	4	6	23	30	32	1	98
2009/49	132	9	12	14	20	30	31	6	116	2009/50	024	13	21	24	29	30	32	4	149
2009/62	132	10	19	20	21	23	32	10	125	2009/63	303	2	5	11	26	30	32	16	106
2009/65	132	8	12	20	22	30	33	2	125	2009/66	123	2	15	19	24	31	32	4	113
2009/82	132	11	15	18	21	27	29	2	121	2009/83	222	2	8	12	18	24	28	4	92
2009/86	132	11	12	13	18	23	32	11	109	2009/87	222	6	11	13	20	28	32	6	110
2009/98	132	3	14	15	20	23	30	2	105	2009/99	222	8	9	18	20	25	29	9	109
2009/123	132	9	13	20	22	25	28	14	117	2009/124	213	3	4	22	23	28	30	10	110
2009/132	132	4	14	15	21	23	30	7	107	2009/133	231	5	9	13	28	20	32	1	97
2009/148	132	6	12	15	22	29	32	10	116	2009/149	231	1	3	16	18	22	29	4	89
2010/04	132	4	12	13	16	23	28	7	93	2010/05	420	3	5	6	8	17	18	14	57
2010/37	132	3	16	19	21	24	26	6	109	2010/38	420	1	6	7	11	13	16	1	54
2010/62	132	11	13	15	20	31	33	3	123	2010/63	312	2	6	10	17	23	24	3	82
2010/68	132	3	13	18	20	23	28	13	105	2010/69	042	12	14	20	22	24	32	11	124
2010/83	132	2	20	21	22	23	31	12	119	2010/84	231	2	10	14	18	20	30	3	94
2010/97	132	10	16	18	21	24	26	1	115	2010/98	312	1	3	8	16	29	33	7	90
2010/123	132	6	12	15	18	29	32	10	112	2010/124	411	2	6	8	11	12	25	2	64
2010/126	132	3	13	18	20	27	28	5	109	2010/127	312	1	4	8	17	25	33	1	88
2010/134	132	9	15	16	22	27	28	6	117	2010/135	213	4	10	13	25	26	30	10	108
2010/139	132	11	13	18	20	26	31	9	119	2010/140	132	1	12	13	18	26	29	15	99
2010/140	132	1	12	13	18	26	29	15	99	2010/141	312	2	3	7	18	23	27	6	80
2010/146	132	1	17	18	22	25	32	1	115	2010/147	222	2	8	15	18	24	30	3	97
2011/08	132	10	12	13	17	24	31	15	107	2011/09	024	17	18	23	24	25	26	4	133
2011/38	132	2	14	15	19	23	24	12	97	2011/39	312	3	7	10	16	24	29	13	89
2011/43	132	4	13	14	17	25	31	4	104	2011/44	123	3	14	16	26	27	31	9	117

续表

上　　期									下　　期								
期号	三区分布	红球						蓝球	和值	期号	三区分布	红球						蓝球	和值
2011/45	132	2	16	17	20	26	32	8	113	2011/46	123	9	17	18	26	29	30	8	129
2011/55	132	8	13	16	17	29	32	16	115	2011/56	042	13	16	19	20	23	25	10	116
2011/69	132	2	13	16	18	24	30	12	103	2011/70	321	1	3	5	12	21	28	12	70
2011/79	132	3	14	15	16	24	29	5	101	2011/80	303	2	7	9	25	31	32	9	106
2011/82	132	7	16	17	20	25	26	4	111	2011/83	123	7	16	18	24	28	29	6	122
2011/99	132	10	12	13	21	26	27	14	109	2011/100	213	7	11	21	23	31	32	5	125
2011/114	132	1	14	15	16	30	32	9	108	2011/115	321	7	8	9	12	17	33	16	86
2011/119	132	9	12	14	19	28	32	1	114	2011/120	123	4	14	17	28	30	33	7	126
2011/140	132	4	18	20	22	27	29	6	120	2011/141	312	2	4	6	19	24	29	11	84
2012/24	132	4	12	19	21	25	28	13	109	2012/25	312	3	8	9	17	25	27	6	89
2012/28	132	10	15	20	21	28	30	11	124	2012/29	213	4	7	15	25	26	28	3	105
2012/46	132	4	12	19	20	23	33	6	111	2012/47	312	6	7	11	16	32	33	11	105
2012/51	132	2	12	14	17	30	31	9	106	2012/52	411	2	3	5	6	20	24	4	60
2012/54	132	6	14	18	20	30	33	14	121	2012/55	222	4	6	13	20	24	28	1	95
2012/59	132	4	13	21	22	26	31	1	117	2012/60	231	7	10	13	16	17	29	1	92
2012/92	132	6	13	17	18	28	32	3	114	2012/93	222	3	5	19	21	24	33	13	105
2012/112	132	8	15	20	21	27	31	6	122	2012/113	321	3	6	9	13	18	32	6	81
2012/152	132	10	12	18	22	28	29	7	119	2012/153	312	4	5	11	21	27	28	10	96
2013/02	132	1	16	18	22	28	30	12	115	2013/03	015	22	23	25	27	28	33	9	159
2013/12	132	6	14	17	22	28	29	2	116	2013/13	231	5	6	13	19	22	28	9	93
2013/34	132	6	15	20	22	26	33	9	122	2013/35	132	1	14	15	17	26	30	2	103
2013/35	132	1	14	15	17	26	30	2	103	2013/36	303	4	5	7	27	29	31	13	105
2013/46	132	3	16	19	20	24	26	6	108	2013/47	312	8	11	17	27	30	30	12	94
2013/51	132	8	12	15	19	28	29	2	111	2013/52	231	6	7	14	21	22	24	13	94
2013/53	132	3	12	13	22	30	33	14	113	2013/54	321	3	4	8	14	21	28	14	78
2013/55	132	8	18	19	22	27	32	4	126	2013/56	114	3	12	25	26	28	29	16	123
2013/63	132	10	15	18	20	23	31	12	117	2013/64	222	1	9	13	22	25	32	12	102
2013/69	132	7	16	17	18	30	33	6	121	2013/70	402	2	3	9	10	28	30	6	82
2013/97	132	5	14	17	22	23	25	7	106	2013/98	141	7	15	18	19	20	26	14	105

续表

期号	三区分布	红球						蓝球	和值	期号	三区分布	红球						蓝球	和值
				上		期								下		期			
2013/119	132	5	15	20	22	26	32	9	120	2013/120	222	5	6	13	18	23	31	11	96
2013/128	132	7	13	17	19	25	31	8	112	2013/129	312	5	6	10	14	27	31	14	93
2013/134	132	1	17	18	19	25	29	10	109	2013/135	105	9	23	24	25	29	31	12	141
2014/08	132	5	14	16	21	29	30	12	115	2014/09	222	8	9	19	20	25	32	16	113
2014/51	132	10	16	19	21	23	24	13	113	2014/52	123	9	13	15	28	30	33	8	128
2014/68	132	4	12	13	22	27	29	16	107	2014/69	132	5	12	17	19	25	30	11	108
2014/69	132	5	12	17	19	25	30	11	108	2014/70	312	1	7	9	19	28	29	7	93
2014/73	132	1	12	16	20	30	33	2	112	2014/74	312	1	3	6	13	30	31	12	84
2014/80	132	5	14	16	17	25	30	7	107	2014/81	123	8	14	22	24	27	29	10	124
2014/98	132	2	13	17	20	29	31	7	112	2014/99	411	1	5	10	11	13	32	14	72
2014/107	132	11	14	17	22	25	27	16	116	2014/108	312	3	8	9	20	23	28	2	91
2014/112	132	1	15	16	21	24	30	3	107	2014/113	024	12	14	28	31	32	33	7	150
2014/119	132	6	13	17	20	26	29	9	111	2014/120	222	1	7	12	16	23	28	4	87
2014/131	132	5	17	21	22	28	32	14	125	2014/132	231	5	6	14	15	18	33	8	91
2014/139	132	1	14	15	20	25	29	11	104	2014/140	321	6	10	11	14	17	33	6	91
2014/143	132	3	12	18	20	25	26	16	104	2014/144	501	3	5	6	9	10	24	14	60
2015/04	132	2	14	15	16	23	24	10	94	2015/05	231	7	10	16	17	18	32	15	100
2015/14	132	2	12	16	19	27	30	11	106	2015/15	213	1	7	20	24	25	33	4	110
2015/32	132	11	14	16	18	29	32	16	120	2015/33	213	3	6	21	29	31	32	5	122
2015/64	132	11	12	14	17	23	27	1	104	2015/65	222	8	10	14	19	26	29	12	106
2015/68	132	6	15	18	21	26	27	10	113	2015/69	132	1	13	17	18	23	30	15	102
2015/69	132	1	13	17	18	23	30	15	102	2015/70	231	1	7	13	19	21	29	15	90
2015/79	132	9	14	15	20	26	32	11	116	2015/80	024	14	17	25	27	28	30	2	141
2015/90	132	10	12	14	22	25	33	15	116	2015/91	231	5	7	17	19	22	31	11	101
2015/92	132	9	15	19	21	26	27	1	117	2015/93	222	1	3	13	21	25	31	8	94
2015/97	132	9	12	14	20	26	27	4	108	2015/98	213	6	9	13	26	27	31	1	114
2015/148	132	9	13	14	22	26	27	7	111	2015/149	231	9	10	20	21	22	33	9	115
2015/152	132	11	18	19	21	29	32	12	130	2015/153	222	8	11	15	22	27	29	3	110
2016/02	132	9	14	17	20	24	30	16	114	2016/03	213	1	10	14	23	26	28	1	102

续表

上　　　　期									下　　　　期								
期号	三区分布	红球						蓝球	和值	期号	三区分布	红球						蓝球	和值
2016/05	132	11	14	18	20	31	33	14	127	2016/06	042	13	16	18	20	28	31	12	126
2016/07	132	5	12	14	20	27	29	6	107	2016/08	114	2	15	24	29	32	33	2	135
2016/12	132	7	12	14	16	27	32	15	108	2016/13	132	7	12	21	22	26	31	1	119
2016/13	132	7	12	21	22	26	31	1	119	2016/14	321	2	8	10	18	20	27	7	85
2016/19	132	6	13	16	17	23	30	10	105	2016/20	321	1	2	10	12	22	24	10	71
2016/30	132	10	14	19	22	25	29	12	119	2016/31	312	3	8	10	19	26	33	3	99
2016/33	132	6	17	18	20	27	29	15	117	2016/34	132	3	15	21	22	23	28	15	112
2016/34	132	3	15	21	22	28	28	15	112	2016/35	132	4	13	19	20	26	29	11	111
2016/35	132	4	13	19	20	26	29	11	111	2016/36	420	3	4	7	9	20	22	3	65
2016/38	132	3	12	13	22	28	29	3	107	2016/39	321	1	3	7	18	19	27	16	75
2016/40	132	3	13	19	20	23	26	3	104	2016/41	051	12	17	18	21	22	24	4	114
2016/57	132	7	12	19	22	24	26	11	109	2016/58	222	3	5	18	20	24	32	11	102
2016/67	132	9	13	18	20	27	31	4	118	2016/68	114	8	19	23	28	31	32	1	141
2016/72	132	5	16	19	22	24	25	2	111	2016/73	240	9	11	12	15	16	20	13	83
2016/88	132	3	14	16	18	25	33	15	109	2016/89	213	1	3	14	30	31	32	8	111
2016/114	132	5	16	20	22	27	29	9	119	2016/115	222	6	8	20	22	26	27	9	109
2017/37	132	11	15	20	22	25	30	5	123	2017/38	312	1	4	8	13	24	27	5	77
2017/44	132	8	16	19	21	31	32	6	127	2017/45	231	5	7	16	20	21	25	5	94
2017/55	132	7	12	13	20	24	31	5	107	2017/56	051	13	14	18	19	21	28	6	113
2017/89	132	11	12	13	16	23	25	12	100	2017/90	321	1	7	10	16	22	23	9	89
2017/104	132	1	14	15	20	23	30	15	105	2017/105	312	3	6	7	12	25	26	7	79
2017/116	132	2	14	20	22	30	32	2	120	2017/117	420	1	2	8	11	14	21	9	57
2017/121	132	11	18	19	22	24	32	7	126	2017/122	132	11	20	21	22	24	27	15	125
2017/122	132	11	20	21	22	24	27	15	125	2017/123	411	4	5	6	11	21	31	10	78
2017/126	132	1	16	17	21	27	30	16	112	2017/127	033	14	15	21	24	27	32	12	133
2017/133	132	6	15	17	18	23	30	11	109	2017/134	312	4	5	11	14	28	32	4	94
2017/142	132	8	13	14	18	23	33	6	109	2017/143	321	4	6	9	14	20	29	14	82
2017/144	132	3	14	16	20	31	32	9	116	2017/145	222	2	6	12	17	25	28	12	90
2018/12	132	11	12	13	19	26	28	12	109	2018/13	231	6	8	13	15	22	33	6	97

续表

	上　　　期									下　　　期								
期号	三区分布	红球						蓝球	和值	期号	三区分布	红球						蓝球	和值
2018/15	132	11	15	20	21	26	33	15	126	2018/16	222	1	11	12	18	25	27	16	94
2018/18	132	2	12	13	18	25	27	7	97	2018/19	231	3	11	12	16	21	23	9	86
2018/31	132	2	16	18	19	27	30	14	112	2018/32	024	21	22	23	24	25	32	6	147
2018/33	132	4	19	20	22	28	33	6	126	2018/34	312	1	5	11	22	23	26	15	88
2018/39	132	8	12	18	19	23	32	3	112	2018/40	321	1	3	8	13	18	23	16	66
2018/58	132	7	12	13	16	26	31	7	105	2018/59	321	4	6	8	13	22	32	11	85
2018/69	132	6	13	17	19	23	31	12	109	2018/70	231	4	9	15	16	19	27	10	90
2018/72	132	11	16	19	22	25	30	8	123	2018/73	231	2	9	14	15	16	23	10	79
2018/93	132	4	18	20	21	29	33	7	125	2018/94	222	4	7	16	20	24	30	5	101
2018/108	132	5	13	18	21	26	30	2	113	2018/109	213	10	11	18	23	31	33	15	126
2018/116	132	5	14	17	22	23	28	15	109	2018/117	222	8	11	15	17	23	25	5	99
2018/118	132	8	12	21	22	27	31	9	121	2018/119	132	3	13	14	16	25	27	12	98
2018/119	132	3	13	14	16	25	27	12	98	2018/120	213	3	4	18	26	27	33	1	111
2018/130	132	5	12	17	18	24	28	12	104	2018/131	024	21	22	24	31	32	33	1	163
2018/140	132	1	15	20	22	25	28	14	111	2018/141	132	11	14	16	18	24	33	4	116
2018/141	132	11	14	16	18	24	33	4	116	2018/142	402	5	8	10	11	27	28	11	89
2018/147	132	3	15	17	21	23	30	11	109	2018/148	231	3	6	18	19	21	31	1	98
2019/04	132	8	12	16	19	26	32	3	113	2019/05	024	21	22	26	28	31	32	7	160
2019/11	132	10	13	19	21	24	30	7	117	2019/12	213	7	10	21	23	31	33	14	125
2019/15	132	11	15	16	20	24	31	4	117	2019/16	411	5	7	9	11	19	25	5	76
2019/33	132	9	15	19	21	23	29	15	116	2019/34	222	9	11	15	22	24	26	3	107
2019/44	132	6	14	16	17	23	29	7	105	2019/45	222	1	6	17	19	27	31	14	101
2019/46	132	2	12	16	25	32		6	109	2019/47	213	3	11	18	25	30	33	14	120
2019/63	132	1	14	19	22	29	31	16	116	2019/64	024	12	20	24	25	30	33	12	144

表5-9　福彩双色球开奖号码"三区比"上下期对应表

三区代码：312

期号	三区分布	红球						蓝球	和值	期号	三区分布	红球						蓝球	和值
					上　期										下　期				
2003/06	312	1	3	10	21	26	27	6	88	2003/07	222	1	9	19	21	23	26	7	99
2003/11	312	4	5	11	12	30	32	15	94	2003/12	222	2	12	16	17	27	30	12	104
2003/44	312	3	5	9	16	32	33	15	98	2003/45	231	3	7	14	15	17	32	3	88
2003/49	312	3	6	7	13	24	25	15	78	2003/50	213	2	8	17	23	24	26	13	100
2003/54	312	2	5	9	21	31	33	12	101	2003/55	132	6	13	16	21	28	31	16	115
2003/66	312	3	7	8	20	24	32	14	94	2003/67	222	5	11	12	13	27	31	10	99
2004/03	312	3	5	6	17	26	33	8	90	2004/04	123	10	19	22	25	29	29	9	128
2004/08	312	1	7	10	22	32	33	13	105	2004/09	321	1	9	10	16	22	24	11	82
2004/20	312	1	2	9	22	28	31	4	93	2004/21	312	5	9	11	17	26	27	10	95
2004/21	312	5	9	11	17	26	27	10	95	2004/22	231	3	10	14	19	20	30	6	96
2004/30	312	1	5	9	17	26	31	5	91	2004/31	231	5	9	10	21	24	24	11	93
2004/44	312	2	6	7	12	31	32	5	90	2004/45	123	1	12	18	26	27	28	13	112
2004/58	312	1	8	11	12	27	31	12	90	2004/59	312	1	9	11	19	23	26	10	90
2004/59	312	4	7	11	19	23	26	10	90	2004/60	303	3	5	11	24	27	28	15	98
2004/68	312	2	8	11	12	24	31	15	89	2004/69	231	2	11	15	21	22	29	5	99
2004/78	312	4	5	10	21	24	26	5	90	2004/79	141	7	13	14	17	19	30	3	100
2004/92	312	1	4	8	13	28	31	2	85	2004/93	123	11	14	20	27	32	33	5	137
2004/94	312	5	9	10	13	24	25	8	86	2004/95	024	19	22	27	28	30	32	1	158
2004/100	312	6	8	9	14	24	33	15	94	2004/101	222	2	9	14	19	25	26	15	95
2004/105	312	7	9	10	21	23	30	12	100	2004/106	114	10	15	23	26	28	29	12	131
2004/109	312	6	8	10	17	30	31	14	102	2004/110	051	14	5	9	11	22	31	11	132
2004/117	312	1	3	7	14	24	25	7	74	2004/118	312	3	4	7	12	30	31	15	87
2004/118	312	3	5	7	12	30	32	15	87	2004/119	222	6	9	18	20	25	33	6	111
2005/10	312	8	10	11	18	25	26	1	98	2005/11	231	9	11	13	15	22	30	15	100
2005/38	312	4	7	11	20	27	28	16	97	2005/39	141	2	16	18	19	21	29	9	105
2005/53	312	4	7	10	14	27	29	9	91	2005/54	141	5	13	17	18	21	29	14	103
2005/57	312	5	6	10	13	30	31	13	98	2005/58	312	4	6	10	21	25	26	10	92
2005/58	312	4	6	10	21	25	26	10	92	2005/59	222	7	11	14	18	24	29	7	103
2005/68	312	1	8	10	13	25	33	13	90	2005/69	213	7	9	21	24	31	33	12	125

上 期									下 期								
期号	三区分布	红球						蓝球	和值	期号	三区分布	红球						蓝球	和值

期号	三区分布	红球						蓝球	和值	期号	三区分布	红球						蓝球	和值
2005/76	312	4	9	11	22	25	28	13	99	2005/77	123	8	17	22	24	32	33	16	136
2005/81	312	2	4	10	12	26	30	3	84	2005/82	330	1	7	11	14	19	20	12	72
2005/102	312	2	5	6	14	24	31	12	82	2005/103	222	4	7	16	18	23	30	7	98
2005/122	312	1	4	7	14	30	32	9	88	2005/123	141	11	12	13	17	18	25	7	96
2005/124	312	5	6	10	19	31	33	11	104	2005/125	123	6	14	18	28	31	32	3	129
2005/127	312	4	6	11	14	23	25	12	83	2005/128	213	2	4	14	23	29	33	15	105
2005/132	312	2	4	10	18	27	29	15	90	2005/133	231	1	7	14	16	18	25	11	81
2005/153	312	4	5	7	21	26	29	1	91	2006/01	141	1	12	15	19	21	28	3	96
2006/08	312	3	5	9	18	28	32	16	95	2006/09	312	5	6	8	20	26	30	6	95
2006/09	312	5	6	8	20	26	30	6	95	2006/10	222	4	6	12	19	27	29	8	97
2006/11	312	5	7	8	14	27	31	11	92	2006/12	213	9	11	13	27	31	33	10	124
2006/15	312	2	3	9	15	29	32	3	90	2006/16	222	1	7	13	17	23	30	16	91
2006/51	312	2	6	7	17	27	30	16	89	2006/52	312	11	24	26	27	30		3	150
2006/66	312	6	8	11	18	30	33	5	106	2006/67	321	7	8	11	16	17	24	13	83
2006/68	312	3	7	10	14	30	33	10	97	2006/69	132	5	13	20	22	29	30	8	122
2006/108	312	2	6	8	20	24	30	9	90	2006/109	222	1	5	17	18	23	26	13	90
2006/131	312	3	4	9	22	26	33	1	97	2006/132	123	6	14	22	26	30	33	1	131
2006/153	312	1	7	11	20	30	33	10	102	2006/154	132	7	14	18	20	30	33	13	122
2007/04	312	3	7	10	13	25	33	10	91	2007/05	312	1	5	6	13	24	30	112	82
2007/05	312	1	5	6	16	24	30	12	82	2007/06	222	6	10	14	22	26	27	11	105
2007/12	312	3	6	7	21	26	28	4	91	2007/13	123	5	15	18	27	29	32	5	126
2007/27	312	2	3	9	22	24	27	11	87	2007/28	222	3	8	13	20	29	30	11	103
2007/35	312	1	4	8	12	29	31	6	85	2007/36	123	3	14	21	23	30	31	10	122
2007/55	312	2	6	11	22	28	29	2	98	2007/56	033	14	17	21	29	31	32	12	144
2007/58	312	7	8	10	13	25	27	7	90	2007/59	501	1	3	4	6	7	29	14	50
2007/73	312	5	9	11	19	28	31	2	103	2007/74	123	8	13	15	25	27	28	3	116
2007/95	312	1	6	8	18	29	32	7	94	2007/96	222	9	10	20	22	30	32	8	123
2007/105	312	2	7	10	17	23	29	14	88	2007/106	033	12	18	21	24	25	29	8	129
2007/107	312	2	8	9	18	24	28	10	89	2007/108	231	3	7	12	13	20	33	2	88

期号	三区分布	红球						蓝球	和值	期号	三区分布	红球						蓝球	和值
				上	期									下	期				
2007/110	312	2	4	7	15	24	28	3	80	2007/111	330	2	9	10	12	13	17	11	63
2007/119	312	3	8	11	13	25	31	12	91	2007/120	321	6	7	11	12	18	25	1	79
2007/145	312	8	9	11	12	25	31	11	96	2007/146	123	4	18	22	24	26	30	9	124
2008/15	312	6	8	11	16	29	33	3	103	2008/16	132	3	12	14	21	29	33	13	112
2008/19	312	2	9	11	17	27	31	5	97	2008/20	222	3	10	13	15	28	30	3	99
2008/44	312	5	7	9	20	26	29	9	96	2008/45	222	1	10	13	21	29	32	4	106
2008/60	312	6	7	8	17	30	32	3	100	2008/61	312	1	2	5	12	26	31	6	77
2008/61	312	1	2	5	12	26	31	6	77	2008/62	222	6	8	13	17	24	27	15	95
2008/83	312	7	8	9	18	29	32	9	103	2008/84	222	4	7	13	20	29	30	16	103
2008/104	312	3	6	8	17	24	31	1	89	2008/105	123	5	17	19	27	28	32	2	128
2008/119	312	5	7	9	15	24	29	7	89	2008/120	213	10	11	22	24	26	33	2	126
2008/148	312	3	5	9	22	26	28	9	93	2008/149	123	10	14	20	24	29	33	2	136
2009/03	312	2	3	6	15	25	30	2	81	2009/04	222	3	11	13	17	28	31	3	103
2009/13	312	4	8	9	21	26	27	9	95	2009/14	330	3	6	9	14	15	18	2	65
2009/18	312	2	5	6	19	27	30	15	89	2009/19	132	6	17	19	20	26	27	4	115
2009/21	312	1	4	5	17	24	27	9	78	2009/22	510	5	8	9	10	11	18	8	51
2009/23	312	1	6	7	15	24	30	8	83	2009/24	213	1	3	17	23	30	33	12	107
2009/27	312	2	7	11	16	27	32	6	95	2009/28	222	3	6	12	13	25	26	10	85
2009/31	312	1	2	3	15	30	33	1	82	2009/32	222	9	11	12	19	27	36	6	110
2009/40	312	4	7	10	20	26	30	12	97	2009/41	204	1	8	23	26	28	33	8	119
2009/56	312	4	9	10	18	29	32	8	102	2009/57	321	5	7	10	14	17	25	11	78
2009/58	312	5	8	10	15	23	26	9	87	2009/59	213	3	13	13	23	27	31	11	103
2009/84	312	4	9	11	20	32	33	13	109	2009/85	231	3	9	12	17	20	30	3	91
2009/91	312	3	8	11	14	25	29	4	90	2009/92	321	2	6	7	14	18	31	8	78
2009/105	312	2	8	10	16	27	30	15	93	2009/106	231	1	2	15	18	20	29	4	85
2009/109	312	5	6	7	14	25	28	1	85	2009/110	231	4	10	13	15	19	30	14	91
2009/114	312	3	5	11	12	31	32	11	94	2009/115	231	2	9	13	15	19	24	3	82
2009/125	312	6	7	8	22	26	27	12	96	2009/126	411	3	5	6	10	19	23	15	66
2009/143	312	5	9	11	17	23	28	10	93	2009/144	321	1	5	10	17	24	29	12	80

上　期										下　期									
期号	三区分布	红球						蓝球	和值	期号	三区分布	红球						蓝球	和值
2009/145	312	3	5	11	15	26	33	11	93	2009/146	231	3	9	16	20	22	33	15	103
2009/151	312	6	8	10	16	25	30	14	95	2009/152	222	3	4	19	21	27	28	5	102
2010/14	312	1	3	7	14	26	28	2	79	2010/15	222	1	4	16	21	23	28	6	93
2010/16	312	2	8	10	12	30	33	16	95	2010/17	411	1	3	6	11	12	23	11	56
2010/23	312	2	9	11	22	24	27	11	95	2010/24	114	7	16	26	27	29	31	14	136
2010/30	312	3	6	10	16	25	31	5	91	2010/31	213	5	7	13	24	25	28	4	102
2010/33	312	8	10	11	12	25	29	9	95	2010/34	222	6	11	13	22	25	32	12	109
2010/42	312	3	6	11	20	31	32	10	103	2010/43	222	4	10	19	22	28	33	4	116
2010/63	312	2	6	10	17	23	24	3	82	2010/64	114	8	14	25	26	30	31	11	134
2010/65	312	2	7	8	17	30	32	12	96	2010/66	213	1	3	21	22	31	32	7	110
2010/89	312	7	8	9	16	23	26	1	89	2010/90	312	1	6	10	15	25	31	14	88
2010/90	312	1	6	10	15	25	31	14	88	2010/91	141	6	13	16	20	22	24	16	101
2010/98	312	1	3	8	16	29	33	7	90	2010/99	213	3	4	17	24	27	30	6	105
2010/106	312	2	6	8	15	26	29	16	86	2010/107	141	8	12	15	17	22	23	16	107
2010/108	312	2	4	8	20	23	24	7	81	2010/109	123	4	15	18	25	29	32	15	123
2010/127	312	1	4	8	17	25	33	1	88	2010/128	222	4	11	19	20	24	28	12	106
2010/141	312	2	3	7	18	23	27	6	80	2010/142	123	2	16	18	23	26	27	10	112
2010/148	312	1	3	7	18	23	27	12	79	2010/149	312	2	7	8	16	25	30	9	88
2010/149	312	2	7	8	16	25	30	9	88	2010/150	123	2	17	18	23	29	30	6	119
2011/24	312	5	7	10	19	26	31	14	98	2011/25	105	8	25	26	31	32	33	9	155
2011/39	312	3	7	10	16	24	29	13	89	2011/40	213	5	11	14	24	26	28	13	108
2011/52	312	4	5	8	19	27	28	8	91	2011/53	321	3	6	10	12	22	30	15	83
2011/75	312	7	9	10	12	31	32	13	101	2011/76	123	6	19	21	26	32	33	13	137
2011/77	312	1	7	8	15	26	29	10	86	2011/78	231	3	5	13	20	22	29	9	92
2011/85	312	3	6	11	21	24	31	10	96	2011/86	321	6	7	9	12	17	24	9	75
2011/93	312	4	7	11	13	23	30	10	88	2011/94	240	9	11	12	17	18	19	5	86
2011/111	312	1	3	5	20	25	27	4	81	2011/112	222	3	5	16	18	23	24	15	89
2011/129	312	7	10	11	21	23	26	6	98	2011/130	123	7	14	18	23	25	32	15	119
2011/141	312	2	4	6	19	24	29	11	84	2011/142	033	12	15	16	26	29	31	2	129

	上					期				下					期		
期号	三区分布	红球						蓝球	和值	期号	三区分布	红球						蓝球	和值
2012/14	312	1	2	5	16	28	30	12	82	2012/15	411	1	3	6	10	21	23	15	64
2012/18	312	3	5	6	22	26	32	15	94	2012/19	414	7	14	18	20	22	30	16	111
2012/25	312	3	8	9	17	25	27	6	89	2012/26	312	3	7	9	15	24	25	16	83
2012/26	312	3	7	9	15	24	25	16	83	2012/27	123	4	16	22	25	30	31	12	128
2012/40	312	3	8	9	22	25	31	10	98	2012/41	222	8	11	15	20	24	32	2	110
2012/42	312	5	6	11	19	24	28	16	93	2012/43	312	2	9	11	21	26	33	3	102
2012/43	312	2	9	11	21	26	33	3	102	2012/44	321	6	9	10	14	22	25	3	86
2012/47	312	6	7	11	16	32	33	11	105	2012/48	222	1	5	14	22	24	30	10	96
2012/64	312	5	10	11	16	23	24	11	89	2012/65	222	8	10	18	19	27	31	14	113
2012/67	312	4	5	10	21	26	30	16	96	2012/68	123	5	17	22	26	32	33	10	135
2012/96	312	4	7	11	16	19	33	7	100	2012/97	240	5	8	13	14	19	22	6	81
2012/103	312	4	9	11	14	32	33	2	103	2012/104	411	4	6	10	19	23	33	3	75
2012/121	312	1	7	8	20	23	24	11	83	2012/122	042	12	13	19	22	28	29	11	123
2012/127	312	1	9	11	21	26	32	8	100	2012/128	213	5	9	12	19	30	31	5	116
2012/146	312	1	5	7	13	29	32	13	87	2012/147	123	2	12	15	23	24	32	9	108
2012/153	312	4	5	11	21	27	28	10	96	2012/154	222	5	7	12	16	28	32	4	100
2013/10	312	1	9	11	17	32	33	12	103	2013/11	123	3	12	17	24	27	29	9	112
2013/29	312	6	7	10	19	23	29	12	94	2013/30	123	7	14	18	25	26	29	6	119
2013/44	312	3	5	11	18	26	28	6	91	2013/45	312	6	7	8	14	23	31	12	89
2013/45	312	6	7	8	14	23	31	12	89	2013/46	132	3	16	19	20	24	26	6	108
2013/47	312	1	8	11	17	27	30	12	94	2013/48	123	10	13	17	28	30	32	4	130
2013/107	312	2	9	11	17	28	31	11	103	2013/108	033	16	21	22	28	31	32	5	150
2013/113	312	4	7	11	17	24	33	9	96	2013/114	222	4	6	11	21	23	33	7	104
2013/125	312	4	6	8	18	25	28	16	89	2013/126	213	4	10	19	27	31	33	16	124
2013/129	312	5	6	10	14	27	31	14	93	2013/130	222	1	3	15	16	31	33	8	99
2013/151	312	3	9	10	19	28	33	9	102	2013/152	231	4	6	14	16	18	29	5	87
2014/10	312	5	7	8	20	31	33	11	104	2014/11	231	9	10	13	14	21	32	2	99
2014/17	312	4	6	7	14	25	26	10	82	2014/18	042	13	17	18	21	30	33	15	132
2014/35	312	7	8	9	17	32	33	6	106	2014/36	510	1	7	8	9	11	22	3	58

上　　期										下　　期									
期号	三区分布	红球						蓝球	和值	期号	三区分布	红球						蓝球	和值
2014/43	312	2	5	9	14	24	33	9	87	2014/44	213	4	9	21	27	28	33	12	122
2014/70	312	1	7	9	19	28	29	7	93	2014/71	231	2	4	12	17	22	25	14	82
2014/74	312	1	3	6	13	30	31	12	84	2014/75	312	3	9	11	22	27	29	6	101
2014/75	312	3	9	11	22	27	29	6	101	2014/76	231	6	10	12	17	18	33	11	96
2014/85	312	1	2	11	19	23	29	8	85	2014/86	321	2	4	10	12	14	30	8	72
2014/90	312	5	9	11	19	24	32	13	100	2014/91	222	1	5	12	19	27	29	14	93
2014/108	312	3	8	9	20	23	28	2	91	2014/109	321	2	5	11	15	19	28	2	80
2014/123	312	1	6	11	17	28	33	5	96	2014/124	123	2	17	20	24	31	33	4	127
2014/129	312	5	8	9	20	28	32	2	102	2014/130	303	1	2	10	24	30	33	10	100
2014/135	312	2	4	11	13	25	33	1	88	2014/136	123	3	16	19	27	31	32	10	128
2015/19	312	2	6	11	19	25	26	4	89	2015/20	321	1	4	7	19	22	23	4	76
2015/22	312	4	7	10	16	23	25	10	85	2015/23	312	8	9	10	13	29	30	1	99
2015/23	312	8	9	10	13	29	30	1	99	2015/24	222	9	11	16	18	23	24	10	101
2015/27	312	5	7	9	16	26	29	7	92	2015/28	303	4	7	10	26	27	28	14	102
2015/31	312	1	5	7	22	26	32	11	93	2015/32	132	11	14	16	18	29	32	16	120
2015/35	312	1	8	9	22	24	33	3	97	2015/36	222	4	6	16	17	26	33	3	102
2015/46	312	5	7	10	14	23	31	1	90	2015/47	213	2	3	20	24	26	27	9	102
2015/52	312	2	4	11	16	25	26	12	84	2015/53	222	3	7	17	22	32	33	10	114
2015/59	312	6	9	16	25	32		14	90	2015/60	213	1	3	18	27	31	32	13	112
2015/66	312	5	8	11	17	24	28	16	93	2015/67	303	2	5	8	24	25	31	14	95
2015/76	312	1	9	10	19	23	27	9	89	2015/77	411	1	6	8	10	13	27	16	65
2015/82	312	2	8	9	14	28	30	7	91	2015/83	222	6	7	16	18	29	32	5	108
2015/109	312	1	8	9	16	32	33	13	99	2015/110	231	5	7	16	17	22	23	4	90
2015/115	312	1	7	8	14	24	32	3	86	2015/116	213	4	6	15	23	26	28	11	102
2015/118	312	1	4	11	21	23	31	12	91	2015/119	312	2	8	10	18	23	31	8	92
2015/119	312	2	8	10	18	23	31	8	92	2015/120	024	16	21	24	26	27	29	16	143
2015/144	312	1	4	7	15	28	32	16	87	2015/145	231	7	8	15	19	20	24	13	93
2016/23	312	3	6	10	19	25	29	7	92	2016/24	321	2	5	7	14	18	31	13	77
2016/31	312	3	8	10	19	26	33	3	99	2016/32	141	8	12	14	15	21	27	15	97

上　　　期										下　　　期									
期号	三区分布	红球						蓝球	和值	期号	三区分布	红球						蓝球	和值
2016/53	312	2	8	10	12	29	31	1	92	2016/54	222	6	11	16	19	28	32	4	112
2016/70	312	3	6	11	18	23	29	1	90	2016/71	024	19	21	26	28	29	32	1	155
2016/75	312	1	3	6	16	29	32	7	87	2016/76	222	7	8	13	22	30	32	1	112
2016/79	312	1	3	10	12	24	28	2	78	2016/80	123	1	16	17	24	25	32	14	115
2016/104	312	5	9	11	18	30	31	4	104	2016/105	213	8	10	19	27	28	31	16	123
2016/120	312	2	5	6	21	25	28	9	87	2016/121	303	2	3	10	23	25	28	9	91
2016/125	312	1	6	8	20	27	30	3	92	2016/126	240	2	6	12	17	18	19	10	74
2016/128	312	4	9	11	17	26	27	13	94	2016/129	312	5	6	8	21	31	33	14	104
2016/129	312	5	6	8	21	31	33	14	104	2016/130	123	3	17	21	23	27	28	1	119
2016/136	312	2	7	10	20	27	29	3	95	2016/137	411	1	6	9	10	15	32	14	73
2016/140	312	1	2	5	17	26	32	10	83	2016/141	141	4	13	15	17	21	24	15	94
2016/148	312	1	2	11	20	26	30	14	90	2016/149	114	3	20	23	25	26	32	33	7	114
2017/03	312	1	4	8	15	27	32	16	87	2017/04	123	5	13	17	26	27	30	7	118
2017/18	312	1	2	3	17	25	31	9	79	2017/19	312	4	6	12	23	25	8	78	
2017/19	312	4	6	8	12	23	25	8	78	2017/20	312	4	8	10	12	31	33	10	98
2017/20	312	4	8	10	12	31	33	10	98	2017/21	312	5	10	22	32	33	9	104	
2017/21	312	2	5	10	22	32	33	9	104	2017/22	231	2	6	15	16	18	32	15	89
2017/27	312	2	4	11	14	27	30	5	88	2017/28	231	7	8	12	13	23	33	9	92
2017/30	312	1	7	9	20	23	30	2	90	2017/31	213	6	10	16	26	27	29	3	114
2017/34	312	4	7	8	19	32	33	13	103	2017/35	213	1	6	14	24	28	32	12	105
2017/38	312	1	4	8	13	24	27	5	77	2017/39	231	2	4	12	14	17	24	15	73
2017/51	312	2	5	9	15	24	25	11	80	2017/52	213	6	8	24	31	7	117		
2017/53	312	4	9	11	15	29	31	6	99	2017/54	303	2	3	9	23	28	33	8	98
2017/68	312	2	6	10	22	30	31	15	101	2017/69	213	2	11	12	23	29	31	5	108
2017/71	312	2	3	6	14	31	32	3	88	2017/72	213	6	11	14	23	26	30	2	110
2017/85	312	1	5	6	16	25	30	9	83	2017/86	330	3	5	6	13	20	22	7	69
2017/99	312	2	5	6	16	28	29	4	86	2017/100	312	4	7	8	18	23	24	2	84
2017/100	312	4	7	8	18	23	24	2	84	2017/101	303	1	4	11	28	31	32	16	107
2017/105	312	3	6	7	12	25	26	7	79	2017/106	033	12	15	20	25	27	31	2	130

上　　　期									下　　　期								
期号	三区分布	红球						蓝球	和值	期号	三区分布	红球						蓝球	和值
2017/134	312	4	5	11	14	28	32	4	94	2017/135	321	1	6	7	14	18	26	16	72
2017/148	312	4	7	11	14	29	32	12	97	2017/149	222	5	8	15	20	27	30	13	105
2018/20	312	6	9	10	14	28	30	5	97	2018/21	402	3	4	6	11	23	28	14	75
2018/34	312	1	5	11	22	23	26	15	88	2018/35	312	7	10	11	17	23	28	15	96
2018/35	312	7	10	11	17	23	28	15	96	2018/36	114	8	17	24	26	28	33	4	136
2018/65	312	1	4	6	14	28	33	1	86	2018/66	141	9	16	17	19	22	26	10	109
2018/76	312	3	7	8	15	29	30	13	92	2018/77	321	2	5	9	15	20	24	10	75
2018/96	312	1	5	9	20	28	32	12	95	2018/97	222	1	2	17	20	25	28	13	93
2018/98	312	6	10	11	20	29	32	13	108	2018/99	312	3	7	8	14	25	32	6	89
2018/99	312	3	7	8	14	25	32	6	89	2018/100	222	2	11	14	15	29	33	2	104
2018/104	312	2	3	6	19	25	29	1	84	2018/105	231	4	5	13	18	19	25	1	84
2018/113	312	1	6	9	16	25	26	9	83	2018/114	231	1	7	15	16	20	27	14	86
2019/06	312	1	5	10	19	26	28	12	89	2019/07	231	6	10	14	15	19	23	15	87
2019/08	312	2	6	9	13	28	32	12	90	2019/09	312	1	7	10	22	31	32	15	103
2019/09	312	1	7	10	22	31	32	15	103	2019/10	501	2	4	5	8	11	30	2	60
2019/22	312	3	7	11	21	30	33	7	105	2019/23	231	1	10	14	15	18	31	13	89
2019/32	312	4	8	9	13	28	33	4	95	2019/33	132	9	15	19	21	23	29	15	116
2019/39	312	6	7	11	14	27	32	8	97	2019/40	312	5	6	9	18	23	31	11	92
2019/40	312	5	6	9	18	23	31	11	92	2019/41	213	2	9	13	23	24	26	16	97
2019/54	312	7	10	11	15	24	26	11	93	2019/55	321	1	6	11	15	19	19	31	83

表 5－10 福彩双色球开奖号码"三区比"上下期对应表

三区代码：330

期号	三区分布	红球						蓝球	和值	期号	三区分布	红球						蓝球	和值
2003/70	330	1	2	4	17	18	19	8	61	2003/71	231	9	11	12	14	15	33	11	94
2004/10	330	6	7	8	13	14	19	15	67	2004/11	213	1	4	13	23	28	30	3	99
2004/114	330	1	6	9	17	21	22	1	76	2004/115	123	2	16	20	30	31	33	1	132
2005/33	330	7	8	12	14	19	20	7	80	2005/34	123	5	17	18	25	28	32	9	125
2005/45	330	1	7	10	15	18	20	10	71	2005/46	141	9	16	18	20	22	24	5	109
2005/82	330	1	7	11	14	19	20	12	72	2005/83	321	3	5	9	14	16	30	13	77
2005/84	330	1	2	7	15	19	20	1	64	2005/85	240	8	9	13	14	20	22	12	86
2005/141	330	3	5	8	12	16	19	15	63	2005/142	231	7	10	12	17	22	29	5	97
2005/150	330	3	7	10	14	19	20	2	72	2005/151	231	4	11	13	19	30		5	89
2006/13	330	1	5	6	12	16	21	11	61	2006/14	114	6	14	26	29	32	33	7	140
2006/21	330	1	2	5	20	21	22	9	71	2006/22	321	4	6	13	19	27		11	65
2006/36	330	4	7	10	16	17	21	9	75	2006/37	114	2	12	23	24	25	32	14	118
2006/45	330	6	7	10	14	20	21	4	78	2006/46	024	13	18	23	29	31	32	8	146
2006/92	330	2	8	11	16	20	21	14	78	2006/93	141	2	12	16	18	19	23	5	90
2006/111	330	1	8	11	16	17	22	15	74	2006/112	222	4	9	13	15	31	33	11	105
2007/111	330	2	9	10	12	13	17	11	63	2007/112	222	7	11	14	16	25	32	11	105
2007/137	330	3	7	8	18	20	22	3	78	2007/138	231	2	3	15	17	19	25	16	81
2008/03	330	6	8	11	13	17	19	12	74	2008/04	213	4	8	22	23	27	29	8	113
2008/17	330	2	5	7	17	20	22	2	73	2008/18	303	2	5	6	23	26	33	13	95
2008/63	330	5	9	11	14	16	17	15	72	2008/64	420	1	2	7	9	12	18	12	49
2008/113	330	6	9	10	12	17	22	9	76	2008/114	213	6	20	24	23	31		4	113
2008/124	330	1	7	10	13	21	22	3	74	2008/125	222	4	11	12	14	20	30	8	91
2008/151	330	6	8	10	14	19	6		74	2008/152	312	1	4	6	22	26	30	8	89
2009/05	330	1	3	8	15	17	21	13	65	2009/06	132	6	12	18	20	26	33	2	115
2009/14	330	3	6	9	14	15	18	2	65	2009/15	321	2	4	6	15	17	32	5	76
2009/47	330	6	8	11	15	21	22	16	83	2009/48	321	3	7	11	15	17	31	1	84
2009/88	330	4	7	11	15	16	17	2	70	2009/89	411	2	3	7	11	19	32	4	74
2009/119	330	6	7	10	12	15	21	5	71	2009/120	321	1	2	8	12	16	30	16	69
2009/150	330	4	6	7	16	19	20	4	72	2009/151	312	6	8	10	16	25	30	14	95

	上			期							下			期					
期号	三区分布			红球				蓝球	和值	期号	三区分布			红球				蓝球	和值
2010/06	330	3	5	7	13	14	18	5	60	2010/07	024	14	22	27	28	30	33	14	154
2010/35	330	9	10	11	18	19	21	10	88	2010/36	123	6	13	14	28	29	30	8	120
2010/111	330	4	7	8	13	17	18	10	67	2010/112	213	1	8	18	24	29	30	16	110
2010/144	330	2	3	8	15	19	21	11	68	2010/145	114	3	21	24	27	28	31	8	134
2011/06	330	1	3	5	13	16	18	5	56	2011/07	213	1	9	17	24	26	31	5	108
2011/28	330	1	4	5	14	16	17	1	57	2011/29	411	1	4	9	10	20	31	7	75
2011/32	330	3	5	7	13	14	15	15	57	2011/33	231	2	8	12	13	19	29	4	83
2011/51	330	1	7	11	14	15	16	14	64	2011/52	312	4	5	8	19	27	28	8	91
2011/61	330	2	3	8	13	19	21	3	66	2011/62	402	4	8	9	10	29	30	3	99
2011/73	330	3	4	5	12	17	21	14	62	2011/74	114	2	21	26	28	29	32	1	138
2011/96	330	1	4	7	13	14	19	15	58	2011/97	141	9	17	19	20	21	26	16	112
2011/103	330	4	5	10	13	15	16	12	63	2011/104	222	9	10	16	20	25	29	9	109
2011/118	330	5	6	11	14	20	21	10	77	2011/119	132	9	12	14	19	28	32	1	114
2012/61	330	3	8	11	12	14	18	14	66	2012/62	141	2	13	16	17	20	31	7	99
2012/87	330	3	10	11	13	14	22	9	73	2012/88	204	3	5	23	24	27	31	15	113
2013/14	330	2	4	5	17	19	20	8	67	2013/15	420	5	6	7	11	13	18	15	60
2013/20	330	1	7	8	12	16	21	1	65	2013/21	222	1	6	17	19	26	31	11	100
2013/60	330	5	7	10	13	19	20	15	74	2013/61	330	5	6	7	12	13	18	12	61
2013/61	330	5	6	7	12	13	18	12	61	2013/62	321	1	6	7	19	22	27	2	82
2013/100	330	4	8	11	14	16	20	11	73	2013/101	303	5	7	9	23	27	32	1	103
2013/103	330	2	4	9	13	18	20	7	66	2013/104	321	1	2	4	15	17	28	11	67
2014/46	330	2	10	11	17	18	22	10	80	2014/47	321	8	10	11	12	19	29	15	89
2014/148	330	1	2	5	12	15	16	13	51	2014/149	222	7	9	10	15	19	33	1	93
2015/08	330	4	7	10	16	20	22	3	79	2015/09	231	4	7	14	17	21	25	14	88
2015/44	330	2	3	4	13	14	16	2	52	2015/45	222	1	5	13	22	30	31	7	102
2015/56	330	1	7	8	16	18	20	14	70	2015/57	114	9	20	24	25	26	32	4	136
2015/58	330	2	9	10	18	19	20	15	78	2015/59	312	2	6	9	16	25	32	14	90
2015/86	330	5	6	8	16	18	22	12	75	2015/87	141	9	15	16	19	20	28	11	107
2015/94	330	1	4	6	13	16	17	10	57	2015/95	123	4	15	21	28	30	31	4	129

续表

上　　期									下　　期								
期号	三区分布	红球						蓝球	和值	期号	三区分布	红球						蓝球	和值
2015/100	330	2	3	11	17	19	21	8	73	2015/101	123	8	16	22	24	28	29	5	127
2016/145	330	1	3	7	12	19	20	6	62	2016/146	231	3	7	15	16	17	23	10	81
2016/152	330	2	8	9	16	20	22	6	62	2016/153	213	7	9	16	24	25	29	6	110
2017/77	330	1	2	4	15	17	22	14	61	2017/78	231	5	7	18	19	22	24	16	95
2017/86	330	3	5	6	13	20	22	7	69	2017/87	231	3	6	13	14	19	28	6	83
2017/102	330	4	8	10	14	18	20	11	74	2017/103	114	1	21	23	25	31	33	1	134
2018/08	330	5	9	10	12	17	19	13	72	2018/09	213	5	10	17	23	26	32	7	113
2018/67	330	1	4	9	12	15	18	5	59	2018/68	222	8	10	17	20	27	30	1	112
2018/71	330	2	5	6	13	16	19	3	61	2018/72	132	11	16	19	22	25	30	8	123
2018/107	330	1	2	5	12	20	22	1	62	2018/108	132	5	13	18	21	26	30	2	113
2018/129	330	2	4	6	16	18	19	16	65	2018/130	132	5	12	17	18	24	28	12	132
2019/52	330	3	6	9	13	16	19	16	66	2019/53	123	4	16	22	25	29	31	8	127

表 5-11 福彩双色球开奖号码"三区比"上下期对应

三区代码：411

期号	三区分布	红球						蓝球	和值	期号	三区分布	红球						蓝球	和值
				上		期								下		期			
2003/04	411	4	6	7	10	13	25	3	65	2003/05	222	4	6	15	17	30	31	16	103
2003/14	411	3	5	7	8	21	31	2	79	2003/15	213	4	11	19	25	26	32	13	117
2003/46	411	7	8	10	11	17	26	11	79	2003/47	114	3	17	26	28	32	33	16	139
2003/59	411	2	3	5	6	18	30	4	64	2003/60	321	2	4	6	17	21	28	11	78
2003/72	411	3	6	8	11	19	27	11	74	2003/73	132	2	12	14	21	23	30	13	102
2003/84	411	2	6	7	10	17	33	3	75	2003/85	321	1	4	11	12	19	27	14	74
2004/27	411	1	5	9	10	18	32	11	75	2004/28	510	1	2	3	5	10	22	12	43
2004/32	411	2	5	8	11	15	31	13	72	2004/33	420	1	4	8	9	19	20	1	61
2004/51	411	2	3	9	10	14	29	14	68	2004/52	141	1	12	14	15	17	29	14	88
2004/84	411	1	4	8	11	21	25	14	70	2004/85	303	3	8	11	29	30	32	1	113
2004/116	411	1	3	5	8	14	33	3	64	2004/117	312	1	3	7	14	24	25	7	74
2005/04	411	1	4	8	9	22	23	3	67	2005/05	213	5	9	20	26	28	33	15	121
2005/25	411	1	7	10	11	13	32	11	74	2005/26	132	6	12	14	20	25	26	7	103
2005/27	411	1	3	4	6	21	32	15	67	2005/28	213	4	9	22	25	26	32	10	118
2005/48	411	6	7	8	10	16	28	2	75	2005/49	402	2	3	7	8	10	25	12	55
2005/131	411	2	7	10	11	12	24	6	66	2005/132	312	2	4	10	18	27	29	15	90
2006/24	411	2	7	9	11	21	27	6	77	2006/25	222	3	4	17	19	24	32	5	99
2006/87	411	4	5	8	9	12	30	5	68	2006/88	213	3	11	20	24	25	26	1	109
2006/98	411	6	7	10	11	18	23	16	75	2006/99	123	9	12	18	23	24	27	5	113
2006/122	411	4	5	6	8	22	24	3	69	2006/123	213	2	3	20	25	28	32	6	110
2006/149	411	2	3	5	11	15	32	15	68	2006/150	222	8	9	12	18	25	27	12	99
2007/01	411	2	4	9	10	20	26	14	71	2007/02	240	5	6	14	20	21	22	1	88
2007/22	411	2	4	5	11	27	19	14	68	2007/23	222	3	7	13	17	32	33	2	105
2007/43	411	3	8	10	11	14	30	5	76	2007/44	132	9	13	20	21	24	32	8	119
2007/46	411	2	6	7	9	19	26	14	75	2007/47	222	2	4	16	18	23	30	6	93
2007/61	411	1	6	7	11	20	23	5	68	2007/62	123	8	17	20	29	30	33	9	137
2007/116	411	3	5	7	11	17	27	13	70	2007/117	402	3	7	9	10	26	32	1	87
2007/141	411	2	3	4	6	17	31	8	63	2007/142	114	11	20	25	26	27	30	8	139
2008/01	411	2	4	7	9	14	29	3	65	2008/02	222	3	4	18	22	25	29	9	101

续表

上　　　期										下　　　期									
期号	三区分布	红球						蓝球	和值	期号	三区分布	红球						蓝球	和值
2008/34	411	3	5	9	11	21	29	9	78	2008/35	231	7	11	14	17	18	29	16	96
2008/42	411	3	4	9	11	12	24	1	63	2008/43	222	3	10	16	22	27	33	14	111
2008/51	411	1	4	8	10	13	33	11	69	2008/52	222	2	10	17	23	28	31	10	111
2008/79	411	3	4	5	10	20	32	9	74	2008/80	123	4	14	22	25	29	32	14	126
2008/98	411	6	7	10	11	15	30	1	79	2008/99	123	10	15	16	22	23	24	7	110
2008/117	411	3	5	7	10	14	33	7	72	2008/118	213	4	9	16	27	31	33	1	120
2009/20	411	3	5	7	10	19	23	13	67	2009/21	312	1	4	5	17	24	27	9	78
2009/70	411	1	2	9	10	21	31	10	74	2009/71	204	4	5	23	26	31	32	6	121
2009/89	411	2	3	7	11	19	32	4	74	2009/90	222	7	9	14	20	23	30	14	103
2009/101	411	1	2	5	10	19	24	14	61	2009/102	411	3	5	7	8	14	31	10	68
2009/102	411	3	5	7	8	14	31	10	68	2009/103	222	6	11	17	20	23	24	9	101
2009/126	411	3	5	6	11	19	23	15	66	2009/127	240	2	11	12	14	15	16	4	70
2010/17	411	1	3	6	11	12	23	11	56	2010/18	105	11	28	29	30	32	33	2	163
2010/25	411	4	5	7	10	13	25	11	64	2010/26	420	2	4	5	8	19	22	12	60
2010/56	411	1	2	3	8	13	32	7	59	2010/57	222	5	11	12	19	25	32	5	104
2010/78	411	1	3	9	11	17	23	12	64	2010/79	240	8	11	12	14	18	22	2	85
2010/124	411	2	6	8	11	12	25	2	64	2010/125	213	6	7	13	23	28	29	9	106
2011/04	411	4	6	8	10	13	26	5	67	2011/05	240	6	9	12	14	20	22	13	83
2011/29	411	1	4	9	10	20	31	7	75	2011/30	213	2	9	19	24	25	33	10	112
2011/37	411	1	3	4	6	17	25	11	56	2011/38	132	2	14	15	19	23	24	12	97
2011/72	411	1	6	10	11	18	27	12	73	2011/73	330	3	4	5	12	17	21	14	62
2011/87	411	2	3	4	5	18	28	1	60	2011/88	231	2	9	17	20	21	29	4	99
2011/144	411	1	2	9	10	16	24	3	62	2011/145	222	2	14	15	26	30	30	4	91
2011/153	411	5	8	9	10	20	25	13	77	2012/01	420	1	4	5	9	15	17	6	51
2012/04	411	1	5	10	11	21	23	16	71	2012/05	213	7	9	18	27	31	33	6	125
2012/15	411	1	3	6	10	21	23	15	64	2012/16	231	2	5	12	17	22	25	8	83
2012/52	411	2	3	5	6	20	24	4	60	2012/53	123	4	15	22	25	27	33	4	126
2012/72	411	2	3	7	9	13	30	6	64	2012/73	411	4	7	9	10	17	27	5	74
2012/73	411	4	7	9	10	17	27	5	74	2012/74	042	15	16	18	19	28	32	8	128

续表

上　　　　期									下　　　　期								
期号	三区分布	红球						蓝球	和值	期号	三区分布	红球						蓝球	和值
2012/104	411	4	5	9	10	19	28	3	75	2012/105	141	6	13	14	15	17	30	4	95
2012/134	411	2	5	6	7	13	23	15	56	2012/135	510	2	5	7	8	11	17	16	50
2013/123	411	1	2	6	11	17	25	2	62	2013/124	213	3	9	15	23	25	30	7	105
2014/22	411	4	6	7	10	21	26	16	74	2014/23	240	7	9	13	17	21	33	10	89
2014/84	411	1	6	9	10	13	25	8	64	2014/85	312	1	2	11	19	23	29	8	85
2014/93	411	2	8	9	10	20	29	5	78	2014/94	222	1	10	18	20	23	29	1	101
2014/99	411	1	5	10	11	13	32	14	72	2014/100	420	1	6	9	10	14	16	11	55
2014/103	411	3	8	9	10	18	33	4	81	2014/104	222	2	6	12	19	27	28	13	94
2014/115	411	1	9	10	11	13	32	3	76	2014/116	231	9	10	14	15	19	29	16	96
2014/151	411	4	5	8	11	21	27	8	76	2014/152	141	8	13	15	20	21	25	12	102
2015/10	411	1	2	3	8	21	31	9	66	2015/11	150	4	14	15	17	18	20	15	88
2015/54	411	1	2	7	10	22	26	7	68	2015/55	231	1	10	15	18	19	28	2	91
2015/77	411	1	6	8	10	13	27	16	65	2015/78	222	3	7	20	22	26	29	2	107
2015/113	411	1	5	7	8	19	27	12	67	2015/114	321	4	7	9	13	21	26	1	80
2015/128	411	1	3	8	11	22	28	6	73	2015/129	321	5	8	11	16	18	27	4	85
2016/51	411	1	2	4	9	15	33	12	64	2016/52	222	1	6	13	19	24	28	16	91
2016/108	411	2	3	7	8	19	26	16	65	2016/109	222	9	11	15	16	27	33	5	111
2016/137	411	1	6	9	10	15	32	14	73	2016/138	123	7	16	20	24	25	30	7	122
2017/09	411	2	6	8	9	15	29	14	69	2017/10	213	5	8	19	25	28	30	7	115
2017/17	411	3	7	8	10	22	23	12	73	2017/18	312	1	2	3	17	25	31	9	79
2017/67	411	1	3	4	10	18	29	4	65	2017/68	312	2	6	10	22	30	31	15	101
2017/123	411	4	5	6	11	21	31	10	78	2017/124	303	2	6	11	26	28	29	3	102
2017/132	411	2	3	5	9	13	28	11	60	2017/133	132	6	15	17	18	23	30	11	109
2018/06	411	2	7	8	9	17	29	11	72	2018/07	033	13	14	20	25	27	31	12	130
2018/43	411	1	4	6	8	21	24	7	64	2018/44	222	5	9	12	27	30		6	100
2018/49	411	1	3	4	11	19	23	2	61	2018/50	420	1	2	4	10	18	19	7	54
2018/52	411	3	5	6	9	15	32	14	70	2018/53	411	1	4	10	11	14	27	6	67
2018/53	411	1	4	10	11	14	27	6	67	2018/54	222	4	6	18	22	25	33	16	108
2018/90	411	1	2	4	10	14	23	7	54	2018/91	222	6	11	13	17	25	32	7	104

期号	三区分布	红球						蓝球	和值	期号	三区分布	红球						蓝球	和值
2018/149	411	1	7	8	10	12	241	1	62	2018/150	231	6	8	15	19	20	31	5	99
2019/15	411	5	7	9	11	19	25	5	76	2019/17	204	4	5	24	28	30	33	9	124
2019/21	411	2	5	7	8	20	27	4	69	2019/22	312	3	7	11	21	30	33	7	105
2019/50	411	4	6	10	11	21	23	2	75	2019/51	321	8	9	10	13	15	28	9	83

表 5-12 福彩双色球开奖号码"三区比"上下期对应表

三区代码：141

上 期										下 期										
期号	三区分布	红球						蓝球	和值	期号	三区分布	红球						蓝球	和值
2003/76	141	1	13	16	18	20	29	2	97	2003/77	132	4	12	16	22	24	25	6	103
2004/40	141	7	17	19	20	21	29	11	113	2004/41	222	8	10	17	22	25	29	14	111
2004/52	141	1	12	14	15	17	29	9	88	2004/53	402	2	3	4	9	24	25	2	67
2004/79	141	7	13	14	17	19	30	3	100	2004/80	213	3	8	20	23	24	26	16	104
2005/03	141	9	12	15	19	22	31	16	108	2005/04	411	1	4	8	9	22	23	3	67
2005/23	141	10	15	19	20	21	25	12	110	2005/24	213	5	9	14	27	31	32	13	118
2005/39	141	2	16	18	19	21	29	10	105	2005/40	123	1	12	21	24	30	32	13	120
2005/46	141	9	16	18	20	22	24	5	109	2005/47	501	2	3	5	7	8	27	15	52
2005/54	141	5	13	17	18	21	29	14	103	2005/55	123	1	20	22	30	32	33	9	138
2005/67	141	3	12	16	20	21	26	16	98	2005/68	312	1	8	10	13	25	33	13	90
2005/75	141	11	12	14	16	18	31	14	103	2005/76	312	4	9	11	22	25	28	13	99
2005/101	141	9	16	19	21	22	24	12	111	2005/102	312	2	5	6	14	24	31	12	82
2005/123	141	11	12	13	17	18	25	7	96	2005/124	312	5	6	10	19	31	33	11	104
2006/01	141	1	12	15	19	21	28	3	96	2006/02	132	7	13	16	21	26	28	9	111
2006/30	141	8	13	15	17	20	32	10	105	2006/31	222	3	10	12	16	31	32	14	104
2006/38	141	2	14	17	19	22	30	10	104	2006/39	033	16	19	22	28	31	32	3	148
2006/93	141	2	12	16	18	19	23	5	90	2006/94	042	15	16	17	18	24	33	13	123
2006/105	141	5	12	14	15	20	31	1	97	2006/106	132	2	12	14	19	28	33	10	108
2007/07	141	4	12	15	17	32	14	102		2007/08	321	1	4	5	18	19	25	10	72
2007/18	141	1	12	18	20	21	26	11	98	2007/19	213	4	11	16	23	29	31	14	114
2007/53	141	10	13	16	17	24	27	11	101	2007/54	222	1	3	6	18	23	28	5	79
2007/76	141	6	12	15	16	20	31	2	100	2007/77	222	6	8	14	21	28	29	2	106
2007/83	141	11	14	17	21	26	11	110		2007/84	231	6	10	12	14	20	27	10	89
2008/06	141	1	14	16	18	22	27	14	98	2008/07	132	1	13	17	22	23	30	11	106
2008/30	141	6	15	18	19	20	28	11	106	2008/31	321	3	6	11	15	21	31	13	87
2008/53	141	6	12	19	20	21	27	4	105	2008/54	231	2	6	16	17	20	25	7	86
2008/103	141	1	12	15	18	22	33	4	91	2008/104	312	3	6	8	17	24	31	1	89
2008/131	141	2	12	15	18	22	32	8	101	2008/132	123	9	13	16	25	27	33	8	123
2009/26	141	11	15	17	18	20	30	16	111	2009/27	312	2	7	11	16	27	32	6	95

期号	三区分布	红球						蓝球	和值	期号	三区分布	红球						蓝球	和值
		上		期								下		期					
2009/34	141	9	12	18	21	22	26	7	108	2009/35	123	6	15	21	26	29	31	5	128
2009/39	141	5	12	14	15	21	27	3	94	2009/40	312	4	7	10	20	26	30	12	97
2009/53	141	5	12	18	19	22	28	4	106	2009/54	024	16	17	23	26	31	32	11	145
2009/73	141	9	16	17	18	22	27	14	109	2009/74	222	5	10	16	19	23	28	13	101
2009/75	141	1	13	15	17	20	30	5	96	2009/76	123	9	18	19	25	28	31	6	130
2010/71	141	5	13	14	17	20	26	1	95	2010/72	222	6	8	22	23	30	31	1	120
2010/91	141	6	13	16	20	22	24	16	101	2010/92	123	3	13	19	27	28	30	2	120
2010/107	141	8	12	15	17	22	23	16	107	2010/108	312	2	4	8	20	23	24	7	81
2010/151	141	2	13	14	17	19	26	14	91	2010/152	222	4	9	17	21	25	31	1	107
2011/11	141	1	12	18	19	21	24	10	95	2011/12	321	7	8	11	13	15	26	13	80
2011/97	141	9	17	19	20	21	26	16	112	2011/98	231	3	7	20	21	22	32	5	105
2012/11	141	4	14	15	16	20	26	5	95	2012/12	042	16	17	20	23	27			120
2012/19	141	7	14	18	20	22	30	16	111	2012/20	222	3	8	12	18	23	29	11	93
2012/49	141	4	12	13	19	20	32	2	100	2012/50	141	7	13	15	17	19	24	11	95
2012/50	141	7	13	15	17	19	24	11	95	2012/51	132	2	12	14	17	30	31	9	106
2012/62	141	2	13	16	17	20	31	7	99	2012/63	222	2	10	17	19	24	27	12	99
2012/99	141	8	12	15	16	21	16	16	99	2012/100	222	5	7	15	18	25	33	10	103
2012/101	141	9	12	17	18	20	33	2	109	2012/102	015	13	25	27	28	29	30	15	152
2012/105	141	6	13	14	15	17	30	4	95	2012/106	042	13	14	20	22	23	32	16	124
2012/132	141	7	12	16	17	21	25	10	98	2012/133	321	1	8	11	20	21	29	2	90
2013/31	141	3	13	14	15	21	33	3	99	2013/32	114	4	21	25	29	30	33	3	142
2013/49	141	10	13	14	16	21	32	14	106	2013/50	231	3	7	18	22	25		3	88
2013/79	141	7	13	17	19	22	26	13	104	2013/80	213	10	11	23	28	32		16	116
2013/82	141	4	13	14	20	22	30	6	103	2013/83	231	5	6	12	14	19	23	9	79
2013/88	141	9	15	20	21	22	24	14	111	2013/89	231	4	8	12	19	21	25	13	89
2013/98	141	7	15	18	19	20	26	14	105	2013/99	222	5	11	20	21	26	31	3	114
2013/115	141	3	12	16	17	18	27	8	93	2013/116	033	12	15	21	26	32	33	7	139
2013/142	141	11	12	14	20	22	29	14	108	2013/143	042	12	18	21	22	27	32	11	132
2013/147	141	2	15	16	17	19	30	8	99	2013/148	240	6	11	12	14	17	22	1	82

续表

期号	三区分布	红球						蓝球	和值	期号	三区分布	红球						蓝球	和值
2014/92	141	3	13	18	19	22	26	7	101	2014/93	411	2	8	9	10	20	29	5	78
2014/106	141	9	14	17	18	21	25	15	104	2014/107	132	11	14	17	22	25	27	16	116
2014/151	141	8	13	15	20	21	25	12	102	2015/01	321	1	7	9	16	20	23	6	76
2015/11	141	4	14	15	17	18	20	15	88	2015/12	213	3	5	22	23	29	31	6	113
2015/26	141	2	13	17	21	22	33	13	108	2015/27	312	5	7	9	16	26	29	7	92
2015/29	141	7	14	15	19	21	28	7	104	2015/30	231	8	11	14	15	16	26	7	90
2015/49	141	7	12	14	17	20	23	5	93	2015/50	231	3	9	12	16	17	31	4	88
2015/62	141	9	14	15	18	20	26	16	103	2015/63	321	1	7	9	16	22	32	12	87
2015/87	141	9	15	16	19	20	28	11	107	2015/88	123	2	12	20	24	29	31	9	118
2015/107	141	7	14	16	18	21	25	8	101	2015/108	132	2	12	19	22	24	27	15	106
2015/111	141	8	14	16	18	20	30	12	101	2015/112	321	1	3	10	19	20	27	11	80
2015/131	141	10	12	13	19	22	26	3	102	2015/132	303	3	5	11	28	30	33	1	110
2016/27	141	11	13	15	17	19	31	5	106	2016/28	222	6	8	12	21	25	29	1	101
2016/32	141	8	12	14	15	21	27	15	97	2016/33	132	6	17	18	20	27	29	15	117
2016/64	141	3	12	14	17	19	26	3	91	2016/65	033	13	16	22	25	26	27	14	129
2016/85	141	1	12	19	20	21	25	16	98	2016/86	321	9	10	11	12	15	32	5	89
2016/90	141	2	13	17	20	21	26	7	99	2016/91	222	4	8	14	22	23	28	7	99
2016/96	141	6	13	14	21	22	24	16	100	2016/97	114	6	13	25	26	28	31	1	129
2016/112	141	6	12	14	15	18	25	12	90	2016/113	231	1	11	16	17	20	26	14	91
2016/134	141	11	12	13	14	18	33	13	101	2016/135	321	2	8	10	18	20	33	12	91
2016/141	141	4	13	15	17	21	24	15	94	2016/142	222	1	10	17	21	23	30	12	102
2017/25	141	2	15	16	17	22	32	7	104	2017/26	222	3	10	12	19	27	30	8	101
2017/80	141	1	12	16	20	22	24	8	95	2017/81	213	3	5	14	25	26	30	5	103
2017/109	141	8	14	16	18	21	23	16	100	2017/110	231	1	3	12	15	19	23	14	73
2017/114	141	6	12	13	15	18	26	13	90	2017/115	303	4	10	11	25	30	31	1	111
2017/150	141	6	14	19	20	21	23	8	103	2017/151	501	2	5	7	9	11	27	16	61
2018/03	141	1	4	16	17	20	31	4	99	2018/04	033	14	18	19	26	30	31	11	138
2018/22	141	7	14	19	21	22	23	3	106	2018/23	042	12	15	16	21	26	29	16	119
2018/25	141	4	13	16	19	21	25	14	98	2018/26	222	4	7	12	14	26	32	4	95

期号	三区分布	红球						蓝球	和值	期号	三区分布	红球						蓝球	和值
		上	期									下	期						
2018/46	141	10	13	14	18	20	31	3	106	2018/47	231	6	7	12	16	22	25	7	88
2018/57	141	5	15	17	19	20	30	13	106	2018/58	132	7	12	13	16	26	31	7	105
2018/66	141	9	16	17	19	22	26	10	109	2018/67	330	1	4	9	12	15	18	5	59
2018/82	141	6	12	14	20	22	24	9	98	2018/83	222	4	9	18	21	32	33	3	117
2018/110	141	11	13	16	21	22	23	2	106	2018/111	213	1	7	14	24	25	28	8	99
2018/124	141	9	13	14	19	22	25	2	102	2018/125	321	3	10	11	14	15	32	2	85
2018/144	141	8	13	17	18	20	27	13	103	2018/145	222	3	9	13	22	23	25	6	95
2019/26	141	3	13	15	19	20	27	14	97	2019/27	510	2	6	8	10	11	17	13	54
2019/31	141	3	13	15	18	21	33	16	103	2019/32	312	4	8	9	13	28	33	4	95

表 5-13　福彩双色球开奖号码"三区比"上下期对应表

三区代码：042

期号	三区分布	红球						蓝球	和值	期号	三区分布	红球						蓝球	和值
2003/53	042	15	19	20	21	28	29	13	132	2003/54	312	2	5	9	21	31	33	12	101
2003/75	042	16	17	19	22	31	33	11	138	2003/76	141	1	13	16	18	20	29	2	97
2004/61	042	13	16	19	20	23	33	9	124	2004/62	114	1	12	25	27	28	29	13	122
2004/64	042	14	15	18	20	27	31	4	125	2004/65	024	13	14	27	29	32	33	8	148
2005/20	042	14	16	19	20	25	29	5	123	2005/21	204	2	6	24	26	30	31	16	119
2005/36	042	12	19	21	20	26	31	15	129	2005/37	132	7	12	14	22	24	32	16	111
2005/98	042	12	15	19	22	31	33	1	132	2005/99	132	10	13	16	22	24	31	9	116
2005/113	042	15	18	20	22	26	27	3	128	2005/114	321	6	7	10	15	21	27	6	86
2006/80	042	15	17	20	22	26	29	9	129	2006/81	051	14	16	18	21	22	32	4	123
2006/94	042	15	16	17	18	24	33	13	123	2006/95	231	1	3	17	20	21	29	16	91
2006/124	042	12	13	14	18	31	32	13	110	2006/125	024	15	19	23	30	32	33	6	152
2007/40	042	13	14	15	19	24	30	10	115	2007/41	402	1	3	9	11	26	31	12	81
2007/75	042	13	16	17	22	30	32	5	130	2007/76	141	6	12	16	19	20	31	2	100
2008/143	042	12	17	18	19	26	27	6	119	2008/144	303	2	5	10	27	29	33	15	106
2009/29	042	12	13	15	22	23	29	13	114	2009/30	114	8	14	24	26	28	32	7	132
2010/69	042	12	14	20	22	24	32	11	124	2010/70	114	8	13	23	27	31	33	7	135
2011/03	042	13	14	21	22	23	27	4	120	2011/04	411	4	8	10	13	26	5	5	67
2011/20	042	12	16	17	19	24	30	5	118	2011/21	222	1	2	14	18	25	31	8	91
2011/27	042	13	18	21	22	25	26	1	125	2011/28	330	1	4	5	14	16	17	1	57
2011/34	042	13	14	17	19	24	31	8	118	2011/35	042	13	14	18	20	27	31	2	123
2011/35	042	13	14	18	20	27	31	2	123	2011/36	222	2	11	20	22	24	31	5	110
2011/56	042	13	16	19	20	23	25	10	116	2011/57	222	4	6	20	21	26	33	2	110
2011/133	042	12	14	20	21	24	31	12	123	2011/134	402	1	2	6	7	30	31	10	77
2011/135	042	12	13	17	20	25	26	12	113	2011/136	321	2	4	6	20	22	31	7	85
2012/12	042	15	17	18	20	23	27	1	120	2012/13	204	6	8	24	29	30	32	13	129
2012/74	042	15	16	18	19	28	32	8	128	2012/75	213	4	6	22	23	29	32	11	116
2012/106	042	13	14	21	22	22	32	16	124	2012/107	123	11	12	15	24	25	31	9	118
2012/117	042	13	15	18	20	24	28	9	118	2012/118	321	5	6	7	12	15	28	11	73
2012/122	042	12	13	19	22	28	29	11	123	2012/123	213	8	10	16	25	28	33	9	120

上　　期										下　　期									
期号	三区分布	红球						蓝球	和值	期号	三区分布	红球						蓝球	和值
2013/110	042	15	17	18	21	29	32	13	132	2013/111	501	1	2	3	6	8	33	13	53
2013/143	042	12	18	21	22	27	32	11	132	2013/144	222	5	7	12	19	27	31	2	101
2014/18	042	13	17	18	21	30	33	15	132	2014/19	240	2	10	15	19	20	21	7	87
2014/53	042	14	17	19	22	26	31	2	129	2014/54	402	1	4	5	11	29	30	14	80
2014/105	042	14	16	17	19	27	32	4	125	2014/106	141	9	14	17	18	21	25	15	104
2015/21	042	14	15	16	17	27	28	8	117	2015/22	312	4	7	10	16	23	25	10	85
2015/48	042	13	16	17	22	25	27	10	120	2015/49	141	7	12	14	17	20	23	5	93
2015/84	042	15	18	20	22	28	29	15	132	2015/85	204	2	8	25	27	28	29	5	119
2016/06	042	13	16	18	20	28	31	12	126	2016/07	132	5	12	14	20	27	29	6	107
2016/133	042	15	16	21	22	27	33	15	134	2016/134	141	11	12	13	14	18	33	13	101
2017/63	042	12	16	20	22	25	31	4	126	2017/64	222	2	10	16	22	24	28	15	102
2018/23	042	12	15	16	21	26	29	16	119	2018/24	123	11	19	22	26	31	32	2	141
2018/30	042	13	14	20	21	25	33	7	126	2018/31	132	2	16	18	19	27	30	14	112
2018/79	042	14	15	17	22	24	29	13	121	2018/80	222	4	7	13	22	29	33	3	108
2019/42	042	15	17	19	22	25	26	4	124	2019/43	222	1	6	12	13	24	32	13	88

表 5-14　福彩双色球开奖号码"三区比"上下期对应

三区代码：303

上 期									下 期								
期号	三区分布	红球						蓝球	和值	期号	三区分布	红球						蓝球	和值
2003/03	303	1	7	10	23	28	32	16	101	2003/04	411	4	6	7	10	13	25	3	65
2003/38	303	5	7	8	24	25	27	16	96	2003/39	204	3	5	23	24	27	32	3	114
2004/16	303	4	7	8	28	30	32	5	109	2004/17	132	5	12	14	15	25	31	9	102
2004/19	303	5	10	11	23	24	32	4	105	2004/20	312	1	2	9	22	28	31	4	93
2004/25	303	7	8	10	24	29	33	4	111	2004/26	222	4	10	14	18	28	32	15	106
2004/60	303	3	5	11	24	27	28	15	98	2004/61	042	13	16	19	20	23	33	9	124
2004/85	303	3	8	11	29	30	32	1	113	2004/86	132	10	13	18	19	25	27	1	112
2005/01	303	1	7	8	23	27	28	14	94	2005/02	213	6	9	20	26	28	33	14	122
2005/17	303	2	6	10	25	27	31	3	101	2005/18	303	1	3	6	22	23	25	6	80
2005/18	303	1	3	6	22	23	25	6	80	2005/19	240	6	11	12	13	19	22	8	83
2005/94	303	3	5	9	23	27	33	1	100	2005/95	132	9	12	18	21	28	29	5	117
2006/17	303	3	4	8	31	32	33	2	111	2006/18	132	1	13	14	17	24	26	5	95
2006/86	303	4	8	10	24	26	31	6	101	2006/87	411	4	5	9	12	30	5	68
2006/121	303	3	4	9	27	31	33	6	104	2006/122	411	4	5	6	8	22	24	3	69
2007/17	303	5	9	10	24	25	32	14	105	2007/18	141	1	12	18	20	21	26	11	98
2007/78	303	4	6	7	23	25	32	1	97	2007/79	231	3	4	14	20	21	25	14	87
2007/88	303	2	4	10	28	29	33	6	106	2007/89	321	3	7	8	15	19	28	3	80
2008/18	303	2	5	6	23	30	33	13	95	2008/19	312	2	9	11	17	27	31	5	97
2008/86	303	4	5	10	26	27	30	12	102	2008/87	204	1	7	26	29	30	31	6	124
2008/144	303	2	5	10	27	29	33	15	106	2008/145	132	7	13	18	22	26	29	2	115
2008/152	303	1	4	6	22	26	30	8	89	2008/153	222	1	4	18	21	24	30	16	98
2009/45	303	3	4	6	23	30	32	1	98	2009/46	033	16	20	21	26	29	30	9	142
2009/63	303	2	5	11	24	28	32	16	106	2009/64	213	1	2	4	23	24	29	15	97
2009/81	303	4	5	6	25	29	30	3	99	2009/82	132	11	15	18	21	27	29	2	121
2010/02	303	3	4	7	23	30	33	13	102	2010/03	024	14	22	26	27	28	31	4	148
2010/49	303	1	6	10	26	27	28	2	98	2010/50	123	7	21	22	26	28	30	11	134
2010/81	303	2	3	9	24	26	27	5	91	2010/82	222	1	8	13	14	27	31	2	94
2010/94	303	3	5	7	27	31	32	10	105	2010/95	222	9	11	16	17	25	27	14	105
2011/64	303	3	6	7	29	30	33	2	108	2010/65	114	4	16	23	25	27	29	3	124

期号	三区分布	红球						蓝球	和值	期号	三区分布	红球						蓝球	和值
				上		期								下		期			
2011/80	303	2	7	9	25	31	32	9	106	2010/81	123	6	14	19	23	25	32	12	119
2011/89	303	1	2	11	24	29	30	12	97	2011/90	231	2	5	14	18	21	25	16	85
2011/113	303	6	10	11	25	32	33	5	117	2011/114	132	1	14	15	16	30	32	9	108
2012/03	303	3	6	8	24	29	31	9	101	2012/04	411	1	5	10	11	21	23	16	71
2012/34	303	2	3	8	23	32	33	16	101	2012/35	222	9	11	12	21	24	26	5	103
2012/66	303	1	2	9	26	29	33	12	100	2012/67	312	4	5	21	26	30		16	96
2012/70	303	2	3	4	24	31	32	11	96	2012/71	231	3	4	19	21	22	23	8	92
2012/81	303	2	5	10	24	25	29	6	95	2012/82	321	2	4	11	18	22	29	6	86
2012/114	303	1	6	11	26	27	29	15	100	2012/115	213	3	8	20	24	26	32	14	113
2013/36	303	4	5	9	27	29	31	13	105	2013/37	123	2	15	11	27	28	32	14	122
2013/75	303	4	6	9	25	30	33	14	107	2013/76	015	14	23	24	26	29	30	3	146
2013/90	303	2	5	11	23	24	29	8	94	2013/91	114	1	14	24	25	28	31	10	126
2013/93	303	1	2	8	26	29	31	14	97	2013/94	240	2	4	14	18	20	22	7	80
2013/101	303	5	7	9	23	27	32	1	103	2013/102	510	2	4	5	6	8	16	3	41
2013/141	303	3	4	5	25	30	31	4	98	2013/142	141	11	12	14	20	22	29	14	108
2014/03	303	6	10	11	28	30	33	12	118	2014/04	222	1	4	19	24	24	25	15	95
2014/130	303	1	2	10	24	30	33	10	100	2014/131	132	5	17	21	22	28	32	14	125
2015/06	303	1	10	11	29	31	33	13	115	2015/07	321	1	7	9	17	20	33	8	87
2015/28	303	4	7	10	26	27	28	14	102	2015/29	141	7	14	15	19	21	28	7	104
2015/67	303	2	5	8	24	25	31	14	95	2015/68	132	6	15	18	21	26	27	10	113
2015/106	303	1	3	4	23	31	32	13	94	2015/107	141	1	14	16	18	21	25	8	101
2015/132	303	3	5	11	23	30	33	1	110	2015/133	231	3	4	19	22	24		15	84
2015/151	303	5	6	8	23	31	32	11	105	2015/152	132	11	18	19	21	29	32	12	130
2016/78	303	2	4	8	23	26	29	2	92	2016/79	312	1	3	10	12	24	28	2	78
2016/121	303	2	3	10	23	25	28	9	91	2016/122	024	15	22	23	24	28	29	8	141
2017/06	303	2	4	8	26	29	33	8	102	2017/07	303	2	4	5	24	26	33	15	94
2017/07	303	2	4	5	24	26	33	15	94	2017/08	123	7	13	15	27	28	29	3	119
2017/54	303	2	3	9	23	28	33	8	98	2017/55	132	7	12	13	20	24	31	5	107
2017/91	303	5	7	10	23	28	29	3	102	2017/92	123	10	18	19	29	32	33	9	141

上 期										下 期									
期号	三区分布	红球						蓝球	和值	期号	三区分布	红球						蓝球	和值
2017/101	303	1	4	11	28	31	32	16	107	2017/102	330	4	8	10	14	18	20	11	74
2017/115	303	4	10	11	25	30	31	1	111	2017/116	132	2	14	20	22	30	32	2	120
2017/124	303	2	6	11	26	28	29	3	102	2017/125	114	1	14	23	25	29	30	3	122
2018/01	303	1	8	11	26	28	31	4	105	2018/02	114	7	18	24	29	31	33	16	142
2018/17	303	3	6	11	26	30	32	12	108	2018/18	132	2	12	13	18	25	27	7	97
2018/45	303	3	4	6	25	26	30	1	94	2018/46	141	10	13	14	18	20	31	3	106

表5－15　福彩双色球开奖号码"三区比"上下期对应表

三区代码：033

上　　期										下　　期									
期号	三区分布	红球						蓝球	和值	期号	三区分布	红球						蓝球	和值
2003/21	033	14	15	18	25	26	30	1	128	2003/22	321	2	7	11	12	14	32	8	78
2003/79	033	12	15	22	23	26	31	4	129	2003/80	114	9	20	24	25	28	30	10	136
2003/89	033	18	19	21	26	27	33	16	144	2004/01	501	1	2	3	7	10	25	7	48
2004/13	033	12	14	21	29	30	32	13	138	2004/14	321	3	7	11	17	20	26	12	84
2004/89	033	14	17	20	25	28	30	14	134	2004/90	123	1	18	20	24	32	33	12	128
2005/14	033	13	19	21	23	30	32	5	138	2005/15	321	4	9	16	17	29	15	83
2005/35	033	12	16	21	28	29	30	14	136	2005/36	042	12	19	20	21	26	31	15	129
2005/56	033	12	17	19	27	29	31	9	135	2005/57	312	5	6	10	15	30	31	13	98
2006/33	033	15	20	22	23	27	31	6	139	2006/34	231	2	10	15	16	17	33	13	93
2006/39	033	16	19	22	28	31	32	1	148	2006/40	024	15	20	25	26	28	33	3	149
2006/103	033	12	14	15	25	28	31	6	125	2006/104	213	3	7	22	27	28	31	11	118
2006/141	033	16	18	22	23	25	31	11	135	2006/142	132	10	16	19	22	26	27	16	120
2007/56	033	14	17	21	29	31	32	12	144	2007/57	240	5	11	18	19	20	21	9	94
2007/92	033	14	18	22	23	24	33	9	134	2007/93	231	5	10	13	15	19	29	2	91
2007/106	033	12	18	21	24	25	29	8	129	2007/107	312	2	8	9	18	24	28	10	89
2008/22	033	12	18	20	24	28	32	1	134	2008/23	123	8	16	18	25	26	32	2	125
2008/27	033	15	18	19	23	24	26	13	125	2008/28	123	1	3	21	26	29	32	10	122
2008/33	033	12	17	18	30	31	33	4	141	2008/34	411	3	5	9	11	21	29	9	78
2008/46	033	15	16	18	24	28	33	15	134	2008/47	150	9	12	13	14	20	22	10	90
2008/57	033	19	20	21	26	28	30	8	144	2008/58	123	1	12	21	27	29	31	11	121
2008/111	033	17	18	21	25	31	32	6	144	2008/112	132	5	12	14	19	22	23	6	96
2009/38	033	12	13	15	23	32	33	9	123	2009/39	141	5	12	14	15	21	27	3	94
2009/46	033	16	20	21	24	29	32	9	142	2009/47	330	6	9	11	15	21	22	16	83
2011/18	033	13	15	18	28	30	33	1	137	2011/19	222	2	4	12	19	32	33	16	102
2011/67	033	17	19	20	24	25	27	12	132	2011/68	321	3	7	10	15	19	24	10	78
2011/110	033	12	14	21	26	28	33	12	134	2011/111	312	1	3	5	20	25	27	4	81
2011/127	033	16	19	22	23	27	29	11	136	2011/128	231	9	11	14	17	19	23	12	93
2011/142	033	12	15	16	26	29	31	2	129	2011/143	231	7	8	12	14	15	30	16	86
2013/25	033	16	17	18	24	25	30	9	130	2013/26	231	4	11	14	15	22	31	11	97

期号	三区分布	红球						蓝球	和值	期号	三区分布	红球						蓝球	和值
				上		期								下		期			
2013/57	033	13	16	19	23	26	28	5	125	2013/58	222	8	11	17	21	23	24	5	104
2013/108	033	16	21	22	28	31	32	5	150	2013/109	105	9	23	24	27	29	32	8	144
2013/116	033	12	15	21	26	32	33	7	139	2013/117	123	9	12	13	24	27	33	16	118
2013/132	033	20	21	22	23	25	27	12	138	2013/133	231	4	7	12	19	22	25	1	89
2014/33	033	12	18	19	23	24	30	10	126	2014/34	231	4	10	16	17	21	27	14	95
2014/42	033	12	15	20	25	28	33	14	133	2014/43	312	2	5	9	14	24	33	9	87
2014/101	033	16	18	20	23	24	32	7	133	2014/102	033	14	16	21	24	28	31	13	134
2014/102	033	14	16	21	24	28	31	13	134	2014/103	411	3	8	9	10	18	33	4	81
2014/133	033	13	14	16	23	30	31	13	127	2014/134	123	5	16	22	23	26	28	2	120
2015/17	033	13	18	20	25	27	33	12	136	2015/18	222	6	9	12	14	28	29	9	98
2015/40	033	13	16	18	27	30	32	16	136	2015/41	321	4	9	11	17	21	25	6	87
2015/81	033	13	20	22	26	28	31	13	140	2015/82	312	2	8	9	14	28	30	7	91
2015/89	033	12	14	19	27	28	29	1	129	2015/90	132	10	12	14	22	25	33	15	116
2015/146	033	16	17	21	28	30	32	15	144	2015/147	213	8	9	16	23	24	30	5	110
2016/63	033	16	17	18	23	28	32	7	134	2016/64	141	3	12	14	17	19	26	3	91
2016/65	033	13	16	22	25	26	27	14	129	2016/66	240	3	7	13	18	19	20	5	80
2017/57	033	18	20	22	23	30	31	16	144	2017/58	222	1	9	13	22	28	32	11	105
2017/82	033	14	18	21	25	28	29	10	135	2017/83	222	3	8	14	20	24	26	12	95
2017/106	033	12	15	20	25	27	31	2	130	2017/107	222	8	9	15	17	30	32	6	111
2017/127	033	14	15	21	24	27	32	12	133	2017/128	222	2	6	13	22	29	31	8	103
2018/04	033	14	18	19	26	30	31	11	138	2018/05	123	2	20	21	28	31	33	6	135
2018/07	033	13	14	20	25	27	31	12	130	2018/08	330	5	9	10	12	17	19	13	72
2019/25	033	15	16	21	27	30	33	4	142	2019/26	141	3	13	15	19	20	27	14	97

表5－16　福彩双色球开奖号码"三区比"上下期对应表

三区代码：402

上　期									下　期								
期号	三区分布	红球						蓝球	和值	期号	三区分布	红球						蓝球	和值
2003/87	402	2	3	4	5	24	28	13	66	2003/88	222	3	10	21	22	24	33	12	91
2004/18	402	2	5	6	8	28	30	6	79	2004/19	303	5	10	11	23	24	32	4	105
2004/47	402	1	7	8	11	27	31	6	85	2004/48	321	8	9	11	16	17	29	9	90
2004/53	402	2	3	4	9	24	25	2	67	2004/54	222	9	11	14	16	27	28	11	105
2004/87	402	1	3	7	8	25	26	14	70	2004/88	222	2	10	19	22	24	33	14	109
2005/49	402	2	3	7	8	10	25	12	55	2005/50	222	2	9	12	20	26	32	13	101
2005/66	402	2	4	10	11	25	28	5	80	2005/67	141	3	12	16	20	21	26	16	98
2006/54	402	3	5	7	10	28	30	4	83	2006/55	204	4	5	28	29	31	33	11	130
2007/21	402	3	6	9	11	25	31	13	85	2007/22	411	2	4	7	10	18	27	10	68
2007/41	402	1	3	9	11	26	31	12	81	2007/42	132	3	13	16	19	32	33	8	116
2007/52	402	2	3	7	8	26	29	7	75	2007/53	141	10	13	16	17	18	27	11	101
2007/117	402	3	7	9	10	26	32	1	87	2007/118	222	10	16	18	25	32	15	105
2007/130	402	3	5	9	11	27	31	4	86	2007/131	321	3	5	7	16	22	27	5	80
2007/151	402	1	6	10	11	23	25	2	76	2007/152	123	11	17	21	29	30	33	8	141
2009/121	402	2	4	6	10	25	30	9	77	2009/122	123	7	14	16	27	29	32	1	125
2010/48	402	1	6	8	10	23	33	2	81	2010/49	303	1	6	10	26	27	28	2	98
2011/14	402	5	7	10	11	23	26	16	82	2011/15	213	3	6	13	26	27	29	7	104
2011/62	402	4	8	9	10	29	30	3	99	2011/63	240	4	6	13	15	18	19	5	75
2011/95	402	3	7	8	10	23	24	5	75	2011/96	330	1	4	7	13	14	19	15	58
2011/134	402	1	2	6	7	30	31	10	77	2011/135	042	12	13	17	20	25	26	12	113
2011/149	402	4	5	6	7	23	31	16	76	2011/150	231	8	10	12	13	22	27	13	94
2013/70	402	2	3	9	10	28	30	6	82	2013/71	123	1	6	10	13	15	26	27	9	115
2013/121	402	4	5	6	25	27	7	74	2013/122	222	1	6	13	15	26	27	11	98
2014/34	402	2	4	25	31	6	72	2014/35	312	7	8	17	32	33	6	106
2014/54	402	1	4	5	11	29	30	14	80	2014/55	231	2	9	14	19	21	30	4	95
2014/137	402	3	6	9	11	25	29	9	83	2014/138	213	6	13	29	31	33	13	116
2015/150	402	1	3	8	11	29	31	13	83	2015/151	303	5	6	8	23	31	32	11	105
2017/36	402	1	2	5	10	24	27	15	69	2017/37	132	11	15	20	22	25	30	5	123
2017/47	402	2	5	8	10	32	33	2	90	2017/48	321	5	8	9	14	15	19	7	70

上 期								下 期							
期号	三区分布	红球					蓝球	和值	期号	三区分布	红球					蓝球	和值
2017/131	402	1	7	10	11	26	27	11	82	2017/132	411	2	3	5	9	13	28	11	60
2018/21	402	3	4	6	11	23	28	14	75	2018/22	141	7	14	9	21	22	23	3	106
2018/37	402	1	6	7	8	27	30	10	79	2018/38	015	15	23	24	25	28	29	9	144
2018/142	402	3	8	10	11	27	28	11	89	2018/143	213	4	6	15	28	32	33	14	118

表5－17　福彩双色球开奖号码"三区比"上下期对应表

三区代码：114

期号	上 期 三区分布	红球						蓝球	和值	期号	下 期 三区分布	红球						蓝球	和值
2003/16	114	11	17	28	30	31	33	6	150	2003/17	213	5	8	18	23	25	31	6	110
2003/36	114	7	21	24	25	27	28	15	132	2003/37	132	9	14	17	18	26	32	7	116
2003/47	114	3	17	26	28	32	33	16	139	2003/48	123	10	12	20	28	30	31	9	121
2003/68	114	9	19	25	27	32	33	11	145	2003/69	222	7	11	16	19	26	28	11	107
2003/78	114	7	12	23	26	29	30	11	127	2003/79	033	12	15	22	23	26	31	4	129
2003/80	114	9	20	24	25	28	30	10	136	2003/81	213	1	2	14	26	29	30	7	102
2004/57	114	5	21	23	25	28	32	4	134	2004/58	312	1	8	11	12	27	31	12	90
2004/62	114	1	12	25	27	28	29	13	122	2004/63	222	7	10	13	16	27	28	7	101
2004/82	114	3	20	24	27	29	30	15	142	2004/83	024	14	16	27	28	30	33	6	148
2004/106	114	10	15	23	26	28	29	12	131	2004/107	240	1	8	12	13	18	20	7	72
2005/64	114	10	18	23	27	30	32	8	140	2005/65	051	12	16	17	21	22	23	16	111
2005/105	114	4	15	23	30	32	33	3	137	2005/106	213	1	11	13	24	26	31	13	106
2006/14	114	6	14	26	29	32	33	7	140	2006/15	312	2	3	9	15	29	32	3	90
2006/37	114	2	12	23	24	25	32	14	118	2006/38	141	2	14	17	19	27	30	10	104
2006/42	114	3	16	23	26	28	31	11	127	2006/43	132	5	12	13	16	23	32	3	101
2007/100	114	8	18	27	29	30	32	6	144	2007/101	051	15	16	18	21	22	30	6	122
2007/113	114	4	18	23	25	26	31	10	127	2007/114	123	5	12	15	24	27	33	5	116
2007/142	114	11	20	25	26	27	30	8	139	2007/143	213	1	6	22	23	24	26	4	102
2007/144	114	8	14	23	25	28	32	6	130	2007/145	312	8	9	11	12	25	31	11	96
2008/09	114	9	21	29	30	31	32	16	152	2008/10	321	3	6	11	17	21	27	9	87
2008/121	114	2	22	23	27	31	32	6	137	2008/122	321	2	6	11	14	19	26	15	80
2009/01	114	4	21	23	24	30	31	4	133	2009/02	123	10	12	16	17	20	33	14	128
2009/30	114	8	14	24	26	28	32	7	132	2009/31	312	1	2	3	15	30	33	1	82
2009/97	114	7	13	24	26	28	32	11	130	2009/98	132	3	14	15	20	23	30	2	105
2010/03	114	14	22	26	27	28	31	4	148	2010/04	132	4	12	13	16	23	28	7	93
2010/24	114	7	16	26	27	29	32	1	136	2010/25	411	4	5	7	10	13	25	11	64
2010/51	114	4	17	23	27	28	32	3	131	2010/52	213	1	2	19	23	27	29	10	101
2010/53	114	3	22	24	27	28	30	14	134	2010/54	321	1	6	8	12	14	25	6	66
2010/64	114	8	14	25	26	30	31	11	134	2010/65	312	2	7	8	17	30	32	12	96

续表

上　　期									下　　期								
期号	三区分布	红球						蓝球	和值	期号	三区分布	红球						蓝球	和值
2010/70	114	8	13	23	27	31	33	7	135	2010/71	141	5	13	14	17	20	26	1	95
2010/86	114	5	21	28	29	30	31	8	144	2010/87	222	1	8	16	17	25	30	10	97
2010/104	114	7	17	23	24	27	32	2	130	2010/105	321	1	8	9	19	21	31	11	89
2010/119	114	7	17	25	27	30	31	9	137	2010/120	501	1	2	5	6	10	29	16	53
2010/138	114	1	21	23	24	26	30	5	125	2010/139	132	11	13	18	20	26	31	9	119
2010/145	114	3	21	24	27	28	31	8	134	2010/146	132	1	17	18	22	25	32	1	115
2011/47	114	4	13	23	25	27	33	14	125	2011/48	123	10	14	18	25	26	27	15	120
2011/65	114	4	16	23	25	27	29	3	124	2011/66	222	4	6	14	17	30	32	12	103
2011/74	114	2	21	26	28	29	32	1	138	2011/75	312	7	9	10	12	31	32	13	101
2011/139	114	8	20	24	27	30	31	3	140	2011/140	132	4	18	20	22	27	29	6	120
2012/06	114	2	22	25	29	32	33	8	143	2012/07	123	10	17	19	27	28	32	4	133
2012/09	114	4	16	24	26	27	33	11	130	2012/10	222	1	3	13	19	25	26	10	87
2012/85	114	5	17	24	30	31	33	5	140	2012/86	231	8	9	13	15	22	23	8	90
2012/109	114	2	12	24	26	29	31	3	124	2012/110	321	3	7	10	13	22	32	9	87
2012/116	114	3	21	26	29	31	32	3	142	2012/117	042	13	15	18	20	24	28	9	118
2012/145	114	5	20	26	27	28	33	3	139	2012/146	312	1	5	7	13	29	32	13	87
2012/151	114	5	14	24	25	26	32	1	126	2012/152	132	10	12	18	22	28	29	7	149
2013/32	114	4	21	25	29	30	33	3	142	2013/33	231	5	6	13	17	19	28	1	88
2013/56	114	3	12	25	28	29		16	123	2013/57	033	13	16	19	23	26	28	5	125
2013/77	114	9	14	23	24	26	29	3	125	2013/78	222	3	5	17	18	26	27	15	96
2013/91	114	4	14	24	25	28	31	10	126	2013/92	222	7	11	15	21	26	31	6	111
2013/146	114	8	20	25	30	32	33	1	148	2013/147	141	2	15	16	17	19	30	8	99
2013/149	114	9	18	25	26	30	32	11	140	2013/150	123	1	15	16	25	26	29	10	112
2014/02	114	4	21	23	31	32	33	4	144	2014/03	303	6	10	11	28	30	33	12	118
2014/33	114	5	13	23	28	32	33	12	134	2014/34	402	1	3	4	8	25	31	6	72
2014/50	114	3	17	23	25	26	32	13	125	2014/51	132	10	16	19	21	23	24	13	113
2014/97	114	7	13	24	25	27	32	15	128	2014/98	132	2	13	17	20	29	31	7	112
2015/57	114	9	20	24	25	26	32	4	136	2015/58	330	2	9	10	18	19	20	15	78
2015/140	114	6	20	28	29	30	31	12	144	2015/141	213	3	8	19	25	27	28	2	110

续表

上　　　期									下　　　期								
期号	三区分布	红球						蓝球	和值	期号	三区分布	红球						蓝球	和值
2016/08	114	2	15	24	29	32	33	2	135	2016/09	114	10	14	24	25	27	32	4	132
2016/09	114	10	14	24	25	27	32	4	132	2016/10	231	2	4	12	14	19	25	6	76
2016/37	114	6	15	26	31	32	33	16	143	2016/38	132	3	12	13	22	28	29	3	107
2016/46	114	7	20	25	26	27	30	14	135	2016/47	330	2	5	8	15	17	22	16	69
2016/50	114	9	12	24	28	29	30	2	132	2016/51	411	1	2	4	9	15	33	12	64
2016/68	114	8	19	23	28	31	32	1	141	2016/69	321	8	10	11	20	21	27	11	97
2016/97	114	6	13	25	26	28	31	1	129	2016/98	204	2	8	25	29	31	32	6	127
2016/149	114	3	20	23	26	32	33	7	137	2016/150	420	2	4	5	9	13	21	5	51
2017/24	114	9	21	25	26	29	31	13	141	2017/25	141	2	15	16	17	22	32	7	104
2017/103	114	1	21	23	25	31	33	1	134	2017/104	132	1	14	15	20	23	30	15	103
2017/125	114	1	14	23	25	29	30	3	122	2017/126	132	1	16	17	21	27	30	16	112
2017/138	114	1	17	24	28	32	33	2	135	2017/139	123	2	14	20	24	28	32	16	120
2017/146	114	1	19	25	26	27	33	10	131	2017/147	222	3	7	20	21	25	31	14	107
2018/02	114	7	18	24	29	31	33	16	142	2018/03	141	1	14	16	17	20	31	4	99
2018/36	114	8	17	24	26	28	33	4	136	2018/37	402	1	6	7	8	27	30	10	79

表5-18 福彩双色球开奖号码"三区比"上下期对应表

三区代码：240

期号	三区分布	红球						蓝球	和值	期号	三区分布	红球						蓝球	和值
2004/05	240	9	11	13	16	17	18	7	84	2004/06	132	4	12	18	20	23	32	6	109
2004/42	240	6	10	13	17	18	21	2	85	2004/43	321	4	9	10	21	22	24	10	90
2004/107	240	1	8	12	13	18	20	7	72	2004/108	123	8	13	14	27	28	31	12	121
2005/19	240	6	11	12	13	19	22	8	83	2005/20	042	14	16	19	20	25	29	5	123
2005/44	240	1	6	16	17	18	22	9	80	2005/45	330	1	7	10	15	18	20	10	71
2005/51	240	3	6	14	19	20	21	2	83	2005/52	222	1	2	14	17	30	32	1	9
2005/71	240	4	6	12	14	19	22	10	76	2005/72	222	6	10	19	20	24	33	11	112
2005/85	240	8	9	13	14	20	22	12	86	2005/86	213	7	11	12	24	27	29	12	110
2005/119	240	1	7	11	18	20	22	2	79	2005/120	222	1	6	13	18	30	32	14	100
2006/49	240	6	10	12	13	17	20	3	78	2006/50	222	2	6	12	15	25	31	7	91
2007/02	240	5	6	14	20	21	22	1	88	2007/03	321	5	9	11	12	22	27	15	86
2007/57	240	5	11	18	19	20	21	9	94	2007/58	312	7	8	10	13	25	27	7	90
2007/139	240	6	10	12	14	16	22	8	80	2007/140	231	1	5	16	21	22	26	11	91
2009/78	240	5	7	12	14	15	20	13	73	2009/79	222	2	9	16	21	30	31	13	109
2009/127	240	2	11	12	14	15	16	4	70	2009/128	222	5	8	15	26	32		1	102
2010/29	240	1	5	14	16	17	22	3	75	2010/30	312	3	6	10	16	25	31	5	91
2010/79	240	8	11	12	14	18	22	2	85	2010/80	231	8	10	13	14	16	23	16	84
2011/13	240	1	3	13	16	21	22	8	76	2011/14	402	5	7	10	11	23	26	16	82
2011/22	240	2	7	14	16	17	21	2	77	2011/23	321	2	3	6	21	22	25	5	79
2011/63	240	4	6	13	15	18	19	5	75	2011/64	303	3	6	7	29	30	33	2	108
2011/94	240	9	11	12	17	18	19	5	86	2011/95	402	3	7	8	10	23	24	5	75
2012/97	240	5	8	13	14	19	22	6	81	2012/98	123	2	12	19	26	29	31	9	119
2012/138	240	1	7	16	17	19	21	14	81	2012/139	123	8	19	21	24	28	31	15	131
2013/38	240	9	10	12	14	15	19	11	79	2013/39	222	1	2	14	15	24	29	6	85
2013/94	240	2	4	14	18	20	22	7	80	2013/95	222	1	6	15	19	28	29	10	98
2013/140	240	1	5	12	13	21	22	10	74	2013/141	303	3	4	5	25	30	31	4	98
2013/148	240	6	11	12	14	17	22	1	82	2013/149	114	9	18	25	26	30	32	11	140
2014/13	240	5	9	13	15	17	21	13	80	2014/14	222	4	9	19	22	25	29	15	108
2014/19	240	2	10	15	19	20	21	7	87	2014/20	123	9	14	17	23	24	25	15	112

期号	三区分布	红球						蓝球	和值	期号	三区分布	红球						蓝球	和值
		上		期								下		期					
2014/23	240	7	9	13	17	21	22	10	89	2014/24	222	8	10	16	20	23	30	9	107
2014/41	240	7	11	16	18	21	22	2	95	2014/42	033	12	15	20	25	28	33	14	133
2014/66	240	2	5	15	17	18	21	16	78	2014/67	321	1	6	7	17	18	23	6	72
2014/77	240	8	9	12	15	19	22	10	85	2014/78	510	2	3	5	6	9	17	7	42
2016/66	240	3	7	13	18	19	20	5	80	2016/67	132	9	13	18	20	27	31	4	118
2016/73	240	9	11	12	15	16	20	13	83	2016/74	321	6	10	11	12	20	25	12	84
2016/126	240	2	6	12	17	18	19	10	74	2016/127	123	7	12	17	26	29	31	16	122
2018/10	240	1	8	17	20	21	22	3	89	2018/11	213	3	10	21	23	27	33	11	117
2019/13	240	5	7	14	16	18	21	1	81	2019/14	321	1	2	3	14	19	33	3	72

表 5－19 福彩双色球开奖号码"三区比"上下期对应表

三区代码：420

期号	三区分布	红球						蓝球	和值	期号	三区分布	红球						蓝球	和值
2003/42	420	3	5	7	10	15	20	7	60	2003/43	321	2	8	10	19	20	32	13	91
2004/33	420	1	4	8	9	19	20	1	61	2004/34	222	2	7	13	20	27	30	14	99
2004/103	420	1	2	3	9	16	21	2	52	2004/104	222	7	11	17	18	24	29	5	106
2005/73	420	1	6	8	9	18	20	1	62	2005/74	222	6	9	18	20	26	29	9	108
2005/138	420	3	5	6	11	20	22	13	67	2005/139	213	2	7	20	23	32	33	10	118
2005/140	420	4	6	7	8	12	17	7	54	2005/141	330	3	5	8	12	16	19	15	63
2006/03	420	2	4	5	6	16	20	12	53	2006/04	213	4	8	17	27	28	31	7	115
2006/29	420	3	4	7	9	14	19	8	56	2006/30	141	8	13	15	17	20	32	14	105
2006/151	420	1	3	4	6	16	22	8	52	2006/152	123	1	14	20	25	27	31	15	118
2007/29	420	6	8	9	11	19	21	10	74	2007/30	132	3	16	21	22	27	30	4	119
2007/98	420	2	3	5	11	19	20	12	60	2007/99	213	3	4	14	27	31	33	5	112
2007/109	420	1	4	7	8	13	14	4	47	2007/110	312	2	4	7	15	24	28	3	80
2008/38	420	3	9	10	11	15	19	13	67	2008/39	321	1	7	10	13	22	29	1	82
2008/64	420	1	2	7	9	12	18	12	49	2008/65	132	5	13	15	19	30	31	5	113
2008/76	420	2	5	7	11	13	18	11	56	2008/77	123	4	12	22	26	30	33	9	127
2008/97	420	3	6	8	9	16	17	13	59	2008/98	411	6	7	10	11	15	30	1	79
2010/05	420	3	5	6	8	17	18	14	57	2010/06	330	3	5	7	13	14	18	5	60
2010/26	420	2	4	5	8	19	22	12	60	2010/27	213	3	4	15	25	26	30	13	103
2010/38	420	1	6	7	11	13	16	1	54	2010/39	123	8	17	21	23	25	32	12	126
2011/10	420	1	4	5	9	15	19	13	53	2011/11	141	1	12	18	19	21	24	10	95
2012/01	420	1	4	5	9	15	17	6	51	2012/02	501	2	3	7	9	10	32	13	63
2012/91	420	1	5	7	8	19	21	16	61	2012/92	132	6	13	17	18	28	32	3	114
2012/137	420	1	2	4	6	13	17	6	43	2012/138	240	1	7	16	17	19	21	4	81
2013/15	420	5	6	7	11	13	18	15	60	2013/16	321	2	5	12	14	28	32	5	67
2013/22	420	2	4	7	9	15	20	7	57	2013/23	222	3	6	15	18	30	32	5	104
2013/84	420	5	7	9	11	20	21	16	73	2013/85	231	2	8	12	14	16	32	16	84
2014/40	420	3	4	6	11	12	15	8	51	2014/41	240	7	11	16	18	21	22	2	95
2014/45	420	2	4	9	11	19	22	5	67	2014/46	330	2	10	11	17	18	22	10	80
2014/100	420	1	6	9	10	14	16	11	55	2014/101	033	16	18	20	23	24	32	7	133

续表

上　　期										下　　期									
期号	三区分布	红球						蓝球	和值	期号	三区分布	红球						蓝球	和值
2015/99	420	6	7	10	11	14	22	9	70	2015/100	330	2	3	11	17	19	21	8	73
2016/36	420	3	4	7	9	20	22	3	65	2016/37	114	6	15	26	31	32	33	16	143
2016/56	420	3	4	8	11	16	18	14	60	2016/57	132	7	12	19	22	23	26	11	109
2016/87	420	2	3	10	11	14	21	12	61	2016/88	132	3	14	16	18	25	33	15	108
2016/150	420	2	4	5	9	13	21	5	51	2016/151	231	6	11	16	20	22	33	7	108
2017/23	420	1	3	4	11	18	22	14	59	2017/24	114	9	21	25	26	29	31	13	141
2017/65	420	2	5	8	10	12	21	7	58	2017/66	321	1	4	6	17	19	26	3	73
2017/76	420	1	4	8	9	14	15	13	51	2017/77	330	1	2	4	15	17	22	14	61
2017/117	420	1	2	8	11	14	21	9	57	2017/118	222	8	9	15	22	30	33	16	117
2017/141	420	1	6	7	11	13	15	5	53	2017/142	132	8	13	14	18	23	33	6	109
2018/50	420	1	2	4	10	18	19	7	54	2018/51	213	5	7	20	23	27	31	4	113
2018/64	420	2	5	10	11	17	21	5	66	2018/65	312	1	4	6	14	28	33	1	86
2018/126	420	1	6	8	9	14	22	5	60	2018/127	510	2	5	6	7	11	15	12	46
2018/132	420	1	2	9	10	15	22	6	59	2018/133	321	2	4	11	12	18	32	13	79
2019/30	420	4	5	7	10	12	22	16	60	2019/31	141	3	13	15	18	21	33	16	103
2019/57	420	4	5	6	8	13	18	16	54	2019/58	222	7	8	12	21	23	27	12	98
2019/59	420	4	5	7	9	16	18	6	59	2019/60	222	3	4	14	20	23	27	1	91

表5-20 福彩双色球开奖号码"三区比"上下期对应表

三区代码：024

期号	三区分布	红球						蓝球	和值	期号	三区分布	红球						蓝球	和值
				上	期									下	期				
2003/57	024	18	19	24	25	30	31	16	147	2003/58	213	9	11	16	28	32	33	2	129
2004/65	024	13	14	27	29	32	33	8	148	2004/66	123	5	13	20	23	24	25	3	110
2004/83	024	14	16	27	28	30	33	6	148	2004/84	411	1	4	8	11	21	25	14	70
2004/95	024	19	22	27	28	30	32	1	158	2004/96	231	1	4	12	16	20	30	15	83
2006/40	024	15	22	25	26	28	33	3	149	2006/41	231	3	10	16	18	21	28	4	96
2006/46	024	6	18	23	29	31	32	8	146	2006/47	132	2	17	20	22	28	32	3	121
2006/62	024	18	22	23	24	26	30	8	143	2006/63	222	4	5	15	21	23	24	8	92
2006/125	024	15	19	23	30	32	33	6	152	2006/126	222	2	8	13	16	24	33	9	96
2008/106	024	14	19	25	27	29	30	15	144	2008/107	132	6	13	18	22	27	32	4	118
2009/50	024	13	21	24	29	30	32	4	149	2009/51	231	6	10	13	16	21	23	7	89
2009/54	024	16	17	23	26	31	32	11	145	2009/55	222	3	4	18	22	24	29	11	100
2009/104	024	20	22	26	29	30	32	16	159	2009/105	312	2	8	10	16	27	30	15	93
2009/118	024	12	16	25	26	27	31	5	137	2009/119	330	6	9	12	15	21	5		71
2010/07	024	14	22	27	28	30	33	14	154	2010/08	231	5	7	13	15	18	30	14	88
2010/40	024	12	19	24	25	30	32	11	142	2010/41	222	3	5	13	19	25	29	12	94
2011/09	024	17	18	23	24	25	26	4	133	2011/10	420	1	4	5	9	15	19	13	53
2011/31	024	16	17	24	28	29	32	12	146	2011/32	330	3	5	7	13	14	15	15	57
2012/119	024	12	20	25	26	27	28	13	138	2012/120	213	1	4	20	24	28	29	16	106
2012/140	024	14	18	27	30	31	33	15	153	2012/141	321	3	5	18	20	27	9		82
2014/05	024	15	18	23	27	32	33	4	148	2014/06	321	3	4	7	17	21	27	14	79
2014/113	024	12	14	28	31	33	33	7	150	2014/114	204	2	7	23	30	32	33	10	127
2015/80	024	14	17	25	27	28	30	2	141	2015/81	240	13	20	22	26	28	31	13	140
2015/120	024	16	21	24	27	28	29	16	142	2015/121	222	1	3	19	21	28	29	12	102
2015/137	024	14	22	23	27	28	31	12	145	2015/138	321	1	2	8	16	19	24	22	70
2016/71	024	19	21	26	28	29	32	1	155	2016/72	132	5	16	19	22	24	25	2	111
2016/122	024	15	22	23	24	28	29	8	141	2016/123	231	7	9	12	14	20	27	16	89
2017/02	024	15	19	23	24	25	32	3	138	2017/03	312	1	4	8	15	27	32	16	87
2017/40	024	15	19	23	28	29	33	4	147	2017/41	231	4	10	13	15	22	27	4	91
2017/140	024	21	22	25	28	29	30	8	155	2017/141	420	1	6	7	11	13	15	5	53

期号	三区分布	红球						蓝球	和值	期号	三区分布	红球						蓝球	和值
上　　期										**下　　期**									
2018/32	024	21	22	23	24	25	32	6	147	2018/33	132	4	19	20	22	28	33	6	126
2018/123	024	13	21	24	27	31	32	1	147	2018/124	141	9	13	14	19	22	25	2	102
2018/131	024	21	22	24	31	32	33	1	163	2018/132	420	1	2	9	10	15	22	6	59
2019/05	024	21	22	26	28	31	32	7	160	2019/06	312	1	5	10	19	26	28	12	89
2019/64	024	12	20	24	25	30	33	12	144	2019/65	321	6	9	11	15	20	26	10	87

表 5-21 福彩双色球开奖号码"三区比"上下期对应表

三区代码：204

期号	三区分布	红球						蓝球	和值	期号	三区分布	红球						蓝球	和值
2003/20	204	7	10	25	26	27	32	4	127	2003/21	033	14	15	18	25	26	30	1	128
2003/32	204	4	11	25	27	29	30	13	126	2003/33	222	1	7	14	20	27	30	10	99
2003/39	204	3	5	23	24	27	32	3	114	2003/40	321	4	5	6	12	14	23	16	64
2004/12	204	1	7	27	30	31	33	8	126	2004/13	033	12	14	21	29	30	32	13	138
2004/35	204	2	8	26	27	30	32	16	125	2004/36	132	2	13	17	18	26	30	1	106
2004/113	204	8	10	23	25	31	32	7	129	2004/114	330	1	6	9	17	21	22	1	76
2005/21	204	2	6	24	26	30	31	16	119	2005/22	222	8	10	12	21	32	33	4	116
2005/97	204	5	10	23	27	28	30	15	123	2005/98	042	12	15	19	22	31	33	1	132
2006/55	204	4	5	28	29	31	33	11	130	2006/56	132	11	13	19	21	23	25	8	108
2006/145	204	2	7	23	26	28	31	7	117	2006/146	213	3	9	13	23	28	30	5	106
2007/103	204	7	9	25	27	30	32	1	130	2007/104	231	2	8	12	14	20	32	4	88
2008/87	204	1	7	26	29	30	31	6	124	2008/88	321	1	6	8	16	17	23	5	71
2008/137	204	1	4	24	28	29	33	9	119	2008/138	123	7	14	19	23	25	32	4	120
2009/41	204	1	8	23	26	28	33	8	119	2009/42	123	8	16	22	23	27	30	11	126
2009/71	204	4	5	23	26	31	32	6	121	2009/72	231	1	3	12	20	21	29	4	86
2010/136	204	4	10	23	24	26	33	10	120	2010/137	321	7	9	10	13	19	33	6	91
2011/105	204	4	6	23	25	27	28	1	113	2011/106	222	2	11	12	14	24	32	14	95
2012/13	204	6	8	24	29	30	32	13	129	2012/14	312	1	2	5	16	28	30	12	82
2012/88	204	3	5	23	24	27	31	15	113	2012/89	321	3	7	10	13	14	25	11	72
2013/105	204	1	11	23	27	31	32	9	125	2013/106	204	9	11	23	30	31	32	6	136
2013/106	204	9	11	23	30	31	32	6	136	2013/107	312	7	9	11	17	28	31	11	103
2014/114	204	2	7	23	30	32	33	10	127	2014/115	411	1	9	10	11	13	32	3	76
2015/13	204	8	9	24	25	26	29	1	121	2015/14	132	2	12	16	19	27	30	11	106
2015/51	204	4	10	24	26	28	32	9	124	2015/52	312	2	4	11	16	25	26	12	84
2015/85	204	2	8	25	27	28	29	5	119	2015/86	330	5	6	8	16	18	22	12	75
2016/98	204	2	8	25	29	31	32	6	127	2016/99	213	1	11	21	23	27	33	6	116
2016/110	204	5	7	28	31	32	33	8	136	2016/111	321	2	4	7	14	15	32	4	74
2016/143	204	6	9	23	24	25	33	13	120	2016/144	213	4	10	12	27	32	33	5	118
2017/13	204	8	11	28	29	31	33	6	140	2017/14	222	6	8	18	20	23	31	13	106

续表

上　　　期									下　　　期								
期号	三区分布	红球						蓝球	和值	期号	三区分布	红球						蓝球	和值
2017/152	204	6	10	23	25	26	29	5	119	2017/153	150	7	11	12	13	18	19	16	80
2018/85	204	4	10	25	26	30	33	6	128	2018/86	222	2	7	17	21	23	26	16	96
2018/138	204	1	10	25	27	30	32	9	125	2018/139	123	11	18	20	23	31	32	15	135
2019/17	204	4	5	24	28	30	33	9	124	2019/18	222	4	11	18	19	26	32	4	110
2019/24	204	1	8	23	25	28	29	10	114	2019/25	033	15	16	21	27	30	33	4	142

表5-22　福彩双色球开奖号码"三区比"上下期对应表

三区代码：501

期号	三区分布	红球						蓝球	和值	期号	三区分布	红球						蓝球	和值
2004/01	501	1	2	3	7	10	25	7	48	2004/02	132	10	12	18	22	30	31	11	123
2005/43	501	4	5	6	7	8	32	5	62	2005/44	240	1	6	16	17	18	22	9	80
2005/47	501	2	3	5	7	8	27	15	52	2005/48	411	6	7	8	10	16	28	2	75
2007/59	501	1	3	4	6	7	29	14	50	2007/60	321	1	2	8	16	19	29	5	75
2010/120	501	1	2	5	6	10	29	16	53	2010/121	222	8	11	13	18	25	30	15	105
2012/02	501	2	3	7	9	10	32	13	63	2012/03	303	3	6	8	24	29	31	9	101
2013/111	501	1	2	3	6	8	33	13	53	2013/112	231	1	6	12	13	22	31	7	85
2014/26	501	1	2	5	6	11	23	14	48	2014/27	222	8	10	14	16	30	31	1	109
2014/144	501	3	5	6	9	10	27	14	60	2014/145	123	10	12	13	23	26	29	11	113
2017/42	501	1	2	4	7	10	23	4	47	2017/43	123	8	13	16	23	27	31	8	118
2017/151	501	2	5	7	9	11	27	16	61	2017/152	204	6	10	23	25	26	29	5	119
2018/135	501	1	3	6	10	11	29	16	60	2018/136	123	10	12	15	25	26	27	14	115
2019/10	501	2	4	5	8	11	30	2	60	2019/11	132	10	13	19	21	24	30	7	117

表 5-23　福彩双色球开奖号码"三区比"上下期对应表

三区代码：105

上　　期									下　　期								
期号	三区分布	红球						蓝球	和值	期号	三区分布	红球						蓝球	和值
2006/52	105	11	24	26	27	30	32	3	150	2006/53	213	1	11	17	27	28	31	2	115
2009/96	105	1	26	27	31	32	33	3	150	2009/97	114	4	13	24	26	28	32	14	130
2010/18	105	11	28	29	30	32	33	2	163	2010/19	213	2	10	22	24	26	27	6	111
2010/115	105	1	22	24	25	29	33	15	134	2010/116	321	5	9	10	20	22	26	7	92
2011/25	105	8	25	26	31	32	33	9	155	2011/26	231	7	8	17	19	21	26	12	98
2011/146	105	11	23	26	28	32	33	10	153	2011/147	231	4	8	12	17	18	30	10	89
2013/109	105	9	23	24	27	29	32	8	144	2013/110	042	15	17	18	21	29	32	13	132
2013/135	105	9	23	24	25	29	31	12	141	2013/136	231	4	6	14	16	18	26	6	84

表 5 – 24　福彩双色球开奖号码"三区比"上下期对应表

三区代码：150

				上			期								下			期			
期号	三区分布			红球				蓝球	和值	期号	三区分布			红球				蓝球	和值
2006/89	150	1	3	16	18	19	22	1	89	2006/90	222	2	11	15	20	23	29	11	100
2008/25	150	8	16	17	18	19	21	14	99	2008/26	123	5	17	19	27	29	32	3	129
2008/47	150	9	12	13	14	20	22	10	90	2008/48	123	11	18	21	27	30	32	1	139
2008/115	150	2	12	13	14	17	18	6	76	2008/116	222	3	4	21	22	24	29	14	106
2008/135	150	5	14	15	16	19	21	15	90	2008/136	321	5	9	10	12	18	28	2	82
2009/137	150	8	12	14	15	17	21	1	87	2009/138	213	4	7	14	26	32	33	14	116
2011/42	150	5	13	15	17	19	21	15	90	2011/43	132	4	13	14	17	25	31	4	104
2015/130	150	6	14	15	16	17	22	10	90	2015/131	141	10	12	13	19	22	26	3	102
2016/01	150	6	13	16	18	20	22	13	95	2016/02	132	9	14	17	20	21	30	16	114
2016/82	150	6	12	14	15	17	20	9	84	2016/83	123	9	16	17	24	30	31	4	127
2017/108	150	7	12	14	15	17	20	1	85	2017/109	141	8	14	16	18	21	23	16	100
2017/153	150	7	11	12	13	18	19	16	80	2017/154	231	5	9	13	15	18	26	5	86

表 5－25　福彩双色球开奖号码"三区比"上下期对应表

三区代码：510

期号	三区分布	红球						蓝球	和值	期号	三区分布	红球						蓝球	和值
2004/28	510	1	2	3	5	10	22	12	43	2004/29	132	9	13	20	22	24	32	5	120
2006/118	510	1	3	7	8	10	30	5	59	2006/119	222	1	2	14	20	27	30	2	94
2007/87	510	1	3	4	8	21	9	42	2007/88	303	2	4	10	28	29	33	6	106
2009/22	510	5	8	9	10	11	18	8	51	2009/23	312	1	6	7	15	24	30	8	83
2012/135	510	2	5	7	8	11	17	16	50	2012/136	321	2	7	8	17	21	28	11	83
2013/102	510	2	4	5	6	8	16	3	41	2013/103	330	2	4	9	13	18	20	7	66
2014/36	510	1	7	8	9	11	22	3	58	2012/37	123	6	13	14	24	25	30	7	112
2014/65	510	3	4	5	8	10	22	6	52	2014/66	240	2	5	15	17	18	21	16	78
2014/78	510	2	3	5	6	9	17	7	42	2014/79	222	2	7	16	22	27	28	2	102
2018/127	510	2	5	6	7	11	15	12	46	2018/128	321	6	7	8	19	22	23	2	85
2019/02	510	4	5	6	8	9	18	11	50	2019/03	051	13	17	20	21	22	27	1	120
2019/27	510	2	6	8	10	11	17	13	54	2019/28	123	4	19	22	26	29	30	11	130
2019/35	510	1	5	7	9	10	20	16	52	2019/36	222	2	10	13	16	23	32	8	96

表5-26　福彩双色球开奖号码"三区比"上下期对应表

三区代码：051

上　　　期									下　　　期								
期号	三区分布	红球						蓝球	和值	期号	三区分布	红球						蓝球	和值
2004/110	051	14	19	20	21	22	31	11	132	2004/111	132	11	16	18	20	26	31	2	122
2005/65	051	12	16	17	21	22	23	16	111	2005/66	402	2	4	10	11	25	28	5	80
2006/81	051	14	16	18	22	32	4	123		2006/82	123	3	13	15	23	28	29	9	111
2007/101	051	15	16	18	21	22	30	14	122	2007/102	321	4	6	8	18	20	33	11	89
2014/96	051	12	14	17	19	22	24	8	108	2014/97	114	7	13	24	25	27	32	15	128
2015/34	051	12	13	17	18	22	27	13	107	2015/35	312	1	8	9	22	24	33	3	97
2015/142	051	13	17	19	20	22	25	11	116	2015/143	051	13	15	19	20	21	32	4	120
2015/143	051	13	15	19	20	21	32	4	120	2015/144	312	1	4	7	15	28	32	16	87
2016/18	051	12	13	14	17	21	25	4	102	2016/19	132	6	13	16	17	23	30	10	105
2016/29	051	12	15	18	20	21	27	15	113	2016/30	132	10	14	19	22	25	29	12	119
2016/41	051	12	17	18	21	22	24	4	114	2016/42	123	7	14	17	23	26	31	9	118
2017/56	051	13	14	18	19	21	28	6	113	2017/57	033	18	20	22	23	30	31	16	144
2019/03	051	13	17	20	21	22	27	1	120	2019/04	132	8	12	16	19	26	32	3	113
2019/56	051	13	14	17	19	21	29	1	113	2019/57	420	4	5	6	8	13	18	16	54

表5－27　福彩双色球开奖号码"三区比"上下期对应表

三区代码：015

上　　期									下　　期								
期号	三区分布	红球						蓝球	和值	期号	三区分布	红球						蓝球	和值
2009/131	015	16	23	25	26	32	33	5	145	2009/132	132	4	14	15	21	23	30	7	107
2012/95	015	17	24	27	28	29	30	2	155	2012/96	312	4	7	11	16	19	33	7	100
2012/102	015	13	25	27	28	29	30	15	152	2012/103	312	4	9	11	14	32	33	2	103
2013/03	015	22	23	26	27	28	33	9	159	2013/04	222	6	10	16	20	27	32	8	111
2013/76	015	14	23	24	26	29	30	3	146	2013/77	114	9	14	23	24	26	29	3	125
2018/38	015	15	23	24	25	28	29	9	144	2018/39	132	8	12	18	19	23	32	3	112

表5－28　福彩双色球开奖号码"三区比"上下期对应表

三区代码：600

上　　期									下　　期								
期号	三区分布	红球						蓝球	和值	期号	三区分布	红球						蓝球	和值
2003/35	600	3	4	5	8	10	11	8	41	2003/36	114	7	21	24	25	27	28	15	132

表 5 - 29　福彩双色球开奖号码"三区比"上下期对应表

三区代码：006

上　　期									下　　期								
期号	三区分布	红球						蓝球	和值	期号	三区分布	红球						蓝球	和值
2011/59	006	24	26	27	29	31	33	16	170	2011/60	222	10	11	13	21	27	31	1	113

表 5 – 30 福彩双色球开奖号码"三区比"上下期对应表

三区代码：060

上　　　期										下　　　期									
期号	三区分布	红球						蓝球	和值	期号	三区分布	红球						蓝球	和值
2016/62	060	12	13	15	18	19	21	9	98	2016/63	033	16	17	18	23	28	32	7	134

下　册

福彩蓝色球开奖号码"成语"辞典

第六章　16个蓝色关键球

第一节　关键蓝球

双色球彩票中即使6个红色球全部选中，但蓝色球没有选中，就无法获得一等奖。如果6个红色球号码全部没有选中，唯独1个蓝色号码选中，则可以获得六等奖，虽然奖金只有5元钱，但心理安慰作用大。根据上述情况，16个蓝色球自然而然成为关键球。

第二节　"点评成语"

每期《福彩快讯》都有"全国联销双色球点评——刊头成语"。这些"成语"是为红色球开奖号码而出，还是为蓝色球开奖号码而出？福彩管理中心没有透露，需要彩民朋友自己去判断。

要搞清楚上述问题，我们应从福彩双色球组织结构入手。

我们知道，红色球共有33个号码，其中，奇数彩球17个号码，偶数彩球16个号码。每期开奖红色球开出6个号码，这6个号码主要分布在前、中、后三个区间。这6个红色球的开奖号码的三区比分布，是福利双色球彩票游戏最难猜的问题，是福利双色球彩票最核心的问题，也是能否中大奖的关键问题。

从上述6个红色球开奖号码特征上看，可以发现"点评成语"与红色球无关。

蓝色球共有16个号码，其中，奇数彩球共有8个号码，偶数彩球也有8个号码，奇偶各占半壁江山。16个蓝色球每期开奖蓝球只开出1个号码。从"点评成语"语气和意图上观察，完全符合蓝色球开奖情况。由此可以下结论"点评成语"是专门为蓝色球开奖号码量身定做的"彩票游戏服装道具"。

第三节　"福彩双色球点评成语"目录汇总集锦

　　前文把"点评成语"比喻为蓝色球开奖号码量身定做的演出服装道具。除上述彩票游戏特殊功能外，若把历年《福彩快讯》每期刊头点评成语汇集成文，又是福彩双色球游戏的一道风景线。

　　福彩双色球"点评成语"目录汇总集锦：

一、三个文字：刘三姐唱山歌

擦边球	斜连球	右擦边	偶三连	等差数
填空球	奇数球	等间隔	对称球	头尾球
"1"尾球	"0"字尾	"3"尾球	小号球	双同音
和数球	积数球	大冷号	大冷球	最冷号
奇数强				

二、四个文字：四世同堂喜事多

首选蓝奇	后区蓝球	偶数反转	奇数为主
号码前移	后区精彩	偶数反击	奇数优先
号码后移	向后转移	一组同音	奇数反转
继续蓝奇	后区为主	"1"尾冷球	全奇套餐
再选蓝奇	后区热门	全色蓝偶	擦边为主
看好蓝奇	间隔一期	头尾落球	擦边出球
红偶蓝奇	间隔二期	保持蓝偶	擦边蓝球
前区偶数	间隔三期	回归蓝偶	"3"尾号码
前区优先	小间隔号	红大蓝小	"6"尾同音
前区回暖	看好小号	冷球为主	大号为主
耕耘前区	小号热出	冷热搭配	多选连号
放眼中区	小号优先	两边扩散	奇数冷号
看好中区	小号奇数	同音走强	
中区好球	偶数为主	对称出彩	
中区优先	偶数同音	右擦边球	
精彩中区	偶数优先	擦边斜连	
中区为主	偶数为重	左擦边球	

三、五个文字：五月战鼓咚咚响

前区二连号	后区二连号	空档做文章	同音一对对
前区三偶连	后区等差号	多选前后区	一对和数球
前区偶三连	后区等差数	考虑"0"尾球	最大姐妹花
前区奇数球	后区呈强势	擦边同音球	"1"尾同音球
前区大冷球	后区奇数球	擦边二连号	"1"尾同音落
前区和数球	后区偶三连	左擦边冷球	"9"尾同音球
前区继续强	蓝偶为先锋	左右擦边球	冷号同音球
前区偶数球	偶数球为先	优选斜连球	冷号同音号
前区配中区	偶数三连号	考虑斜连球	冷球二连号
前区优先选	蓝偶有希望	斜连球精彩	关注大冷号
前区积数球	蓝球转奇数	精彩斜连球	关注最冷号
前区球优先	蓝球看奇数	精彩擦边球	头尾大冷号
中区偶数球	蓝球偶为先	看重斜连球	冷号填空出
中区等差数	蓝球落大号	擦边球为主	冷号配重球
中区姐妹花	蓝球转偶数	斜连配同音	偶数大冷球
中区奇数球	偶数三连号	斜连球优先	偶数大冷号
中区擦边球	蓝球选中区	斜连配重球	重球配冷球
中区大冷球	蓝奇优先选	同音配斜连	姐妹伴斜连
中区二偶数	从蓝偶入手	同音伴斜连	"1"尾擦姐妹
中区优先选	等间隔一期	连号与同音	姐妹花优先
中区二连号	等间隔二期	同音配姐妹	"2"尾大号球
中区大冷号	等间隔三期	"2"尾同音球	"2"尾大冷号
中区偶三连	间隔一期球	姐妹连同音	同音继续出
中区做文章	间隔二期球	一组同音球	热号同音球
中区同音球	间隔三期球	冷热同音球	冷球呈强态
中区欲反弹	小间隔号码	冷热二连号	大冷号下落
中区等差数	等间隔号码	再战同音球	大冷号聚会
中后区连号	擦边二斜连	同音球优先	大冷球下落
中区"2"尾球	擦边寻好球	同音球走强	最冷号下落
中后区为主	精彩擦边球	奇数配同音	填空球精彩
偶数球为主	擦边配重球	同音球一对	姐妹花精彩
偶数和数球	中区擦边球	同音球强势	热号球精彩

偶数号为主	擦边球为主	再落同音球	奇数优先选
多选偶数号	擦边"1"尾球	同音号再落	奇数二连号
多选偶数球	填空球为主	大号球优先	奇数号反弹
头尾偶数球	填空二连号	大号球为主	奇数号转强
看好偶数球	重球配填空	最大奇数球	精彩"2"尾球
多关注蓝偶	奇数填空球	奇数球转强	精彩偶数球
偶数大斜连	大小偶数球	奇数多选些	奇数三连号
偶数球转强	连号转中区	奇数号为主	首尾"3"尾球
偶数号转强	小号偶数球	看好奇数号	"6"尾同音球
好球看偶数	关注"1"字尾	多选奇数球	号码向前移
头尾偶数球	小号码为主	多留意奇数	号码向后移
看好偶数球	"2"尾球同落	奇数唱主角	"0"尾同音球
优先选偶数	最大二连号	奇数号优先	两组同音球
向两边扩散	最小二连号	奇数球优先	重点看后区
重球配擦边	连球一串串	还看奇数球	精彩大号球
	间隔递增球	小号球为主	多关注中区
	间隔递减球	小号码为主	同音球一组
	等间隔下落	关注零重球	
		蓝球转奇数	
		主攻奇数球	

四、六个文字：六六大顺好开心

同音花开"8"尾	后区彩球反弹	空档处做文章	小间隔号为主
同音球继续出	后区能量回补	大冷号纷纷落	重球配填空球
前中区同音球	后区"3"尾冷球	再次携手下落	擦边球配重球
同音球填空落	后区重中之重	斜连球配同音	红球偶数为先
同音球擦边落	中后区同音球	擦边号码为优	热球填空出彩
前区冷号组合	中后区火起来	奇数蓝球热订	填空球配重球
前区威风依然	蓝球关注后区	间隔一期斜连	重球对称出彩
前中区防同音	蓝球奇数抢光	小间隔二连号	最冷号配重球
中区小间隔号	中后区二连号	蓝球转为奇数	等差数列号码
中区奇数三连	前中区"2"尾球	冷态蓝球复苏	重球与同音球
中区号码优先	三区均衡发展	考虑红偶蓝奇	冷球填空下落
前后区同音球	偶数号放光彩	擦边配奇姐妹	

二连号落前区	蓝球继续奇数	关注红奇蓝偶
中后区奇数旺	斜边球配擦边	右擦边斜连球
前区奇数蓝球	填空球配重球	对称图形出彩
前区等差数列	斜连球配重球	差数球配同音
前区奇数三连	擦边配斜连球	左擦边斜连球
蓝球前移转偶	红奇蓝偶为佳	右擦边斜连球

五、七个文字：七月七夕牛郎织女喜相会

同音连球各一对	优先关注中后区	蓝球后边三朵花	继续关注偶数号
同音球与斜连球	"3"字尾的有好球	亮点尽在斜连中	蓝球前移转奇数
同音球与二连号	间隔五期大号球	重点考虑"2"字尾	间隔一期"2"尾球
同音球继续走强	间隔二期大偶数	斜连球值得推荐	关注中区奇数球
二连号与同音球	蓝球转为奇数球	连号花落中后区	间隔六期奇数球
中区好球配同音	中区左右擦边球	蓝球后区偶数球	斜连球配大冷球
后区"3"尾同音球	蓝球冷球占先锋	间隔二期"5"尾球	最小号与最大号
擦边斜连与同音	二连号与填空球	间隔六期奇数球	间隔二期同音球
多考虑奇数红球	间隔二期再携手	大冷号填空出彩	最冷号与最大号
间隔三期"7"尾球	奇数蓝球优先选	最冷号填空下落	蓝球继续看偶数
"2"尾擦边斜连球	"7"尾球继续精彩		

六、八个文字：八仙过海各显神通

小号偶数大号奇数	红球后移蓝球前移	等间隔一期偶数球
红球小号蓝球大号	大号红球小号蓝球	
红球大号蓝球小号	间隔一期对称下落	

七、九个文字：九九敬老重阳节

填空二连号与同音球

八、十二个文字：十二月里来喜气洋洋

红球大号奇数蓝球小号奇数

第四节 "点评成语"和蓝球开奖号码结合体的五大特征

一、"点评成语"通用化

例如："一组同音球""成语"，几乎 16 个蓝色球开奖号码都使用过。这种做法给蓝球开奖号码竞猜带来识别困难。

二、经常使用声东击西策略

例如："号码向前移""号码向后移"，结果大部分都是逆向开出。再比如"奇数号为主"，结果开出号码是偶数号，再比如"小号球为主"结果开出号码是大号彩球。如此等等不胜枚举。

三、真真假假，真中有假，假中有真

一个蓝球号码的后边，不同"成语"可以排成长队。

四、"点评成语"小改动存玄机

例如："和数球"前面加上二个字，变成"一对和数球"或"前区和数球"，或"偶数和数球"。还有"擦边斜连球""成语"，前面加上"左"字，变成"左擦边斜连球"，或加上"右"字，变成"右擦边斜连球"。为什么要这样做？其目的是增加彩民蓝球竞猜选号难度。

五、"点评成语"三字经最难念

《福彩快讯》每期点评都有一句"成语"。该"成语"的文字有长有短，最长的有 12 个汉字，最短的只有 3 个汉字。其中，最难念的是 3 个字的"成语"。例如，"和数球""积数球"等，这些"成语"好像是从数学术语中移植过来的有头无尾；再加上"大冷号""大冷球""最冷号"等奇奇怪怪的"成语"，好像是一座座迷宫，令人看不清、猜不中。因此，彩民脸上乌云密布，无奈之下发出"投注容易中奖难，红蓝深处字字愁"的感叹！

第五节 关注三张福彩蓝色球开奖号码数据登记表

先设第一张"福彩蓝色球历年同期开奖号码登记表"（见表 6 – 1）。

表6-1　福彩蓝色球历年同期开奖号码登记表

期号\年份	2003	2004	2005	2006	2007	2008	2009	2010	2011	2012	2013	2014	2015	2016	2017	2018	2019
001	11	7	14	3	14	3	4	13	10	6	6	1	6	13	15	4	15
002	12	11	14	9	1	9	14	13	5	13	12	4	5	16	3	16	11
003	16	8	16	12	15	12	2	4	4	9	9	12	15	1	16	4	1
004	3	9	3	7	10	8	3	7	16	8	15	10	12	7	11	3
005	16	7	15	11	12	15	13	14	13	6	12	4	15	14	5	6	7
006	6	6	16	14	11	14	2	5	5	8	13	14	13	12	8	11	12
007	7	9	15	7	14	11	15	14	5	4	1	14	8	6	15	12	15
008	8	13	11	16	10	7	2	14	15	8	15	12	3	2	13	13	12
009	9	11	14	6	15	16	2	6	4	11	2	16	14	4	14	7	15
010	13	15	1	8	5	9	2	8	13	10	12	11	9	6	7	3	2
011	15	3	15	11	16	3	15	7	10	5	9	2	15	12	16	11	7
012	12	8	5	10	4	13	1	10	13	1	8	6	15	7	2	14
013	12	13	6	11	5	10	9	12	8	13	9	13	1	1	6	6	1
014	2	12	5	7	9	14	2	2	16	2	8	15	11	7	13	7	3
015	13	13	15	3	15	3	5	6	7	15	15	9	4	7	1	15	4
016	6	5	15	16	5	13	3	16	13	8	5	8	13	16	2	16	5
017	6	9	3	2	14	2	8	11	9	9	10	12	5	6	12	9
018	13	6	6	5	11	13	15	2	1	15	5	15	9	4	9	7	4
019	9	4	8	7	14	5	4	6	16	16	6	7	4	10	8	9	6
020	4	4	5	6	14	3	13	9	5	11	1	15	4	10	10	5	12
021	1	10	16	9	13	15	9	4	8	3	11	12	8	5	9	14	4
022	8	6	4	9	10	5	8	2	5	7	16	10	4	9	5	7
023	2	3	12	6	2	8	11	5	2	5	10	1	7	14	16	13
024	14	6	13	6	6	13	12	14	14	13	9	9	10	13	13	2	10
025	12	4	7	5	3	14	11	11	9	6	8	16	14	12	7	14	4
026	16	15	7	3	10	3	16	12	12	16	11	14	13	1	8	4	14
027	115	11	15	15	11	13	6	13	1	12	12	1	7	5	5	5	13
028	7	12	10	4	11	10	10	12	1	11	13	5	14	1	9	16	11
029	10	5	14	8	10	12	13	3	7	3	12	14	7	15	10	5	10

期号\年份	2003	2004	2005	2006	2007	2008	2009	2010	2011	2012	2013	2014	2015	2016	2017	2018	2019
030	7	5	5	14	4	11	7	5	10	8	6	10	7	12	2	7	16
031	1	11	7	14	1	13	1	4	12	3	3	14	11	3	3	14	16
032	13	13	3	9	6	13	6	8	15	4	3	7	16	15	11	6	4
033	10	1	7	6	9	4	6	9	4	4	1	12	5	15	15	6	15
034	14	14	9	13	16	9	7	12	8	16	9	6	13	15	13	15	3
035	8	16	14	13	6	16	5	10	2	5	2	6	3	11	12	15	16
036	15	1	15	9	10	16	7	8	5	9	13	3	3	3	15	4	8
037	7	5	16	14	16	6	3	6	11	9	14	7	3	16	5	10	10
038	16	7	16	10	5	13	5	1	12	16	11	16	14	3	5	9	5
039	3	3	9	3	1	1	3	12	13	8	6	7	12	16	15	3	8
040	16	11	13	3	10	9	12	11	13	10	10	8	16	3	4	16	11
041	11	14	3	4	12	4	8	12	13	12	5	2	6	4	4	13	16
042	7	2	15	11	8	1	11	10	15	16	3	14	8	9	4	12	4
043	13	10	5	3	5	14	7	4	4	3	16	9	15	12	8	7	13
044	15	5	9	5	8	9	1	5	9	3	6	12	2	1	6	6	7
045	3	13	10	4	10	4	1	1	8	9	12	15	7	3	5	1	14
046	11	14	5	8	14	15	9	5	8	6	6	10	1	14	10	3	6
047	16	6	15	3	6	10	16	15	14	11	12	15	9	16	2	7	14
048	9	9	2	12	12	1	1	2	15	10	4	16	10	4	7	2	10
049	15	9	12	3	2	4	6	2	14	2	14	6	5	10	10	2	15
050	13	2	13	7	2	3	4	11	15	11	3	13	4	2	7	7	2
051	1	11	2	16	13	11	7	3	14	9	2	13	9	12	11	4	9
052	11	9	1	3	7	10	8	10	8	4	13	8	12	16	7	14	16
053	13	2	9	2	11	4	4	14	15	4	14	2	10	1	6	6	8
054	12	11	14	4	5	7	11	6	8	14	14	14	7	4	8	16	11
055	16	7	9	11	2	4	11	8	16	1	6	4	2	11	5	7	10
056	7	2	9	8	12	7	8	7	10	10	16	1	14	14	6	1	1
057	16	4	13	8	9	8	11	5	2	4	5	8	4	11	16	13	16
058	2	12	10	14	7	11	9	12	6	4	5	11	15	11	11	7	12

续表

年份 期号	2003	2004	2005	2006	2007	2008	2009	2010	2011	2012	2013	2014	2015	2016	2017	2018	2019
059	4	10	7	11	14	16	11	10	16	1	9	13	14	15	9	11	6
060	11	15	13	14	5	3	4	9	1	1	15	6	13	8	4	10	1
061	2	9	1	11	5	6	3	12	3	14	12	8	4	8	11	7	12
062	14	13	7	1	9	15	10	3	3	7	2	9	16	9	10	11	1
063	11	7	4	8	12	15	16	3	5	12	12	16	12	7	4	22	16
064	1	4	8	11	16	12	15	11	2	11	12	14	1	3	15	5	12
065	11	8	16	13	7	5	2	12	3	14	2	6	12	14	7	1	10
066	14	3	5	5	8	8	4	7	12	12	7	16	16	5	3	10	4
067	10	4	16	13	11	13	5	1	12	16	6	14	6	4	4	5	11
068	11	15	13	10	1	7	5	13	10	10	6	16	10	1	15	1	10
069	11	5	12	8	12	10	2	11	12	6	6	11	151	11	5	12	18
070	8	6	4	2	12	13	10	7	12	11	6	7	15	1	12	10	9
071	11	6	10	1	9	9	6	1	2	8	9	14	8	1	3	3	4
072	11	14	11	8	16	9	4	1	12	6	9	16	5	2	2	8	15
073	13	16	1	12	2	8	14	2	14	5	11	2	4	13	14	10	8
074	1	13	9	4	3	9	13	15	1	8	3	12	8	12	2	9	4
075	11	7	14	11	3	3	5	14	13	11	14	6	4	7	7	11	3
076	2	7	13	14	2	11	6	15	13	15	3	11	9	1	13	13	14
077	6	7	16	9	2	9	16	9	10	12	3	10	11	10	14	10	15
078	11	5	11	12	1	1	13	12	9	12	15	7	2	2	16	12	12
079	4	3	5	8	14	9	13	2	5	12	13	2	11	2	8	13	
080	10	16	16	9	4	14	6	16	9	16	7	2	14	8	3		
081	7	6	3	4	13	4	3	5	12	6	13	10	13	7	5	3	
082	14	15	12	9	15	9	2	2	4	6	6	11	7	9	10	9	
083	1	6	13	10	5	9	4	12	6	4	9	12	5	4	12	3	
084	3	14	3	12	10	16	13	3	15	14	3	8	15	5	2	3	
085	14	1	12	8	12	15	3	8	10	5	16	8	5	16	9	6	
086	13	1	12	6	16	12	11	8	9	8	8	12	5	7	16		
087	13	14	8	5	9	6	6	10	1	9	5	6	11	12	6	3	

年份 期号	2003	2004	2005	2006	2007	2008	2009	2010	2011	2012	2013	2014	2015	2016	2017	2018	2019
088	12	14	7	1	6	5	2	12	4	15	14	15	9	15	6	14	
089	16	14	12	1	3	11	4	1	12	11	13	9	1	8	12	14	
090	—	12	3	11	2	1	14	14	16	11	8	13	15	7	9	7	
091	—	1	13	7	7	10	4	16	3	16	10	14	11	7	3	7	
092	—	2	10	14	9	5	8	2	4	3	6	7	1	6	9	16	
093	—	5	14	5	2	7	3	6	9	13	14	5	8	9	12	7	
094	—	8	3	13	2	14	14	10	5	15	7	1	10	10	6	5	
095	—	1	5	16	7	3	15	14	5	2	10	8	4	12	16	9	
096	—	15	4	14	8	14	3	3	15	7	15	8	7	16	6	12	
097	—	14	15	12	11	13	14	1	16	6	7	15	4	1	3	13	
098	—	3	1	16	12	1	2	7	5	9	14	7	1	6	1	13	
099	—	2	9	5	5	7	9	6	14	16	3	14	9	6	4	6	
100	—	15	3	3	6	14	11	8	5	10	11	11	8	4	2	2	
101	—	15	12	16	14	4	14	6	6	2	1	7	5	1	16	9	
102	—	1	12	11	11	5	10	10	11	15	3	13	6	13	11	5	
103	—	2	7	6	1	4	9	9	12	2	7	4	14	11	1	16	
104	—	5	9	11	4	1	16	2	9	3	11	13	1	4	14	1	
105	—	12	3	1	14	2	15	11	1	4	9	4	12	16	7	1	
106	—	12	13	10	8	15	4	16	14	16	6	15	13	4	2	10	
107	—	7	11	7	10	4	5	16	15	9	11	16	8	1	6	1	
108	—	12	6	9	2	12	2	7	10	13	5	2	15	16	1	2	
109	—	14	4	13	4	10	1	15	15	3	8	2	13	5	16	15	
110	—	11	9	13	3	2	14	1	12	9	13	6	4	8	14	2	
111	—	2	9	15	11	6	15	10	4	13	13	2	12	4	12	8	
112	—	6	16	11	11	6	9	16	15	6	7	3	11	12	11	4	
113	—	7	3	2	10	9	16	10	5	6	9	7	12	14	5	9	
114	—	1	6	16	5	14	11	1	9	15	7	10	1	9	13	14	
115	—	1	2	15	2	6	3	15	16	14	8	3	3	9	1	11	
116	—	3	10	9	13	14	14	7	5	4	7	16	11	13	2	15	

年份 期号	2003	2004	2005	2006	2007	2008	2009	2010	2011	2012	2013	2014	2015	2016	2017	2018	2019
117	—	7	3	9	1	7	13	1	4	9	16	4	12	2	9	5	
118	—	15	16	5	15	1	5	5	10	11	16	3	12	14	16	9	
119	—	6	2	2	12	7	5	9	1	13	9	9	8	4	14	12	
120	—	10	14	9	1	2	16	16	7	16	11	4	16	9	16	1	
121	—	10	12	6	6	6	9	15	2	11	7	9	12	9	7	11	
122	—	15	9	3	9	15	1	6	3	11	11	11	7	8	15	10	
123	—	—	7	6	2	2	14	10	16	9	2	5	7	16	10	1	
124	—	—	11	13	16	3	10	2	16	11	7	4	1	10	3	2	
125	—	—	3	6	1	9	12	9	8	1	16	6	10	3	3	2	
126	—	—	9	9	9	13	15	5	16	7	16	1	12	10	16	5	
127	—	—	12	1	11	13	4	1	11	8	14	12	6	16	12	12	
128	—	—	15	5	5	5	1	12	12	5	6	6	12	8	2		
129	—	—	3	12	8	15	7	16	6	1	14	2	4	14	2	16	
130	—	—	16	2	4	6	11	16	15	3	8	10	10	1	2	12	
131	—	—	3	1	5	8	5	6	1	12	9	14	3	2	11	1	
132	—	—	15	1	5	8	7	15	7	10	12	8	1	7	11	6	
133	—	—	11	3	10	11	1	1	16	2	1	13	15	15	11	13	
134	—	—	1	12	15	2	6	6	10	15	10	2	4	13	4	12	
135	—	—	11	4	16	15	16	10	12	16	12	1	7	12	16	16	
136	—	—	13	5	14	2	1	10	7	11	6	10	1	3	12	14	
137	—	—	12	9	3	9	1	6	12	7	10	9	12	14	3	9	
138	—	—	13	8	16	4	14	5	7	14	6	11	7	2	9		
139	—	—	10	5	6	7	2	9	3	15	8	11	9	3	16	15	
140	—	—	7	5	11	14	12	15	6	15	10	6	12	10	8	14	
141	—	—	15	11	8	15	9	6	11	9	4	10	2	15	5	4	
142	—	—	5	16	8	15	13	10	2	6	14	13	11	12	6	11	
143	—	—	8	8	4	6	10	14	16	6	11	16	4	13	14	14	
144	—	—	9	6	16	15	12	11	3	4	2	14	16	5	9	13	
145	—	—	15	7	11	2	11	8	4	3	15	11	13	6	12	6	

续表

年份 期号	2003	2004	2005	2006	2007	2008	2009	2010	2011	2012	2013	2014	2015	2016	2017	2018	2019
146	—	—	2	5	9	10	15	1	10	13	1	1	15	10	10	16	
147	—	—	10	1	4	2	16	3	10	9	8	10	5	12	14	11	
148	—	—	13	1	7	9	10	12	14	7	1	13	7	14	12	1	
149	—	—	7	15	3	2	4	9	16	13	11	1	9	7	13	1	
150	—	—	2	12	5	2	4	6	13	7	10	9	13	5	8	5	
151	—	—	5	8	2	6	14	14	10	1	9	8	11	7	16	15	
152	—	—	3	15	8	5	1	13	7	5	12	12	3				
153	—	—	1	10	15	16	10	13	13	10	10	/	3	6	16	11	
154	/	/	/	13	/	8	16	/	/	4	5	/	7	/	5	/	

本表主要有两个看点：

第一，可以观察到福利双色球彩票全国联销上市以来，即从 2003 年第 1 期到 2018 年第 154 期，蓝色球全部开奖号码。

第二，要垂直看，除了解各期蓝球开奖号码动态外，还可以欣赏到蓝色球开奖号码的九种奇光异彩。

（1）2003 年 07～09 期蓝球开出号码是 07、08、09，这 3 个蓝球号码与当期开奖期号是一样的，真是巧合妙极！

（2）2010 年 025～027 期蓝色球开奖号码是"三连升"，即 11—12—13。

（3）2017 年 022～024 期蓝色球开奖号码是"退三步"即 15—14—13。

（4）2011 年 039～041 期蓝色球开奖号码是"三重叠"即 13—13—13。

（5）2013 年 062～070 期蓝色球开奖号码是"四重奏"，即连续四期蓝色球开奖号码都是 6（即 6—6—6—6）。

（6）2014 年 065～068 期蓝色球开奖号码是"上下两同"，即上两期开奖号码是 06—16，下两期开出号码也是 06—16。

（7）2011 年 066～070 期蓝色球开奖号码上两期一样中间隔一期不一样，下两期又是一样，形成 10—12—10—12—12。

（8）2011 年 066～073 期蓝色球开奖号码连续 8 期都是偶数号。

（9）2012 年 145～152 期蓝色球开奖号码连续 8 期都是奇数号。

以上蓝色球开奖号码九种奇光异彩只能通过历年各期蓝色球开奖号码垂直方

向进行观察才能发现，并欣赏这些精彩风景线。

在欣赏以上蓝球开奖号码精彩风景线时，务必把它们牢记在脑海中。因为这些福彩双色球游戏知识对今后蓝色球号码的竞猜选号十分有用。

表6-2主要是历年16个蓝色球出勤（开奖）次数统计资料。主要目的是摸清哪个号码年度表现最佳开奖次数最多，哪个号码出勤表现一般；哪个号码表现最差劲。

表6-2　福彩蓝色球号码年度出勤（开奖）次数统计表

年份 蓝色球	2003	2004	2005	2006	2007	2008	2009	2010	2011	2012	2013	2014	2015	2016	2017	2018
1	6	9	7	10	8	8	11	14	9	7	7	8	12	14	5	12
2	5	8	6	6	14	12	13	11	6	7	8	10	5	7	12	9
3	4	7	16	12	7	10	7	7	7	12	11	4	7	9	9	11
4	3	6	5	7	8	11	14	4	10	12	2	8	14	12	8	7
5	—	9	11	13	15	7	11	9	16	5	10	3	8	9	12	10
6	4	11	4	10	9	9	14	5	13	15	11	6	7	10	10
7	7	11	11	8	6	9	7	8	7	7	10	11	12	14	12	13
8	4	4	4	14	9	8	7	8	8	9	10	13	9	5	10	2
9	3	7	14	15	10	16	9	9	8	13	15	9	9	8	9	10
10	4	5	8	6	12	8	8	14	13	9	8	11	9	9	8	8
11	13	8	7	13	13	7	11	9	4	15	12	9	11	6	9	11
12	6	7	12	9	10	5	5	14	14	8	12	9	16	14	12
13	10	7	13	9	4	13	5	13	9	9	11	10	8	7	9
14	6	10	9	9	11	9	8	8	6	11	14	8	10	9	10
15	5	10	14	5	7	13	9	8	12	10	6	9	12	9	9	7
16	9	3	12	8	10	6	10	9	13	12	8	12	6	12	14	12
全年合计	89	122	153	154	153	154	153	153	154	154	154	152	154	153	154	153

表 6-3　福彩蓝色球开奖号码走势（2018 年）

派奖	期号	点评成语	蓝球	前 区 蓝 色 球								后 区 蓝 色 球							
				1	2	3	4	5	6	7	8	9	10	11	12	13	14	15	16
01	号码向后移		4				④												
02	中区二连号		16																⑯
03	擦边斜连球		4				④												
04	间隔递增"5"尾球		1	①															
05	号码向前移		6						⑥										
06	和数球		11											⑪					
07	左右擦边球		12												⑫				
08	大冷号聚会		13													⑬			
09	等间隔		7							⑦									
10	同音球强势		3			③													
11	后区偶三连		11											⑪					
12	一组同音球		12												⑫				
13	擦边斜连球		6						⑥										
14	号码向前移		7							⑦									
15	填空二连号		15															⑮	
16	重球对称出彩		16																⑯
17	前区二连号		12												⑫				
18	前中区"2"尾球		7							⑦									
19	前区球优先		9									⑨							
20	同音球填空落		5					⑤											
21	奇数号为主		14															⑭	
22	右擦边斜连		3			③													
23	大号球为主		16																⑯
24	号码向前移		2		②														
25	右擦边斜连		14															⑭	
26	前区二连号		4				④												
27	奇数号为主		5					⑤											
28	前区二连号		16																⑯
29	擦边球配重球		5					⑤											
30	大号球为主		7							⑦									
31	后区奇数球		14															⑭	
32	重球对称出彩		6						⑥										
33	前区同音球		6						⑥										
34	积数球		15															⑮	

续表

派奖	期号	点评成语	蓝球	前 区 蓝 色 球								后 区 蓝 色 球							
				1	2	3	4	5	6	7	8	9	10	11	12	13	14	15	16
	35	"1"尾同音落	15															⑮	
	36	等间隔二期	4				④												
	37	号码向前移	10										⑩						
	38	同音球强势	9									⑨							
	39	号码向前移	3			③													
	40	奇数号为主	16																⑯
	41	中区二连号	13													⑬			
	42	左右擦边球	12												⑫				
	43	擦边斜连球	7							⑦									
	44	号码向后移	6						⑥										
	45	中区二连号	1	①															
	46	—	3			③													
	47	—	7							⑦									
	48	左右擦边球	2		②														
	49	前区二连号	2		②														
	50	偶数号为主	7							⑦									
	51	擦边斜连球	4				④												
	52	精彩偶数球	14														⑭		
	53	中区优先选	6						⑥										
	54	最冷号	16																⑯
	55	号码向前移	7							⑦									
	56	"1"尾同音落	1	①															
	57	后区奇数区	13													⑬			
	58	等间隔	7							⑦									
	59	右擦边斜连球	11											⑪					
	60	大号球为主	10										⑩						
	61	同音球一组	7							⑦									
	62	大号球为主	11											⑪					
	63	左右擦边球	12												⑫				
	64	号码向后移	5					⑤											
	65	右擦边斜连球	1	①															
	66	"5"尾同音球	10										⑩						
	67	大号球为主	5					⑤											
	68	号码向后移	1	①															
	69	最大二连号	12												⑫				

续表

派奖	期号	点评成语	蓝球	前区蓝色球								后区蓝色球							
				1	2	3	4	5	6	7	8	9	10	11	12	13	14	15	16
	70	偶数号为主	10										⑩						
	71	左右擦边球	3			③													
	72	等间隔	8								⑧								
	73	后区二连号	10										⑩						
	74	号码向后移	9									⑨							
	75	大号球为主	11											⑪					
	76	号码向后移	13													⑬			
	77	同音球走强	10										⑩						
	78	后区二连号	12												⑫				
	79	右擦边斜连球	13													⑬			
	80	填空球	3			③													
	81	再落同音球	3			③													
	82	奇数号为主	9									⑨							
	83	奇数号反弹	3			③													
	84	左右擦边球	3			③													
	85	号码向后移	6						⑥										
	86	大冷号	16																⑯
	87	后区二连号	3			③													
	88	大冷号	14														⑭		
	89	同音球走强	14														⑭		
	90	奇数号为主	7							⑦									
	91	号码向后移	7							⑦									
	92	填空球	16																⑯
	93	擦边斜连球	7							⑦									
	94	冷号配重球	5					⑤											
	95	多选奇数球	9									⑨							
	96	号码向前移	12												⑫				
	97	擦边斜连球	13													⑬			
	98	偶数球为主	13													⑬			
	99	奇数球为主	6						⑥										
	100	间隔递减球	2		②														
	101	一组同音球	9									⑨							
	102	间隔递减球	5					⑤											
	103	中区二连号	16																⑯

续表

派奖	期号	点评成语	蓝球	前区蓝色球								后区蓝色球							
				1	2	3	4	5	6	7	8	9	10	11	12	13	14	15	16
	104	号码向后移	1	①															
	105	"1"尾同音落	1	①															
	106	等间隔	10										⑩						
	107	奇数号为主	1	①															
	108	大号球为主	2		②														
	109	一组同音球	15															⑮	
	110	号码向前移	2		②														
	111	等差数列球	8								⑧								
	112	右擦边斜连球	4				④												
	113	前区和数球	9									⑨							
	114	号码向后移	14														⑭		
	115	—	11											⑪					
	116	—	15															⑮	
	117	—	5					⑤											
	118	—	9									⑨							
	119	—	12												⑫				
	120	积数球	1	①															
	121	一组同音球	11											⑪					
	122	填空球	10										⑩						
	123	前区二连号	1	①															
	124	号码向前移	2		②														
	125	右擦边斜连球	2		②														
	126	奇数球为主	5					⑤											
	127	号码向后移	12												⑫				
	128	关注大号球	2		②														
	129	奇数号为主	16																⑯
	130	最冷号与最大号	12												⑫				
	131	左擦边球	1	①															
	132	积数球	6						⑥										
	133	号码向后移	13													⑬			
	134	看好奇数球	12												⑫				
	135	和数球	16																⑯
	136	一组同音球	14														⑭		
	137	左擦边斜连球	9									⑨							

续表

派奖	期号	点评成语	蓝球	前区蓝色球								后区蓝色球							
				1	2	3	4	5	6	7	8	9	10	11	12	13	14	15	16
	138	小间隔号为主	9									⑨							
	139	中区二连号	15															⑮	
	140	擦边斜连球	14														⑭		
	141	积数球	4				④												
	142	前区二连号	11											⑪					
	143	和数球	14														⑭		
	144	右擦边斜连球	13													⑬			
	145	和数球	6						⑥										
	146	号码向后移	16																⑯
	147	一组同音球	11											⑪					
	148	前区二连号	1	①															
	149	偶数球为主	1	①															
	150	左右擦边球	5					⑤											
	151	蓝球转偶数	15															⑮	
	152	偶数球为主	3			③													
	153	中后区同音球	11											⑪					

第六节　福彩蓝色球开奖号码"成语"辞典

一、参加双色球彩票游戏回忆

　　回想笔者当初刚跨进福彩双色球游戏大门时，对福彩双色球彩票游戏知识一无所知。笔者把《福彩快讯》作为启蒙读物，把"全国联销双色球点评"——刊头成语奉为蓝球选号指南。但经过多年实践，摸着石头过河，逐渐发现情况有些不对。例如"一组同音球"成语，几乎 16 个蓝色球开奖号码都使用过。究竟哪句"点评成语"代表××号蓝球？答案三个字：难！难！难！"点评成语"好像是个公共水龙头，大家都可以使用。

　　关于"点评成语"和蓝球开奖号码结合体，本书专门作了总结，该结合体共有五大特征，这五大特征也是蓝球选号五大难点。多年来，这五大难点问题一直在笔者脑海中打转，挥之不去。但事情总有转机，有一天晚上在观看电视文艺节目时，在"兔子与乌龟"节目中，兔子对乌龟说：你以为换了马甲（服装）我就不认识你啦！兔子为什么会一眼认出乌龟？因为兔子抓住了乌龟的体貌特征，所以不管乌龟换了什么马甲，兔子都会一眼认出是乌龟。就是这一句台词使笔者突然开窍。虽然文字与动物体形不一样，但认识事物的逻辑是一个道理，即透过表面现象看本质。"点评成语"是表面现象，蓝球开奖号码才是本质。过去以"点评成语"为主进行选号是错误的，应该改过来，要以蓝球开奖号码为主进行选号。

二、如何应对"点评成语"和蓝球开奖号码"五大特征"（难点）

（1）从16个蓝色球入手，每个蓝球号码单独立户，对"点评成语"和开奖号码产生的乱局进行清场。不管何年何月何期的"点评成语"和蓝球开奖号码，均以16个蓝球号码为坐标，所开出蓝球号码均按各自立户单位、各就各位集中登记和考核。

具体操作方法即以蓝球号码为主体，以"点评成语"为抓手，上下期相结合形成蓝色球选号作业一条线。

（2）从"福彩蓝色球开奖号码走势"入手。16个蓝色球号码，分为前区和后区，每个区各有8个号码。以每开奖五期作为观察时间段。16个蓝色球均是福彩双色球中的关键球。每期蓝色球选号必须观察蓝球开奖号码走势。了解这五期蓝球开奖号码动态。例如：蓝色球开奖号码的前后区分布个数情况；奇偶数比例；以及重号情况；开奖号码间隔情况；冷热号码情况；等等，除此之外，还可以观察一下林枫和赵蕾两位老师推荐的蓝球号码中奖情况，说不定有意外惊喜或新发现。

三、关于"福彩蓝色球开奖号码成语辞典"的提示

本书主要是以蓝色球开奖号码为主体，以"点评成语"为抓手，上下期结合，形成蓝色球选号依据，再配以"福彩蓝色球开奖号码走势"，做好充分准备，向实现梦想奋勇前进。

在努力奋斗时要注意两点：

第一，在阅览历史"点评成语"和蓝色球开奖号码时，间隔一段时间就会有梅开二度情景，即同样"点评成语"和同样蓝色球号码齐出现。这是蓝色球开奖号码周期反应，因此不能生搬硬套。因为"点评成语"和蓝色球开奖号码都在"变"字上大做文章，所以彩民朋友要抓住这个特征，采取多点布防策略，防备关键蓝色球号码漏网。一般应布防8个点，即前后两个区各布防4个号码，这样基本上可以搞定蓝色球开奖号码，不必16个号码倾巢出动。

第二，玩福彩双色球游戏，一定要带着爱心，带着梦想，活学活用，要同蓝色球开奖号码与时俱进，要与"点评成语"携手共舞。

实践发现，参加福彩双色球游戏运动的老年人适当搞些彩票游戏研究，不但可以丰富老年人日常生活，还可以激活大脑思维神经细胞的再生，推迟大脑思维神经老化的时间，益寿延年。如果能长期坚持进行研究锻炼，还可以远离痴呆症。

第七章 福彩蓝色球开奖号码"成语"辞典

表 7 - 1 福彩蓝色球开奖号码"成语"辞典

（①号蓝色球）

上期			本期			下期		
期号	点评成语	蓝球	期号	点评成语	蓝球	期号	点评成语	蓝球
2011/86	—	9	2011/87	左右擦边球	1	2011/88	—	4
2012/11	偶数二连号	5	2012/12	擦边斜连球	1	2012/13	蓝偶有希望	13
2012/54	擦边斜连	14	2012/55	三区均衡发展	1	2012/56	二连号落前区	10
2012/58	中后区火起来	4	2012/59	前区大冷球	1	2012/60	间隔三期"7"尾球	1
2012/59	前区大冷球	1	2012/60	间隔三期"7"尾球	1	2012/61	蓝球继续奇数	14
2012/124	中区左右擦边	11	2012/125	擦边配重球	1	2012/126	看好偶数球	7
2012/128	斜连球配同音	5	2012/129	放眼中区	1	2012/130	中区左右擦边球	3
2012/150	斜连球配同音	7	2012/151	二连号与填空球	1	2012/152	前区奇数三连	7
2013/06	前区等差数列	13	2013/07	间隔二期球	1	2013/08	擦边球为主	15
2013/19	蓝球偶为先	6	2013/20	姐妹伴斜连	1	2013/21	后区"3"尾冷球	11
2013/32	冷热奇偶球	3	2013/33	前区优先	1	2013/34	小间隔号	9
2013/100	小号奇偶球	11	2013/101	冷球呈强态	1	2013/102	中区二连号	3
2013/132	左右擦边球	12	2013/133	红偶蓝奇	1	2013/134	同音球与二连号	10
2013/145	间隔二期	15	2013/146	擦边球为主	1	2013/147	同音球走强	8
2013/147	同音球走强	8	2013/148	蓝球先中区	1	2013/149	蓝球后区偶数球	11
2013/154	奇数号为主	5	2014/01	填空二连号	1	2014/02	斜连配重球	4
2014/26	小间隔号为主	14	2014/27	一组同音球	1	2014/28	奇数号为主	5
2014/55	重球配擦边	4	2014/56	等间隔二期	1	2014/57	蓝奇优先选	8
2014/93	左右擦边球	5	2014/94	大号红球小号蓝球	1	2014/95	偶数号为主	8
2014/125	连号与同音	6	2014/126	左右擦边球	1	2014/127	右擦边与斜连球	12

上期			本期			下期		
期号	点评成语	蓝球	期号	点评成语	蓝球	期号	点评成语	蓝球
2014/134	号码向前移	2	2014/135	前区和数球	1	2014/136	一组同音球	10
2014/145	号码向后移	11	2014/146	一组同音球	1	2014/147	奇数号为主	10
2014/148	右擦边球为主	13	2014/149	同音球继续走强	1	2014/150	后区二连号	9
2015/12	—	6	2015/13	等间隔下落	1	2015/14	同音球走强	11
2015/22	春节	10	2015/23	填空二连号	1	2015/24	奇数号为主	10
2015/45	奇数号优先	7	2015/46	大号球为主	1	2015/47	左右擦边球	9
2015/63	号码向后移	12	2015/64	奇数号优先	1	2015/65	小号球为主	12
2015/88	右擦边斜连球	9	2015/89	间隔二期球	1	2015/90	偶数球为主	15
2015/91	号码向前移	11	2015/92	偶数号为主	1	2015/93	冷号同音球	8
2015/97	号码向前移	4	2015/98	左擦边球下落	1	2015/99	前区积数球	9
2015/103	重球配填空球	14	2015/104	奇数号为主	1	2015/105	小号球为主	12
2015/123	二连号与同音球	7	2015/124	大号球为主	1	2015/125	号码向后移	10
2015/131	奇数号为主	3	2015/132	头尾偶数球	1	2015/133	间隔二期球	15
2015/135	同音球与二连号	7	2015/136	奇数号为主	1	2015/137	中区优先选	12
2016/02	号码向后移	16	2016/03	首尾"3"尾球	1	2016/04	号码向后移	12
2016/12	重球配填空球	15	2016/13	头尾偶数球	1	2016/14	和数球	7
2016/27	同音球与二连号	5	2016/28	偶数号为主	1	2016/29	擦边球	15
2016/43	号码向前移	12	2016/44	一组同音球	1	2016/45	大冷号纷纷落	3
2016/52	同音球走强	16	2016/53	偶数大冷球	1	2016/54	中区优先选	4
2016/67	偶数球为主	4	2016/68	和数球	1	2016/69	偶数大冷球	11
2016/69	偶数大冷点	11	2016/70	头尾偶数球	1	2016/71	偶数球为主	1
2016/70	头尾偶数球	1	2016/71	偶数球为主	1	2016/72	和数球	2
2016/75	一组同音球	7	2016/76	连号与同音	1	2016/77	擦边球为主	10
2016/96	大号球为主	16	2016/97	奇数号为主	1	2016/98	"8"尾同音球	6
2016/100	填空配重球	4	2016/101	同音球一对	1	2016/102	等间隔号码	13
2016/106	中区优先选	4	2016/107	擦边球配重球	1	2016/108	中区偶数球	16
2016/129	大冷号	14	2016/130	中区优先选	1	2016/131	小号球为主	2
2017/14	中区欲反弹	13	2017/15	奇数号优选	1	2017/16	前后区同音球	2
2017/97	号码向后移	3	2017/98	"1"尾同音球	1	2017/99	大号球为主	4
2017/102	等间隔二期	11	2017/103	奇数球优先	1	2017/104	前中区同音球	14

续表

上期			本期			下期		
期号	点评成语	蓝球	期号	点评成语	蓝球	期号	点评成语	蓝球
2017/107	和数球	6	2017/108	奇数二连号	1	2017/109	号码向后移	16
2017/114	前区和数球	13	2017/115	奇数号为主	1	2017/116	一组同音球	2
2018/44	号码向后移	6	2018/45	中区二连号	1	2018/46	—	3
2018/55	号码向前移	7	2018/56	"1"尾同音球	1	2018/57	后区奇数球	13
2018/64	号码向后移	5	2018/65	右擦边斜连球	1	2018/66	"5"尾同音球	10
2018/67	大号球为主	5	2018/68	号码向后移	1	2018/69	最大二连号	12
2018/103	中区二连号	16	2018/104	号码向后移	1	2018/105	"1"尾同音落	1
2018/104	号码向后移	1	2018/105	"1"尾同音落	1	2018/106	等间隔	10
2018/106	等间隔	10	2018/107	奇数号为主	1	2018/108	大号球为主	2
2018/119	—	12	2018/120	积数球	1	2018/121	一组同音球	11
2018/122	填空球	10	2018/123	前区二连号	1	2018/124	号码向前移	2
2018/130	最冷号与最大号	12	2018/131	左擦边球	1	2018/132	积数球	6
2018/147	一组同音球	11	2018/148	前区二连号	1	2018/149	偶数球为主	1
2018/148	前区二连号	1	2018/149	偶数球为主	1	2018/150	左右擦边球	5
2019/02	重球对称出彩	11	2019/03	号码向后移	1	2019/04	偶数号优先	3
2019/12	同音球再落	14	2019/13	偶数球优先	1	2019/14	后区二连号	3
2019/55	填空球	10	2019/56	大冷号	1	2019/57	偶数号转强	16
2019/59	精彩大号球	6	2019/60	号码向后移	1	2019/61	右擦边	12
2019/61	右擦边	12	2019/62	后区二连号	1	2019/63	前区二连号	16
2019/68	"2"尾同音球	10	2019/69	奇数强	1	2019/70	后区二连号	9
2019/94	和数球	6	2019/95	积数球	1	2019/96	中区二连号	11

续表

上期			本期			下期		
期号	点评成语	蓝球	期号	点评成语	蓝球	期号	点评成语	蓝球

续表

上期			本期			下期		
期号	点评成语	蓝球	期号	点评成语	蓝球	期号	点评成语	蓝球

表7-2 福彩蓝色球开奖号码成语辞典
(②号蓝色球)

上期			本期			下期		
期号	点评成语	蓝球	期号	点评成语	蓝球	期号	点评成语	蓝球
2011/141	前期奇数球	11	2011/142	姐妹连同号	2	2011/143	"2"尾同音球	16
2012/22	三区均衡发展	4	2012/23	右擦边球	2	2012/24	还看奇数球	13
2012/40	红偶蓝奇	10	2012/41	小号球	2	2012/42	填空二连号与同音球	16
2012/48	小间隔号码	10	2012/49	前后区同音球	2	2012/50	左右擦边球	11
2012/94	一对和数球	15	2012/95	后区重中之重	2	2012/96	全奇套餐	7
2012/100	间隔三期	10	2012/101	填空球配重球	2	2012/102	前区和数球	15
2012/102	前区和数球	15	2012/103	后区蓝球	2	2012/104	头尾偶数球	3
2012/132	蓝球冷球占先锋	10	2012/133	擦边三斜连	2	2012/134	间隔二期球	15
2013/11	前区继续强	9	2013/12	小间隔号码	2	2013/13	奇数蓝球热门	9
2013/34	小间隔号	9	2013/35	偶数优先	2	2012/36	冷球为主	13
2013/50	擦边球	3	2013/51	蓝球后边三朵花	2	2012/52	奇数优先	13
2013/61	间隔二期	12	2013/62	一组同音球	2	2012/63	向后转移	12
2013/64	奇数蓝球优先选	12	2013/65	中后区奇数旺	2	2012/66	重球配擦边	7
2013/122	蓝球转为偶数	11	2013/123	号码前移	2	2012/124	同音走强	7
2013/143	奇数填空球	11	2013/144	蓝球选中区	2	2012/145	间隔二期	15
2014/10	左右擦边球	11	2014/11	关注红奇蓝偶	2	2014/12	右擦边斜连球	8
2014/40	偶数号为主	8	2014/41	号码后移	2	2014/42	冷球二连号	14
2014/52	向两边扩散	8	2014/53	中区优先选	2	2014/54	前区二连号	14
2014/72	继续关注偶数号	16	2014/73	间隔一期	2	2014/74	后区二连号	12
2014/78	二连号与同音球	7	2014/79	"2"尾同音球	2	2014/80	擦边二连号	7
2014/107	大号球为主	16	2014/108	前区二连号	2	2014/109	右擦边球	2
2014/108	前区二连号	2	2014/109	右擦边球	2	2014/110	二连号与同音球	6
2014/110	二连号与同音球	6	2014/111	前区优先选	2	2014/112	奇数号反弹	3
2014/128	奇数号为主	14	2014/129	小间隔号为主	2	2014/130	号码向后移	10
2014/133	等间隔二期偶数球	13	2014/134	号码向前移	2	2014/135	前区和数球	1
2015/43	号码向前移	15	2015/44	多选偶数号	2	2015/45	奇数号优先	7
2015/54	擦边球配重球	7	2015/55	"8"尾冷球落	2	2015/56	等间隔二期	14
2015/77	奇数号为主	16	2015/78	号码向后移	2	2015/79	重球配填空球	11
2015/79	重球配填空球	11	2015/80	一组同音球	2	2015/81	号码向前移	13
2015/140	偶数号为主	12	2015/141	小号球为主	2	2015/142	一组同音球	11

续表

上期			本期			下期		
期号	点评成语	蓝球	期号	点评成语	蓝球	期号	点评成语	蓝球
2016/07	冷热二连号	6	2016/08	精彩擦边球	2	2016/09	一组同音球	4
2016/49	冷热同音球	10	2016/50	左右擦边球	2	2016/51	中区优先选	12
2016/71	偶数球为主	1	2016/72	和数球	2	2016/73	小号球为主	13
2016/77	擦边球为主	10	2016/78	偶数球为主	2	2016/79	中区优先选	2
2016/78	偶数球为主	2	2016/79	中区优先选	2	2016/80	等间隔	14
2016/116	奇数号转强	13	2016/117	一组同音球	2	2016/118	擦边斜连球	14
2016/130	中区优先选	1	2016/131	小号球为主	2	2016/132	中后区二连号	7
2017/15	奇数号优先	1	2017/16	前后区同音球	2	2017/17	斜连球	12
2017/29	冷热号优先	10	2017/30	和数球	2	2017/31	斜连配同音	3
2017/46	中后区同音球	10	2017/47	奇数号为主	2	2017/48	等间隔三期	7
2017/71	关注最冷号	3	2017/72	等间隔一期	2	2017/73	奇数号为主	14
2017/73	奇数号为主	14	2017/74	中区二连号	2	2017/75	奇数号为主	7
2017/83	号码向前移	12	2017/84	奇数号为主	2	2017/85	大冷号	9
2017/99	大号球为主	4	2017/100	左右擦边球	2	2017/101	关注大冷号	16
2017/105	关注大冷号	7	2017/106	左右擦边球	2	2017/107	和数球	6
2017/115	奇数号为主	1	2017/116	一组同音球	2	2017/117	头尾球	9
2017/128	号码向前移	8	2017/129	左右擦边球	2	2017/130	号码向前移	2
2017/129	左右擦边球	2	2017/130	号码向前移	2	2017/131	精彩"2"尾球	11
2017/137	"1"尾同音球	3	2017/138	偶数球为主	2	2017/139	一组同音球	16
2018/23	大号球为主	16	2018/24	号码向前移	2	2018/25	右擦边斜连	14
2018/47	—	7	2018/48	左右擦边球	2	2018/49	前区二连号	2
2018/48	左右擦边球	2	2018/49	前区二连号	2	2018/50	偶数号为主	7
2018/99	奇数球为主	6	2018/100	间隔递减球	2	2018/101	一组同音球	9
2018/107	奇数号为主	1	2018/108	大号球为主	2	2018/109	一组同音球	15
2018/109	一组同音球	15	2018/110	号码向前移	2	2018/111	等差数列球	8
2018/123	前区二连号	1	2018/124	号码向前移	2	2018/125	右擦边斜连球	2
2018/124	号码向前移	2	2018/125	右擦边斜连球	2	2018/126	奇数球为主	5
2018/127	号码向后移	12	2018/128	关注大号球	2	2018/129	奇数号为主	16
2019/09	前中区二连号	15	2019/10	多关注中区	2	2019/11	大号球为主	7
2019/49	同音落球落	15	2019/50	大号球为主	2	2019/51	号码向后移	9

上期			本期			下期		
期号	点评成语	蓝球	期号	点评成语	蓝球	期号	点评成语	蓝球
2019/81	后区二连号	10	2019/82	同音球强势	2	2019/83	填空二连号	3
2019/92	左擦边	8	2019/93	号码向前移	2	2019/94	和数球	6

续表

上期			本期			下期		
期号	点评成语	蓝球	期号	点评成语	蓝球	期号	点评成语	蓝球

续表

上期			本期			下期		
期号	点评成语	蓝球	期号	点评成语	蓝球	期号	点评成语	蓝球

表7－3　福彩蓝色球开奖号码成语辞典
（③号蓝色球）

上期			本期			下期		
期号	点评成语	蓝球	期号	点评成语	蓝球	期号	点评成语	蓝球
2011/138	间隔斜连球	7	2011/139	多选偶数球	3	2011/140	号码前移	6
2011/143	"2"尾同音球	16	2011/144	间隔二期球	3	2011/145	优选斜连球	4
2012/20	两边扩散	11	2012/21	擦边斜连球	3	2012/22	三区均衡发展	4
2012/28	考虑斜连球	11	2012/29	连号一串串	3	2012/30	小间隔号码	8
2012/30	小间隔号码	8	2012/31	"3"尾号码	3	2012/32	前区偶数	4
2012/42	填空二连号与同音球	16	2012/43	蓝球看奇数	3	2012/44	斜连球精彩	3
2012/43	蓝球看奇数	3	2012/44	斜连球精彩	3	2012/45	蓝球关注后区	9
2012/79	小号码	12	2012/80	间隔二期球	3	2012/81	看重斜连球	6
2012/91	前区二连号	16	2012/92	号码后移	3	2012/93	前区三偶连	13
2012/103	后区蓝球	2	2012/104	头尾偶数球	3	2012/105	奇数配同音	4
2012/108	多留意奇数	13	2012/109	最大姐妹花	3	2012/110	连号与同音	9
2012/115	空档处做文章	14	2012/116	中区奇数球	3	2012/117	间隔三期球	9
2012/129	放眼中区	1	2012/130	中区左右擦边球	3	2012/131	继续蓝奇	12
2012/144	中区偶数球	4	2012/145	多选连号	3	2012/146	偶数为主	13
2013/30	中区优先	6	2013/31	中区擦边球	3	2013/32	冷热奇偶球	3
2013/31	中区擦边球	3	2013/32	冷热奇偶球	3	2013/33	前区优先	1
2013/41	后区等差数	5	2013/42	回归蓝球	3	2013/43	一组同音球	16
2013/49	间隔二期再携手	14	2013/50	擦边球	3	2013/51	蓝球后边三朵花	2
2013/73	热号球精彩	11	2013/74	同音球与斜连球	3	2013/75	二连号与同音球	14
2013/75	二连号与同音球	14	2013/76	小间隔号码	3	2013/77	中区为主	3
2013/76	小间隔号码	3	2013/77	中区为主	3	2013/78	擦边出球	15
2013/83	前区冷号组合	9	2013/84	号码后移	3	2013/85	小间隔二连号	16
2013/98	再战同音球	14	2013/99	二连号与同音球	3	2013/100	小号奇数	11
2013/101	冷球呈强态	1	2013/102	中区二连号	3	2013/103	同音配姐妹	7
2014/35	蓝球转奇数	6	2014/36	红偶蓝奇	3	2014/37	号码后移	7
2014/111	前区优先选	2	2014/112	奇数反弹	3	2014/113	间隔一期对称下落	7
2014/114	前区优先选	10	2014/115	奇数号为主	3	2014/116	"2"尾同音球	16
2014/117	号码向前移	4	2014/118	左右擦边球	3	2014/119	偶数号为主	9
2015/07	最冷球填空出彩	8	2015/08	后区二连号	3	2015/09	二连号与同音球	14
2015/34	擦边球为主	13	2015/35	前区二连号	3	2015/36	偶数球为主	3

| 上期 | | | 本期 | | | 下期 | | |
期号	点评成语	蓝球	期号	点评成语	蓝球	期号	点评成语	蓝球
2015/35	前区二连号	3	2015/36	偶数球为主	3	2015/37	大冷球下落	3
2015/36	偶数球为主	3	2015/37	大冷球下落	3	2015/38	填空二连号	14
2015/114	左右擦边球	11	2015/115	同音球走强	3	2015/116	再次携手下落	11
2015/130	重球配填空球	10	2015/131	奇数号为主	3	2015/132	头尾偶数球	1
2015/152	中国优先选	12	2015/153	大冷号	3	2015/154	偶数号为主	7
2016/30	号码向前移	12	2016/31	前区等差数列	3	2016/32	偶数球为主	15
2016/35	偶数号为主	11	2016/36	擦边斜连球	3	2016/37	偶数大冷球	16
2016/37	偶数大冷球	16	2016/38	前区偶数球	3	2016/39	一组同音球	16
2016/39	一组同音球	16	2016/40	偶数大冷球	3	2016/41	擦边斜连球	4
2016/44	一组同音球	1	2016/45	大冷号纷纷落	3	2016/46	二连号与同音球	14
2016/63	大号球为主	7	2016/64	号码向前移	3	2016/65	小号球为主	14
2016/124	同音球与二连号	10	2016/125	等间隔	3	2016/126	中区优先选	10
2016/135	号码向前移	12	2016/136	后区二连号	3	2016/137	重球配填空	14
2016/138	间隔二期同音球	7	2016/139	号码向后移	3	2016/140	中区号为主	10
2017/01	左右擦边球	15	2017/02	前中区同音球	3	2017/03	号码向后移	16
2017/30	和数球	2	2017/31	斜连配重球	3	2017/32	中区二连号	11
2017/65	奇数号转强	7	2017/66	号码向后移	3	2017/67	后区二连号	4
2017/70	一组同音球	12	2017/71	关注最冷号	3	2017/72	等间隔一期	2
2017/90	等差数列号码	9	2017/91	后区优先选	3	2017/92	等间隔	9
2017/96	左右擦边球	6	2017/97	号码向后移	3	2017/98	"1"尾同音球	1
2017/123	前区和数球	10	2017/124	左擦边斜连球	3	2017/125	关注大冷号	3
2017/124	左擦边斜连球	3	2017/125	关注大冷号	3	2017/126	右擦边斜连	16
2017/136	奇数号为主	12	2017/137	"1"尾同音球	3	2017/138	偶数球为主	2
2018/09	等间隔	7	2018/10	同音球强势	3	2018/11	后区偶二连	11
2018/21	奇数号为主	14	2018/22	右擦边斜连	3	2018/23	大号球为主	16
2018/38	同音球强势	9	2018/39	号码向前移	3	2018/40	奇数号为主	16
2018/45	中区二连号	1	2018/46	—	3	2018/47	—	7
2018/70	偶数号为主	10	2018/71	左右擦边球	3	2018/72	等间隔	8
2018/79	右擦边斜连球	13	2018/80	填空球	3	2018/81	再落同音球	3
2018/80	填空球	3	2018/81	再落同音球	3	2018/82	奇数号为主	9

续表

上期			本期			下期		
期号	点评成语	蓝球	期号	点评成语	蓝球	期号	点评成语	蓝球
2018/82	奇数号为主	9	2018/83	奇数号反弹	3	2018/84	左右擦边球	3
2018/83	奇数号反弹	3	2018/84	左右擦边球	3	2018/85	号码向后移	6
2018/86	大冷号	16	2018/87	后区二连号	3	2018/88	大冷号	14
2018/151	蓝球转偶数	15	2018/152	偶数球为主	3	2018/153	中后区同音球	11
2019/03	号码向后移	1	2019/04	偶数号优先	3	2019/05	左擦边斜连球	7
2019/13	偶数球优先	1	2019/14	后区二连号	3	2019/15	最大二连号	4
2019/33	大号球优先	15	2019/34	后区二连号	3	2019/35	偶数号为主	16
2019/74	奇数号优先	4	2019/75	精彩看前区	3	2019/76	大冷号	14
2019/83	填空二连号	3	2019/84	冷热号组连号	3	2019/85	奇数号为主	

上期			本期			下期		
期号	点评成语	蓝球	期号	点评成语	蓝球	期号	点评成语	蓝球

续表

上期			本期			下期		
期号	点评成语	蓝球	期号	点评成语	蓝球	期号	点评成语	蓝球

表7-4　福彩蓝色球开奖号码成语辞典

（④号蓝色球）

上期			本期			下期		
期号	点评成语	蓝球	期号	点评成语	蓝球	期号	点评成语	蓝球
2011/144	间隔二期	3	2011/145	优选斜连球	4	2011/146	—	10
2012/06	红偶蓝球	8	2012/07	擦边寻好球	4	2012/08	号码前移	8
2012/21	擦边斜连球	3	2012/22	三区均衡发展	4	2012/23	右擦边球	2
2012/31	"3"尾号码	3	2012/32	前区偶数	4	2012/33	蓝球看奇数	4
2012/32	前区偶数	4	2012/33	蓝球看奇数	4	2012/34	红偶蓝奇	16
2012/51	向两边扩散	9	2012/52	多考虑奇数红球	4	2012/53	红球大号奇数蓝球小号奇数	4
2012/52	多考虑奇数红球	6	2012/53	红球大号奇数蓝球小号奇数	4	2012/54	擦边斜连	14
2012/56	二连号落前区	10	2012/57	奇数号为主	4	2012/58	中后区火起来	4
2012/57	奇数号为主	4	2012/58	中后区火起来	4	2012/59	前区大冷球	1
2012/82	中区为主	6	2012/83	前区二连号	4	2012/84	斜连球配擦边	14
2012/104	头尾偶数球	3	2012/105	奇数配同音	4	2012/106	间隔一期球	16
2012/143	小号优先	6	2012/144	中区偶数球	4	2012/145	多选连号	3
2012/153	前区二连号	10	2012/154	红偶蓝奇	4	2013/01	擦边球为主	6
2013/47	间隔一期斜连	12	2013/48	填空二连号	4	2013/49	间隔二期再携手	14
2013/140	头尾偶数球	10	2013/141	号码后移	4	2013/142	中区为主	14
2014/01	填空二连号	1	2014/02	斜连球配重球	4	2014/03	擦边斜连球	12
2014/04	左右擦边球	15	2014/05	填空球	4	2014/06	前区配中区	14
2014/54	前区二连号	14	2014/55	重球配擦边	4	2014/56	等间隔二期	1
2014/102	奇数号为主	13	2014/103	冷球二连号	4	2014/104	红球大号蓝球小号	13
2014/104	红球大号蓝球小号	13	2014/105	左右擦边球	4	2014/106	号码向前移	15
2014/116	"2"尾同音球	16	2014/117	号码向前移	4	2014/118	左右擦边球	3
2014/119	偶数号为主	9	2014/120	擦边斜连球	4	2014/121	奇数号为主	9
2014/123	后区二连号	5	2014/124	中区优先选	4	2014/125	连号与同音	6
2015/14	同音球走强	11	2015/15	小号球为主	4	2015/16	左右擦边球	13
2015/18	号码向前移	9	2015/19	小号码为主	4	2015/20	中区优先选	4
2015/19	小号码为主	4	2015/20	中区优先选	4	2015/21	后区奇数球	8
2015/49	小间隔号码	5	2015/50	同音球再落	4	2015/51	大号球为主	9
2015/56	等间隔二期	14	2015/57	奇数号优先	4	2015/58	一组同音球	15
2015/60	蓝球转奇数	13	2015/61	中区偶数球	4	2015/62	右擦边冷球	16
2015/72	擦边斜连球	5	2015/73	前区二连号	4	2015/74	红球偶数为先	8

上期			本期			下期		
期号	点评成语	蓝球	期号	点评成语	蓝球	期号	点评成语	蓝球
2015/74	红球偶数为先	8	2015/75	左擦边斜连球	4	2015/76	中区同音球	9
2015/94	偶数球为主	10	2015/95	号码向后移	4	2015/96	一组同音球	7
2015/96	一组同音球	7	2015/97	号码向前移	4	2015/98	左擦边下落	1
2015/109	填空球配重球	13	2015/110	一组同音球	4	2015/111	号码向后移	12
2015/128	擦边配重球	6	2015/129	右擦边斜连球	4	2015/130	重球配填空球	10
2015/133	间隔三期球	15	2015/134	最冷号下落	4	2015/135	同音球与二连号	7
2015/142	一组同音球	11	2015/143	冷号同音球	4	2015/144	前区等差数列	16
2016/08	精彩擦边球	2	2016/09	一组同音球	4	2016/10	前区二连号	6
2016/17	奇数号优先选	5	2016/18	奇数填空球	4	2016/19	一组同音球	10
2016/40	偶数大冷号	3	2016/41	擦边斜连球	4	2016/42	偶数大冷号	9
2016/47	大冷号下落	16	2016/48	大号球为主	4	2016/49	冷热同音球	10
2016/53	偶数大冷号	1	2016/54	中区优先选	4	2016/55	连号花落中后区	11
2016/66	前区和数球	5	2016/67	偶数球为先	4	2016/68	和数球	1
2016/82	右擦边斜连球	9	2016/83	填空球	4	2016/84	中区同音球	5
2016/99	中区同音球	6	2016/100	填空配重球	4	2016/101	同音球一对	1
2016/103	擦边球配重球	11	2016/104	擦边球	4	2016/105	"0"尾同音球	16
2016/105	"0"尾同音球	16	2016/106	中区优先选	4	2016/107	擦边球配重球	1
2016/110	对称球	8	2016/111	同音球一对	4	2016/112	中区"2"尾球	12
2016/118	擦边斜连球	14	2016/119	最冷号下落	4	2016/120	号码向前移	9
2017/39	同音球走强	15	2017/40	冷球填空下落	4	2017/41	大冷号下落	4
2017/40	冷球填空下落	4	2017/41	大冷号下落	4	2017/42	重球与同音球	4
2017/41	大冷号下落	4	2017/42	重球与同音球	4	2017/43	中区大冷号	8
2017/59	大冷号下落	4	2017/60	大冷号下落	4	2017/61	填空二连号	11
2017/62	和数球	10	2017/63	大冷号	4	2017/64	号码向前移	15
2017/66	号码向后移	3	2017/67	后区二连号	4	2017/68	左右擦边球	15
2017/98	"1"尾同音球	1	2017/99	大号球为主	4	2017/100	左右擦边球	2
2017/133	右擦边斜连球	11	2017/134	等间隔	4	2017/135	关注大冷号	16
2017/154	右擦边斜连球	5	2018/01	号码向后移	4	2018/02	中区二连号	16
2018/02	中区二连号	16	2018/03	擦边斜连球	4	2018/04	间隔递增"5"尾球	11
2018/25	右擦边斜连	14	2018/26	前区二连号	4	2018/27	奇数号为主	5

上期			本期			下期		
期号	点评成语	蓝球	期号	点评成语	蓝球	期号	点评成语	蓝球
2018/35	"1"尾同音球	15	2018/36	等间隔二期	4	2018/37	号码向前移	10
2018/50	偶数号为主	7	2018/51	擦边斜连球	4	2018/52	精彩偶数球	14
2018/111	等差数列球	8	2018/112	右擦边斜连球	4	2018/113	前区和数球	9
2018/140	擦边斜连球	14	2018/141	积数球	4	2018/142	前区二连号	11
2019/14	后区二连号	3	2019/15	最大二连号	4	2019/16	和数球	5
2019/17	偶数球为主	9	2019/18	左擦边斜连球	4	2019/19	冷热同音球	6
2019/20	一组同音球	12	2019/21	左擦边斜连球	4	2019/22	左右擦边球	7
2019/24	头尾偶数球	10	2019/25	蓝球继续看偶数	4	2019/26	一组同音球	14
2019/31	大号球为主	16	2019/32	左擦边斜连球	4	2019/33	大号球优先	15
2019/41	"2"尾同音落	16	2019/42	间隔递减球	4	2019/43	头尾号同落	13
2019/65	期待前区反转	10	2019/66	积数球	4	2019/67	奇数球为主	11
2019/70	后区二连号	9	2019/71	左右擦边球	4	2019/72	大冷号	15
2019/73	一组同音球	8	2019/74	奇数号优先	4	2019/75	精彩看前区	3
2019/84	冷热号组建号	3	2019/85	奇数号为主	4	2019/86	一组二连号	6
2019/86	一组二连号	6	2019/87	号码向前移	4	2019/88	一组同音落	13
2019/89	和数球	11	2019/90	号码向后移	4	2019/91	奇数球反转	11

续表

上期			本期			下期		
期号	点评成语	蓝球	期号	点评成语	蓝球	期号	点评成语	蓝球

上期			本期			下期		
期号	点评成语	蓝球	期号	点评成语	蓝球	期号	点评成语	蓝球

表7－5　福彩蓝色球开奖号码成语辞典
（⑤号蓝色球）

上期			本期			下期		
期号	点评成语	蓝球	期号	点评成语	蓝球	期号	点评成语	蓝球
2011/94	—	9	2011/95	等间隔一期	5	2011/96	空档做文章	15
2012/10	春节	10	2012/11	偶数三连号	5	2012/12	擦边斜连球	1
2012/34	红偶蓝奇	16	2012/35	看好中区	5	2012/36	蓝球看奇数	9
2012/72	"6"尾同音	6	2012/73	看好蓝奇	5	2012/74	后区等差号	8
2012/84	斜连球配擦边	14	2012/85	奇数反转	5	2012/86	左右擦连球	8
2012/127	精彩斜连球	8	2012/128	斜连球配重球	5	2012/129	放眼中区	1
2013/15	红球大号蓝球小号	15	2013/16	号码向后移	5	2013/17	后区"3"尾同音球	9
2013/17	后区"3"尾同音球	9	2013/18	春节	5	2013/19	蓝球偶为先	6
2013/22	奇数冷球	7	2013/23	偶数三连号	5	2013/24	左擦边球	9
2013/40	前区偶数球	10	2013/41	后区等差数	5	2013/42	回归蓝偶	3
2013/56	姐妹花优先	16	2013/57	二连号与同音球	5	2013/58	前区优先	5
2013/57	二连号与同音球	5	2013/58	前区优先	5	2013/59	两边扩散	9
2013/86	同音继续出	5	2013/87	热号同音球	5	2013/88	擦边球为主	14
2013/107	擦边同音球	11	2013/108	偶数号码转强	5	2013/109	号码前移	8
2013/153	全包蓝偶	10	2013/154	奇数号为主	5	2014/01	填空二连号	1
2014/27	一组同音球	1	2014/28	奇数号为主	5	2014/29	同音伴斜连	14
2014/92	红偶蓝奇	7	2014/93	左右擦边球	5	2014/94	大号红球小号蓝球	1
2014/122	同音球继续出	11	2014/123	后区二连号	5	2014/124	中区优先选	4
2015/01	大号球为主	6	2015/02	后区二连号	5	2015/03	号码向前移	15
2015/32	同音球优先	16	2015/33	后区二连号	5	2015/34	擦边球为主	13
2015/48	一组同音球	10	2015/49	小间隔号码	5	2015/50	同音球再落	4
2015/82	热球填空出彩	7	2015/83	斜连球配大冷球	5	2015/84	中区优先选	15
2015/84	中区优先选	15	2015/85	号码向前移	5	2015/86	一组同音球	12
2015/100	右擦边斜连球	8	2015/101	号码向后移	5	2015/102	奇数号为主	6
2015/146	擦边球为主	15	2015/147	偶数和数球	5	2015/148	"2"尾大号球	7
2016/16	春节	16	2016/17	奇数号优先选	5	2016/18	奇数填空球	4
2016/20	等间隔号码	10	2016/21	号码向后移	5	2016/22	填空配重球	7
2016/26	左擦边斜连球	1	2016/27	同音球与二连号	5	2016/28	偶数号为主	1
2016/65	小号球为主	14	2016/66	前区和数球	5	2016/67	偶数球为主	1
2016/83	填空球	4	2016/84	中区同音球	5	2016/85	二连号与同音球	16

上期			本期			下期		
期号	点评成语	蓝球	期号	点评成语	蓝球	期号	点评成语	蓝球
2016/85	二连号与同音球	16	2016/86	偶三连	5	2016/87	一组同音球	12
2016/108	中区偶数球	16	2016/109	擦边斜连球	5	2016/110	对称球	8
2016/143	号码向后移	13	2016/144	前中区同音球	5	2016/145	中区优先选	6
2016/149	中区优先选	7	2016/150	小号球为主	5	2016/151	号码向后移	7
2017/04	同音球走强	7	2017/05	和数球	5	2017/06	偶数大冷球	8
2017/26	擦边斜连球	8	2017/27	后区二连号	5	2017/28	左右擦边球	9
2017/36	左右擦边球	15	2017/37	等差数列号码	5	2017/38	二连号与同音球	5
2017/37	等差数列号码	5	2017/38	二连号与同音球	5	2017/39	同音球走强	15
2017/44	等差数	6	2017/45	等间隔二期	5	2017/46	中后区同音球	10
2017/54	偶数球为主	8	2017/55	一组同音球	5	2017/56	号码向后移	6
2017/68	左右擦边球	15	2017/69	奇数号为主	5	2017/70	一组同音球	12
2017/80	大小偶数球	8	2017/81	奇数号转移	5	2017/82	左右擦边球	10
2017/112	后区二连号	11	2017/113	重球对称出彩	5	2017/114	前区和数球	13
2017/140	奇数球反攻	8	2017/141	前区和数球	5	2017/142	中区优先选	6
2017/151	"2"尾球同落	16	2017/152	冷号填空出	5	2017/153	连号转中区	16
2017/153	连号转中区	16	2017/154	右擦边斜连球	5	2018/01	号码向后移	4
2018/19	前区球优先	9	2018/20	同音球填空落	5	2018/21	奇数号为主	14
2018/26	前区二连号	4	2018/27	奇数号为主	5	2018/28	前区二连号	16
2018/28	前区二连号	16	2018/29	擦边球配重球	5	2018/30	大号球为主	7
2018/63	左右擦边球	12	2018/64	号码向后移	5	2018/65	右擦边斜连球	1
2018/66	"5"尾同音球	10	2018/67	大号球为主	5	2018/68	号码向后移	1
2018/93	擦边斜连球	7	2018/94	冷号配重球	5	2018/95	多选奇数球	9
2018/101	一组同音球	9	2018/102	间隔递减球	5	2018/103	中区二连号	16
2018/116	—	15	2018/117	—	5	2018/118	—	9
2018/125	右擦边斜连球	2	2018/126	奇数球为主	5	2018/127	号码向后移	12
2018/149	偶数球为主	1	2018/150	左右擦边球	5	2018/151	蓝球转偶数	15
2019/15	最大二连号	4	2019/16	和数球	5	2019/17	偶数球为主	9
2019/37	右擦边斜连球	10	2019/38	一组同音球	5	2019/39	大冷号	8
2019/100	右擦边球	8	2019/101	精彩大号球	5	2019/102	头尾偶数球	12

续表

上期			本期			下期		
期号	点评成语	蓝球	期号	点评成语	蓝球	期号	点评成语	蓝球

续表

上期			本期			下期		
期号	点评成语	蓝球	期号	点评成语	蓝球	期号	点评成语	蓝球

表7－6　福彩蓝色球开奖号码成语辞典

(⑥号蓝色球)

	上期			本期			下期	
期号	点评成语	蓝球	期号	点评成语	蓝球	期号	点评成语	蓝球
2011/139	多选偶数球	3	2011/140	号码前移	6	2011/141	前区奇数球	11
2011/153	头尾落球	13	2012/01	间隔斜连球	6	2012/02	中后区为主	13
2012/04	中区为主	16	2012/05	擦边球	6	2012/06	红偶蓝奇	8
2012/45	蓝球关注后区	9	2012/46	填空二连号	6	2012/47	偶数球放光彩	11
2012/68	间隔二期球	10	2012/69	看好小号	6	2012/70	奇数号	11
2012/71	中小间隔	8	2012/72	"6"尾同音	6	2012/73	看好蓝奇	5
2012/80	间隔二期号	3	2012/81	看重斜连球	6	2012/82	中区为主	6
2012/81	看重斜连球	6	2012/82	中区为主	6	2012/83	前区二连号	4
2012/96	全奇套餐	7	2012/97	二连号与同音球	6	2012/98	间隔二期大偶数	9
2012/111	中区姐妹花	13	2012/112	红奇蓝偶为佳	6	2012/113	小号热出	6
2012/112	红奇蓝偶为佳	6	2012/113	小号热出	6	2012/114	保持蓝偶	6
2012/141	擦边配斜连球	9	2012/142	偶数同音	6	2012/143	小号优先	6
2012/142	偶数同音	6	2012/143	小号优先	6	2012/144	中区偶数球	4
2012/154	红偶蓝奇	4	2013/01	擦边球为佳	6	2013/02	前区奇数球	12
2013/18	春节	5	2013/19	蓝球偶为先	6	2013/20	姐妹伴斜连	1
2013/29	擦边斜连球	12	2013/30	中区优先选	6	2013/31	中区擦边球	3
2013/38	"1"尾携姐妹	11	2013/39	后区精彩	6	2013/40	前区偶数球	10
2013/43	一组同音球	16	2013/44	擦边冷球	6	2013/45	擦边配重球	12
2013/45	擦边配重球	12	2013/46	亮点尽在斜连中	6	2013/47	间隔一期斜连	12
2013/54	奇数为主	14	2013/55	前中区防同音	6	2013/56	姐妹花优先	16
2013/66	重球配擦边	7	2013/67	奇数号优先	6	2013/68	一组同音球	6
2013/67	奇数号优先	6	2013/68	一组同音球	6	2013/69	填空配重球	6
2013/68	一组同音球	6	2013/69	填空配重球	6	2013/70	中区三偶数	6
2013/69	填空配重球	6	2013/70	中区三偶数	6	2013/71	擦边"1"尾球	9
2013/81	前区等差数列	13	2013/82	中区好球配同音	6	2013/83	前区冷号组合	9
2013/91	同音走强	10	2013/92	二连号与同音球	6	2013/93	擦边为主	14
2013/105	前区威风依然	9	2013/106	中区偶二连	6	2013/107	擦边同音球	11
2013/135	冷态蓝球复苏	12	2013/136	蓝球看奇数	6	2013/137	填空球精彩	10
2014/33	精彩中区	12	2014/34	左擦边斜连球	6	2014/35	蓝球转奇数	6
2014/34	左擦边斜连球	6	2014/35	蓝球转奇数	6	2014/36	红偶蓝奇	3

上期			本期			下期		
期号	点评成语	蓝球	期号	点评成语	蓝球	期号	点评成语	蓝球
2014/48	奇数号为主	16	2014/49	一组同音球	6	2014/50	大号为主	13
2014/59	大号为主	13	2014/60	擦边球	6	2014/61	"1" 尾球	8
2014/64	重球配擦边	14	2014/65	后区为主	6	2014/66	小间隔号为主	16
2014/66	小间隔号为主	16	2014/67	一组同音球	6	2014/68	等间隔一期	16
2014/74	后区二连号	12	2014/75	蓝球前移转奇数	6	2014/76	中区二连号	11
2014/86	中区二连号	8	2014/87	填空球配重球	6	2014/88	大号球为主	15
2014/109	右擦边球	2	2014/110	二连号与同音球	6	2014/111	前区优先选	2
2014/124	中区优先选	4	2014/125	连号与同音	6	2014/126	左右擦边球	1
2014/139	关注中区奇数球	11	2014/140	奇数号为主	6	2014/141	大号优先选	10
2014/152	擦边斜连球	12	2015/01	大号球为主	6	2015/02	后区二连号	5
2015/11	号码向后移	15	2015/12	—	6	2015/13	等间隔下落	1
2015/40	同音球走强	16	2015/41	号码向前移	6	2015/42	最冷号下落	8
2015/101	号码向后移	5	2015/102	奇数号为主	6	2105/103	重球配填空球	14
2015/126	填空二连号	12	2015/127	偶数号为主	6	2015/128	擦边配重球	6
2015/127	偶数号为主	6	2015/128	擦边配重球	6	2015/129	右擦边斜连球	4
2016/06	最冷号下落	12	2016/07	冷热二连号	6	2016/08	精彩擦边球	2
2016/09	一组同音球	4	2016/10	前区二连号	6	2016/11	最小号与最大号	12
2016/91	号码向后移	7	2016/92	同音球一对	6	2016/93	奇数三连号	9
2016/97	奇数号为主	1	2016/98	"8" 尾同音球	6	2016/99	中区同音球	6
2016/98	"8" 尾同音球	6	2016/99	中区同音球	6	2016/100	填空配重球	4
2016/144	前中区同音球	5	2016/145	中区优先选	6	2016/146	大号球为主	10
2016/152	擦边斜连球	7	2016/153	奇数号为主	6	2017/01	左右擦边球	15
2017/12	前中区同音球	7	2017/13	冷号同音球	6	2017/14	中区欲反弹	13
2017/43	中区大冷球	8	2017/44	等差数	6	2017/45	等间隔二期	5
2017/52	同音球擦边落	7	2017/53	等间隔	6	2017/54	偶数球为主	8
2017/55	一组同音球	5	2017/56	号码向后移	6	2017/57	偶数号为主	16
2017/86	一组同音球	7	2017/87	最大二连号	6	2017/88	大小偶数球	6
2017/87	最大二连号	6	2017/88	大小偶数球	6	2017/89	最冷号	12
2017/93	号码向前移	12	2017/94	左右擦边球	6	2017/95	两组同音球	16
2017/95	两组同音球	16	2017/96	左右擦边球	6	2017/97	号码向后移	3

续表

上期			本期			下期		
期号	点评成语	蓝球	期号	点评成语	蓝球	期号	点评成语	蓝球
2017/106	左右擦边球	2	2017/107	和数球	6	2017/108	奇数三连号	1
2017/141	前区积数球	5	2017/142	中区优先选	6	2017/143	"9"尾同音球	14
2018/04	间隔递增"5"尾球	11	2018/05	号码向前移	6	2018/06	和数球	11
2018/12	一组同音球	12	2018/13	擦边斜连球	6	2018/14	号码向前移	7
2018/31	后区奇数球	14	2018/32	重球对称出彩	6	2018/33	前区同音球	6
2018/32	重球对称出彩	6	2018/33	前区同音球	6	2018/34	积数球	15
2018/43	擦边斜连球	7	2018/44	号码向后移	6	2018/45	中区二连号	1
2018/52	精彩偶数球	14	2018/53	中区优先选	6	2018/54	最冷号	16
2018/84	左右擦边球	3	2018/85	号码向后移	6	2018/86	大冷号	16
2018/98	偶数大冷球	13	2018/99	奇数球为主	6	2018/100	间隔递减球	2
2018/132	左擦边球	1	2018/133	积数球	6	2018/134	号码向后移	13
2018/144	右擦边斜连球	13	2018/145	和数球	6	2018/146	号码向后移	16
2019/18	左擦边斜连球	4	2019/19	冷热同音球	6	2019/20	一组同音球	12
2019/45	填空球	14	2019/46	和数球	6	2019/47	前中区二连号	14
2019/58	重点看后区	12	2019/59	精彩大号球	6	2019/60	号码向后移	1
2019/85	奇数号为主	4	2019/86	一组二连号	6	2019/87	号码向前移	4
2019/93	号码向前移	2	2019/94	和数球	6	2019/95	积数球	1

续表

上期			本期			下期		
期号	点评成语	蓝球	期号	点评成语	蓝球	期号	点评成语	蓝球

续表

上期			本期			下期		
期号	点评成语	蓝球	期号	点评成语	蓝球	期号	点评成语	蓝球

表7-7 福彩蓝色球开奖号码成语辞典
（⑦号蓝色球）

期号	点评成语	蓝球	期号	点评成语	蓝球	期号	点评成语	蓝球
	上期			本期			下期	
2011/135	中区奇数三连	12	2011/136	首选蓝奇	7	2011/137	考虑"0"尾球	13
2011/137	考虑"0"尾球	13	2011/138	间隔斜连球	7	2011/139	多选偶数球	3
2012/61	蓝球继续奇数	7	2012/62	后区二连号	7	2012/63	"3"尾球	12
2012/95	后区重中之重	2	2012/96	全奇套餐	7	2012/97	二连号与同音球	6
2012/125	擦边配重球	1	2012/126	看好偶数球	7	2012/127	精彩斜连球	8
2012/136	再选蓝奇	11	2012/137	冷球为主	7	2012/138	中区擦边球	14
2012/147	再次携手下落	9	2012/148	小号偶数大号奇数	7	2012/149	多关注蓝偶	13
2012/149	多关注蓝偶	13	2012/150	斜连球配同音	7	2012/151	二连号与填空球	1
2012/151	二连号与填空球	1	2012/152	前区奇数三连	7	2012/153	前区二连号	10
2013/21	后区"3"尾冷球	11	2013/22	奇数冷球	7	2013/23	偶数三连号	5
2013/65	中后区奇数旺	2	2013/66	重球配擦边	7	2013/67	奇数号优先	6
2013/93	擦边为主	14	2013/94	斜连配同音	7	2013/95	填空球为主	10
2013/96	蓝球落大号	15	2013/97	小号球为主	7	2013/98	再战同音球	14
2013/102	中区二连号	3	2013/103	同音配姐妹	7	2013/104	中区优势	11
2013/111	号码前移	13	2013/112	斜连值得推荐	7	2013/113	前区回暖	9
2013/113	前区回暖	9	2013/114	冷热搭配	7	2013/115	填空球	8
2013/115	填空球	8	2013/116	擦边斜连	7	2013/117	关注零重球	16
2013/120	蓝球前移转偶	11	2013/121	蓝球前移转偶	7	2013/122	蓝球转为偶数	11
2013/123	号码前移	2	2013/124	同音走强	7	2013/125	好球看偶数	16
2014/18	对称出彩	15	2014/19	差数球配同音	7	2014/20	前区和数球	15
2014/31	奇数号为主	14	2014/32	前区优先	7	2014/33	精彩中区	12
2014/36	红偶蓝奇	3	2014/37	号码后移	7	2014/38	一组同音球	16
2014/38	一组同音球	16	2014/39	左右擦边球	7	2014/40	偶数号为主	8
2014/69	重球配填空	11	2014/70	小间隔号为主	7	2014/71	左右擦边球	14
2014/77	擦边斜连球	10	2014/78	二连号与同音球	7	2014/79	"2"尾同音球	2
2014/79	"2"尾同音球	2	2014/80	擦边二连号	7	2014/81	再次携手下落	10
2014/91	中区二连号	14	2014/92	红偶蓝奇	7	2014/93	左右擦边球	5
2014/97	后区二连号	15	2014/98	间隔一期"2"尾	7	2014/99	最小二连号	14
2014/100	奇数三连号	11	2014/101	号码向后移	7	2014/102	奇数号为主	13
2014/112	奇数号反弹	3	2014/113	间隔一期对称下落	7	2014/114	前区优先选	10

续表

期号	点评成语	蓝球	期号	点评成语	蓝球	期号	点评成语	蓝球
	上期			本期			下期	
2015/26	小间隔号为主	13	2015/27	前区偶数球	7	2015/28	填空球为主	14
2015/28	填空球为主	14	2015/29	等间隔号码	7	2015/30	左右擦边球	7
2015/29	等间隔号码	7	2015/30	左右擦边球	7	2015/31	号码向后移	11
2015/44	多选偶数号	2	2015/45	奇数号优先	7	2015/46	大号球为主	1
2015/53	左擦边斜连球	10	2015/54	擦边球配重球	7	2015/55	"8"尾冷球落	2
2015/81	号码向前移	13	2015/82	热球填空出彩	7	2015/83	斜连球配大冷球	5
2015/95	号码向后移	4	2015/96	一组同音球	7	2015/97	号码球为主	4
2015/121	最冷填空下落	12	2015/122	左右擦边球	7	2015/123	奇数号为主	7
2015/122	左右擦边球	7	2015/123	二连球与同音球	7	2015/124	小号球为主	1
2015/134	最冷号下落	4	2015/135	同音球与二连号	7	2015/136	奇数号为主	1
2015/147	偶数和数球	5	2015/148	"2"尾大号球	7	2015/149	小号球为主	9
2015/153	大冷号	3	2015/154	偶数号为主	7	2016/01	看好偶数球	13
2016/13	头尾偶数球	1	2016/14	和数球	7	2016/15	等间隔	7
2016/14	和数球	7	2016/15	等间隔	7	2016/16	春节	16
2016/21	号码向后移	5	2016/22	填空配重球	7	2016/23	号码向前移	7
2016/22	填空配重球	7	2016/23	号码向后移	7	2016/24	右擦边	13
2016/62	奇数号为主	9	2016/63	大号球为主	7	2016/64	号码向前移	3
2016/74	头尾大冷号	12	2016/75	一组同音球	7	2016/76	连号与同音	1
2016/80	等间隔	14	2016/81	左右擦边球	7	2016/82	右擦边斜连球	9
2016/89	一组同音球	8	2016/90	奇数号为主	7	2016/91	号码向后移	7
2016/90	奇数号为主	7	2016/91	号码向后移	7	2016/92	同音球一对	6
2016/131	小号球为主	2	2016/132	中后区二连号	7	2016/133	擦边斜连球	15
2016/137	重球配填空	14	2016/138	间隔二期同音球	7	2016/139	号码向后移	3
2016/148	奇数号为主	14	2016/149	中区优先选	7	2016/150	小号球为主	5
2016/150	小号球为主	5	2016/151	号码向后移	7	2016/152	擦边斜连球	7
2016/151	号码向后移	7	2016/152	擦边斜连球	7	2016/153	奇数号为主	6
2017/03	号码向后移	19	2017/04	同音球走强	7	2017/05	和数球	5
2017/09	擦边球	14	2017/10	大冷球	7	2017/11	中区二连号	16
2017/11	中区二连号	16	2017/12	前中区同音球	7	2017/13	冷号同音球	6
2017/24	大数号为主	13	2017/25	中区优先选	7	2017/26	擦边斜连球	8

上期			本期			下期		
期号	点评成语	蓝球	期号	点评成语	蓝球	期号	点评成语	蓝球
2017/47	奇数号为主	2	2017/48	等间隔三期	7	2017/49	关注大冷号	10
2017/49	关注大冷号	10	2017/50	号码向后移	7	2017/51	大号球为主	11
2017/51	大号球为主	11	2017/52	同音球擦边球	7	2017/53	等间隔	6
2017/64	号码向前移	15	2017/65	奇数号转强	7	2017/66	号码向后移	3
2017/74	中区二连号	2	2017/75	奇数号为主	7	2017/76	填空球配重球	13
2017/85	大冷号	9	2017/86	一组同音球	7	2017/87	最大二连号	6
2017/104	前中区同音球	14	2017/105	关注大冷号	7	2017/106	左右擦边球	2
2017/120	擦边球为主	16	2017/121	最大二连号	7	2017/122	奇数号为主	15
2018/08	大冷号聚会	1	2018/09	等间隔	7	2018/10	同音球走强	3
2018/13	擦边斜连球	6	2018/14	号码向前移	7	2018/15	填空二连号	15
2018/17	前区二连号	12	2018/18	前中区"2"尾球	7	2018/19	前区球优先	9
2018/29	擦边球配重球	5	2018/30	大号球为主	7	2018/31	后区奇数球	14
2018/42	左右擦边球	12	2018/43	擦边斜连球	7	2018/44	号码向后移	6
2018/46	—	3	2018/47	—	7	2018/48	左右擦边球	2
2018/49	前区二连号	2	2018/50	偶数号为主	7	2018/51	擦边斜连球	4
2018/54	最冷号	16	2018/55	号码向前移	7	2018/56	"1"尾同音球	1
2018/57	后区奇数球	13	2018/58	等间隔	7	2018/59	右擦边斜连球	11
2018/60	大号球为主	10	2018/61	一组同音球	7	2018/62	大号球为主	11
2018/89	同音球走强	14	2018/90	奇数号为主	7	2018/91	号码向后移	7
2018/92	填空球	16	2018/93	擦边斜连球	7	2018/94	冷号配重球	5
2019/04	偶数号优先选	3	2019/05	左擦边斜连球	7	2019/06	号码向前移	12
2019/10	多关注中区	2	2019/11	大号球为主	7	2019/12	同音球再落	14
2019/21	左擦边斜连球	4	2019/22	左右擦边球	7	2019/23	中区优先选	13
2019/43	头尾号同落	13	2019/44	"1"尾同音落	7	2019/45	填空球	14
2019/79	偶数球反转	16	2019/80	大冷号	7	2019/81	后区二连号	10

续表

上期			本期			下期		
期号	点评成语	蓝球	期号	点评成语	蓝球	期号	点评成语	蓝球

上期			本期			下期		
期号	点评成语	蓝球	期号	点评成语	蓝球	期号	点评成语	蓝球

表7－8　福彩蓝色球开奖号码成语辞典
（⑧号蓝色球）

上期			本期			下期		
期号	点评成语	蓝球	期号	点评成语	蓝球	期号	点评成语	蓝球
2012/05	擦边球	6	2012/06	红偶蓝奇	8	2012/07	擦边寻好球	4
2012/07	擦边寻好球	4	2012/08	号码前移	8	2012/09	间隔三期	11
2012/15	"1"尾冷球	15	2012/16	后区彩球反弹	8	2012/17	后区能量回补	10
2012/29	连球一串串	3	2012/30	小间隔号码	8	2012/31	"3"尾号码	3
2012/38	中区偶数球	16	2012/39	后区二连号	8	2012/40	红偶蓝奇	10
2012/70	奇数号	11	2012/71	中间小间隔	8	2012/72	"6"尾同音	6
2012/73	看好蓝奇	5	2012/74	后区等差数	8	2012/75	精彩斜连球	11
2012/85	奇数反转	5	2012/86	左右擦边球	8	2012/87	"2"尾同音球	9
2012/126	看好偶数球	7	2012/127	精彩斜连球	8	2012/128	斜连球配重球	5
2013/03	红球小号蓝球大号	9	2013/04	奇数唱主角	8	2013/05	擦边号码为优	12
2013/13	奇数蓝球热门	9	2013/14	擦边斜连与同音	8	2013/15	红球大号蓝球小号	15
2013/24	左擦边球	9	2013/25	冷热同音球	8	2013/26	冷热同音球	11
2013/89	擦边配重球	13	2013/90	红大蓝小	8	2013/91	同音走强	10
2013/108	偶数号转强	5	2013/109	号码前移	8	2013/110	蓝球转为奇数	13
2013/114	冷热搭配	7	2013/115	填空球	8	2013/116	擦边斜连	7
2013/127	前区二连号	14	2013/128	奇数为主	8	2013/129	偶数反转	14
2013/129	偶数反转	14	2013/130	"0"字尾	8	2013/131	斜连球优先	9
2013/138	左右擦边球	3	2013/139	关注"1"字尾	8	2013/140	考虑红偶蓝奇	10
2013/146	擦边球为主	1	2013/147	同音球走强	8	2013/148	蓝球选中区	1
2014/11	关注红奇蓝偶	2	2014/12	右擦边斜连球	8	2014/13	号码后移	13
2014/15	对称图形出彩	9	2014/16	间隔三期"5"尾球	8	2014/17	冷球二连号	10
2014/39	左右擦边球	7	2014/40	偶数号为主	8	2014/41	号码后移	2
2014/51	中区优先	13	2014/52	向右扩散	8	2014/53	中区优先	2
2014/56	等间隔二期	1	2014/57	蓝奇优先选	8	2014/58	后区二连号	11
2014/60	擦边球	6	2014/61	"1"尾球	8	2014/62	前区优先	9
2014/83	中区偶三连	12	2014/84	同音球与二连号	8	2014/85	号码后移	8
2014/84	同音球与二连号	8	2014/85	号码后移	8	2014/86	中区二连号	8
2014/85	号码后移	8	2014/86	中区二连号	8	2014/87	填空球配重球	6
2014/94	大号红球小号蓝球	1	2014/95	偶数号为主	8	2014/96	大号红球小号蓝球	8
2014/95	偶数号为主	8	2014/96	大号红球小号蓝球	8	2014/97	后区二连号	15

上期			本期			下期		
期号	点评成语	蓝球	期号	点评成语	蓝球	期号	点评成语	蓝球
2014/131	一组同音球	14	2014/132	奇数号为主	8	2014/133	等间隔一期偶数球	13
2014/150	后区二连号	9	2014/151	重球配填空球	8	2014/152	擦边斜连球	12
2015/06	左右擦边球	13	2015/07	最冷球填空出彩	8	2015/08	后区二连号	3
2015/20	中区优先	4	2015/21	后区奇数球	8	2015/22	春节	10
2015/41	号码向前移	6	2015/42	最冷号下落	8	2015/43	号码向前移	15
2015/70	间隔六期奇数球	15	2015/71	大冷号填空出彩	8	2015/72	擦边斜连球	5
2015/73	前区二连号	4	2015/74	红球偶数为先	8	2015/75	左擦边斜连球	4
2015/92	偶数号为主	1	2015/93	冷号同音球	8	2015/94	偶数球为主	10
2015/99	前区积数球	9	2015/100	右擦边斜连球	8	2015/101	号码向后移	5
2015/106	右擦边斜连球	13	2015/107	中区做文章	8	2015/108	一组同音球	15
2015/118	左右擦边球	12	2015/119	偶数球为主	8	2015/120	"2"尾同音球	16
2016/59	奇数号优先选	15	2016/60	中区大冷球	8	2016/61	一组同音球	8
2016/60	中区大冷球	8	2016/61	一组同音球	8	2016/62	奇数号为主	9
2016/88	号码向后移	15	2016/89	一组同音球	8	2016/90	奇数号为主	7
2016/109	擦边斜连球	5	2016/110	对称球	8	2016/111	同音球一对	4
2016/121	前中区同音球	9	2016/122	中后区二连号	8	2016/123	小号球为主	16
2017/05	和数球	5	2017/06	偶数大冷球	8	2017/07	中区二连号	15
2017/18	号码向后移	9	2017/19	前中区同音球	8	2017/20	中区二连号	10
2017/25	中区优先选	7	2017/26	擦边斜连球	8	2017/27	后区二连号	5
2017/42	重球与同音球	4	2017/43	中区大冷号	8	2017/44	等差数	6
2017/53	等间隔	6	2017/54	偶数球为主	8	2017/55	一组同音球	5
2017/78	号码向后移	16	2017/79	同音球走强	8	2017/80	大小偶数球	8
2017/79	同音球走强	8	2017/80	大小偶数球	8	2017/81	奇数号转强	5
2017/127	前区和数球	12	2017/128	号码向前移	8	2017/129	左右擦边球	2
2017/139	一组同音球	16	2017/140	奇数球反攻	8	2017/141	前区积数球	5
2017/149	中后区连号	13	2017/150	等间隔二期	8	2017/151	"2"尾球同落	16
2018/71	左右擦边球	3	2018/72	等间隔	8	2018/73	后区二连号	10
2018/110	号码向前移	2	2018/111	等差数列球	8	2018/112	右擦边斜连球	4
2019/35	偶数号为主	16	2019/36	号码向后移	8	2019/37	右擦边斜连球	10
2019/38	一组同音球	5	2019/39	大冷号	8	2019/40	大号球为主	11

上期			本期			下期		
期号	点评成语	蓝球	期号	点评成语	蓝球	期号	点评成语	蓝球
2019/52	中区偶数球	16	2019/53	号码向后移	8	2019/54	重球配填空	11
2019/72	大冷号	15	2019/73	一组同音球	8	2019/74	奇数号优先	4
2019/91	奇数球反转	11	2019/92	左擦边	8	2019/93	号码向前移	2
2019/98	偶数球优先	9	2019/99	后区二连号	8	2019/100	右擦边球	8
2019/99	后区二连号	8	2019/100	右擦边球	8	2019/101	精彩大号球	5

上期			本期			下期		
期号	点评成语	蓝球	期号	点评成语	蓝球	期号	点评成语	蓝球

续表

上期			本期			下期		
期号	点评成语	蓝球	期号	点评成语	蓝球	期号	点评成语	蓝球

表7-9 福彩蓝色球开奖号码成语辞典
（⑨号蓝色球）

上期			本期			下期		
期号	点评成语	蓝球	期号	点评成语	蓝球	期号	点评成语	蓝球
2012/02	中后区为主	13	2012/03	从蓝偶入手	9	2012/04	中区为主	16
2012/35	最好中区	5	2012/36	蓝球看奇数	9	2012/37	擦边球	9
2012/36	蓝球看奇数	9	2012/37	擦边球	9	2012/38	中区偶数球	16
2012/44	斜连球精彩	3	2012/45	蓝球关注后区	9	2012/46	填空二连号	6
2012/50	左右擦边球	11	2012/51	向两边扩散	9	2012/52	多考虑奇数红球	4
2012/86	左右擦边球	8	2012/87	"2"尾同音球	9	2012/88	"3"字尾的有好球	15
2012/97	二连号与同音球	6	2012/98	间隔二期大偶数	9	2012/99	最小二连号	16
2012/106	间隔一期球	16	2012/107	号码前移	9	2012/108	多留意奇数	13
2012/109	最大姐妹花	3	2012/110	连号与同音	9	2012/111	中区姐妹花	13
2012/116	中区奇数球	3	2012/117	间隔三期球	9	2012/118	"1"尾球	11
2012/122	左右擦边球	11	2012/123	同音姐妹	9	2012/124	中区左右擦边球	11
2012/140	双同音	15	2012/141	擦边配斜连球	9	2012/142	偶数同音	6
2012/146	偶数为主	13	2012/147	再次携手下落	9	2012/148	小号偶数大号奇数	7
2013/02	前区奇数球	12	2013/03	红球小号蓝球大号	9	2013/04	奇数唱主角	8
2013/10	二连号同音球	12	2013/11	前区继续强	9	2013/12	小间隔号码	2
2013/12	小间隔号码	2	2013/13	奇数蓝球热门	9	2013/14	擦边斜连与同音	8
2013/16	号码后移	5	2013/17	后区"3"尾同音球	9	2013/18	春节	5
2013/23	偶数三连号	5	2013/24	右擦边球	9	2013/25	冷热同音球	8
2013/33	前区优先	1	2013/34	小间隔号	9	2013/35	偶数优先	2
2013/58	前区优先	5	2013/59	两边扩散	9	2013/60	偶数大斜连	15
2013/70	中区三偶连	6	2013/71	擦边"1"尾球	9	2013/72	奇数蓝球优先选	9
2013/71	擦边"1"尾球	9	2013/72	奇数蓝球优先选	9	2013/73	热号球精彩	11
2013/82	中区好球配同音	6	2013/83	前区冷号组合	9	2013/84	号码后移	3
2013/104	中区优先	11	2013/105	前区威风依然	9	2013/106	中区偶二连	6
2013/112	斜连值得推荐	7	2013/113	前区回暖	9	2013/114	冷热搭配	7
2013/118	等间隔	16	2013/119	前区等差数列	9	2013/120	蓝球前移转偶	11
2013/130	"0"字尾	8	2013/131	斜连球优先	9	2013/132	左右擦边球	12
2013/150	前区二连号	10	2013/151	擦边配奇姐妹	9	2013/152	姐妹花精彩	5
2014/14	同音花开"8"尾	15	2014/15	对称图形出彩	9	2014/16	间隔二期"5"尾球	8
2014/23	左擦边斜连球	10	2014/24	偶数号为主	9	2014/25	重球配冷球	16

续表

上期			本期			下期		
期号	点评成语	蓝球	期号	点评成语	蓝球	期号	点评成语	蓝球
2014/42	冷球二连号	14	2014/43	左右擦边球	9	2014/44	一组同音球	12
2014/61	"1"尾球	8	2014/62	前区优先	9	2014/63	红偶蓝奇	16
2014/88	大号球为主	15	2014/89	填空二连号	9	2014/90	奇数号优先	13
2014/118	左右擦边球	3	2014/119	偶数号为主	9	2014/120	擦边斜连球	4
2014/120	擦边斜连球	4	2014/121	奇数号为主	9	2014/122	同音球继续出	11
2014/136	一组同音球	10	2014/137	偶数为主	9	2014/138	奇数号为主	13
2014/149	同音球继续强	1	2014/150	后区二连号	9	2014/151	重球配填空球	8
2015/09	二连号与同音球	14	2015/10	奇数号为主	9	2015/11	号码向后移	15
2015/17	重球配填空	12	2015/18	号码向前移	9	2015/19	小号码为主	4
2015/46	大号球为主	1	2015/47	左右擦边球	9	2015/48	一组同音球	10
2015/50	同音球再落	4	2015/51	大号球为主	9	2015/52	冷号同音球	12
2015/75	左擦边斜连球	4	2015/76	中区同音球	9	2015/77	奇数号为主	16
2015/87	号码向前移	11	2015/88	右擦边斜连球	9	2015/89	间隔二期球	1
2015/98	左擦边下落	1	2015/99	前区积数球	9	2015/100	右擦边斜连球	8
2015/138	号码向前移	11	2015/139	"6"尾同音球	9	2015/140	偶数号为主	12
2015/148	"2"尾大号球	7	2015/149	小号球为主	9	2015/150	优先选偶数	13
2016/41	擦边斜连球	4	2016/42	偶数大冷号	9	2016/43	号码向前移	12
2016/61	一组同音球	8	2016/62	奇数号为主	9	2016/63	大号球为主	7
2016/81	左右擦边球	7	2016/82	右擦边斜连球	9	2016/83	填空球	4
2016/92	同音球一对	6	2016/93	奇数二连号	9	2016/94	最冷号配重球	10
2016/113	大号球为主	14	2016/114	—	9	2016/115	填空球	9
2016/114	—	9	2016/115	填空球	9	2016/116	奇数号转移	13
2016/119	最冷号下落	4	2016/120	号码向前移	9	2016/121	前中区同音球	9
2016/120	号码向前移	9	2016/121	前中区同音球	9	2016/122	中后区二连号	8
2017/17	斜连球	12	2017/18	号码向后移	9	2017/19	前中区同音球	8
2017/20	中区二连号	10	2017/21	等间隔	9	2017/22	中区等差球	15
2017/27	后区二连号	5	2017/28	左右擦边球	9	2017/29	冷热同音球	10
2017/58	号码向前移	11	2017/59	和数球	9	2017/60	大冷号下落	4
2017/84	奇数号为主	2	2017/85	大冷号	9	2017/86	一组同音球	7
2017/89	最冷号	12	2017/90	等差数列号码	9	2017/91	后区优先选	3

上期			本期			下期		
期号	点评成语	蓝球	期号	点评成语	蓝球	期号	点评成语	蓝球
2017/91	后区优先选	3	2017/92	等间隔	9	2017/93	号码向前移	12
2017/116	一组同音球	2	2017/117	头尾球	9	2017/118	号码向后移	16
2017/143	"9"尾同音球	14	2017/144	前区二连号	9	2017/145	中后区同音球	12
2018/18	前中区"2"尾球	7	2018/19	前区球优先	9	2018/20	同音球填空落	5
2018/37	号码向前移	10	2018/38	同音球强势	9	2018/39	号码向前移	3
2018/73	后区二连号	10	2018/74	号码向后移	9	2018/75	大号球为主	11
2018/81	再落同音球	3	2018/82	奇数号为主	9	2018/83	奇数号反弹	3
2018/94	冷号配重球	5	2018/95	多选奇数号	9	2018/96	号码向前移	12
2018/100	间隔递减球	2	2018/101	一组同音球	9	2018/102	间隔递减球	5
2018/112	右擦边斜连球	4	2018/113	前区和数球	9	2018/114	号码向后移	14
2018/117	—	5	2018/118	—	9	2018/119	—	12
2018/136	一组同音球	14	2018/137	左擦边斜连球	9	2018/138	小间隔号为主	9
2019/16	和数球	5	2019/17	偶数球为主	9	2019/18	左擦边斜连球	4
2019/50	大号球为主	2	2019/51	号码向后移	9	2019/52	中区偶数球	16
2019/69	奇数球	1	2019/70	后区二连号	9	2019/71	左右擦边球	4
2019/96	中区二连号	11	2019/97	大冷号	9	2019/98	偶数球优先	9
2019/97	大冷号	9	2019/98	偶数球优先	9	2019/99	后区二连号	8

上期			本期			下期		
期号	点评成语	蓝球	期号	点评成语	蓝球	期号	点评成语	蓝球

续表

上期			本期			下期		
期号	点评成语	蓝球	期号	点评成语	蓝球	期号	点评成语	蓝球

表7-10 福彩蓝色球开奖号码成语辞典
(⑩号蓝色球)

上期			本期			下期		
期号	点评成语	蓝球	期号	点评成语	蓝球	期号	点评成语	蓝球
2011/133	—	16	2011/134	间隔二期	10	2011/135	中区奇数三连	12
2011/145	优选斜连球	4	2011/146	同音一对对	10	2011/147	中区号码优先	10
2011/146	同音一对对	10	2011/147	中区号码优先	10	2011/148	奇数球转强	14
2011/150	前区奇数蓝球	13	2011/151	蓝球奇数抢先	10	2011/152	擦边三斜连	13
2012/09	间隔三期	11	2012/10	春节	10	2012/11	偶数三连号	5
2012/16	后区彩球反弹	8	2012/17	后区能量回补	10	2012/18	同音连球各一对	15
2012/39	后区二连号	8	2012/40	红偶蓝奇	10	2012/41	小号码	2
2012/47	偶数号放光彩	11	2012/48	小间隔号码	10	2012/49	前后区同音球	2
2012/55	三区均衡发展	1	2012/56	二连号落前区	10	2012/57	奇数号为主	4
2012/67	左右擦边球	16	2012/68	间隔二期球	10	2012/69	看好小号	6
2012/99	最小二连号	16	2012/100	间隔二期球	10	2012/101	填空球配重球	2
2012/131	继续蓝奇	12	2012/132	蓝球冷球占先锋	10	2012/133	擦边三斜连	2
2012/152	前区奇数三连	7	2012/153	前区二连号	10	2012/154	红偶蓝奇	4
2013/39	后区精彩	6	2013/40	前区偶数球	10	2013/41	后区等差数	5
2013/90	红大蓝小	8	2013/91	同音走强	10	2013/92	二连号与同音球	6
2013/94	斜连配同音	7	2013/95	填空球为主	10	2013/96	蓝球落大号	15
2013/133	红偶蓝奇	1	2013/134	同音球与二连号	10	2013/135	冷态蓝球复苏	12
2013/136	蓝球看奇数	6	2013/137	填空球精彩	10	2013/138	左右擦边球	3
2013/139	关注"1"字尾	8	2013/140	考虑红偶蓝奇	10	2013/141	号码向后移	4
2013/149	蓝球后区偶数球	11	2013/150	前区二连号	10	2013/151	擦边配奇姐妹	9
2013/152	姐妹花精彩	5	2013/153	全色蓝偶	10	2013/154	奇数号为主	5
2014/16	间隔二期"5"尾球	8	2014/17	冷球二连号	10	2014/18	对称出彩	15
2014/22	间隔递增球	16	2014/23	左擦边斜连球	10	2014/24	偶数号为主	9
2014/29	间音伴斜连	14	2014/30	小间隔二连号	10	2014/31	奇数号为主	14
2014/45	左右擦边球	15	2014/46	大号为主	10	2014/47	红球后移蓝球前移	15
2014/76	中区二连号	11	2014/77	擦边斜连球	10	2014/78	二连号与同音球	7
2014/80	擦边二连号	7	2014/81	再次携手下落	10	2014/82	奇数优先选	11
2014/113	间隔一期对称下落	7	2014/114	前区优先选	10	2014/115	奇数号为主	3
2014/129	小间隔号为主	2	2014/130	号码向后移	10	2014/131	一组同音球	14
2014/135	前区和数球	1	2014/136	一组同音球	10	2014/137	偶数为重	9

上期			本期			下期		
期号	点评成语	蓝球	期号	点评成语	蓝球	期号	点评成语	蓝球
2014/140	奇数号为主	6	2014/141	大号优先选	10	2014/142	号码向后移	13
2014/146	一组同音球	1	2014/147	奇数号为主	10	2014/148	右擦边球为主	13
2015/03	号码向前移	15	2015/04	前区偶三连	10	2015/05	前区优先选	15
2015/21	后区奇数球	8	2015/22	春节	10	2015/23	填空二连号	1
2015/23	填空二连号	1	2015/24	奇数号为主	10	2015/25	同音球走强	14
2015/47	左右擦边球	9	2015/48	一组同音球	10	2015/49	小间隔号码	5
2015/52	冷号同音球	12	2015/53	右擦边斜连球	10	2015/54	擦边球配重球	7
2015/67	填空二连号	14	2015/68	二连号与同音球	10	2015/69	中区优先选	15
2015/93	冷号同音号	8	2015/94	偶数球为主	10	2015/95	号码向后移	4
2015/124	大号球为主	1	2015/125	号码向后移	10	2015/126	填空二连号	12
2015/129	右擦边斜连球	4	2015/130	重球配填空球	10	2015/131	奇数号为主	3
2016/18	奇数填空球	4	2016/19	一组同音球	10	2016/20	等间隔号码	10
2016/19	一组同音球	10	2016/20	等间隔号码	10	2016/21	号码向后移	5
2016/48	大号球为主	4	2016/49	冷热同音球	10	2016/50	左右擦边球	2
2016/76	连号与同音	1	2016/77	擦边球为主	10	2016/78	偶数球为主	2
2016/93	奇数二连号	9	2016/94	最冷号配重球	10	2016/95	右擦边斜连球	12
2016/123	小号球为主	16	2016/124	同音球与二连号	10	2016/125	等间隔	3
2016/125	等间隔	3	2016/126	中区优先选	10	2016/127	号码向后移	16
2016/139	号码向后移	3	2016/140	中区号为主	10	2016/141	左右擦边球	15
2016/145	中区优先选	6	2016/146	大号球为主	10	2016/147	大号球为主	12
2017/19	前中区同音球	8	2017/20	中区二连号	10	2017/21	等间隔	9
2017/28	左右擦边球	9	2017/29	冷热同音球	10	2017/30	和数球	2
2017/45	等间隔二期	5	2017/46	中后区同音球	10	2017/47	奇数号为主	2
2017/48	等间隔三期	7	2017/49	关注大冷号	10	2017/50	号码向后移	7
2017/61	填空二连号	11	2017/62	和数球	10	2017/63	大冷球	4
2017/81	奇数号转强	5	2017/82	左右擦边球	10	2017/83	号码向前移	12
2017/122	奇数号为主	15	2017/123	前区和数球	10	2017/124	左擦边斜连球	3
2017/145	中后区同音球	12	2017/146	等间隔	10	2017/147	小号球为主	14
2018/36	等间隔二期	4	2018/37	号码向前移	10	2018/38	同音球走强	9
2018/59	右擦边斜连球	11	2018/60	大号球为主	10	2018/61	同音球一组	11

上期			本期			下期		
期号	点评成语	蓝球	期号	点评成语	蓝球	期号	点评成语	蓝球
2018/65	右擦边斜连球	1	2018/66	"5"尾同音球	10	2018/67	大号球为主	5
2018/69	最大二连号	12	2018/70	偶数号为主	10	2018/71	左右擦边球	3
2018/72	等间隔	8	2018/73	后区二连号	10	2018/74	号码向后移	9
2018/76	号码向后移	13	2018/77	同音球走强	10	2018/78	后区二连号	12
2018/105	"1"尾同音落	1	2018/106	等间隔	10	2018/107	奇数号为主	1
2018/121	一组同音球	11	2018/122	填空球	10	2018/123	前区二连号	1
2019/23	中区优先选	13	2019/24	头尾偶数球	10	2019/25	蓝球继续看偶数	4
2019/28	号码向后移	11	2019/29	左右擦边球	10	2019/30	小间隔球为主	16
2019/36	号码向后移	8	2019/37	右擦边斜连球	10	2019/38	一组同音球	5
2019/47	前中区二连号	14	2019/48	等间隔一期	10	2019/49	同音冷球落	15
2019/54	重球配填空	11	2019/55	填空球	10	2019/56	大冷号	1
2019/64	和数球	12	2019/65	期待前区反转	10	2019/66	积数球	4
2019/67	奇数球为主	11	2019/68	"2"尾同音落	10	2019/69	奇数强	1
2019/80	大冷号	7	2019/81	后区二连号	10	2019/82	同音球强势	2
2019/103	"6"尾同音球	12	2019/104	中后区同音球	10	2019/105	和数球	1

上期			本期			下期		
期号	点评成语	蓝球	期号	点评成语	蓝球	期号	点评成语	蓝球

上期			本期			下期		
期号	点评成语	蓝球	期号	点评成语	蓝球	期号	点评成语	蓝球

表7-11 福彩蓝色球开奖号码成语辞典
(⑪号蓝色球)

上期			本期			下期		
期号	点评成语	蓝球	期号	点评成语	蓝球	期号	点评成语	蓝球
2011/140	号码前移	6	2011/141	前区奇数球	11	2011/142	姐妹连同音	2
2012/08	号码前移	8	2012/09	间隔三期	11	2012/10	春节	10
2012/19	放眼中区	16	2012/20	两边扩散	11	2012/21	擦边斜连球	3
2012/27	红偶蓝奇	12	2012/28	考虑斜连球	11	2012/29	连球一串串	3
2012/46	填空二连号	6	2012/47	偶数号放光彩	11	2012/48	小间隔号码	10
2012/49	前后区同音球	2	2012/50	左右擦边球	11	2012/51	向两边扩散	9
2012/63	"3"尾球	12	2012/64	左右擦边球	11	2012/65	"2"尾擦边斜连球	14
2012/69	看好小号	6	2012/70	奇数号	11	2012/71	中间小间隔号	8
2012/74	后区等差号	8	2012/75	精彩斜连球	11	2012/76	优先关注中后区	15
2012/88	"3"字尾的有好球	15	2012/89	中区等差数	11	2012/90	间隔五期大号球	11
2012/89	中区等差数	11	2012/90	间隔五期大号球	11	2012/91	前区二连号	16
2012/117	间隔三期球	9	2012/118	"1"尾球	11	2012/119	多选偶数球	13
2012/120	中区奇数球	16	2012/121	蓝球转为奇数球	11	2012/122	左右擦边球	11
2012/121	蓝球转为奇数球	11	2012/122	左右擦边球	11	2012/123	同音配姐妹	9
2012/123	同音配姐妹	9	2012/124	中区左右擦边球	11	2012/125	擦边配重球	1
2012/135	最大奇数球	16	2012/136	再选蓝奇	11	2012/137	冷球为主	7
2013/20	姐妹伴斜连	1	2013/21	后区"3"尾冷落	11	2013/22	奇数冷球	7
2013/25	冷热同音球	8	2013/26	冷热同音球	11	2013/27	中区好球	12
2013/37	精彩斜连球	14	2013/38	"1"尾携姐妹	11	2013/39	后区精彩	6
2013/72	奇数蓝球优先选	9	2013/73	热号球精彩	11	2013/74	同音球与斜连球	3
2013/85	小间隔二连号	16	2013/86	同音球继续	11	2013/87	热号同音球	5
2013/99	二连号与同音球	3	2013/100	小号奇数	11	2013/101	冷球呈强态	1
2013/103	同音配姐妹	7	2013/104	中区优先	11	2013/105	前区威风依然	9
2013/106	中区偶三连	6	2013/107	擦边同音球	11	2013/108	偶数号转强	5
2013/119	前区等差数列	9	2013/120	蓝球前移转偶	11	2013/121	蓝球前移转偶	7
2013/121	蓝球前移转偶	7	2013/122	蓝球转为偶数	11	2013/123	号码前移	2
2013/142	中区为主	14	2013/143	奇数填空球	11	2013/144	蓝球选中区	2
2013/148	蓝球选中区	1	2013/149	蓝球后区偶数球	11	2013/150	前区二连号	10
2014/09	间隔三期	16	2014/10	左右擦边球	11	2014/11	关注红奇蓝偶	2
2014/57	蓝奇优先选	8	2014/58	后区二连号	11	2014/59	大号为主	13

续表

上期			本期			下期		
期号	点评成语	蓝球	期号	点评成语	蓝球	期号	点评成语	蓝球
2014/68	等间隔一期	16	2014/69	重球配填空	11	2014/70	小间隔号为主	7
2014/75	蓝奇前移转奇数	6	2014/76	中区二连号	11	2014/77	擦边斜连球	10
2014/81	再次携手下落	10	2014/82	奇数优先选	11	2014/83	中区偶三连	12
2014/99	最小二连号	14	2014/100	奇数三连号	11	2014/101	号码向后移	7
2014/121	奇数号为主	9	2014/122	同音球继续出	11	2014/123	后区二连号	5
2014/138	奇数号为主	13	2014/139	关注中区奇数球	11	2014/140	奇数号为主	6
2014/144	一组同音球	14	2014/145	号码向后移	11	2014/146	一组同音球	1
2015/13	等间隔下落	1	2015/14	同音球走强	11	2015/15	小号球为主	4
2015/30	左右擦边球	7	2015/31	号码向后移	11	2015/32	同音球优先	16
2015/78	号码向后移	2	2015/79	重球配填空球	11	2015/80	一组同音球	2
2015/86	一组同音球	12	2015/87	号码向前移	11	2015/88	右擦边斜连球	9
2015/90	偶数球为主	15	2015/91	号码向前移	11	2015/92	偶数号为主	1
2015/111	号码向后移	12	2015/112	奇数号为主	11	2015/113	关注大冷号	12
2015/113	关注大冷号	12	2015/114	左右擦边球	11	2015/115	同音球走强	3
2015/115	同音球走强	3	2015/116	再次携手下落	11	2015/117	填空球	12
2015/137	中区优先选	12	2015/138	号码向前移	11	2015/139	"6"尾同音球	9
2015/141	小号球为主	2	2015/142	一组同音球	11	2015/143	冷号同音球	4
2015/150	优先选偶数	13	2015/151	"2"尾大冷球	11	2015/152	中区优先选	12
2016/34	左右擦边球	15	2016/35	偶数号为主	11	2016/36	擦边斜连球	3
2016/54	中区优先选	4	2016/55	连号花落中后区	11	2016/56	前中区同音球	14
2016/56	前中区同音球	14	2016/57	号码向后移	11	2016/58	后区二连号	11
2016/57	号码向后移	11	2016/58	后区二连号	11	2016/59	奇数号优先选	15
2016/68	和数球	1	2016/69	偶数大冷号	11	2016/70	头尾偶数球	1
2016/102	等间隔号码	13	2016/103	擦边球配重球	11	2016/104	擦边球	4
2017/31	斜连球配重球	3	2017/32	中区二连号	11	2017/33	中区二连号	15
2017/50	号码向后移	7	2017/51	大号球为主	11	2017/52	同音球擦边落	7
2017/57	偶数号为主	16	2017/58	号码向前移	11	2017/59	和数球	9
2017/60	大冷号下落	4	2017/61	填空二连号	11	2017/62	和数球	10
2017/101	关注大冷号	16	2017/102	等间隔二期	11	2017/103	奇数号优先	1
2017/111	号码向后移	12	2017/112	后区二连号	11	2017/113	重球对称出彩	5

上期			本期			下期		
期号	点评成语	蓝球	期号	点评成语	蓝球	期号	点评成语	蓝球
2017/130	号码向前移	2	2017/131	精彩"2"尾球	11	2017/132	中区偶数球	11
2017/131	精彩"2"尾球	11	2017/132	中区偶数球	11	2017/133	右擦边斜连球	11
2017/132	中区偶数球	11	2017/133	右擦边斜连球	11	2017/134	等间隔	4
2018/03	擦边斜连球	4	2018/04	间隔递增"5"尾球	11	2018/05	号码向前移	6
2018/05	号码向前移	6	2018/06	和数球	11	2018/07	左右擦边球	12
2018/10	同音球强势	3	2018/11	后区偶三连	11	2018/12	一组同音球	12
2018/58	等间隔	7	2018/59	右擦边斜连球	11	2018/60	大号球为主	10
2018/61	同音球一组	7	2018/62	大号球为主	11	2018/63	左右擦边球	12
2018/74	号码向后移	9	2018/75	大号球为主	11	2018/76	号码向后移	13
2018/114	号码向后移	14	2018/115	—	11	2018/116	—	15
2018/120	积数球	1	2018/121	一组同音球	11	2018/122	填空球	10
2018/141	积数球	4	2018/142	前区二连号	11	2018/143	和数球	14
2018/146	号码向后移	16	2018/147	一组同音球	11	2018/148	前区二连号	1
2018/152	偶数球为主	3	2018/153	中后区同音球	11	2019/01	偶数球转强	15
2019/01	偶数球转强	15	2019/02	重球对称出彩	11	2019/03	号码向后移	1
2019/27	看好偶数球	13	2019/28	号码向后移	11	2019/29	左右擦边球	10
2019/39	大冷号	8	2019/40	大号球为主	11	2019/41	"2"尾同音落	16
2019/53	号码向后移	8	2019/54	重球配填空	11	2019/55	填空球	10
2019/66	积数球	4	2019/67	奇数球为主	11	2019/68	"2"尾同音落	10
2019/88	一组同音球	13	2019/89	和数球	11	2019/90	号码向后移	4
2019/90	号码向后移	4	2019/91	奇数球反转	11	2019/92	左擦边	8
2019/95	积数球	1	2019/96	中区二连号	11	2019/97	大冷号	9

续表

上期			本期			下期		
期号	点评成语	蓝球	期号	点评成语	蓝球	期号	点评成语	蓝球

续表

上期			本期			下期		
期号	点评成语	蓝球	期号	点评成语	蓝球	期号	点评成语	蓝球

表 7－12　福彩蓝色球开奖号码成语辞典

（⑫号蓝色球）

上期			本期			下期		
期号	点评成语	蓝球	期号	点评成语	蓝球	期号	点评成语	蓝球
2011/134	间隔三期	10	2011/135	中区奇数二连	12	2011/136	首选蓝奇	7
2012/13	蓝偶有希望	13	2012/14	耕耘前区	12	2012/15	"1"尾冷球	15
2012/26	同音球优先	16	2012/27	红偶蓝奇	12	2012/28	考虑斜连球	11
2012/62	后区二连号	7	2012/63	"3"尾球	12	2012/64	左右擦边球	14
2012/65	"2"尾擦边斜连球	14	2012/66	斜连球精彩	12	2012/67	左右擦边球	16
2012/76	优先关注中后区	15	2012/77	看好奇数号	12	2012/78	奇数好机会	12
2012/77	看好奇数号	12	2012/78	奇数好机会	12	2012/79	小号球	12
2012/78	奇数好机会	12	2012/79	小号球	12	2012/80	间隔二期号	3
2012/130	中区左右擦边球	3	2012/131	继续蓝奇	12	2012/132	蓝球冷球占先锋	10
2013/01	擦边球为主	6	2013/02	前区奇数球	12	2013/03	红球小号蓝球大号	9
2013/04	奇数唱主角	8	2013/05	擦边号码为优	12	2013/06	前区等差数列	13
2013/09	斜连球精彩	2	2013/10	二连号与同音球	12	2013/11	前区继续强	9
2013/26	冷热同音球	11	2013/27	中区好球	12	2013/28	擦边斜连球	13
2013/28	擦边三斜连	13	2013/29	擦边斜连球	12	2013/30	中区优先	6
2013/44	擦边冷球	6	2013/45	擦边配重球	12	2013/46	亮点尽在斜连中	6
2013/46	亮点尽在斜连中	6	2013/47	间隔一期斜连球	12	2013/48	填写二连号	4
2013/60	偶数大斜连	15	2013/61	间隔二期	12	2013/62	一组同音球	2
2013/62	一组同音球	2	2013/63	向后转移	12	2013/64	奇数蓝球优先选	12
2013/63	向后转移	12	2013/64	奇数蓝球优先选	12	2013/65	中后区奇数旺	2
2013/131	斜连球优先	9	2013/132	左右擦边球	12	2013/133	红偶蓝奇	1
2013/134	同音球与二连号	10	2013/135	冷态蓝球复苏	12	2013/136	蓝球看奇数	6
2014/02	斜连配重球	4	2014/03	擦边斜连球	12	2014/04	左右擦边球	15
2014/07	主攻奇数球	14	2014/08	主攻奇数球	12	2014/09	间隔三期	16
2014/20	前区和数球	15	2014/21	擦边斜连球	12	2014/22	间隔递增球	16
2014/32	前区优先	7	2014/33	精彩中区	12	2014/34	右擦边斜连球	6
2014/43	冷球二连号	14	2014/44	一组同音球	12	2014/45	左右擦边球	15
2014/73	间隔一期	2	2014/74	后区二连号	12	2014/75	蓝球前移转奇数	6
2014/82	奇数优先选	11	2014/83	中区偶三连	12	2014/84	同音球与二连号	8
2014/126	左右擦边球	1	2014/127	右擦边斜连球	12	2014/128	奇数号为主	14
2014/151	重球配填空球	8	2014/152	擦边斜连球	12	2015/01	大号球为主	6

上期			本期			下期		
期号	点评成语	蓝球	期号	点评成语	蓝球	期号	点评成语	蓝球
2015/16	左右擦边球	13	2015/17	重球配填空	12	2015/18	号码向前移	9
2015/38	填空二连号	14	2015/39	大冷号下落	12	2015/40	同音球走强	16
2015/51	大号球为主	9	2015/52	冷号同音球	12	2015/53	右擦边斜连球	10
2015/62	右擦边冷球	16	2015/63	号码向后移	12	2015/64	奇数号优先	1
2015/64	奇数号优先	1	2015/65	小号球为主	12	2015/66	奇数号优先	16
2015/85	号码向前移	5	2015/86	一组同音球	12	2015/87	号码向前移	11
2015/104	奇数号为主	1	2015/105	小号球为主	12	2015/106	右擦边斜连球	13
2015/110	一组同音球	4	2015/111	号码向后移	12	2015/112	奇数号为主	11
2015/112	奇数号为主	11	2015/113	关注大冷号	12	2015/114	左右擦边球	11
2015/116	再次携手下落	11	2015/117	填空球	12	2015/118	左右擦边球	12
2015/117	填空球	12	2015/118	左右擦边球	12	2015/119	偶数球为主	8
2015/120	"2"尾同音球	16	2015/121	最冷号填空下落	12	2015/122	左右擦边球	7
2015/125	号码向后移	10	2015/126	填空二连号	12	2015/127	偶数号为主	6
2015/136	奇数号为主	1	2015/137	中区优先选	12	2015/138	号码向前移	11
2015/139	"6"尾同音球	9	2015/140	偶数号为主	12	2015/141	小号球为主	2
2015/151	"2"尾大冷球	11	2015/152	中区优先选	12	2015/153	大冷号	3
2016/03	首尾"3"尾球	1	2016/04	号码向后移	12	2016/05	后区二连号	14
2016/05	后区二连号	14	2016/06	最冷号下落	12	2016/07	冷热二连号	6
2016/10	前区二连号	6	2016/11	最小号与最大号	12	2016/12	重球配填空球	15
2016/24	右擦边球	13	2016/25	偶数大冷球	12	2016/26	左擦边斜连球	1
2016/29	擦边球	15	2016/30	号码向前移	12	2016/31	前区等差数列	3
2016/42	偶数大冷球	9	2016/43	号码向前移	12	2016/44	一组同音球	1
2016/50	左右擦边球	2	2016/51	中区优先选	12	2016/52	同音球走强	16
2016/73	小号球为主	13	2016/74	头尾大冷号	12	2016/75	一组同音球	7
2016/86	偶三连	5	2016/87	一组同音球	12	2016/88	号码向后移	15
2016/94	最冷号配重球	10	2016/95	右擦边斜连球	12	2016/96	大号球为主	16
2016/111	同音球一对	4	2016/112	中区"2"尾球	12	2016/113	大号球为主	14
2016/134	偶数球为主	13	2016/135	号码向前移	12	2016/136	后区二连号	3
2016/141	左右擦边球	15	2016/142	后区二连号	12	2016/143	号码向后移	13
2016/146	大号球为主	10	2016/147	大号球为主	12	2016/148	奇数号为主	14

续表

上期			本期			下期		
期号	点评成语	蓝球	期号	点评成语	蓝球	期号	点评成语	蓝球
2017/16	前后区同音球	2	2017/17	斜连球	12	2017/18	号码向后移	9
2017/34	擦边配重球	13	2017/35	大冷号	12	2017/36	左右擦边球	15
2017/69	奇数号为主	5	2017/70	一组同音球	12	2017/71	关注最冷号	3
2017/82	左右擦边球	10	2017/83	号码向前移	12	2017/84	奇数号为主	2
2017/88	大小偶数球	6	2017/89	最冷号	12	2017/90	等差数列号码	9
2017/92	等间隔	9	2017/93	号码向前移	12	2017/94	左右擦边球	6
2017/110	奇数号为主	14	2017/111	号码向后移	12	2017/112	后区二连号	11
2017/126	右擦边斜连	16	2017/127	前区和数球	12	2017/128	号码向前移	8
2017/135	关注大冷号	16	2017/136	奇数号为主	12	2017/137	"1"尾同音球	3
2017/144	前区二连号	11	2017/145	中后区同音球	12	2017/146	等间隔	10
2017/147	小号球为主	14	2017/148	大小偶数球	12	2017/149	中后区连号	13
2018/06	和数球	11	2018/07	左右擦边球	12	2018/08	大冷号聚会	13
2018/11	后区偶三连	11	2018/12	一组同音球	12	2018/13	擦边斜连球	6
2018/16	重球对称出彩	16	2018/17	前区二连号	12	2018/18	前中区"2"尾球	7
2018/41	中区二连号	13	2018/42	左右擦边球	12	2018/43	擦边斜连球	7
2018/62	大号球为主	11	2018/63	左右擦边球	12	2018/64	号码向后移	5
2018/68	号码向后移	1	2018/69	最大二连号	12	2018/70	偶数号为主	10
2018/77	同音球走强	10	2018/78	后区二连号	12	2018/79	右擦边斜连球	13
2018/95	多选奇数球	9	2018/96	号码向前移	12	2018/97	擦边斜连球	13
2018/118	—	9	2018/119	—	12	2018/120	积数球	1
2018/126	奇数球为主	5	2018/127	号码向后移	12	2018/128	关注大号球	2
2018/129	奇数号为主	16	2018/130	最冷号与最大号	12	2018/131	左擦边球	1
2018/133	号码向后移	13	2018/134	看好奇数球	12	2018/135	和数球	16
2019/05	左擦边斜连球	7	2019/06	号码向前移	12	2019/07	间隔递增球	15
2019/07	间隔递增球	15	2019/08	和数球	12	2019/09	前中区二连号	15
2019/19	冷热同音球	6	2019/20	一组同音球	12	2019/21	右擦边斜连球	4
2019/57	偶数球转强	16	2019/58	重点看后区	12	2019/59	精彩大号球	6
2019/60	号码向后移	1	2019/61	右擦边	12	2019/62	后区二连号	1
2019/63	前区二连号	16	2019/64	和数球	12	2019/65	期待前区反转	10
2019/77	积数球	15	2019/78	大号球为主	12	2019/79	偶数球反转	16

上期			本期			下期		
期号	点评成语	蓝球	期号	点评成语	蓝球	期号	点评成语	蓝球
2019/101	精彩大号球	5	2019/102	头尾偶数球	12	2019/103	"6"尾同音落	12
2019/102	头尾偶数球	12	2019/103	"6"尾同音落	12	2019/104	中后区同音球	10

续表

上期			本期			下期		
期号	点评成语	蓝球	期号	点评成语	蓝球	期号	点评成语	蓝球

续表

上期			本期			下期		
期号	点评成语	蓝球	期号	点评成语	蓝球	期号	点评成语	蓝球

表 7－13　福彩蓝色球开奖号码成语辞典

（⑬号蓝色球）

上期			本期			下期		
期号	点评成语	蓝球	期号	点评成语	蓝球	期号	点评成语	蓝球
2011/136	首选蓝奇	7	2011/137	考虑"0"尾球	13	2011/138	间隔斜连球	7
2011/149	一组同音	16	2011/150	前区奇数蓝球	13	2011/151	蓝球奇数抢光	10
2011/151	蓝球奇数抢光	10	2011/152	擦边三斜连	13	2011/153	头尾落球	13
2011/152	擦边三斜连	13	2011/153	头尾落球	13	2012/01	间隔斜连球	6
2012/01	间隔斜连球	6	2012/02	中后区为主	13	2012/03	从蓝偶入手	9
2012/12	右擦边斜连球	1	2012/13	蓝偶有希望	13	2012/14	耕耘前区	12
2012/23	右擦边球	2	2012/24	还有奇数球	13	2012/25	奇数多选些	6
2012/92	号码后移	3	2012/93	前区三个偶连	13	2012/94	一对和数球	15
2012/107	号码前移	9	2012/108	多留意奇数	13	2012/109	最大姐妹花	3
2012/110	连号与同音	9	2012/111	中区姐妹花	13	2012/112	红奇蓝偶为佳	6
2012/118	"1"尾球	11	2012/119	多选偶数球	13	2012/120	中区奇数球	16
2012/145	多选连球	3	2012/146	偶数为主	13	2012/147	再次携手下落	9
2012/148	小号偶数大号奇数	7	2012/149	多关注蓝偶	13	2012/150	斜连球配同音	7
2013/05	擦边号码为优	12	2013/06	前区等差数列	13	2013/07	间隔二期球	1
2013/27	中区好球	12	2013/28	擦边三斜连	13	2013/29	擦边斜连球	12
2013/35	偶数优先	2	2013/36	冷球为主	13	2013/37	精彩斜连球	14
2013/51	蓝球后边三朵花	2	2013/52	奇数优先	13	2013/53	擦边球	14
2013/78	擦边出球	15	2013/79	"7"尾球继续精彩	13	2013/80	重点考虑"2"字尾	16
2013/80	重点考虑"2"字尾	16	2013/81	前区等差数列	13	2013/82	中区好球配同音	6
2013/88	擦边球为主	14	2013/89	擦边配重球	13	2013/90	红大蓝小	8
2013/109	号码前移	8	2013/110	蓝球转为奇数	13	2013/111	蓝球转为奇数	13
2013/110	蓝球转为奇数	13	2013/111	号码前移	13	2013/112	斜连值得推荐	7
2014/12	可擦边斜连球	8	2014/13	号码后移	13	2014/14	同音花开"8"尾	15
2014/49	一组同音球	6	2014/50	大号为主	13	2014/51	中区优先	13
2014/50	大号为主	13	2014/51	中区优先	13	2014/52	向两边扩散	8
2014/58	后区二连号	11	2014/59	大号为主	13	2014/60	擦边球	6
2014/89	填空二连号	9	2014/90	奇数号优先	13	2014/91	中区二连号	14
2014/101	号码向后移	7	2014/102	奇数号为主	13	2014/103	冷球二连号	4
2014/103	冷球二连号	4	2014/104	红球大号蓝球小号	13	2014/105	左右擦边球	4
2014/132	奇数号为主	8	2014/133	等间隔一期偶数球	13	2014/134	号码向前移	2

上期			本期			下期		
期号	点评成语	蓝球	期号	点评成语	蓝球	期号	点评成语	蓝球
2014/137	偶数为重	9	2014/138	奇数号为主	13	2014/139	关注中区奇数球	11
2014/141	大号优先选	10	2014/142	号码向后移	13	2014/143	小号偶数球	16
2014/147	奇数号为主	10	2014/148	右擦边球为主	13	2014/149	同音球继续走强	1
2015/05	前区优先选	15	2015/06	左右擦边球	13	2015/07	最冷球填空出彩	8
2015/15	小号球为主	13	2015/16	左右擦边球	13	2015/17	重球配填空	12
2015/25	同音球走强	14	2015/26	小间隔号码	13	2015/27	前区偶数球	7
2015/33	后区二连号	5	2015/34	擦边球为主	13	2015/35	前区二连号	3
2015/59	号码向后移	14	2015/60	蓝球转奇数	13	2015/61	中区偶数球	4
2015/80	一组同音球	2	2015/81	号码向前移	13	2015/82	热球填空出彩	7
2015/105	小号球为主	12	2015/106	右擦边斜连球	13	2015/107	中区做文章	8
2015/108	一组同音球	15	2015/109	填空球配重球	13	2015/110	一组同音球	4
2015/144	前区等差数列	16	2015/145	重球对称出彩	13	2015/146	擦边球为主	15
2015/149	小号球为主	9	2015/150	优先选偶数	13	2015/151	"2"尾大冷球	11
2015/154	偶数号为主	7	2016/01	看好偶数球	13	2016/02	号码向后移	16
2016/23	号码向后移	13	2016/24	右擦边	13	2016/25	偶数大冷球	12
2016/72	和数球	2	2016/73	小号球为主	13	2016/74	头尾大冷球	12
2016/101	同音球一对	1	2016/102	等间隔号码	13	2016/103	擦边球配重球	11
2016/115	填空球	9	2016/116	奇数号转强	13	2016/117	一组同音球	2
2016/127	号码向后移	16	2016/128	前区二连号	13	2016/129	大冷号	14
2016/133	擦边斜连球	15	2016/134	偶数球为主	13	2016/135	号码向前移	12
2016/142	后区二连号	12	2016/143	号码向后移	13	2016/144	前中区同音球	5
2017/07	中区二连号	15	2017/08	中区号为主	13	2017/09	擦边球	14
2017/13	冷号同音球	6	2017/14	中区欲反弹	13	2017/15	奇数号优先	1
2017/23	奇数号为主	14	2017/24	大数号为主	13	2017/25	中区优先选	7
2017/33	中区二连号	15	2017/34	擦边配重球	13	2017/35	大冷号	12
2017/75	奇数号为主	7	2017/76	填空球配重球	13	2017/77	大冷号	14
2017/113	重球对称出彩	5	2017/114	前区和数球	13	2017/115	奇数号为主	1
2017/148	大小偶数球	12	2017/149	中后区连号	13	2017/150	等间隔二期	8
2018/07	左右擦边球	12	2018/08	大冷号聚会	13	2018/09	等间隔	7
2018/40	奇数号为主	16	2018/41	中区二连号	13	2018/42	左右擦边球	12

续表

上期			本期			下期		
期号	点评成语	蓝球	期号	点评成语	蓝球	期号	点评成语	蓝球
2018/56	"1"尾同音球	1	2018/57	后区奇数球	13	2018/58	等间隔	7
2018/75	大号球为主	11	2018/76	号码向后移	13	2018/77	同音球走强	10
2018/78	后区二连号	12	2018/79	右擦边斜连球	13	2018/80	填空球	3
2018/96	号码向前移	12	2018/97	擦边斜连球	13	2018/98	偶数大冷号	13
2018/97	擦边斜连球	13	2018/98	偶数大冷球	13	2018/99	奇数号为主	6
2018/132	积数球	6	2018/133	号码向后移	13	2018/134	看好奇数球	12
2018/143	和数球	14	2018/144	右擦边斜连球	13	2018/145	和数球	6
2019/22	左右擦边球	7	2019/23	中区优先选	13	2019/24	头尾偶数球	10
2019/26	一组同音球	14	2019/27	看好偶数球	13	2019/28	号码向后移	11
2019/42	间隔递减球	4	2019/43	头尾同音落	13	2019/44	"1"尾同音落	7
2019/87	号码向前移	4	2019/88	一组同音落	13	2019/89	和数球	11

上期			本期			下期		
期号	点评成语	蓝球	期号	点评成语	蓝球	期号	点评成语	蓝球

续表

上期			本期			下期		
期号	点评成语	蓝球	期号	点评成语	蓝球	期号	点评成语	蓝球

表7-14 福彩蓝色球开奖号码成语辞典
(⑭号蓝色球)

上期			本期			下期		
期号	点评成语	蓝球	期号	点评成语	蓝球	期号	点评成语	蓝球
2011/98	—	5	2011/99	多选前后区	14	2011/100	蓝偶为先锋	5
2011/147	中区号码优先	10	2011/148	奇数球转强	14	2011/149	一组同音	16
2012/53	红球大号奇数 蓝球小号奇数	4	2012/54	擦边斜连	14	2012/55	三区均衡发展	1
2012/60	间隔三期 "7"尾球	1	2012/61	蓝球继续奇数	14	2012/62	后区二连号	7
2012/64	左右擦边球	11	2012/65	"2"尾擦边斜连球	14	2012/66	斜连球精彩	12
2012/83	前区二连号	4	2012/84	斜连球配擦边	14	2012/85	奇数反转	5
2012/114	保持蓝偶	15	2012/115	空档处做文章	14	2012/116	中区奇数球	3
2012/137	冷球为主	7	2012/138	中区擦边球	14	2012/139	偶数反击	15
2013/36	冷球为主	13	2013/37	精彩斜连球	14	2013/38	"1"尾携姐妹	11
2013/48	填空二连号	4	2013/49	间隔二期再携手	14	2013/50	擦边球	3
2013/52	奇数优先	13	2013/53	擦边球	14	2013/54	奇数为主	14
2013/53	擦边球	14	2013/54	奇数为主	14	2013/55	前中区防同音	6
2013/74	同音球与斜连球	3	2013/75	二连号与同音球	14	2013/76	小间隔号码	3
2013/87	热号同音球	5	2013/88	擦边球为主	14	2013/89	擦边配重球	13
2013/92	二连号与同音球	6	2013/93	擦边为主	14	2013/94	斜连配同音	7
2013/97	小号球为主	7	2013/98	再战同音球	14	2013/99	二连号与同音球	3
2013/126	后区呈强势	16	2013/127	前区二连号	14	2013/128	奇数为主	8
2013/128	奇数为主	8	2013/129	偶数反转	14	2013/130	"0"字尾	8
2013/141	号码后移	4	2013/142	中区为主	14	2013/143	奇数填空球	11
2014/05	填空球	4	2014/06	前区配中区	14	2014/07	主攻奇数球	14
2014/06	前区配中区	14	2014/07	主攻奇数球	14	2014/08	主攻奇数球	12
2014/25	重球配冷球	16	2014/26	小间隔为主	14	2014/27	一组同音球	1
2014/28	奇数号为主	5	2014/29	同音伴斜连	14	2014/30	小间隔二连号	10
2014/30	小间隔二连号	10	2014/31	奇数号为主	14	2014/32	前区优先	7
2014/41	号码后移	2	2014/42	冷球二连号	14	2014/43	左右擦边球	9
2014/53	中区优先	2	2014/54	前区二连号	14	2014/55	重球配擦边	4
2014/63	红偶蓝奇	16	2014/64	重球配擦边	14	2014/65	后区为主	6
2014/70	小间隔号为主	7	2014/71	左右擦边球	14	2014/72	左右擦边球	14
2014/90	奇数号优先	13	2014/91	中区二连号	14	2014/92	红偶蓝奇	7
2014/98	间隔一期 "2"尾球	7	2014/99	最小二连号	14	2014/100	奇数三连号	2

续表

上期			本期			下期		
期号	点评成语	蓝球	期号	点评成语	蓝球	期号	点评成语	蓝球
2014/127	右擦边斜连球	12	2014/128	奇数号为主	14	2014/129	小间隔号为主	2
2014/130	号码向后移	10	2014/131	一组同音球	14	2014/132	奇数号为主	8
2014/143	小号偶数球	16	2014/144	一组同音球	14	2014/145	号码向后移	11
2015/08	后区二连号	3	2015/09	二连号与同音球	14	2015/10	奇数号为主	9
2015/24	奇数号为主	10	2015/25	同音球走强	14	2015/26	小间隔号为主	13
2015/27	前区偶数球	7	2015/28	填空球为主	14	2015/29	等间隔号码	7
2015/37	大冷球下落	3	2015/38	填空二连号	14	2015/39	大冷号下落	12
2015/55	"8"尾冷球落	2	2015/56	等间隔二期	14	2015/57	奇数号优先	4
2015/58	一组同音球	15	2015/59	号码向后移	14	2015/60	蓝球转奇数	13
2015/66	奇数号优先	16	2015/67	填空二连号	14	2015/68	二连号与同音球	10
2015/102	奇数号为主	6	2015/103	重球配填空球	14	2015/104	奇数号为主	1
2016/04	号码向后移	12	2016/05	后区二连号	14	2016/06	最冷号下落	12
2016/45	大冷号纷纷落	3	2016/46	二连号与同音球	14	2016/47	大冷号下落	16
2016/55	连号花落中后区	11	2016/56	前中区同音球	14	2016/57	号码向后移	11
2016/64	号码向前移	3	2016/65	小号为主	14	2016/66	前区和数球	5
2016/79	中区优先选	2	2016/80	等间隔	14	2016/81	左右擦边球	7
2016/112	中区"2"尾球	12	2016/113	大号球为主	14	2016/114	—	9
2016/117	一组同音球	2	2016/118	擦边斜连球	14	2016/119	最冷号下落	4
2016/128	前区二连号	13	2016/129	大冷号	14	2016/130	中区优先选	1
2016/136	后区二连号	3	2016/137	重球配填空	14	2016/138	间隔二期同音球	7
2016/147	大号球为主	12	2016/148	奇数号为主	14	2016/149	中区优先选	7
2017/08	中区号为主	13	2017/09	擦边球	14	2017/10	大冷球	7
2017/22	中区等差球	15	2017/23	奇数号为主	14	2017/24	大数号为主	13
2017/72	等间隔一期	2	2017/73	奇数号为主	14	2017/74	中区二连号	2
2017/76	填空球配重球	13	2017/77	大冷号	14	2017/78	号码向后移	16
2017/103	奇数球优先	1	2017/104	前中区同音球	14	2017/105	关注大冷号	7
2017/109	号码向后移	16	2017/110	奇数号为主	14	2017/111	号码向后移	12
2017/118	号码向后移	16	2017/119	前中区同音球	14	2017/120	擦边球为主	16
2017/142	中区优先选	6	2017/143	"9"尾同音球	14	2017/144	前区二连号	9
2017/146	等间隔	10	2017/147	小号球为主	14	2017/148	大小偶数球	12

上期			本期			下期		
期号	点评成语	蓝球	期号	点评成语	蓝球	期号	点评成语	蓝球
2018/20	同音球填空落	5	2018/21	奇数号为主	14	2018/22	右擦边斜连	3
2018/24	号码向前移	2	2018/25	右擦边斜连	14	2018/26	前区二连号	4
2018/30	大号球为主	7	2018/31	后区奇数球	14	2018/32	重球对称出彩	6
2018/51	擦边斜连球	4	2018/52	精彩偶数球	14	2018/53	中区优先选	6
2018/87	后区二连号	3	2018/88	大冷号	14	2018/89	同音球走强	14
2018/88	大冷号	14	2018/89	同音球走强	14	2018/90	奇数号为主	7
2018/113	前区和数球	9	2018/114	号码向后移	14	2018/115	—	11
2018/135	和数球	16	2018/136	一组同音球	14	2018/137	左擦边斜连球	9
2018/139	中区二连号	15	2018/140	擦边斜连球	14	2018/141	积数球	4
2018/142	前区二连号	11	2018/143	和数球	14	2018/144	右擦边斜连球	13
2019/11	大号球为主	7	2019/12	同音球再落	14	2019/13	偶数球为主	1
2019/25	蓝球继续看偶数	4	2019/26	一组同音球	14	2019/27	看好偶数球	13
2019/44	"1"尾同音落	7	2019/45	填空球	14	2019/46	和数球	6
2019/46	和数球	6	2019/47	前中区二连号	14	2019/48	等间隔一期	10
2019/75	精彩看前区	3	2019/76	大冷号	14	2019/77	积数球	15

续表

上期			本期			下期		
期号	点评成语	蓝球	期号	点评成语	蓝球	期号	点评成语	蓝球

上期			本期			下期		
期号	点评成语	蓝球	期号	点评成语	蓝球	期号	点评成语	蓝球

表 7－15　福彩蓝色球开奖号码成语辞典

(⑮号蓝色球)

上期			本期			下期		
期号	点评成语	蓝球	期号	点评成语	蓝球	期号	点评成语	蓝球
2012/14	耕耘前区	12	2012/15	"1"尾冷球	15	2012/16	后区彩球反弹	8
2012/17	后区能量回补	10	2012/18	同音连球各一对	15	2012/19	放眼中区	16
2012/87	"2"尾同音球	9	2012/88	"3"字尾的有好球	15	2012/89	中区等差数	11
2012/93	前区三偶数	13	2012/94	一对和数球	15	2012/95	后区重中之重	2
2012/101	填空配重球	2	2012/102	前区积数球	15	2012/103	后区蓝球	2
2012/113	小号热球	6	2012/114	保持蓝偶	15	2012/115	空档处做文章	14
2012/133	擦边三斜连	2	2012/134	间隔二期球	15	2012/135	最大奇数球	16
2012/138	中区擦边球	14	2012/139	偶数反击	15	2012/140	双同音	15
2012/139	偶数反击	15	2012/140	双同音	15	2012/141	擦边配斜连球	9
2013/07	间隔二期球	1	2013/08	擦边球为主	15	2013/09	斜连球精彩	2
2013/14	擦边球与同音	8	2013/15	红球大号蓝球小号	15	2013/16	号码后移	5
2013/59	两边扩散	9	2013/60	偶数大斜连	15	2013/61	间隔二期	12
2013/77	中区为主	3	2013/78	擦边出球	15	2013/79	"7"尾球继续精彩	13
2013/95	填空球为主	10	2013/96	蓝球落大号	15	2013/97	小号球为主	7
2013/144	蓝球选中区	2	2013/145	间隔二期	15	2013/146	擦边球为主	1
2014/03	擦边斜连球	12	2014/04	左右擦边球	15	2014/05	填空球	4
2014/13	号码后移	13	2014/14	同音花开"8"尾	15	2014/15	对称图形出彩	9
2014/17	冷球二连号	10	2014/18	对称出彩	15	2014/19	差数球配同音	7
2014/19	差数球配同音	7	2014/20	前区和数球	15	2014/21	擦边斜连球	12
2014/44	一组同音球	12	2014/45	左右擦边球	15	2014/46	大号为主	10
2014/46	大号为主	10	2014/47	红球后移蓝球前移	15	2014/48	奇数号为主	16
2014/87	填空配重球	6	2014/88	大号球为主	15	2014/89	填空二连号	9
2014/96	大号红球小号蓝球	8	2014/97	后区二连号	15	2014/98	间隔一期"2"尾球	7
2014/105	左右擦边球	4	2014/106	号码向前移	15	2014/107	大号球为主	16
2015/02	后区二连号	3	2015/03	号码向前移	15	2015/04	前区偶三连	10
2015/04	前区偶三连	10	2015/05	前区优先选	15	2015/06	左右擦边球	13
2015/10	奇数号为主	9	2015/11	号码向后移	15	2015/12	—	6
2015/42	最冷号下落	8	2015/43	号码向前移	15	2015/44	多选偶数号	2
2015/57	奇数号优先	4	2015/58	一组同音球	15	2015/59	号码向后移	14
2015/68	二连号与同音球	10	2015/69	中区优先选	15	2015/70	间隔六期奇数球	15

上期			本期			下期		
期号	点评成语	蓝球	期号	点评成语	蓝球	期号	点评成语	蓝球
2015/69	中区优先选	15	2015/70	间隔六期奇数球	15	2015/71	大冷号填空出彩	8
2015/83	斜连球配大冷球	5	2015/84	中区优先选	15	2015/85	号码向前移	5
2015/89	间隔二期球	1	2015/90	偶数球为主	15	2015/91	号码向前移	11
2015/107	中区做文章	8	2015/108	一组同音球	15	2015/109	填空球配重球	13
2015/132	头尾偶数球	1	2015/133	间隔二期球	15	2015/134	最冷号下落	4
2015/145	重球对称出彩	13	2015/146	擦边球为主	15	2015/147	偶数和数球	5
2016/11	最小号与最大号	12	2016/12	重球配填空球	15	2016/13	头尾偶数球	1
2016/28	偶数号为主	1	2016/29	擦边球	15	2016/30	号码向前移	12
2016/31	前区等差数列	3	2016/32	偶数球为主	15	2016/33	蓝球转偶数	15
2016/32	偶数球为主	15	2016/33	蓝球转偶数	15	2016/34	左右擦边球	15
2016/33	蓝球转偶数	15	2016/34	左右擦边球	15	2016/35	偶数球为主	11
2016/58	后区二连号	11	2016/59	奇数号优先选	15	2016/60	中区大冷球	8
2016/87	一组同音球	12	2016/88	号码向后移	15	2016/89	一组同音球	8
2016/132	中后区二连号	7	2016/133	擦边斜连球	15	2016/134	偶数球为主	13
2016/140	中区号为主	10	2016/141	左右擦边球	15	2016/142	后区二连号	12
2016/153	奇数号为主	6	2017/01	左右擦边球	15	2017/02	前中区同音球	3
2017/06	偶数大冷球	8	2017/07	中区二连号	15	2017/08	中区号为主	13
2017/21	等间隔	9	2017/22	中区等差数	15	2017/23	奇数号为主	14
2017/32	中区二连号	11	2017/33	中区二连号	15	2017/34	擦边配重球	13
2017/35	大冷号	12	2017/36	左右擦边球	15	2017/37	等差数列号码	5
2017/38	二连号与同音球	5	2017/39	同音球走强	15	2017/40	冷球填空下落	4
2017/63	大冷号	4	2017/64	号码向前移	15	2017/65	奇数号转强	7
2017/67	后区二连号	4	2017/68	左右擦边球	15	2017/69	奇数号为主	5
2017/121	最大二连号	7	2017/122	奇数号为主	15	2017/123	前区和数球	10
2018/14	号码向后移	7	2018/15	填空二连号	15	2018/16	重球对称出彩	16
2018/33	前区同音球	6	2018/34	积数球	15	2018/35	"1"尾同音落	15
2018/34	积数球	15	2018/35	"1"尾同音落	15	2018/36	等间隔二期	4
2018/108	大号球为主	2	2018/109	一组同音球	15	2018/110	号码向前移	2
2018/115	—	11	2018/116	—	15	2018/117	—	5
2018/138	小间隔号为主	9	2018/139	中区二连号	15	2018/140	擦边斜连球	14

续表

上期			本期			下期		
期号	点评成语	蓝球	期号	点评成语	蓝球	期号	点评成语	蓝球
2018/150	左右擦边球	5	2018/151	蓝球转偶数	15	2018/152	偶数球为主	3
2018/153	中后区同音球	11	2019/01	偶数球转强	15	2019/02	重球对称出彩	11
2019/06	号码向前移	12	2019/07	间隔递增球	15	2019/08	和数球	12
2019/08	和数球	12	2019/09	前中区二连号	15	2019/10	多关注中区	2
2019/48	等间隔一期	10	2019/49	同音冷球落	15	2019/50	大号球为主	2
2019/71	左右擦边球	4	2019/72	大冷号	15	2019/73	一组同音球	8
2019/76	大冷号	14	2019/77	积数球	15	2019/78	大号球为主	12

上期			本期			下期		
期号	点评成语	蓝球	期号	点评成语	蓝球	期号	点评成语	蓝球

续表

上期			本期			下期		
期号	点评成语	蓝球	期号	点评成语	蓝球	期号	点评成语	蓝球

表7-16 福彩蓝色球开奖号码成语辞典
(⑯号蓝色球)

上期			本期			下期		
期号	点评成语	蓝球	期号	点评成语	蓝球	期号	点评成语	蓝球
2011/96	空档做文章	15	2011/97	后区热门	16	2011/98	—	5
2011/142	姐妹连同音	2	2011/143	"2"尾同音球	16	2011/144	间隔二期	3
2011/148	奇数球转强	14	2011/149	一组同音	16	2011/150	前区奇数蓝球	13
2012/03	从蓝偶入手	9	2012/04	中区为主	16	2012/05	擦边球	16
2012/18	同音连球各一对	15	2012/19	放眼中区	16	2012/20	两边扩散	11
2012/25	奇数多选些	6	2012/26	同音球优先	16	2012/27	红偶蓝奇	12
2012/33	蓝球看奇数	4	2012/34	红偶蓝奇	16	2012/35	看好中区	5
2012/37	擦边球	9	2012/38	中区偶数球	16	2012/39	后区二连号	8
2012/41	小号球	2	2012/42	填空二连号与同音球	16	2012/43	蓝球看奇数	3
2012/66	斜连球精彩	12	2012/67	左右擦边球	16	2012/68	间隔二期球	10
2012/90	间隔五期大号球	11	2012/91	前区二连号	16	2012/92	号码后移	3
2012/98	间隔二期大偶数	9	2012/99	最小二连号	16	2012/100	间隔三期	10
2012/105	奇数配同音	4	2012/106	间隔一期球	16	2012/107	号码前移	9
2012/119	多选偶数球	13	2012/120	中区奇数球	16	2012/121	蓝球转为奇数球	11
2012/134	间隔二期球	15	2012/135	最大奇数球	16	2012/136	再选蓝奇	11
2013/42	回归蓝偶	3	2013/43	一组同音球	16	2013/44	擦边冷球	6
2013/55	前中区防同音	6	2013/56	姐妹花优先	16	2013/57	二连号与同音球	5
2013/79	"7"尾球继续精彩	13	2013/80	重球考虑"2"字尾	16	2013/81	前区等差数列	13
2013/84	号码后移	3	2013/85	小间隔二连号	16	2013/86	同音继续出	11
2013/116	擦边斜连	7	2013/117	关注零重球	16	2013/118	等间隔	16
2013/117	关注零重球	16	2013/118	等间隔	16	2013/119	前区等差数列	9
2013/124	同音走强	7	2013/125	好球看偶数	16	2013/126	后区呈强势	16
2013/125	好球看偶数	16	2013/126	后区呈强势	16	2013/127	前区二连号	14
2014/08	主攻奇数球	12	2014/09	间隔三期	16	2014/10	左右擦边球	11
2014/21	擦边斜连球	12	2014/22	间隔递增球	16	2014/23	左擦边斜连球	10
2014/24	偶数号为主	9	2014/25	重球配冷球	16	2014/26	小间隔号为主	14
2014/37	号码后移	7	2014/38	一组同音球	16	2014/39	左右擦边球	7
2014/47	红球后移蓝球前移	15	2014/48	奇数号为主	16	2014/49	一组同音球	6
2014/62	前区优先	9	2014/63	红偶蓝奇	16	2014/64	重球配擦边	14
2014/65	后区为主	6	2014/66	小间隔号为主	16	2014/67	一组同音球	6

上期			本期			下期		
期号	点评成语	蓝球	期号	点评成语	蓝球	期号	点评成语	蓝球
2014/67	一组同音球	6	2014/68	等间隔一期	16	2014/69	重球配填空	11
2014/71	左右擦边球	14	2014/72	继续关注偶数号	16	2014/73	间隔一期	2
2014/106	号码向前移	15	2014/107	大号球为主	16	2014/108	前区二连号	2
2014/115	奇数号为主	3	2014/116	"2"尾同音球	16	2014/117	号码向前移	4
2015/31	号码向后移	11	2015/32	同音球优先	16	2015/33	后区二连号	5
2015/39	大冷号下落	12	2015/40	同音球走强	16	2015/41	号码向前移	6
2015/61	中区偶数球	4	2015/62	右擦边冷球	16	2015/63	号码向后移	12
2015/65	小号球为主	12	2015/66	奇数号优先	16	2015/67	填空二连号	14
2015/76	中区同音球	9	2015/77	奇数号为主	16	2015/78	号码向后移	2
2015/119	偶数球为主	8	2015/120	"2"尾同音球	16	2015/121	最冷号填空下落	12
2015/143	冷号同音球	4	2015/144	前区等差数列	16	2015/145	重球对称出彩	13
2016/01	看好偶数球	13	2016/02	号码向后移	16	2016/03	首尾"3"尾球	1
2016/15	等间隔	7	2016/16	春节	16	2016/17	奇数号优先选	5
2016/36	擦边斜连球	3	2016/37	偶数大冷球	16	2016/38	前区偶数球	3
2016/38	前区偶数球	3	2016/39	一组同音球	16	2016/40	偶数大冷球	3
2016/46	连号与同音球	14	2016/47	大冷号下落	16	2016/48	大号球为主	4
2016/51	中区优先选	12	2016/52	同音球走强	16	2016/53	偶数大冷号	1
2016/84	中区同音球	5	2016/85	二连号与同音球	16	2016/86	偶三连	5
2016/95	左擦边斜连球	12	2016/96	大号球为主	16	2016/97	奇数号为主	1
2016/104	擦边球	4	2016/105	"0"尾同音球	16	2016/106	中区优先选	4
2016/107	擦边球配重球	1	2016/108	中区偶数球	16	2016/109	擦边斜连球	5
2016/122	中后区二连号	8	2016/123	小号球为主	16	2016/124	同音球与二连号	10
2016/126	中区优先选	10	2016/127	号码向后移	16	2016/128	前后二连号	13
2017/02	前中区同音球	3	2017/03	号码向前移	16	2017/04	同音球走强	7
2017/10	大冷球	7	2017/11	中区二连号	16	2017/12	前中区同音球	7
2017/56	号码向后移	6	2017/57	偶数号为主	16	2017/58	号码向前移	11
2017/77	大冷号	14	2017/78	号码向后移	16	2017/79	同音球走强	8
2017/94	左右擦边球	6	2017/95	两组同音球	16	2017/96	左右擦边球	6
2017/100	左右擦边球	2	2017/101	关注大冷球	16	2017/102	等间隔二期	11
2017/108	奇数三连号	3	2017/109	号码向后移	16	2017/110	奇数号为主	14

上期			本期			下期		
期号	点评成语	蓝球	期号	点评成语	蓝球	期号	点评成语	蓝球
2017/117	头尾球	9	2017/118	号码向后移	16	2017/119	前中区同音球	14
2017/119	前中区同音球	14	2017/120	擦边球为主	16	2017/121	最大二连号	7
2017/125	关注大冷球	3	2017/126	右擦边斜连	16	2017/127	前区和数球	12
2017/134	等间隔	4	2017/135	关注大冷号	16	2017/136	奇数号为主	12
2017/138	偶数球为主	2	2017/139	一组同音球	16	2017/140	奇数球反攻	8
2017/150	等间隔二期	8	2017/151	"2"尾球同落	16	2017/152	冷号填空出	5
2017/152	冷号填空出	5	2017/153	连号转中区	16	2017/154	右擦边斜连球	5
2018/01	号码向后移	4	2018/02	中区二连号	16	2018/03	擦边斜连球	4
2018/15	填空二连号	15	2018/16	重球对称出彩	16	2018/17	前区二连号	10
2018/22	右擦边斜连	3	2018/23	大号球为主	16	2018/24	号码向前移	14
2018/27	奇数号为主	5	2018/28	前区二连号	16	2018/29	擦边球配重球	5
2018/39	号码向前移	3	2018/40	奇数号为主	16	2018/41	中区二连号	13
2018/53	中区优先选	6	2018/54	最冷号	16	2018/55	号码向前移	7
2018/85	号码向后移	6	2018/86	大冷号	16	2018/87	后区二连号	3
2018/91	号码向后移	7	2018/92	填空球	16	2018/93	擦边斜连球	7
2018/102	间隔递减球	5	2018/103	中区二连号	16	2018/104	号码向后移	1
2018/128	关注大号球	2	2018/129	奇数号为主	16	2018/130	最冷号与最大号	12
2018/134	看好奇数球	12	2018/135	和数球	16	2018/136	一组同音球	14
2018/145	和数球	6	2018/146	号码向后移	16	2018/147	一组同音球	11
2019/29	左右擦边球	10	2019/30	小间隔球为主	16	2019/31	大号球为主	16
2019/30	小间隔球为主	16	2019/31	大号球为主	16	2019/32	左擦边斜连球	4
2019/34	后区二连号	3	2019/35	偶数号为主	16	2019/36	号码向后移	8
2019/40	大号球为主	11	2019/41	"2"尾同音落	16	2019/42	间隔递减球	4
2019/51	号码向后移	9	2019/52	中区偶数球	16	2019/53	号码向后移	8
2019/56	大冷号	1	2019/57	偶数球转强	16	2019/58	重点看后区	12
2019/62	后区二连号	1	2019/63	前区二连号	16	2019/64	和数球	12
2019/78	大号球为主	12	2019/79	偶数球反转	16	2019/80	大冷号	7

续表

上期			本期			下期		
期号	点评成语	蓝球	期号	点评成语	蓝球	期号	点评成语	蓝球

上期			本期			下期		
期号	点评成语	蓝球	期号	点评成语	蓝球	期号	点评成语	蓝球

后　记

　　本书内容包括福利双色球彩票从 2003 年开始全国电脑联销以来的每期开奖号码以及三区比、奇偶、重球、连球、同音球、和值等主要数据，唯一遗憾的是"全国联销双色球"刊头点评成语 2003～2011 年各期"点评成语"无法收集到，只能从 2012 年开始收集，基本上可以看到"点评成语"总体概况，不会影响竞猜。

　　福利双色球彩票开奖号码千变万化，全是数字和各种数据，可以称它为"数字游戏"。

　　历史数据资料是一面镜子。彩民欲想在献爱心的同时实现梦想，千万不要忽视历年来"双色球"开奖号码及五大数据（红色球开奖号码三区分布，奇偶、重球、连球、同音球以及和值），不但要经常看，还要详细看，时间久了就会有收获。从不认识到认识，从初步认识到熟识彩票开奖号码运作情况，做到心中有数，走出双色球彩票游戏盲区。

　　福利双色球开奖数据已登记到 2019 年第 80 期，本年度剩余空表格，由读者自己按期登记。

　　"福彩蓝色球开奖号码成语辞典"中每个蓝球号码都留有两张空白表格，供彩民朋友以后自己按期填写。

　　对于"双色球"红球复式投注金额与奖金对照表、福彩双色球胆拖投注金额对照表、全国联销"双色球"奖金设置表以及福利双色球彩票游戏规则等，本书转载如有出入，均以福彩管理中心规定为准。